老派工作是潮的

從傳統勞力到職人美學的
新社會學報告
‖2024新版‖

MASTERS OF CRAFT

OLD JOBS IN THE
NEW URBAN ECONOMY

RICHARD E. OCEJO
理查・歐塞霍
馮奕達——譯

獻給香黛兒（Chantal）吾愛

也獻給芮妲（Rita），你是一切的答案

目次

致謝
Acknowledgments

開始之前，有些人我想謝謝他們。首先，我最感謝的就是幾份工作、幾個工作場所與產業中那些向我敞開自己生命的人。少了你們的慷慨大方，就不會有這本書。我絕不會忘記有你們陪伴的這六年，也一直為你們的工作心醉神迷。

當我滿口講的都是雞尾酒裡的冰塊有多重要，而不是完成我的博士論文時，Sharon Zukin起先雖然抱持懷疑態度，但仍鼓勵我在正事之外針對雞尾酒吧展開計畫。對於她在計畫早期的支持與指引，我銘感五內。無獨有偶，當這份計畫的範圍擴大、進化時，Eric Schwartz同樣表現出無與倫比的支持（同時大概也希望我多擺一點注意力在自己的第一本書吧）。謝謝他總是相信我，也讓這本書得以開始進行。Eric離開普林斯頓大學出版社，到哥倫比亞大學任職，當下我非常確定我會讓這本書留在普林斯頓，因為第一次出書時整體的經驗都讓我非常享受。當然，我想在做最後決定之前，先見見接替Eric的人。我多麼幸運，普林斯頓聘了Meagan

Levinson，她是合作穿越這一大堆文字的完美人選。她的編輯專業了得，而她見樹又見林、了解樹跟林如何彼此相連的能力，實在是惠我良多。我也想謝謝普林斯頓的Sara Lerner與Samantha Nader在製作過程中的指點，以及Jennifer Harris幫助不小的校對與建議。

老天保佑，讓我有一群同事兼好友。紐約市立大學的夥伴總是一馬當先，對這項研究提供令我讚嘆的評論，幾年下來還陪我喝了許多杯雞尾酒，尤其是Alex Frenette、Jon Wynn與Jeff London。我一向自己一個人寫，但因為一些緣故，幾年前我加入了一個寫作團體，而我最早開始思考這本書究竟看起來會是什麼模樣，就是在這個時候。（不知怎地，這個寫作團體後來變成一份期刊的編輯委員會了。）我想謝謝Greg Smithsimon、John Krinsky與Debbie Becher對寫書過程中關鍵的一步提供的深刻想法。正當這份計畫處在重要關頭時，我有幸兩度參加由多倫多大學馬汀富足研究中心（Martin Prosperity Institute）舉辦的體驗創意經濟（Experiencing the Creative Economy）學術會議。從這幾次與會經驗中，我特別想感謝Kevin Stolarick、Brian Hracs、Doreen Jakob、Pacey Foster、Oli Mould和Atle Hauge。我也得謝謝以下幾位在這趟旅途中的回饋、鼓勵與友誼：Michaela DeSoucey、Andrew Deener、Black Hawk Hancock、Damian Williams、Tim Dowd、Yasemin Besen-Cassino、Japonica Brown-Saracino、Richard Lloyd、Randol Contreras、Wendy Guastaferro、Jen Johnson與Shyon Baumann。最後，謝謝三位評論人付出這麼多時間，針對如何改進本書提出這麼多美妙的想法（不好意思，初稿寫太長了）。

謝謝工讀的學生幫我把這幾年的錄音轉成逐字稿。除了他們的協助、系上我那一小筆交通費，以及約翰．杰辦事處（John Jay's Office）提供了一筆讓我非常感謝的研究推動獎助金（Advancement of Research）用於支應之外，我這項研究與本書就沒有收受其他正式的補助（無論是財務或其他方面）。

沒有誰遇見自己愛侶的故事，能比我遇見我的好太太香黛兒（Chantal）的故事更美妙了。我倆在清晨四點鐘紐奧良波本街老苦艾酒屋（Old Absinthe House）外頭相遇，當時我正在研究雞尾酒聖會，而她則是為《村聲》（*Village Voice*）做這場活動的報導。四周都是雞尾酒人，一段潮濕夜晚的氤氳對話，就這麼在回到紐約之後化為幾次約會，成了一段關係，決定了我的世界。香黛兒，你幾乎遍看這項計畫的每一步，高潮與低潮，而且向來願意傾聽，給我建議（而且總是由衷），給我溫暖的擁抱。我完成田野調查不久後，我們的女兒芮妲（Rita）出生了。芮妲，看著你從小嬰兒牙牙學語長成小姑娘，這一切讓我激動不已（一部分也是因為你對牛排的愛）。我已經為你驕傲不已，而且等不及看你還有什麼壓箱寶。我愛你們倆。

前言

日復一日

Preface: The Daily Grind

於是，一個人做什麼工作，既是別人怎麼看待他，
當然更是他如何看待自己的方式之一。

——埃弗瑞特・切靈頓・休斯（Everett Cherrington Hughe）[1]

瓦金上下班時，地鐵裡的人向來不多。[2]二十九歲的瓦金是位bartender，在「死吧」（Death & Co.）這間紐約市人氣最旺的雞尾酒吧之一工作。他從晚上六點上班到凌晨兩點，每週二、四、五和週日都有班，但他總在開門前幾小時就先到，最後點餐時間過後一個多小時才離開（有時還會先到附近另一間酒吧喝一兩杯睡前酒後才回家）。總之，他傍晚通勤上工，凌晨三點左右睡眼惺忪地站在幾乎空無一人的月台上，等著搭F線列車回布魯克林。不過，為了生活花時間調酒、上酒，卻很值得。「我上班時心情好，下班時心情更好。累是累，但累得很滿足。很好睡。」

出生於厄瓜多，成長於邁阿密，又到波士頓大學念書，瓦金在二〇〇五年搬到紐約，當時他二十七歲。在還不確定未來出路之際，他開始當起bartender賺錢付帳單，畢竟大學畢業後，他就得開始還債。他首先在供應啤酒與烈酒的小酒館短期當差，接著到酒水只是陪襯的地方工作，而後才在死吧找到了自己的位子。瓦金這週五在中午左右醒來，花了幾個小時瀏覽各式飲食網站與部落格，好跟上最新潮流。他現在最感興趣的，是了解主廚會運用哪些新食材，以作為自己的調酒靈感。上個月，瓦金在某家晚宴俱樂部的一場宴席中，調製了五款雞尾酒搭配五道菜。

結果，次月的晚宴席次快速銷售一空。「所以我現在壓力可大了，得表現得更好才行。」他說。

瓦金曉得，自己在吧台後的表現就像登台表演。他會在出門工作前才洗澡刮鬍，讓自己看來盡可能神清氣爽。淺膚色、淺棕髮的他蓄著時髦的短鬍，穿上褲管剛好捲在腳踝上的灰藍長褲、帆船鞋，配上V領白T恤，瓦金就這麼從陽光強烈的東村鬧區大馬路，走進不見天日的酒吧。他下樓換上工作服：鈕扣襯衫、領帶、背心、袖環、休閒褲，以及皮鞋。套上制服後，他站到鏡前檢查儀容，確認一切到位。他繫上圍裙，走進吧台開始準備，將五種不同的冰塊裝滿冰桶，手工榨取檸檬與萊姆汁，接著補滿吧台用的十多瓶苦精。六點前，他已經準備好要上秀了。

•

賈第納（Gardiner）小鎮位於紐約市北邊的阿爾斯特郡（Ulster County），與紐約市相距兩小時車程。這座小鎮有幾個吸引人之處，除了哈德遜河谷中游的天然美景外，就屬圖丘鎮烈酒廠（Tuthilltown Spirits）。這酒廠設在一間歷史悠久的地標磨坊內；兩百多年來，這座磨坊就利用薩溫剛克河（Shawangunk Kill）的河水磨穀。要前往酒廠，得從圖丘鎮路拐進一條名叫磨穀巷（Grist Mill Lane）的短短泥濘死巷。拉爾夫是酒廠的共同持有人，他在二〇〇一年買下這處產業，跟合夥人布萊恩聯手將兩座穀倉翻修成一座手工蒸餾場與一間陳酒房——也就是用來存放威士忌桶，慢慢陳酒的倉庫。這處產業除了改裝過的穀倉、拉爾夫的房子、一些儲存設備和一間流動廁所外，還有一大片雜草叢生的原野。圖丘鎮居民正打算種些作物（代代相傳的蘋果、玉米與小麥品種），以供釀酒。目前，酒廠有些員工會利用這片原野做為夏季的露營區，而割草就是他們得付的租金。

破曉時分，黎安姆在他的圓錐帳篷裡醒來。他穿上卡其色厚工作褲，套上已磨舊的棕靴。此時的氣溫已近三十二度，隨後一整天還有在滾燙的蒸餾器之間製作威士忌的工作正等著，不過，他不介意穿上襯衫。黎安姆二十七歲，身高超過一百八十公分，上唇鬍子濃密，下頷留著短鬍渣，棕髮蓬鬆凌亂，這一年多來因為扛著沉重的酒桶和器械，上身因此雕鑿出線條，活像是美國民間故事中體魄精實的人物。他在附近的萊茵貝克（Rhinebeck）出生、長大，從紐約州立大學紐伯茲分校（SUNY New Paltz，紐伯茲是個靠近賈第納的城鎮）取得地質學學位後，在當地當了幾年bartender。黎安姆雖然期待變化，但仍希望以自己的雙手工作。分類廣告網站「克雷格列表」（Craigslist）上當時恰好有個徵人啟事，是一間以在地材料手製烈酒的小釀酒廠工作，他於是前去應徵。雖然先前從沒做過蒸餾酒，這份工作還是符合了他的幾個興趣與情感面——手工製作、烈酒，以及永續經營——而且廠內首席釀酒人喬居然還是他當bartender時的常客。

黎安姆和我走到酒廠，準備今天要注酒用的木桶，順便也先再多備妥幾只木桶供明天使用。兩落各六個的桶子從昨天就堆成金字塔狀，每只桶子都灌滿了水。我們拿槌子把木塞從孔上敲掉，將木桶放進水箱內，放光水，再將桶子在棧板上擺正，等著以堆高機送進酒廠。我們多堆起十二只木桶，用水管將之灌滿水，再拿橡膠槌把木塞敲上去。桶子之所以要灌水、擺上一兩天，是為了讓木頭膨脹，進而堵住任何可能的滲漏處。「你寧可浪費水，也不會想浪費威士忌的。」黎安姆說。不到十點，我們已經準備好要裝桶了。

●

邁爾斯通常會叫車，從他位在布魯克林公園坡（Park Slope）的公寓出發，前去自己工作的理髮店。身為半個非裔美國人、半個波多黎各人，邁爾斯在成長過程中住過紐約市內五個行政區的好幾處公寓（有些是公宅計畫的房子），但主要還是待在布朗克斯（Bronx）。這天，邁爾斯一如既往，在早上十點四十幾分就到店裡了；弗里曼運動俱樂部（Freemans Sporting Club）正是十一點開門。七位等著要剪髮的年輕人正站在前門外頭等著，門後是一間精品男裝店。穿過架子、桌子和幾桿的手工襯衫、長褲、西裝外套、背心、夾克、鞋子與領帶（和一些動物標本）後，就是理髮店入口。邁爾斯從十五歲起就開始幫朋友理髮，他是被人拉進這處理髮店兼服飾店工作的。「我一向對時尚和男裝著迷。不妨說，我有點像是那種創意型的人。我很熱衷藝術，就喜歡創造東西。」

理髮師工作時得站著，雙手半舉，而且要「隨時待命」，滿足客戶需求，一天九個鐘頭。有些理髮師會馬上「動刀動剪」開工，有些則喜歡按自己的步調，緩緩展開一天的工作。邁爾斯從位在弗里曼巷（Freeman Alley）的側門走進店裡後，從工作櫃內取出用具，在自己的工作台上將用具攤放在毛巾上。他一邊檢查噴瓶的水量，一邊和其他也在準備中的理髮師小聊幾分鐘。店門一開，更多人也跟著進來。弗里曼是一間隨到隨剪的店，沒做預約客，因此顧客得提早到。客人可指定理髮師，但這就得等久一點，或是直接看旁邊有沒有哪位理髮師有空。邁爾斯身為店裡人氣較高的理髮師，也是同事公認的漸層推剪專家（這得自他在黑人區「街坊」小店工作的經驗），此時已有三名顧客向櫃台登記指定由他來理髮。他先和一位常客握手虛抱打招呼，請對方先到自己的台前坐定，說他馬上回來。隨後，邁爾斯到白天是間濃縮咖啡吧的隔壁餐廳點了一杯冰美式。他隨手翻翻剛從服飾店櫥窗帶過來的男裝雜誌，小啜幾口咖啡，在店外板凳坐下。十一點十五分，他進到店裡開始為顧客剪髮。到了十二點三十分，他剪完第二顆頭，接著到店門口看看手機，順便和另一位理髮師馬克閒聊；馬克正在抽菸，登記候位的兩名顧客繼續等著。這時，馬克隔壁位子的范恩已經開始剪起今天的第四顆頭。顧客毫無怨言，大家只是靜靜坐著，融入那種氛圍。一天下來，邁爾斯始終維持自己的節奏，每半小時為一名顧客剪好頭髮。

從週日到週四，姜卡洛每週五天會離開和三名陌生人同住的哈林區公寓，搭地鐵A線來到第十四街，前往切爾西市場（Chelsea Market）這個室內市場的「狄克森農家肉舖」（Dickson's Farmstand Meats）擔任切肉師。三十歲的姜卡洛去年才從科羅拉多搬到紐約。

「我受夠了在小隔間裡工作。」他指的是自己大學畢業後在醫學中心當經理的上一份工作。姜卡洛決定追尋自己真正的熱情所在——食物與肉品。他先是在熟肉舖與屠宰場之間短暫地輾轉流連，再到上州某所大學念屠宰業學程，最後落腳在城裡的狄克森肉舖。姜卡洛不像大家都走第九大道的正門，而是從第十六街卸貨處的後門進市場。

他跟在廚房裡製作三明治的朱尼爾打招呼，隨後進浴室換上制服——黑橡膠鞋、押釦白襯衫，白色切肉師袍和白圍裙。一整天下來，每件衣物都會越來越紅。他沒將穿到店裡的黑色舊牛仔褲換下，反正下班後也沒什麼特別安排。他在圍裙繫帶上掛了一條擦手巾。切肉間裡的每個員工都戴著棒球帽，他也不例外，不過他戴的是自己的「尼爾．楊與瘋馬樂團」（Neil Young and Crazy Horse）紀念帽，而不是黑白兩色的「狄克森肉舖」卡車司機帽。最後，他套上一雙拋棄式的白色無粉乳膠手套，外面再套上一雙米白色料子、更厚的「切肉用」手套。切肉師的快刀能輕易劃開或刺穿這兩層手套。但如果下刀夠慢，切肉手套至少還有點示警作用。

反正還要過兩小時顧客才會上門，姜卡洛於是走到筆電前，放起重金屬樂團潘特拉（Pantera）的音樂。若撇開音樂，開店前的準備時間其實是段寧靜時光。這段時間，切肉師大多會用來為將近五公尺寬、上下兩層的冷藏展示櫃補貨。「我們會徹底整理一遍，」姜卡洛講話時我就跟在他後面，「我們會一盤盤檢查，只要肉看起來像擺了太久，我們就換上新切的。」

不管賣掉什麼，他們都會補滿；要是哪種肉完全沒貨，就會改以不同的部位補上。看起來「擺太久」的肉若要吃也是完全沒問題的。店員只是覺得，顧客不會想買那些看起來沒別塊紅潤的肉品。總之，員工要是沒把這些老肉帶回家，廚房就會拿來作成中午的員工餐。

前一晚負責關店的店員在每塊展示肉上都擺了一張包肉紙。姜卡洛逐一拿掉這些紙，然後取出長長的金屬托盤，上面只剩整塊牛里肌的五分之一（大約七點六公分長），以及一塊捲起來的側腹橫肌牛排（skirt steak）。另一位切肉師布萊恩則從冷藏庫取出一塊板腱（牛身上許多初分肉〔primal cuts〕，也就是整塊部位，這是其中之一），開始切翼板牛排。姜卡洛從冷藏庫拿出另一塊里肌，剔除肥油、肌腱及筋膜，處理成一條小小的肉捲，再綁起來。他把盤中側腹肉旁那塊比較舊的里肌肉切面朝下，擺在托盤右上角（也就是離顧客最遠的一端），跟著再擺上新的里肌肉。接著，他從冷藏庫拿出牛小排，開始用電動切割機切成大小平均的小塊，兩兩一排，堆得像兩根柱子，排在里肌肉旁。姜卡洛隨後又處理了另一塊側腹肉，將肉捲起擺在鐵盤左上角，舊的側腹肉則夾在新的這捲和牛小排間（站櫃台的店員都曉得，要先從靠自己最近的肉塊賣起，通常那也是最老的肉）。

托盤上空出的一角，是要給在另一張切肉台處理肉的布萊恩放翼板牛排用的。他拿了四片肉在白瓷盤上堆成階梯狀，擺上托盤。姜卡洛對柔軟的里肌肉稍微抓捏幾下，好跟翼板肉相襯，接著將托盤放進展示櫃裡。

今天也是豬肉日。冷藏庫裡吊著六隻已沿脊椎處剖成兩半的豬。只要牛肉展示櫃處理好，姜卡洛和另外兩位切肉師便會接著整理切肉區，好分解豬肉。中午一到，店裡擠滿嘰嘰喳喳的顧客，大家也準備好要開始一天的正事了。

或許因為我本身的職業要求動腦工作，因此那些以雙手工作的人總深深吸引著我。我向來喜歡教授工作中「表演」的那一面：運用肢體語言和表情傳達論點，看是站在學生滿堂的教室前，或是在學術會議上從田野紀錄中找故事來講。不過，這與心手合一創造出某種有形體的東西，某種能讓人一眼看出品質好壞的東西，以及某種你能心滿意足、掌握在自己手中的東西，仍是截然不同的感受。

我對這些勞動者的興趣，同樣源於我的出身背景。我的父母在二次大戰後的幾十年間就在布魯克林的白人社區長大——我母親在瑞奇灣（Bay Ridge），我父親則在本森赫斯特（Bensonhurst）。酒吧、理髮店、肉舖這類地方，就是這些鄰里間的社群性機構（community institutions）——既是當地的聚會場所，也是日常生活節奏的一部分。在我成長期間，我父母跟整個大家庭的人都會講些自己兒時和年輕時的生活故事逗我笑。居民大家走路到蔬果攤、乳酪店、魚鮮攤、麵包店和肉舖，這些全都開在相同的幾個街區，有時大家更是天天光顧。男人下班後會跟同事鄰居上當地酒吧喝一杯。父親與兒子每個月都會到同一間店理髮。大家在這些店裡與同樣的人應對進退，看著他們的孩子長大，見著同樣的鄰居，要滿足生活需求從來無需離開方圓幾個街區。我母親遇到的情況是店老闆、店員和顧客講挪威話，我父親的例子則是講義大利語和布魯克林口音的英語（雖然他是西班牙裔）。後來，到了我長大的地方——比較郊區的史坦頓島（Staten Island），我們只有要吃大餐和過節時才會到肉舖或麵包店採買，家中常備的食物通常購自超級市場，想買什麼都得開車前往。父親當初一搬到史坦頓島，就開始抱怨無法在走路能及的地方解決生活需要，甚至連街角的酒吧都不能去，因為街角根本沒有酒吧。他在家裡囤酒，最後囤出了一間家庭酒吧，還學會調出自個兒的馬丁尼：用倫敦乾琴酒和一點苦艾酒，攪拌均勻，加上冰塊和橄欖。

我的祖父是來自西班牙的理髮師。他在一九二〇年代來到美國，最後在切爾西擁有一間理髮店，也在本森赫斯特有了房子。他在四十五歲時死於癌症，當時我父親才九歲，而他也從很小就開始幫忙他母親、姑姑與堂親做事。對於一個失去主要經濟支柱的移民家庭來說，念大學可不在考慮內。父親繼承了我祖父的衣缽，做過一段時間的理髮工作。而「剪髮」對他的工人階級家庭與街坊鄰居而言，是身為一個兒子可做的「正當的好工作」。

我的父母從來不認為我會做買賣，或是從事體力勞動，就像他們的父母與來自布魯克林工人階級的許多同儕一樣。他們倆都在曼哈頓坐辦公室，我們家也過著舒服的中產階級生活。我總有一天要上大學，因為他們認為這是出人頭地的最好方式。體力勞動與「藍領」職業雖然正當、體面，但不是我該做的。耳濡目染潛移默化，拿了幾個學位後，我現在成了知識勞工。

儘管我本來的興趣與個人背景如此，但我會開始研究這些勞動者與他們工作的場所，卻是出於偶然。我是在進行前一本書的研究時，才首度知道有死吧這樣的雞尾酒吧。[3] 據我所知，有一個以雞尾酒為核心的全國性、甚至是全球規模的「品味社群」，我深受當中的成員吸引：店老闆、認真的雞尾酒狂熱分子、釀酒業與生活風格媒體成員、公關公司代表、一般消費者……當然，還有bartender。[4] 這些人當中，就屬bartender最教我著迷。他們多半都念過大學，有些人曾在其他產業做過一段時間的全職工作。有些人一邊靠調酒賺錢，一邊念書，或是朝藝術家的道路努力前進，例如戲劇或音樂領域（他們「真正的」熱情所在）。[5] 他們全都握有豐富的文化資本，或是對現今都會中的餐飲、時尚與音樂具有時髦且獨特的品味。但大家到了某個時間點，全都決定以調酒——尤其是在專業雞尾酒吧調酒——作為自己的工作、職涯道路，以及職業認同。這些年輕工作者就像瓦金，他們沒有背對酒水供應這一行，而是正面迎向它。

在今天的「新經濟」中，有大量以知識、創造力、技術力為基礎的就業機會，正等著受過良好教育、有文化常識的勞動者投入。這些年輕人身處其中，儘管有其他工作選擇，有時甚至還背負家人期待，卻還是想以調酒為業。身為對都市文化經濟甚感興趣的社會學家，同時出身也和他們相似，我對雞尾酒社群特別感興趣，也開始研究這些人。

既然我一開始是想看看整個廣大的雞尾酒世界，於是也選擇連同精釀產業一起研究。[6] 二〇〇〇年代有許多小公司開始開業釀造新的烈酒，受bartender採納的烈酒。有些bartender甚至開始在這些精釀酒廠裡工作，或是擔任酒類公司的「品牌大使」——這是個從公關界來的花俏頭銜。為了近距離認識精釀酒，我來到圖丘鎮烈酒廠實習，在這裡和黎安姆與整個團隊辛苦製作數種威士忌與伏特加。[7] 在酒廠裡的田野工作卻讓我對這些勞動者更感興趣。

我開始想到幾個互有關聯的研究課題。要從事調酒或釀酒這類屬於服務業、體力勞動和輕製造業的工作，一向無需多難取得的學位或多麼時髦的品味。這些在勞動市場上擁有更多選擇的人，為何卻會去追尋這些工作，並以其為職業呢？某些傳統上地位不高的服務業、體力活、零售業和輕製造業的工作，怎麼會開始「酷」了起來？這些工作如今為何會透過這種方式徹底轉型？相關從業者是如何將這些典型的低階工作理解為體面的工作，而不是造成自己向下層社會流動的原因？他們從個人的工作中創造出什麼樣的意義？對所從事的整體產業造成什麼衝擊（如果有的話）？這些以男性為依據的工作，透露出勞動當中哪些性別化的本質？[8] 還有，我們要如何理解這種轉變，而這些勞動者在眼下「新經濟」整體脈絡中，又落腳何處？

為了選擇更多職業來研究，回答這些問題，我得仰賴調酒與釀酒在酒精之外的共通點。[9] 社會學與其他學科對勞動與文化有其研究，而在後工業都市的「仕紳化社區」（gentrifying neighborhoods）中，或是受過良好教育、富有創造力的青年之間，亦有其文化潮流。我同樣得運用我對上述學科的知識，以及我對這些文化潮流中的時代精神的認知。我注意到調酒與釀酒竟然有一些共通的元素。這兩者皆是歷史悠久、經典、體力勞動的工作。兩者都曾經歷「去技能化」（deskilling）階段，如今則正經歷「再技能化」（reskilled）。[10] 更有甚者，年輕人是認真把這些工作當成職業（而不是一種很酷的生活方式）、甚至是事業在追求。這些勞動者透過這種方式，為這類工作注入了一套新的意義與價值，支撐自己所從事的工作。事實上，他們形成了某種獨特的「職業社群」，在整個產業中為自己創造出一個專業化的安身之所。[11] 若以我在自己前作所處理的概念而言，他們等於是讓這些尋常的職業「變高檔」（upscaling）——也就是以對「這些領域的專業人士應該如何工作」的新文化認知為基礎，賦予這些職業高人一等的地位。

我又找到兩種符合上述標準的職業進行研究——高檔男仕理髮店的理髮師與全隻肉舖（whole-animal butcher shop）的切肉師。就像前兩種工作場所的例子，我也採用參與觀察法，進入店內研究，貼近勞動者與其工作。我坐在店裡觀察，趁邁爾斯這樣的理髮師工作時和他們交談，這跟我在雞尾酒吧的做法並無二致；我還到肉舖實習，和姜卡洛一樣的切肉師並肩工作，這也和我在精釀酒廠時如出一轍。在田野調查接近尾聲之際，我意識到自己研究了在零售型工作場所——也就是大眾心目中的社群性機構裡，結合服務、體力勞動於一身的三種工作（bartender、男仕理髮師、切肉師），以及一種注重輕製造過程，而零售、服務與鄰里取向元素較少的工作（釀酒人）。但我認為，這兩類產業的新型勞動者之間的共通點還是多過相異處。而且，我只有在談服務業工作實踐的第七章中，才會將專業釀酒人排除在外，因為釀酒人並非服務業，何況釀酒業也非零售業，而是批發商。

這四種職業最有趣的共通點，或許是它們在現今都市中的地位——皆是「很酷」的工作。內行人、都市中產階級、生活風格媒體與時髦的消費者一致認為，這些一心想創造精妙的雞尾酒與單一酒桶酒精飲料、復古髮型，以及庖解全隻、將之化為絕妙肉品的年輕人，正站在後工業都市文化泉源的風口浪尖，捍衛著都市之所以值得讓人在此生活的原因——因為都市供應了酷炫的享樂。當今的後工業都市幾乎都繞著「消費」運轉，尤其是仕紳化的住宅區。受過良好教育的都市人遷居郊區，在這兒探索可靠的新產品與新體驗，而市府領導人的目標正是要吸引他們前來，成為居民與遊客。[12] 這些人是「文化雜食者」——擁有文化與經濟資本，有能力消費從低俗到高雅的各類產品與風格，毋須擔心自己的社會地位會因此受威脅。[13] 尤其，這些消費者在追求的過程中，還會向夜生活、酒精、時尚與美食產業中的勞動者尋求指引。

我在本書中主張：都市史上的「好」品味與「好」工作背後的意涵正在發生轉變，而這些經典、常見職業的高檔新菁英版本，此時已在仕紳化都市中成為文化品味的塑造者（尤其是創造雜食性的品味），而且也是年輕、受過高等教育、以及／或是深諳文化的勞動者正正當當的職業選擇。[14] 主流社會通常會認為，這些職業雖是值得尊敬、不可或缺的老實工作，但也是社會地位低、不乾淨、體力需求大的職業，是給沒有多少選擇可選的人所做的行業，而且在文化上也絕對稱不上時尚；父母若是希望孩子能出人頭地，他們當中有些人是不會想讓孩子從事這一行的。[15] 但我對這些工作的看法卻和主流的觀點大相逕庭。傳統上，大眾也認為這類工作是「男人的工作」，需要體力勞動，工作場所也不適合女性涉足。這種形象依然存在，但不包括現今都市裡的潮流區與社交圈。

最最關鍵處，在於從事這些工作、以其為職業的人，不是因為這些工作酷而做，而是因為它們能提供有意義的勞動，為內在帶來許多收穫——在今日經濟動盪、不穩定的工作環境裡，要讓心靈有所得，可不容易。[16]

身處一個認為高地位工作是以知識與理念為中心的經濟體中，這些勞動者找到了以知識為基礎的體力工作，而且還結合了思考、服務與創造。但這些新型勞動者與他們的工作卻呈現出某種迷人的弔詭。雖然他們不是因為覺得很「酷」才投入這些工作，可一旦他們得到工作機會，卻也得表現出自己「幹得了」這行，或是有三頭六臂，而裝酷就是其中一部分。他們必須以有能力、有把握、有說服力的形象，表演出一組「文化套路」（cultural repertoires）——亦即運用文化「工具組」，內容則結合了以對工藝與火侯的領悟為基礎所建立的身體技巧與技術能力，以及對專門文化知識的理解與溝通能力。[17] 不是人人都能在這當中有所成就。這種做法不僅從專業角度決定了勞動者和其工作，同時也讓這些工作變成前述傳統就業機會的高檔版本，自成一格。

本書涵蓋的時間，是從二〇〇七年二月二十號——我首度走進死吧去看看精調雞尾酒有啥好大驚小怪的那天，到二〇一三年八月二十八號——我離情依依在狄克森農家肉舖實習的最後一天。我在書中會記錄自己從這些勞動者與他們的工作中學到什麼。[18]

在第一部，我會介紹各種工作，探討其中蘊含的幾個主題：服務業的新「菁英」、真實性（authenticity）的邏輯、陽剛氣質在新經濟中的角色，以及「雜食性」（omnivorousness）的產生。到第二部，我會爬梳他們如何投入這些職涯（即他們的途徑），以及如何在職業中表現（即他們的實踐）。我將呈現出這些年輕勞動者因為體力勞動工作能讓自己從中獲得意義，進而選擇從事此行，而在現今以知識與服務為基礎的後工業都市經濟體中，他們又是如何擁有自己的一片天。這些從業者透過一套展演，建構起這種意義，而其展演則以下列的文化套路打底：他們提供的服務、帶來的互動，以及製造的產品。他們將心智與體力勞動、手與腦、文化品味與物質技術融於一爐，在零售業、服務業與輕手工業創造出新的菁英階層，或是在新經濟中塑造出職業社群的歸屬。[19] 出身特定社會背景的人一度對這些低地位的職業不屑一顧、不予理會，甚至避之唯恐不及，但這些文化套路如今的架式與風采卻讓勞動者寤寐求之，引以為傲。憑藉俐落從事工作、服務他人，他們徹底改變了傳統的社群性機構（當地酒吧、理髮店與肉舖）與製造業（釀酒廠），將之化為零售與手工生產的新菁英典範，最終在仕紳化的都市裡確立起「高級品味」與「好工作」的形象。本書講述的正是他們的故事。

導論

上市場溜躂

Introduction: A Stroll through the Market

我。

「博士，你到這裡工作之前，不是先研究過理髮師嗎？」姜卡洛從外頭買了咖啡回到肉舖給大家後這麼問我。

他這麼問時，我正在切爾西市場的狄克森農家肉舖進行為時一年的實習。切爾西市場位在以前的納貝斯克（Nabisco）工廠。這個廠區占據了整個街區，就夾在曼哈頓的第九與第十大道，以及第十五與第十六街之間。切爾西市場其實是由二十二個獨立建築結構無縫連接而成。這裡在十九世紀晚期是許多產品的出產地，當中也包括烘焙食品。一八九八年，全國餅乾公司（National Biscuit Company，納貝斯克的原名）在經過一連串的公司合併後正式成立，極盛時期的納貝斯克生產了美國半數的烘焙食品，包括上好梳打餅（Premium Saltines）、無花果牛頓餅（Fig Newtons）、巴努姆動物餅乾（Barnum's Animal Crackers），以及最有名的奧利奧（Oreo）。到了一九三〇年代，新科技重塑了烘焙業，當中又以長形、連續的「帶式爐」取代了舊型的直式爐最為關鍵。納貝斯克在這棟複合建築中裝設了幾座帶式爐，但流水線生產比較適合單層樓的長形建築物。曼哈頓因為是座小島，垂直發展得很好，但水平發展就沒那麼理想了。納貝斯克為了維持競爭力，於是在一九五八年將生產活動全數遷往紐澤西，更在隔年賣掉手上持有的切爾西建物。隨後數十年間，一些輕型製造業公司盤據了此區若干建築，但大部分建物仍然和附近多數工業建物一同淪為廢墟。[1]

一九九〇年代，地產投資人厄文・柯恩（Irwin B. Cohen）集眾人之力，買下了納貝斯克的建物，把高樓層變成近三萬坪的辦公空間，地面層與地下室則化為約六千三百坪的零售空間。紐約此前早已有人將工業老建築重新規劃，作為新的居住空間，例如把前工廠建物的閣樓當成住宅。[2] 但柯恩透過這起計畫擴大了這種構想，讓舊建築得以發揮更當代、更有利可圖的用途。這座市場最關鍵的成就，是打通所有個別建築的廠房空間，成為平面廣場，工程就在一九九七年完工。這個兩端入口分別位於第九與第十大道的蛇狀廣場，為訪客帶來某種類似於身處拱廊的感受，空間主題則圍繞著食物。此處店家一開始是以批發為主，為城裡的餐廳、旅館及若干當地的零售商供應食材。切爾西在一九九〇年代末期仍在經歷仕紳化過程，食物在地產銷的觀念也還沒興起。

如今的切爾西市場就跟周圍鄰里升級後的質地相仿，混和了重新利用的工業硬體設備與光鮮亮麗的附加物，與紐約市的後工業經濟基礎配合得天衣無縫。這座市場本身是個以食物為主的高價集市，有近五十間店家、攤商、小吃與餐廳，販售貼有「手工」和「真材實料」等標籤的商品。這條拱廊彷彿後工業主題樂園，建築師與設計師保留了複合廠房時代的瓦楞金屬板與鏽跡斑斑的大樑。他們還為牆面與招牌添上工業金屬風的裝飾主題，露出更多磚造結構，並以花崗岩、鑽頭與裸露的管路為材料，打造能在各商場見到的那種中央噴泉。切爾西市場邀請訪客透過現代都會消費主義的透鏡，體驗工業時代的過往。

有好幾間新經濟的龍頭公司成了樓上辦公室的承租戶，例如Google、Food Network、Oxygen Network、MLB.com，以及當地電視台ＮＹ１。Google從二〇〇六年起便承租了樓地板面積達近八萬五千坪的港務局大廈（Port Authority Building），位置就坐落在切爾西市場第九大道一側的正對面。到了二〇一〇年，Google更是以十九億美元現金買下該幢建築。如此一來，Google也加入了曼哈頓下城擴張中的ＩＴ與媒體業基地，成為固定一員。[3] 連同附近的時尚業與精品風的海洋酒店（Maritime）和標準酒店（Standard），這些今日經濟的模範生為此區帶進了無數年輕專業人才，成為切爾西市場的常客。

有這麼多與食物有關的公司行號聚集在一個室內空間，例如系出名門的餐館，森本正治和馬利歐・巴塔里（Mario Batali）在這兒都有開餐廳，位置又靠近空中鐵道公園（High Line，原為廢棄鐵道，後改為公園），再加上切爾西地區時髦得可以，這一切都讓切爾西市場成為在紐約人與觀光客之間高人氣的目的地。這座市場每年會接待六百萬名來客。觀光巴士按表把乘客載到這兒，讓人下車到市場、店面一探究竟，順便上廁所，去空中鐵道走走，而當地商家則提供以食物為主題的步行導覽。[4]

我是在研究紐約的精調雞尾酒社群時，才首度聽聞切爾西市場。泰德・卡杜奇（Tad Carducci）是bartender，也是烈酒兄弟（Tippling Bros.）這酒水業顧問二人組的一員。二〇一一年，他在切爾西市場地下室開了烈酒狂酒吧（Tippler）。此時的切爾西已是奢侈購物與時髦夜生活的熱鬧街區，而切爾西市場的聲名也已流傳開來。切爾西有這麼多受過良好教育、可支配收入又高的年輕人在此工作和居住，而造訪此區購物、過夜生活的人就更多了；烈酒兄弟會到這兒開間精調雞尾酒吧，實屬合情合理。烈酒狂的吧台內擺了好幾瓶哈德遜威士忌（有貝比波本〔Baby Bourbon〕、四麥威士忌〔Four Grain〕、曼哈頓裸麥〔Manhattan Rye〕），以及圖丘鎮酒廠最有名的小產量烈酒系列。傑克・狄克森（Jake Dickson）會受到此城發展中的美饌風景吸引，在二〇〇九年來到這兒開設全隻肉舖，也是有其道理。

工作中的休息時間，我的同事姜卡洛提到第九街濃縮咖啡（Ninth Street Espresso）隔壁有家新開幕的理髮店，叫「狄卡度父子」（Decatur & Sons）。（第九街濃縮咖啡是間別緻的義式咖啡吧，從狄克森肉舖沿市集廣場走下去就是）。狄卡度父子在經典風格的空間中，提供一系列酷味十足的高水準剪髮服務（例如側分線上梳、漸層）以及直式剃刀刮鬍，加入了方興未艾的男性理容與高端時尚業。我恰巧認識狄卡度父子的老闆索林，而且是他在前一家店工作時就認識了，那時他只是店裡的理髮師。索林幾次都告訴我，說想自己開店，去年還提到正在找地點。如今，他選擇落腳切爾西市場，就在一間老式擦鞋攤隔壁。

就這樣，我的整個研究計畫就以或此或彼的形式，全部集結在一個屋頂下：雞尾酒吧的bartender、精釀酒廠的烈酒、走高檔服務的男仕理髮師，以及全隻肉舖的切肉師。酒吧、理髮店與肉舖是工業城市鄰里之間的基

切爾西市場的大廳。作者攝。

石。新版本的它們如今迎合了高知識、高收入的消費者，在全國各大城市仕紳化的區域接連開張，例如芝加哥的威克公園（Wicker Park）、舊金山的田德隆區（Tenderloin）與多帕奇區（Dogpatch）。不過，這些地方的店面並不像切爾西市場那樣緊密聚集於一處，而是多坐落在彼此附近。熱門經濟部門中的專業人士，像是Google員工、城裡的「吃貨」（foodie）一族，以及觀光客支持著這些店面，這些人全是今日都會經濟體中至關重要的消費族群。這些行號比它們的前身與同輩——像是街角酒吧、街坊理髮店或肉舖——要高檔許多。一杯精調雞尾酒索價十三至十五美元；三百七十五毫升的小批分裝矮瓶波本酒在酒類專賣店可賣到四十二美元；剪顆有型的頭從四十美金起跳；來自全隻肉舖的肉品價格可達超市的四倍。這些店顯然是為經濟能力充裕的人而開的。只不過，價格並非它們之所以高檔的唯一基礎，而它們的高價也有別於昂貴名錶或汽車等傳統奢侈品的高價。這類商品與服務承載著獨特的文化意涵，而這樣的工作場所也讓勞動者與顧客之間建立起知識分享的關係。

追本溯源，類似切爾西市場裡的這些新菁英職業、工作場所、產品與消費型態之所以興起，可歸諸於今日社會在文化、都市與經濟三方面正發生的變化：品味認知的重整、社群性機構在仕紳化區域的新角色，以及紐約等後工業都市「新經濟體」中的勞動。仔細爬梳這三種各自獨立、卻又相互交織的變化，能讓我們了解它們正如何創造出環境，讓這類工作成為大眾心目中服務、零售與輕製造業的新菁英，也使這類勞動者了解到自己正追尋這些工作為職志，而不是當成向下的社會流動來體驗。

文化雜食者的崛起

「品味」在過去相對簡單。「懂得」現代文化中某些典範的人，就是比別人略高一等。歌劇是比搖滾樂高級的音樂形式，葡萄酒是比啤酒更高雅的酒飲，菲力牛排就是比熱狗更好。當然，品味根本不是出自於自然。高雅文化與低俗文化同樣是社會建構的產物。歷史、政治以及權力的形式（經濟的、文化的）都會形塑其地位。沒有什麼能讓任何文化產物在本質上比其他「更好」或「更差」，不管消費這些產物的人在整體社會中的地位如何，對他們而言，文化產物都有其價值與意義。然而，世人常會根據這些產品如何製造與分配，以及是由誰來消費為判準，將文化品味冠以「風雅」或「低俗」之別。大眾常認為菁英文化就該非營利性、非標準化。例如純藝術就符合這些標準。但大眾文化就是大量生產、標準化，好比說好萊塢強檔大片：人人能接受，你我都能懂，無須多少深度或努力。[5]

更有甚者，大眾習慣將品味與社會階級相連。「高級」文化不僅高級，還是有錢有勢者的領地。有錢人上歌劇院，欣賞無價藝術，喝上好紅酒，還能享用法式料理。他們甚至能鉅細靡遺地講解自己消費了什麼。含著金湯匙出生等於讓他們掌握了關鍵——不光有購買能力，還能理解這些上流藝術形式與產品，舉手投足就像自己是一群菁英人士的一分子。此時，勞動階級則是聽流行樂，讀拙劣的小說，喝啤酒，在家中吃家常燉菜或其族群特有的食物，而且從來不會真的在智識層面上思索個人的消費行為。他們擁有的資源，例如金錢與時間，相對少了許多，沒有餘力思索文化，或是讓孩子擁有思索文化的手段，因此電影與音樂等文化產物就只是娛樂，飲食就只為了營養，而非激盪心智的泉源。勞動階級所處的較低社會地位，讓他們的文化偏好停留在生理、尋常可見與必要的範圍內，而有錢階級較高的地位則提升了他們的文化偏好，達到心理、精妙與全方位充實的領域。出身菁英與藍領等不同背景的人，又會透過消費各自的文化，鞏固自己所處的社會地位。[6]有許多例子是富裕背景出身的人「紆尊降貴」到勞動階級中，也有許多例子是藍領背景的人爬上社會階梯，適應了高檔品味，而「中流」（middlebrow）文化當然也讓整個模型多少變得複雜。然而，這套文化分層體系仍然與「如何消費」的強勢觀念相符。

不過，新的消費與生活風格模式已經攪亂了這種想像。尤有甚者，社會菁英不停消費在過去會迴避的低俗與中流文化，以作為傳統上高檔供應物的補充，甚或取而代之，而且此舉還不會損及他們的菁英地位。[7]當今企業界與文化界的年輕未來領袖，有能力像對待古典樂與紅酒那般鑑賞饒舌樂與啤酒，甚至如數家珍。事實上，自命不凡的態度已不見容於這些菁英，他們並不接受那些支持「高級文化就是高品質」的主觀理由。[8]這些人不再去區分自己的社會階級位置，他們是尋求多樣性的「文化雜食者」。他們無入而不自得，也沒有什麼事物會因為其來源、或是還有誰與之共享，而排除在他們的鑑賞範圍之外。這些人透過消費其產物，對提升低俗文化的地位有很大的影響。源於貧窮非裔美國人之間的饒舌樂，如今取得了與古典樂平起平坐的位置，成為受到認可的藝術形式。就連切爾西市場這種一度棄置的廠房，只要經過若干翻修，在類似商店街的環境中開設墨西哥塔可餅與熱狗等飲食選擇，也能與知名地標和高檔餐廳並駕齊驅，成為非去不可的目的地。

文化消費中的這種轉變已經引發激辯——文化是否已確實大眾化，抑或仍是區隔的表徵？何謂「高級」與何謂「低級」文化，或者何謂「菁英」與何謂「大眾」的舊有秩序，是否已經結束了——這麼一來，如今人人都能平等地去接觸、欣賞所有文化與文化產物囉？還是說，舊有的分層秩序今日依舊存在，只是以新型態表現，因此大眾所購買（或是聽、看、吃、喝、穿）的東西也仍能區別彼此，強化各自的社會背景？換句話說，當菁英聽起、談起饒舌樂時，是否就抹去了差異？或是差異仍然以某種方式延續著？儘管文化雜食性握有從群眾的品味中移除區別的潛力，但多數研究支持的仍是後一種主張：當大眾消費低俗文化，他們仍然在製造差異，只不過是奉行新路線而已。[9] 他們就是新的菁英。

例如，今天的「吃貨」、也就是喜歡談論、閱讀、書寫食物，而且會吃又會煮的尋常人，就面臨了某種矛盾。一方面，他們會去尋覓、讚賞各式各樣的食物與文化，真心不計較其出身淵源，並且排斥傳統但主觀的菁英飲食文化，例如法式高級料理所蘊含的排外、自視甚高的態度。[10] 他們的進步思維如是說：「人人都該食好食，人人都能當吃貨。」另一方面，他們同樣也在為哪些食物「好」、哪些食物「不好」制定新的定義。他們為這些定義畫出「象徵的邊界」，維持境內治安。[11] 他們會問諸多有關食物的問題，以判斷其品質：這食物可是「真材實料」？有沒有具體的地域範圍？製作是否簡單、手作？產品與其生產者之間有無明確的個人連結？食物是否能點出歷史與傳統？是否「奇特」，或是否出自遠方文化？是否打破平常食用或烹調的慣例？吃貨文化透過各種傳統與新媒體的輸出管道來提倡箇中意涵，也透過當面和線上的對話展開激辯。尤其，通常會讓吃貨「叫好」的「真材實料」、「奇特」食物，反倒會因為其「優質」背後的成本與複雜認知，使得多數人難以親近。這些新菁英一方面守衛著庶民的、文化多元的「吃」，一面卻仍透過消費去尋找、獲得更高的文化地位，只是手段與傳統模式不同而已。[12]

這種新舊轉變中有一種維度，不僅把「文化」當成「要認識的知識」或某種「要消費的產品」，更是「要展演的行為」。[13] 曾幾何時，菁英若想透過消費展現個人地位，向漸漸往上爬的人表示不相為伍時，只需辨別出自己喜歡的各種文化產物有何精妙差別即可，例如曉得高品質西服的特定細節、古典樂曲目眾版本中的樂段細微變化，或是紅酒不同年份的差別。[14] 但網路上有這麼多容易取得的公開文化知識，展現自命不凡的姿態又有風險，於是今人轉而改以不經意、自適的態度來展現自己的文化分量，顯示個人地位。提倡細緻的差異就是一種強大的誇耀。新菁英希望表現自己的文化多元品味，彷彿「他們之所以是他們」的尋常面向，也是某種別人可以獲得的東西。在一個雜食性的年代，這種必須隨性而服人的展演，就是文化力量的源頭。

前述文化消費與品味的轉變相當重要，因為它已滲透了精調雞尾酒吧、精釀酒廠、高檔男仕理髮店與全隻肉舖的社會世界。說起來，這些場所販售的產品與提供的服務都很日常，大家總會在酒吧點杯調酒與酒精飲料，人人都固定得去剪髮，而肉品則是日常主食。大眾都會留意這些基本的、鄰里性的商店，而且總得有人為顧客提供服務，製作這些商品。這類勞動者通常會把自己特殊的產品與服務包裝得稀鬆平常，和其他每一種版本差不多。換句話說，他們對自己提供的東西採取非常庶民的態度。

不過，他們製作、提供與販售的東西其實既不尋常，亦非唾手可得。每一個工作場所及其勞動者，都透過其特定的工作習慣、運用的文化知識和哲學建立論點，將自家產品與服務拉抬到超越尋常、已進入精深高雅的文化領域。[15] 既然我們對於文化雜食者如何消費已知之甚詳，那麼，現在就來仔細看看這些新菁英文化勞動者是在什麼地方、以什麼方式製作與傳播，進而展現這些文化。

有好些哲學能鞏固這些勞動者的工作實踐與職業認同。bartender運用「調酒術」（mixology）的哲學，包括遵循精確的酒譜、選用特定材料、運用特定工具與技術，以「對」的方法調出他們認為「上佳」的酒飲。釀酒人採用類似「永續」與「在地」等理念，為他們「真材實料」的小批次生產烈酒產品奠定基礎。高檔店面的男仕理髮師則仰賴根源於時髦、都會文化景致中的風格與陽剛氣息，同時運用兼具傳統與嶄新的剪髮技術，在刻意塑造出的陽剛氛圍中，為職場上的男性提供時尚髮型。切肉師亦有其「肉品哲學」，決定使用符合道德且能永續取得的肉類，以高超的屠解手法產出罕見的完整部位肉塊與肉製品。這些勞動者將這些意義灌注到自己的產品與服務中，同時也將這些「好」品味的價值觀灌輸給消費者。

這些勞動者與商號運用精工製作的技術，實踐著文化知識，進而成為零售與輕型製造業的新文化菁英當中的佼佼者。挑剔的消費者到他們那兒尋求的商品與服務看似相當平常，而且是城中日常生活中的一部分，但這樣的商品與服務確實含有繁複的意義，使其獨一無二、「真材實料」，對消費者有特殊意義。更何況，這些商店正是勞動者創造或傳授雜食「好」品味的場所。

bartender運用自身與其品味社群的鑑賞力，為自己的酒飲選擇材料。他們通常偏好不那麼高貴的烈酒種類（麥酒），偏愛平價、小眾品牌（利登豪斯〔Rittenhouse〕）甚過受高度評價（陳年蘇格蘭威士忌與干邑）與通俗（灰雁〔Grey Goose〕伏特加）的酒種。無獨有偶，釀酒人的做法也有別於流行酒類品牌，常採用在地、罕見的素材（農家代代相傳的麥種、穀物、蘋果），並調整配方（減少琴酒中的杜松子量），以製作風味獨特的產品。此外，以小批次方式蒸餾（「手工精釀」）也能帶來不一致的風味，與大規模生產的品牌烈酒有別。bartender與釀酒人的判斷及製作產品的技術，皆有助在酒飲世界中重新建構品味。他們會推崇特定產品，輕視其他種類，並根據背後的哲學與製作方式創造新的「好」產品。

高檔男仕理髮店的理髮師在符合陽剛符碼的場域內，運用時尚嗅覺與細心服務，讓置身其中的都會專業人士擁有別具風格的髮型，既無損其男子氣概，同時又消費了勞動階級的文化。全隻肉舖的勞動者則同時分割、販賣少見（羽花牛排〔feather steak〕、無骨牛小排）與常見（里肌肉、前腰脊肉〔strip steaks〕）的肉品。但他們無視肉塊與肉製品之所以「好」與「壞」的一般看法（例如油脂量），反而更重視運用個人眼光去區分不同的肉塊。簡言之，這四種產業已完全受到當今文化品味的顛覆傳統與再造影響——有一小批勞動者正引領變化，在獨特的工作場域創造、且傳遞著「有品質」的品味。

日常空間在都市中的轉變

在工業城市中，大家對於鄰里生活的普遍印象，多都是自成一格的「都市村」（urban villages）,[16]像是小義大利、小波蘭、希臘城，還有以歐裔後代為主的其他族群團體的飛地，以及猶太人與黑人的居住區（又稱猶太村〔shtetls〕與隔都〔ghettos〕）。對這些聚落的居民來說，這些地方就像安全港，是在無名城市中熟悉、親密的所在。居民決定了鄰里的文化與慣例，單一群體在鄰里人口中越是占優勢，其區隔自己人與外人的界線也越是鮮明。這些城區就像美國小鎮的主要商店街，能滿足居民所有的日常需求：家鄉料理與雜貨店、聚會場所，以及街頭巷尾的鄉音。路邊商店就是社群機構，能提供基本所需，讓大家走出空間狹小的公寓，來到公開場合相聚。當然，這種都市村的畫面通常是浪漫的想像，內部生活未必一片祥和。不同群體之間常會因為工作機會、居住機會與公共空間的使用而引發衝突；有些群體基本上是被迫住在這些地方，有時缺乏足夠的奧援，因此／或許成了「都市更新」計畫的受害者。[17]

當初成立切爾西市場的人，就是以這種浪漫的都市村概念為其改造基礎。這座市場就是老式的鄰里購物街，差別在於它位在室內，而且是迷你版。來市場購物的人可以逛肉舖、麵包店、蔬果店、巧克力店、乳酪店與魚攤。他們可以買瓶葡萄酒或酒精飲料，或是到乳品店買牛奶。他們可以到書店翻翻書，待在冰淇淋店，去剪頭髮、修鬍子、擦鞋，接著下樓喝杯啤酒或雞尾酒。而且，因為如今是美食風潮如火如荼的二十一世紀，他們還能在此吃到柬埔寨三明治、可麗餅、蔬食壽司、「貨真價實」的墨西哥塔可餅、拉花義式濃縮咖啡，以及生蠔。店員通常都很了解自己販售的商品，而且滿懷熱情。切爾西市場就是個「反超市」（anti-supermarket）。

不過，這裡跟都市村大不同。切爾西市場是改造過的工廠，位於富裕的觀光區，而非鄰里街道。在此購物的人通常是在附近工作的專業人士、來自市內各處的訪客及觀光客，未必是當地居民。此處店家強調的，也是這些店面賴以為基礎的商品手工精製感與文化知識，而非當地哪個社群或族群的認同感。

真正的都市村與浪漫化的都市村，在第二次世界大戰之後的數十年間逐漸凋零。為了在鄉下、海外更便宜的土地與勞力，以及更有效的生產力，製造業開始離開都市，例如納貝斯克就離開了切爾西。[18]隨著城裡的廠區工作消失，以歐裔後代為主的城中居民，還有他們的社群式機構零售業，也開始移往郊區，這就是所謂的「郊區化」（suburbanization），也有人稱為「白人群飛」（white flight）。有些金融、會計與廣告等服務業的辦公室白領勞工開始通勤上班，或是前往郊外的企業園區。市中心房地產業與企業投資開始式微，內城的犯罪與貧窮問題也逐步增加。有些族群，尤其是非裔美國人，基本上是被拋了下來。像是興建公宅這樣的都更計畫，也使得貧窮與失業緊密相繫。到了一九七〇年代末，老工業城市似乎全都奄奄一息，郊區則是活力旺盛。

自一九八〇年代起，受過良好教育的白人中產階級開始遷回市中心居住，這有助於都市村的模式在後工業時代的城區中復甦。一群大學在學生與甫畢業生、創意工作者與年輕專業人士對郊區生活抱持批判態度，他們尋求都會生活風格，經常表現出在「真實」的城區鄰里生根的渴望，例如前往獨立經營的在地小商店購物。當然，有空間讓初來乍到的年輕人定居、價格可負擔，又有活絡街道生活的多數城區，不久之前都還是以工人階級和低薪者為主要居住者，亦有少數族群或當初沒離開的白人社群生活其中。而隨著這些城區有了前程似錦的名聲，租金也水漲船高，迎合這群新居民的商店也紛紛開業。

這些事件有個廣為人知的稱呼，叫做「仕紳化」（gentrification），其過程至今仍在全國各地的城區持續發生。本書中的各行業都有到仕紳化的城區設店，當中最成功的城區就屬仕紳化已有數十年的切爾西與曼哈頓下城等地。這些地方如今已是讓人趨之若鶩的高檔區域，出現越來越多的昂貴住居、購物與夜生活。[19] 但仕紳化卻有會將該地原有的低收入群體和他們的商店從街區趕出去，而且阻絕任何在未來重新打入其中的可能性。[20]

新店面會在今日仕紳化的城區開業，就像工業時代那時一樣服務當地社群，只不過，此時的社群跟既有與過往的社群都有顯著差異。年輕、受過高教育的居民通常擁有敏銳、雜食的品味與時尚嗅覺，而且／或是有可支配的收入與好奇心去嘗鮮，這些正是新菁英文化工作者試圖去滿足的。這類消費者通常是尊重創意與獨特性的知識或文化工作者，也是在一個數位格式與大量生產的時代裡崇尚工藝與手作的人。

酒吧、高檔男仕理髮店和全隻肉舖都會從經典的社群性機構，和各自行業某時期的版本中汲取浪漫的想像，並透過其主題與式樣展現。許多酒吧會以禁酒時期的地下酒吧或奢華的旅館酒吧為摹本。新開的男仕理髮店看起來就像古典風格的商店或打獵小屋，店內放了復古理髮座與工作台，讓男性可在店裡聚首、自在談天。全隻肉舖的明亮光線、白色磁磚、大展示櫃與收銀台，總讓人想起樸實的美式食物精華。這些業主兢兢業業，為自己的社群提供如此的環境與服務。[21]

然而，實情是，這些店面泰半只吸引到當地人口的極小部分，特別是認為在酒飲、剪髮與肉品等基本商品上花大錢有其價值的人，以及顯然有能力為此常態支出的人。有些店家成為好奇的消費者前來朝聖的地點；他們喜歡到入口隱密的酒吧喝調酒，接受剃刀刮鬍服務，觀看切肉師從全隻屠體上切割肉排的新鮮感。[22] 有些顧客更是「內行人」，或是自身產業中精緻品味社群的一員。儘管這些顧客通常不住在店家附近，彼此住得也不近，但分享和這些商家的產品與哲學有關的知識與熱情，卻能讓他們齊聚一堂。[23]

更有甚者，這些新店家作為社群機構的方式，與它們的前身、或坐落在少數族裔與移民城區的當代同行是不一樣的。讓它們與顧客兩相結合的是品味：物質性的品味（精釀烈酒的風味更佳），哲學性的品味（肉品來源「就應該」以特定方式飼養），或者兩者皆是。這些商家在社交上是以自己販售的商品、使用的技術與倡議的哲學為中心，建構出從業者與顧客之間的互動和對話。當然也有例外，例如與bartender、理髮師或切肉師變成朋友的常客。不過，顧客彼此之間鮮少會培養出關係，他們在店裡的社群感也鮮少會強過自我感。這些消費者不像工人階級酒吧、非裔美國人理髮店或清真肉舖的顧客，不僅沒有在文化、種族或族群層面彼此相結合，也不像上述群體中的成員那樣會有休戚與共的感覺，或是面臨同樣的處境。這些商家純粹只滿足以生活風格為基礎的需求。雖然業者自詡以社區為導向，但其實仍是以個體為導向。

在今天這個品味年代，奢侈消費與服務業構成的都市「舊秩序」正奮力求生（歌劇院），創新待變（高檔旅館），或就此消失（高級法國菜餐廳）。此時，前述的新商店則逐步占據了舊秩序原本在文化菁英之間的位置；這些新商店採納了雜食性，從舊菁英那端挪借了高端、個人化服務的觀念，因此也達到某部分的精品程度。[24] 高品質服務是上述各種行業的共同核心價值，但讓新文化菁英與舊同業有所區隔、使之成為一種新奢侈型態的，卻是各行業的從業者將互動服務與文化知識、雜食品味相結合，並在個人的勞動中凸顯出手工精製感的手法。這些元素讓仕紳化城區中的商家提升到文化地位的新高度，使之成為吸引人在此工作、成就職志的迷人所在。大家都曉得，消費與零售店是區域仕紳化的標誌與催化劑。[25] 這些商行讓我們看到手工業的勞動實踐與手藝，在轉化這些城區中的社群性機構時發揮的影響力，從而讓我們對複雜的轉變過程有更深刻的認識。

新經濟的誕生

經濟基礎會影響城市成長與變化的方式。當城市底下的經濟基礎轉移，城市的變化也最是劇烈。美國因都市內的製造業之故，在二十世紀初與二次大戰後蓬勃發展，產業部門更在一九七八年達到近兩千萬勞動者的高峰。[26]這些「藍領」工作薪水高，又有紅利，而且無需高中畢業以上的文憑。隨著公司成長，辦公樓裡的管理支援團隊、也就是「白領」勞工也會跟著增多。[27]藍領與白領勞工普遍可期待在公司長期任職、獲得升遷，也能以優渥的退休金退休。由於高效生產使得消費性商品價格降低，都市外圍與郊區的平價居住機會成長，這些工作機會讓數百萬美國家庭得以躋身中產階級。擁有一份穩定的好工作、一間房子與一輛車，父母供給小孩的遠多於給自己——許多美國夢的常見範本正是出現在這段時期。

不過，製造業工作在極盛期雖然只占約百分之三十的美國勞動力，卻推動了整個都市經濟。工廠工人與那些在法律、會計、金融、保險、廣告等相關產業益發複雜的體制中擔任管理職的白領勞工，引領了都市的成長。這些勞動者購買車輛與電視機，上街買菜，到餐廳吃飯。他們興建、增建、整建自宅，去度假，到戲院看電影。他們上酒吧，去酒類商店，剪頭髮，買肉品。製造業與相關產業的藍領與白領就業水準穩定，進而撐起了諸多其他服務業工作。而上述所有製造業與服務業的勞工與商行，都會向當地市府與州政府納稅，這又支持了更多如老師、消防員、政府雇員這類公部門的就業機會。像是在納貝斯克以及比烘焙業更賺錢的產業，例如鋼鐵業、汽車業中工作的製造業工人之所以重要，既是因為他們（在極盛期）占了百分之三十的勞動力，也是因為他們對另外百分之七十的人造成的影響。[28]

當製造業在一九七〇年代衰頹，經濟也開始緩緩改變。從這時開始日益增加的全球化與自由貿易，意味了企業可將廠房遷往土地與勞力更便宜的外國，藉此提高利潤。技術革新也讓製造生產更具效率，使得勞工需求量越來越少，但產量卻多過以往。在這雙重因素影響下，製造業的工作機會從高峰穩定下降，產量卻反而提升，消費性商品價格也依舊讓人負擔得起。[29]當今全美約有一千兩百三十萬人從事製造業，僅占百分之八點八的勞動力，[30]而這些工作在質的方面也有分化。有些尖端產業，例如航太業，薪水非常優渥；當然，要有這樣的薪資也需要相當的技能與高學歷，但多數製造業勞工卻是一直看著自己的週薪下跌、分紅刪減，穩定的工作也在外國競爭與下一次技術革新森然隱現時變得搖搖欲墜。

或許最重要的是，製造業工作一旦消失，服務業與公部門的就業機會也會隨之消失。工作消失對某些地方的傷害會大於其他地方。仰賴小工廠的小城市（伊利諾州蓋爾斯堡〔Galesburg〕的美泰克家電〔Maytag〕，與仰賴單一產業的大都市，如底特律的汽車業、阿克倫〔Akron〕的橡膠業、揚斯敦〔Youngstown〕，以及匹茲堡〔Pittsburgh〕的鋼鐵業）在這樣的轉變中受創自是最深。[31]在去工業化過程中，像紐約這樣的城市當然也會蒙受損失，但紐約的製造業部門更多元，整體經濟也比底特律等城市活絡，損失範圍因此不像其他城市那麼全面，為時也不長。紐約市在空間上曾經歷過大範圍的貧窮，尤其是仰賴製造業工作的城區與社群。以切爾西為例，製造活動逐漸消失後，倉庫人去樓空，運輸業終止，就業率與租金雙雙下跌。這些條件為鄰近地區的仕紳化鋪了路，但這座城市仍需要新的經濟基礎，以展開仕紳化過程。

一九七〇年代開始的這種轉變，造就了眼下的後工業時代。推動今日都市經濟蓬勃的不是物質商品，而是概念的生產與分配。這種「新經濟」是一種知識經濟。[32]最成功、成長潛力最大的產業能將創造出來的概念，化為有用、可銷售的產品與服務。這類產業包括資訊科技、金融、電信、奈米科技、醫療保健（製藥、生醫與其他生命科學研究），以及文化。有許多產業都可歸入「高科技」與「高端服務」的大類。一項產品的價值繫於產品背後的理念，例如功能或設計，而產品本身則是在他處製造，例如蘋果在中國生產，或是僅以程式碼形式存在（電腦軟體、手機App）。新經濟體系中的公司以人類的智識、創造力、天才或「人力資本」為動力，想成功就得不斷創新，跟上新的理念。

今天大部分的工作機會與工業時代一樣，都是在地服務業；最重要的是，這些服務業仍是創新部門經濟成長帶來的影響，而非其成因。[33]在以知識為基礎的產業中工作的勞動者，撐起了酒水、理容與食物等服務性質產業。前者在城市中成長，後者也會跟上腳步。服務業工作者無法在缺乏外援的情況下彼此支持。bartender、釀酒人、理髮師與切肉師無法向彼此購買產品與服務，非得有他們之外的人、那些從個人勞動中創造出交換價值（exchange value）的人先出手購買才行。[34]這關鍵差異就在於，是什麼在後工業時代與工業時代產生出交換價值——也就是知識及理念對比於物質商品的差異。

如今，各部門與產業的工作都與過往大不相同。工業時代的人經常一生都任職於同一間公司，或者至少可如此選擇；「安定」與「穩定」曾經可用於形容工業時代的就業機會與工作條件，但如今許多學者卻會用「朝不保夕」來描述新經濟中的工作。[35]現在的就業機會變得比過去更不穩定、更不受保障，因為公司與勞工都得對後工業體系的力量做出回應。美國自從一九七〇年代以來，已大幅撤銷對許多經濟部門的管制，例如金融、運輸、通訊與能源產業。之所以移除對於公司如何行事的限制，主要是為了增加企業在國內外的競爭力，而增加競爭力理論上能讓企業更具生產力與彈性，進而為消費者降低商品與服務的價格。[36]但是，賦予公司更多的行為自主性，卻會導致相當常見的不穩定因素，例如公司遭逢財務壓力時的大規模遣散，以及將工作外包給國外與自由業者、暫時雇員與打工族，此舉能減少全職員工的需求數，降低薪資與減少紅利（如果有的話），從而削減成本。[37]同時，人們還得因受過良好教育、擁有高技術水準的外籍勞工移入美國，因而面臨更大的工作不穩定。這些變化為不同產業帶來的衝擊各異，但皆已成為新經濟體系中工作機會的共同面向。[38]這種朝不保夕、不穩定的經濟環境，導致今日有許多人在工作環境中體驗到沉重壓力與不確定感。他們越來越必須以個人力量去應對如此狀況，而且常視此遭遇為個人的失敗。[39]確定與穩定的時代如今已屈服於一個風險的時代。[40]

另一方面，有些勞動者正享受著新經濟當中龐大的工作潛力。「安定的」工業時代意味大家通常會待在同一間公司，儘管工作穩定，但收入卻有限。大眾如今更能自由地以自己的方式工作。短期工、自由業者、顧問與契約工都算是當今「零工經濟」（gig economy）的一員。[41]這類工作者拿保障與穩定交換自主性。[42]如果推動經濟的是知識、理念與資訊，那麼一個人的創意與創新能力，就能讓「自己」成為市場上最具價值的商品。[43]公司需要有天分的人，因為他們能夠跳脫框架，想得出好點子。有天分的人因此不該在同一個地方久待，賤賣自己、侷限自己，或是因此否定了個人的潛力。先進的通訊科技讓人能在各地工作，同時仍保有在公司網絡與社群中的活躍性。雖然風險定義了當今的經濟，產業也透過傾向雇用短期工、暫時雇員與自由工作者的方式創造出零工經濟的環境，但有許多勞動者仍將這些機會視為個人選擇。[44]無論是出於被迫或個人選擇，這類活動在就業市場上的結果就是不穩定與沒有保障。[45]

整體而言，新經濟中的工作機會多少會依據薪水、紅利、穩定性、地位、工作自主性、工時等標準，落入「好」與「壞」之間的光譜某處。[46]教育程度尤其常能作為區隔某工作是「好」或「壞」的分水嶺。過去，大學學歷幾乎一向代表著更高的薪資，但在高薪、穩定的製造業工作機會少之又少的今天，缺少大學文憑對獲得好工作機會的負面影響更是遠甚以往。

從這個分析演繹下去，並非所有新經濟創造出的服務業工作都是平等的。當服務業部門為配合知識產業工作者而擴大，服務業也變得越來越破碎。高端的服務業，例如金融與法律業，需要高等學歷，通常也能讓從業者有機會取得更高的收入、地位與穩定性。但在整體服務業中的多數工作機會，即地方服務業工作，其薪水條件、工作自主性、穩定性與地位卻比較差。有許多研究已開始探討「情緒勞動」（emotional labor）——情緒勞動是指需要從業者控制個人情緒，以從消費者與顧客身上誘發情緒反應的服務業工作，例如空服員與服務生。[47]這些互動服務的執行不僅在情緒上消耗人，而且更強化了服務業工作多半「不討好」的印象。此外，這些就業機會的工作內容往往非常消耗體能，而且不像知識性勞動那樣可帶來心智上的挑戰。零售業與飲食服務業、家事清掃與健康照護的大多數工作皆包括在此，而這當中沒有一種需要高學歷。[48]

如果我們將bartender、釀酒人、理髮師與切肉師和其他工作相比，乍看之下，這些工作看起來並不像是新經濟中的「好」工作。這些工作不像高科技企業人士與軟體工程師，並未位居創新的前沿，而是服務業與製造業中基礎的勞力與零售工作。這些工作無法提供工作的穩定性，平均收入與其他職業的大學畢業生相較也比較低。[49]這些工作仍需要從業者弄髒雙手，站一整天，搬運重物，流汗，還要應付各種飛濺的水花、溢出的液體與汙漬。這些工作需要你曉得如何與消費者互動，需要你付出情緒勞動（釀酒例外）。這些工作不僅不是因為需要從業者運用特殊知識或創造力而聞名（就算需要，也只需基本程度），而且還不足以讓他們躋身今日光鮮亮麗、以知識為基礎或創造性的工作行列。[50]更何況這些工作提供不了多少好地位。本書寫到的從業者常表示，他們得向家人證明自己的工作有其價值——親人總想像自己的孩子能有份乾淨、穩定的辦公室好工作。擁有大學文憑的人一旦從事低階服務業，通常都得想辦法解釋個人的選擇有其道理；比方說，把這份工作說成是通往目的的過程，而他們「真正」的工作是藝術家、演員、音樂家或學生，做這些工作不過是在賺錢付帳單而已。[51]

但是，這些勞動者卻熱愛這些「爛」工作。「享受工作、從中獲得意義」的想法，是後工業時代勞動的基礎。勞動變成通往快樂的途徑，不再是一種責任，也不單純僅是謀生方式。[52]可以說，勞動應該要有樂趣、有意義。新經濟強調個人的能力與個人自主，承諾透過工作以獲致快樂。本書中的勞動者都相信這個理念。他們不斷尋找能為自己帶來意義的工作，還成立職業社群；當中成員有自信、也認為自己有份好工作。[53]更重要的是，他們就和在就業市場上有許多選擇的人一樣，從事這一行可說是得天獨厚。他們還年輕，能自由選擇任何想做的工作，多數人甚至沒有類似得養家活口的責任，而且常有大學文憑在手，能讓他們在職業上有所揀選。

本書的關鍵主張是：今日大為擴張的服務業部門，並非僅區隔成「上」層與「下」層——彷彿上層是高技術知識型工作，而下層是無需技巧的手工勞力型工作。這當中的全貌其實更為複雜。典型的低階體力型工作也有好的版本，以小區塊或棲位（niches）的規模存在於服務業與製造業中。本書談及的工作已經過重新編碼，成為甚具創造力的酷工作，能讓年輕工作者去創新、形塑品味，成就更高的地位。他們找尋這類工作做為職業，而不選擇其他在新經濟中收益更高的工作。對他們而言，這些工作是真正的職業、甚至是使命，在懂得箇中奧妙的同行與認同的公眾前，從事物質導向、以手藝為基礎的體力勞動，並藉此帶來意義。這些職業當中確實存有情緒勞動的成分，但這無法充分解釋其勞動者與消費者之間互動的本質。文化知識與本於手藝的技巧同時建構著勞動者的工作，以及他們的互動服務的大部分內容。他們的勞動是雜食性的文化產品兼文化傳播：他們既販賣商品與服務本身，也販賣在商品與服務背後的理念。因此，這些工作便展現出新經濟如何擴張到非知識基礎型的零售業、服務業與輕製造業，造成整體產業的區隔化（segmentation）。

我們還能以性別為透鏡，去理解新經濟和這些職業的轉變。這些行業與書中出現的勞動者絕大多數都是男性。以bartender與男仕理髮師而言，男性從業人數遠高於這些職業的全國統計所顯示的男女比例。根據美國勞工統計局（Bureau of Labor Statistics，簡稱BLS）統計，女性在所有吧台手中占了將近百分之六十，在所有理髮師中占了百分之二十二，但在雞尾酒吧工作的男性bartender不僅人數超過女性，並且相較於一般理髮師整體，在高檔男仕理髮店的理髮師中，男性更是占了絕大多數。勞工統計局並未掌握釀酒人的紀錄，而切肉師則是跟「其他肉品、家禽與魚類加工工作者」歸為一類，其中有百分之二十五的從業者為女性。我從產業中人得到的江湖傳聞證據顯示，女性鮮少會在大型酒類公司擔任釀酒人，在肉鋪與屠宰場當切肉師的更是罕見。[54]雖然女性人數與男性相比仍屬少數，我還是相信她們在這些棲位職業裡，會比在這類職業的主流版本中更具代表性。儘管如此，男性仍然同時以從業者與所有者的身分主宰著這些棲位產業。

對男人來說，工作與工作場所向來是影響其自身價值與他人價值，以及成就男子氣概的重要場域。[55]綜觀美國歷史，男性——尤以白種男人為甚，在工作場域中被經常發生的經濟變動，與被踏進其行業、「非我族類」的女性、非白人或移民兩面包夾時，常會備感掙扎，為此勞心勞力。比方說，當坐辦公室在二十世紀中葉成為上流工作環境的特徵時，男人卻認為辦公室是性別陰柔的空間，限制了自己表現男子氣概的機會，感受到個人在勞動中的獨立自主逐漸衰微，破壞了他們成為「白手起家的男人」的目標。同時，辦公環境中女性人數逐漸增多，大有威脅男人權力之勢，也使得男人對個人展現雄性風範的能力益發焦慮。[56]

在工業時代，安穩的製造業工作是以男性為依歸，而且多半由男人擔任。這類工作允許男人透過體力勞動展現自己的男子氣概，相關工作場所則促進了男性的同志情誼。製造業工作也讓男人有收入能養活家庭，成為重要的經濟支柱。後工業體系與新經濟的到來意味這種內在動力逐漸發生轉變。由於新經濟有利於過去多由女性擔任、或需要陰柔特質的技巧與能力（例如溝通、同理心）等工作，女性正逐漸成為經濟支柱與一家之主。[57]簡言之，一旦「好」工作嚴重缺少可展現男子氣概的舒適、同性友愛（homosocial）環境，同時又涉及無形的知識性勞動、充滿不穩定性，而且還納入了女性與其他各種群體的勞動者，男性更會意識到，要在當今的經濟中藉由勞動展現男子氣概，機會可說越來越少了。

不過，上述那些新菁英的體力勞動工作，卻讓男性——主要是出身特定種族與社會階級立足點的男性，有機會在工作時直接運用身體（工業時代的男人就是如此，只是今日很少這麼做）及其心智，讓他們在這些工作中獲得比其他工作更高的地位。他們身兼受人尊敬的知識勞工與技藝高超的體力工作者，還能公開展現自己的勞動。男性因此得以利用這類工作，在勞動過程中成就失落的中產階級感與異性戀男子氣概。雖然情緒勞動在這些新菁英體力勞動工作中的分量有所減少，但從事這些以男性為主導和依歸之工作的女性，卻會在追尋其職業認同時感受到威脅，尤其是男性消費者會不時質疑她們的專業能力。本書中雖有女性發聲，但書中仍以男性為主角——他們透過身心交織的勞動型態，藉機以獨特方式展現自己的男子氣概。[58]

後工業城市新經濟影響了「酷」體力勞動工作的興起，其中有個關鍵，是小規模生產的「工匠經濟」（artisan economy）的擴展。[59] 工匠經濟中的職業——諸如釀酒人、咖啡烘焙師與編織工——是以對品質、真材實料，以及「在地」重要性的共同認知為基礎。這些職業因為文化雜食性與「透過購買的產品，將購買者與生產者相結合」的理念而繁榮。就本書所談的四種工作而言，當中以釀酒人最符合這個標準。釀酒人以原物料製造新產品，這一點與大工廠並無二致，只是其規模極小，而且強調手藝。另外三種職業主要雖屬服務業，不過，這四種職業仍有共通點，亦即從業者如何在其勞動中落實、提倡手工精製感。

•

姜卡洛從手沖咖啡店買了咖啡回肉舖、跟我說有理髮店新開幕的這天，我在內心暗自笑開。我早就認為切爾西市場是這些文化、都市與經濟變遷的絕佳範例，而理髮店就這麼補上了缺口。這座市場獨一無二，在有限的單一空間中結合了這些工作場域、職業、產品與服務，體現出當今後工業城市裡正發生的文化及經濟轉變。

身為舊工業城區中的舊製造業複合廠房，切爾西市場與此地的仕紳化反映了紐約市與其他城市從工業時代中重生的過程。這廠房過去曾有工人在火爐邊辛苦地將奧利奧餅乾裝盒，以供大眾消費，如今的工作者則是在樓上與附近的辦公室裡，為新經濟中的菁英行業創造、傳播著觀念與文化內容，而觀光客與顧客則在拱廊中信步消費。他們會消費，是因為這裡的店面獨特——店內那些不同的勞動者各自創造、販售的不僅是獨特的產品與服務，還有在背後讓這些產品與服務之所以特別的理念。

本書內容共由三種轉變構築而成：以雜食性為核心的菁英品味重建，傳統社群性機構轉變成零售業新文化菁英的歸屬，以及勞動在新經濟中的重構。而這三者相互結合，便能解釋這些工作與商行是如何變得高檔、酷味十足，而且令人趨之若鶩。透過這些新菁英工作的實例，一口氣探究文化、都市與經濟上的變化，將可增進我們對當中各種工作的理解。

第一部

PART I

在第一部各章中，我會逐一仔細觀察bartender、釀酒人、男仕理髮師與切肉師這四種職業，此舉目的在於勾勒出各職業當中的文化套路基礎。我會提供各產業、職業與工作場所的簡史，討論其哲學立足點，並解釋它們在今日城市中的復興、在該產業中將之與其他版本的職業區隔開來的象徵邊界，以及其職業社群中的道德界線。每一章的內容都混和了史實、此類工作場所中關鍵行為者的故事，以及與勞動者及店主的訪談，並討論這些勞動者自認所處的社會脈絡。

更重要的是，各章都會聚焦於一個特定主題。雖然我們可在每一種職業裡看到這四個主題當中任一個以某種形式展現，但我在這幾章裡的討論，會著重在該職業最能表現的主題。第一章以bartender為題，會以最直接的方式處理新菁英服務業的勞動。第二章談釀酒人，將處理「真實性」的邏輯為何。第三章講男仕理髮師，將處理男子氣概在新經濟中的角色。第四章則討論切肉師，處理所謂雜食性的產生。

我將以段落節錄的形式呈現所有訪談紀錄及田野現場的對話，同時竭力為讀者提供名詞解釋，以利了解這些勞動文化（許多定義與解釋會擺在腳注與尾注）。雖然各章都聚焦在單一職業和其獨一無二的性格與條件上，但我不時會談及該職業與其他職業之間的相似和相異處。我會在第二部各章中呈現這四種職業之間的共通點。讀者在第一部中將會發現有好幾個主題沒有推衍，討論也未盡充分（例如，這些勞動者何以追尋這些職業為其事業、服務的角色，以及「精工手藝」〔craft〕的定義）。我會在第二部分析這些與其他主題。

第一章

雞尾酒復興

Chapter 1: The Cocktail Renaissance

遙想其他時候的正派紳士，他們讓飲酒成為生活之樂，而非生活之惡；而且，他們無論喝了什麼都能鎮定自持、保持紳士風範，即便醉酒亦然。他們的榜樣足為後人稱頌。

——奶與蜜（Milk and Honey）酒吧廁所內的裱框標語，文字摘自《老華爾道夫—阿斯托利亞酒吧誌》（*The Old Waldorf-Astoria Bar Book*, A. S. Crockett, 1935）

一九一九年，「沃爾斯泰德法」（Volstead Act）讓夜生活倏地結束，美國bartender的精湛技藝成為非法。時人認為喝酒是在過一種籠罩於死亡陰影的生活，認為那是與死為伍。我們花了近一個世紀，才恢復飲酒的情調，讓專業雞尾酒的格調復甦。在我們的時代，能有一夜以上等紅酒、精心調製的雞尾酒，精心準備的食物，以及啜飲完美烈酒享受純粹的生活之樂，可是一份難能可貴的恩賜。對於避開夜晚的人，我們向他致敬。對於在傍晚過後光芒耀眼的人，我們給他熱情的擁抱。歡迎來到新黃金時代。歡迎來到死吧。

——死吧廁所裡的裱框標語

紐奧良七月的空氣活像是碗濃湯。每年此時，精調雞尾酒的廣大世界便會降臨法國區（French Quarter），化為一年一度的「美國調酒聖會」（Tales of the Cocktail）。這場活動的參加者有bartender跟酒吧老闆、酒品所有人與品牌大使等酒類產業中人、酒類作家與部落客、生活風格媒體人、餐廳業主、旅館業主、販賣高度專業商品（如釀酒器具、製冰機、熱帶風〔tiki〕酒飲罐裝材料）的業者，以及上述各群體的公關代表。雞尾酒愛好者與普通消費者等業外大眾也會全額付費參加，但雞尾酒節的精髓——也就是建立人脈、旅館房間派對、祕藏私釀酒，則僅對社群成員開放。美國調酒聖會是全球精調雞尾酒社群最大的一場盛會，他們會在活動中歡慶雞尾酒復興，見見老友，結交新朋友，分享酒飲理念，思考生意計畫，享受獎項與讚美。沒有參加的紐約客開玩笑說，城裡的酒吧在聖會期間搞不好會因為人手不夠而休店。有幾間確實如此。

調酒人是一群夜行動物，他們白天聚集在古蹟（有冷氣）蒙特萊昂酒店（Hotel Monteleone），以及酒店屋頂的泳池和旋轉木馬吧（Carousel Bar，經典的老廣場〔Vieux Carre〕雞尾酒就是在此發明的）。[1] 他們參加或主持小組談話與發表會、品酒、研討會、簽書會、廣播與節目錄音，直到夕陽西下後進城走跳，整晚待在外頭。這樣的日子，他們會連續重複過上五天。

週五一整個下午，我在蒙特萊昂酒店參加研討會。在這場名為〈二十一世紀琴酒〉的會上，四間琴酒公司的四位品牌大使討論起這種烈酒的歷史與現況。現場相當擁擠，聽眾排排坐著，面前的桌上擺了塑膠杯，杯內裝有透明液體。來自倫敦、曾為bartender、但如今為亨利爵士琴酒（Hendrick's Gin）工作的夏綠蒂為這場座談開場，介紹主題。她告訴聽眾，面前桌上有七種不同的琴酒，每一種都代表著一種獨特風格。與談人在談話時會提到這些酒，聽眾可邊聽邊品味。夏綠蒂接著講述一段琴酒簡史，從一五〇〇年代的荷蘭杜松子酒起源，講到琴酒轉移陣地到了倫敦，也就是「Old Tom」與「London Dry」成形之處。她說明，雖然琴酒在二十世紀一直是很普及的烈酒，但諸多製造商並未在幾種固有的風格範疇中有所創新，直到最近。

「五年前，我們不可能舉辦這種研討會，桌上也不會有這麼多種琴酒，」夏綠蒂說，「十年前，我絕對講不出四到五種琴酒牌子，可見現在情況確實有了改變。想到這裡，想到這些新的琴酒，真的讓我們非常高興。那我們要怎麼稱呼這些酒？需要給它們起什麼名字嗎？說這些新琴酒『新』適合嗎？還是說，我們的確得找出某種方法，讓這些跟我們過去聽過的London Dry和Old Tom琴酒有所區別？萊恩，你對這個問題八成有點想法吧？」

萊恩・馬加瑞安（Ryan Magarian）是來自奧勒岡州波特蘭的bartender與顧問，也是二〇〇六年成立的飛行牌美國琴酒（Aviation American Gin）共同創辦人。聽眾都知道，他對琴酒分類的意見可強烈了，紛紛為夏綠蒂的話頭而笑：

> 三年半前，我跟合夥人發展飛行牌時，我心想：「我們就是要當討厭鬼。我們就直衝琴酒宇宙的邊緣吧。」那時我們真的很興奮。我們認為自己能釀出一種琴酒，不會落入和今天隨處可見、任何知名品牌一樣的琴酒。至於琴酒，對我來說，我們只要看看定義，就知道還有許多藝術上的自由空間可發揮。我們再看琴酒分類，看起來相當單一。在我們看來，大家其實跟傳統的London Dry離得還不夠遠。我說「London Dry」，講的是任何一種以無味烈酒為基底、杜松子味絕對會是你最先從酒裡嚐到的琴酒。這就像是某人把一道牛排擺到你面前，是塊四十八盎司的丁骨牛排，配有一點花椰菜和些許焗烤皮，但決定這道菜靈魂的，還是牛排本身。

萊恩隨後說明他和合夥人如何希望飛行牌能充分表現其產地（特別是奧勒岡）的特色，例如運用有機素材、添加若干香薄荷（savory），擁有豐厚風味與「濕潤」的口感。由於他的夥伴是釀威士忌的，兩人因此希望能有一種讓人小口單喝的琴酒——單喝對London Dry來說並不常見。*他們在釀酒時也考慮到雞尾酒。因為飛行牌的口味風貌跟London Dry不同，未必適用於經典酒譜，萊恩得訓練bartender如何在酒飲中利用自家琴酒。他主張為自己這種琴酒新風格取新名稱，以此為發言作結：

這是種新風格，我想「新西部」風格會是個有趣又誘人的名稱。我不曉得這名稱會不會傳下去，但老天啊，我要一直用，除非有人想得到更好的——說不定叫「二十一世紀」琴酒——到時就知道了。我還要在這琴酒上用「平衡」（balance）這個關鍵字。各位會發現更多種平衡。記得我說的四十八盎司丁骨牛排嗎？好，還是來想像一客牛排，但新西部是一塊八盎司菲力，配上一大堆柳橙香氣的北非小米、一點加了培根脂與碎培根的炒甘藍，或許旁邊再擺一點青蔥還是什麼味道重的食材。這還是一客牛排，但就不是那種牛排。讓這些新琴酒與舊琴酒有所區隔，如此能保護琴酒。我們若不這麼做，接下來你就曉得伏特加跟琴酒會混為一談，琴酒這整個類別會跟著一敗塗地。

安格斯．溫切斯特（Angus Winchester）原是英國的bartender，如今則是坦奎瑞（Tanqueray）琴酒的顧問與全球品牌大使。幾乎整場會議都安安靜靜、看起來相當自滿的他打斷了萊恩的主張。

「呦，這我覺得很有趣。大家都在講『拜託政府少管一點，不要有太多規定』，諸如此類的，萊恩卻在這裡說我們應該多管一點。我的意思是，在場的大家都算見多識廣，你們說說，美國威士忌現在有多少種風格？要公認的喔！」

＊「單」（neat）喝烈酒，是指完全只喝酒，不加冰塊、水，或是苦精、甜味劑等配料。

他頓了頓，現場一片咕噥。

「二十六種。有二十六種公認的美國威士忌風格。它們確實存在，但我們都說只有五種。你看，這解釋了很多事情。我們現在看著這麼多嘗起來不像琴酒的琴酒，所以你們才得修改酒譜，否則無法用這些琴酒調出經典的琴酒酒飲。我覺得有些喝起來根本就是口味眾多的伏特加。要是沒法馬上注意到杜松子味，那我覺得，你如果試試坦奎瑞十號，鼻子湊過去聞聞看，就是會有杜松子味，前味中味都有，也有清新柑橘香，但杜松子味最明顯。」

「我的看法不是這樣。有時我覺得，沒錯，或許我們該重新分類。但我又認為整體上它們很符合我們的需要，該解釋這兩種作法的人應該是bartender才對。美樂（Miller's）跟亨利爵士（Hendrick's）不是你們習慣的琴酒風格。等到我們開始釀製嘗起來不像琴酒的琴酒，好讓大家接受琴酒，但這樣不是搞錯了嗎，沒有嗎？這樣的酒顯然跟消費者對琴酒的期待差了十萬八千里。我們不必把什麼都叫成琴酒。要是大家都喝一樣的東西，生活可就無聊了。你不喜歡琴酒？好吧，真抱歉。但我可不打算釀錯誤的琴酒，好讓你能跟你朋友說你的確喜歡琴酒。」

「說飛行牌是London Dry，甚至擺在同一類別，這是錯的，」萊恩回應。「想想看杜松子酒（genever），我是說，杜松子酒跟London Dry根本不像。琴酒是一段有演變的故事。總之對我來說，在乾式風格固守不前，又沒辦法向大眾簡明扼要地說清楚風格的情況下，我覺得這沒道理。」

萊恩跟安格斯在為各自的品牌講話：新品種與舊標準。[2] 席間，一位名叫賽門．迪福特（Simon Difford）的聽眾接著發言。這位賽門在倫敦擁有一間酒吧，還在網路和紙媒裡寫過一系列品酒指南。會場上知道他寫過指南的人，都很興奮能聽到賽門本人發言。他直接針對萊恩表示意見。

「我們從杜松子酒發展到琴酒，可是大家沒叫琴酒是杜松子酒，而是想出另一個名字稱呼它，因為就是不一樣嘛。這就叫發展。你釀的不是琴酒，而是有加味的別種烈酒。」

「可是你在自己書裡稱它琴酒耶，」萊恩說，「而且還給我們四顆半的星星！」這場唇槍舌戰讓聽眾聽得很樂，大家對萊恩的回馬槍報以掌聲。

「但我在隨後評論裡就說那不叫琴酒了。我們沒有琴酒警察，沒有人去嘗過後說這酒每公升中的杜松子酒成分沒那麼多，不能算是琴酒。問題就出在這兒。你愛叫什麼是琴酒都可以。你的酒還是乾式風格。當中沒有杜松子味，但還是乾式風格的烈酒。這酒是很精緻的烈酒。如果你叫它『新西部風烈酒』，我會買帳。我之所以在書裡稱它為琴酒，是因為你在標籤上放了『琴酒』兩字。這是你起的商標名。」

「那你覺得『新西部風植物性烈酒』如何？」

「可以，這詞很棒。」

「但這就是琴酒。」萊恩指著自己的酒瓶說。

調酒與酒飲作家大衛·翁德里奇（David Wondrich）在活動座談會上分享。作者攝。

「琴酒要以杜松子酒為主。但這酒不是以杜松子酒為主，不算琴酒。」

「我就拿牛排當例子說明我的論點。不論是四十二盎司丁骨，還是八盎司菲力，它們都叫牛排。」

「但你這就像是把漢堡叫成牛排。兩者根本是不同產品。」

整體上，調酒聖會的研討會、節慶與調酒社群表面上都非常和諧，公開場合罕有尖銳的評論與你來我往的舌戰。數十年來，傳統的倫敦乾式風格（例如坦奎瑞、英人牌〔Beefeater〕與高登〔Gordon's〕的濃厚松木香風味）主宰了琴酒分類，也形塑了大眾對於「琴酒嘗起來是什麼味道」的概念。不過，除了解釋歷史的重要性、幫助bartender拓展對風味的品嘗能力之外，這場研討會上漫長的討論，還透露出社群成員不時會因定義與分類而起的緊張態勢。由於不合慣例的新琴酒產品進入市場，琴酒分類也就成了品味與行銷之戰的沙場。精調雞尾酒社群成員不停討論像是「什麼是真正的琴酒，什麼不是」、「新產品有哪些可取之處」，或是「大廠牌對一般人口味的影響」等問題。這類辯論與爭議是調酒社群日常對話的一部分。

琴酒對談結束後，我參加了一場名為「糖」、談調酒甜味科學的研討會，以及另一場由斯坦尼斯拉夫·瓦德納（Stanislav Vadrna）主持的「顧吧的藝術」（The Fine Art of Tending Bar）研討會。這位波蘭bartender曾接受知名的東京調酒教父上田和男的栽培。夕陽西下時，我走往和法國區相隔幾個街區的W HOTEL，去參加聖會的年度盛事：「吧廚賽」（Bar Chef Competition）。這場比賽是以電視實境秀《鐵人料理》（*Iron Chef*）為範本；來自全國各地的調酒參賽者必須調出兩款雞尾酒，一款餐前、一款佐餐。他們必須使用贊助商的產品與一種祕密材料，這兩者都是在比賽開始前幾秒才會揭曉。柑曼怡（Grand Marnier）與納文（Navan）這兩家分別是柳橙與香草利口酒的廠牌贊助了本次活動，觀眾席間也提供一款「完美風暴」（The Perfect Storm，經典調酒「月黑風高」（Dark and Stormy）的變化版，用了贊助商的素材）的調酒供大家傳遞試喝。大舞廳架高的舞台上擺了八座一模一樣的吧台，有完整備品、調酒用具，以及一台供煎（sautéing，廚藝調酒〔culinary cocktails〕推薦使用的技法）用的爐台。活動參賽者來自紐約、邁阿密、波士頓、西雅圖、舊金山、維吉尼亞、洛杉磯和紐奧良。評審團是由七位經驗老道的bartender、主廚，以及餐酒媒體界的人士組成。戴爾・迪格洛夫（Dale DeGroff）是主持的最佳人選，他是「調酒之王」、活傳奇，也是全美公認為當今調酒復興奠下基礎的人。

解釋完得在四十五分鐘內調製出兩款原創調酒的規則後，戴爾揭曉祕密材料——原來是檸檬生薑果醬。計時開始，調酒者跟著開始動手。其中一人在試聞、試嘗一瓶雪莉酒之際，也同時煎炒些許迷迭香。每當戴爾對參賽者手上正試做的發表評論，底下群眾便會有人為他們歡呼。紐約首間公認的精調雞尾酒吧「奶與蜜」（Milk and Honey）的知名調酒搭檔米奇與薩米大聲嘲弄從紐約來參賽的兩位朋友朱賽佩與艾瑞克（但艾瑞克去年搬到洛杉磯，在當地開了家店）。這是米奇與薩米為朋友打氣的方式。我還瞥見史提夫・歐森（Steve Olson），他在這一行已是老手，不僅是bartender兼顧問，也是調酒社群內的教育與訓練課程「酒精飲料資源學程」（Beverage Alcohol Resource Program，簡稱ＢＡＲ學程）的創立者與主理人。他看起來神采飛揚。

「你看現在台上每個人！戴夫只是其中一個，但所有人當中只有他通過ＢＡＲ課程，這傢伙今年秋天就要開始教課了。[3]我們在這行幹了二十五、三十年，幾乎沒人相信竟然會有這麼一天，但事情就是發生了，整個調酒界已經大到過去無法想像的境地。調酒以前就很小眾，現在還是很小眾，不過投入的人已經比以前多太多，也開始對社群之外產生影響。大家來找我，說想當bartender，你知道這話我聽了多爽。」

時間一分一秒流逝，台上的緊張感也隨之增加。bartender拋下先前所有味覺記憶裡對行之有年的風味組合所做的實驗。只有評審會試喝他們構思出的酒飲，贊助商則可能會將優勝者的酒譜當作宣傳材料。今晚，這些bartender不必進酒吧，不必服務或和顧客對話，他們只要在大庭廣眾下向熟門熟路的觀眾展現調製的酒飲和調酒過程。

鈴聲響起。戴爾臉上掛著誇張的露齒燦笑，閉眼仰頭，舉拳對著天空朝麥克風大喊：「精湛手藝回來了！」[4]

●

對今日調酒世界裡的人來說，過去的影子揮之不去。本書談及的四種職業中，就屬雞尾酒吧的bartender最有可能去推崇、討論、激辯其技藝與文化的歷史，同時認可「歷史」在自己工作中的重要性（例如，調酒聖會上討論琴酒的與會者不僅提到杜松子酒過渡到琴酒，更思考了這是否代表琴酒的演進，或是一種新烈酒類別的誕生）。調酒的經典文化就出現在他們的酒譜與個人風格、酒吧裝潢主題及職業認同當中。對他們來說，精調雞尾酒在整體夜生活產業中的普及，以及調酒如今已提升到堪稱一門體面行業該有的地位，可說是調酒真正的復興與重生。bartender之所以立足於過去、且重塑過去，既是為了個人生計，也是為了那些想要特殊的酒吧體驗、渴望每杯調酒背後都有其故事的飲酒大眾。雞尾酒吧和一般酒吧一樣，變得越來越像餐廳，吧台後的空間越來越像廚房，bartender也越來越像是主廚與侍者的結合。在服務時運用個人的調酒知識，有助於他們將自己的工作提升到菁英層級。

雞尾酒的黃金年代

數千年來，人類會將酒飲與其他材料相混，而且原因眾多。綜觀不同時代與地域，有些族群在酒裡加味是為了醫藥或宗教目的。英格蘭人分別把柑橘與奎寧（通寧水成分之一）與琴酒混和，藉此預防壞血病和瘧疾；許多目前已是調酒必備的調味料、帶有香氣的苦精，也在當時開始成為健康靈藥。[5] 其他人這麼做則是為了保存產品；像苦艾酒等烈性葡萄酒，就能比其基酒保存得更久，適合長途運送。有些族群在烈酒中混入其他材料，則是為了掩蓋劣質蒸餾酒糟糕的味道。[6] 各種例子裡用的多是當地產品與原料，而地方風俗則形塑了他們的飲用習慣。

在雞尾酒的眾多加味酒祖先中，源於十六世紀英格蘭文化發明的潘趣酒（Punch）尤其特別。潘趣酒代表了史料記載中最早以烈酒與非酒精飲料調製，為了社交理由、而非藥用或宗教因素而飲用的酒水。英格蘭人早就喜歡在酒裡加味，由於不列顛可觀的貿易路線，他們對於來自世界各地的材料也頗感自豪。潘趣酒最初是船員與水手喝的酒飲，後來成了風度與交際的象徵。大家會圍著大碗慢慢共飲潘趣，以此享樂。相形之下，雞尾酒卻是bartender以個人份量調製，供個別人士飲用，調製不須那麼久，因此促進了個人主義與效率——這正是一般視雞尾酒為美國發明的兩個原因。[7]

美國在印刷品上最早出現「雞尾酒」（cocktail）一詞，是一八〇三年的事。[8] 作者寫道：「喝杯雞尾酒——有益思考。……說在達克特（Doct's.）發現本南（Burnham）——他看來很聰明——又喝了一杯。」此時，大眾仍認為酒精飲料有益健康。雞尾酒最早的定義出現在一八〇六年。[9] 作者去信編輯，回答「何謂雞尾酒？」的問題：「所謂的雞尾酒是種提振精神的酒，由任何一種烈酒加上糖、水與苦精而成，俗稱bittered sling。」作者描述的正是現在bartender所稱的「古典雞尾酒」（Old Fashioned），但他沒說出明確配方，也沒指示如何調製。bartender運用變通手法（與在地材料）製作，當時的酒飲狀況就是這樣。

美國在十九世紀走向現代化與工業化，在這進程中，這種調酒傳統也隨之改變。全國媒體與出版業的興起，有助傳播共通的調酒文化。第一本雞尾酒譜專書在一八六二年出版，名叫《Bartender指南：如何調飲料；又名講究人士指南》（*The Bar-Tender's Guide: How to Mix Drinks or, The Bon Vivant's Companion*），作者是人稱「教授」的傑瑞・湯瑪斯（Jerry Thomas）。湯瑪斯以bartender身分遊歷美國各地，一路訪察各地的酒譜、技術與理念。究其歷史，酒吧與餐廳或許有些保密到家的獨門配方，但bartender很少會把自己的工作寫下來。湯瑪斯是最早把歷來泰半以口授的傳統與職業祕方形諸文字的第一人。他提供飲料名稱、使用材料與用量，讓其他人能如法炮製。[10]他還以放諸四海皆準的單位與調製的合理步驟，取代地方、主觀、隨興的調酒習慣。

湯瑪斯的書一時洛陽紙貴，帶出好幾本同類型的著作。這類書是給酒吧老闆的工具書，意味酒譜只占內容一部分，其他還有如何擔任bartender的實際教學，例如「bartender上下工守則」、「招待顧客與待客之舉」、「如何改善酒吧與廁所風貌」，以及「了解顧客想要的調酒法」。[11]時人將bartender視為生意人。調酒工作需要從學徒做起，記住上百種雞尾酒譜，發明新雞尾酒，精通調酒技藝與技術，還要製作獨一無二的苦精與利口酒。這類教學就是專業指南。雖然十九世紀初的人可能不知道什麼是雞尾酒，對調酒的定義也各不相同，但到了世紀末，或許已能在紐約點杯曼哈頓雞尾酒，而且若在舊金山點相同的酒飲，相信喝到的也會是同樣的東西。[12]

十九世紀的新科技與社會變遷，對雞尾酒與調酒技術的成熟同樣有推波助瀾之效。蒸氣取代蒸餾時使用的火，讓蒸餾過程更容易控制。在罐式蒸餾器之外，柱式蒸餾器也加入行列，讓蒸餾得以持續進行，因此能大規模生產烈酒。這些技術相互結合，造就出品質更一致、且可預期的產品。以鐵路為主的運輸技術不僅方便bartender取得非在地的材料，也拓展了大眾的味蕾。冷藏技術意味農人能長程運送水果等食材，bartender要取得冰塊也無須仰賴冬天或寒冷的北方地區。此時，工業革命帶來大城市興起，初來乍到的人湧入城市，在變化中的經濟體裡找尋新開始。「你是誰」代表的通常不只是大眾的工作或出身，更意味著他們購買的物品。[13] 工人階級與移民喝啤酒跟威士忌，本來就有錢的人則喝葡萄酒與白蘭地。各產業的專業人士這類城市新菁英有意在大旅館的豪華酒吧這類公開場合炫耀個人新地位的年代，正是調酒邁向成熟之際。調酒於是成了都市風情與熟諳世故的象徵；只要喝得對，就象徵了地位。[14]

這些發生在美國社會的緩慢改變，終於造就出調酒文化的經典時期，或說「黃金時代」，時間約是從一八七〇年前後延續到一九二〇年。此時，雞尾酒根植於國族意識中，美國人認為在高級場所工作的bartender是這一行的佼佼者，「調酒術」也成為製作雞尾酒的金科玉律。[15] 調酒術是指調製酒飲的一系列原則，包括運用精確的度量單位、標準材料、現榨果汁，以及搖、攪與搗拌（muddling）等各式調飲手法（何時該搖、何時該攪自然也不例外）。* 在經典時代的bartender指南中，有些原則是心照不宣，有些則是明文指出。高級酒吧的bartender運用這些原則，調製出平衡的酒飲——讓新鮮、優質的素材以和諧的方式呈現（也就是說，當中不會有單一材料壓過其他材料，也不會有哪一種材料沒有用意）。[16]

調酒術的基本原則，是今日雞尾酒復興的哲學根基。bartender會時不時提起黃金時代，以其為精調雞尾酒

---

* 有時候雖然很主觀，但專精於雞尾酒的bartender通常會遵守規則：含柑橘類水果的飲料要搖，沒有的就要攪。除了要確保材料混合均勻，他們還提到一個關鍵原因——口感。加了柑橘的雞尾酒通常比烈酒取向的雞尾酒更清新，客人也傾向快速喝掉。bartender因此希望這類飲料在口中有明快感。相形之下，酒精含量高的飲料，客人會小口慢飲。bartender會希望這類飲料喝來滑順。馬丁尼是個明顯的例子，雞尾酒吧的bartender不會用搖的。他們希望琴酒滑順，不帶氣泡或一絲泡沫，而搖就會起泡。然而，一杯搖製的馬丁尼靜置一小段時間後，會讓泡泡消失，客人有可能分不出差別。

搗拌法需要用一根光滑的細棍（稱為攪拌棒，通常為木製）來搗碎材料（一般是水果跟籽），以榨出果汁與油脂。

再度流行的原因，及自己工作的靈感來源。二〇〇七年，戴夫跟夥伴開了世界知名的精調雞尾酒吧「死吧」。[17]他提到「過去」對雞尾酒復興和他的酒吧有多重要：「我老是說，我們還在恢復這一行一百年前就已取得的成就。禁酒令之前的發展真的很狂。bartender自己調苦精，每個bartender都有自己的招牌調酒，而且各地都有上百種酒飲，超瘋的。酒的裝飾超精緻，整個酒面全是新鮮水果和不同種類的冰塊，多誇張！我們現在都還沒達到那種地步。所以重要的是回到過去，找出我們接下來該做什麼。總之我覺得，真要講起來，過去絕對是我們想法的學校。」

對雞尾酒吧的bartender來說，黃金時代的復興，就是調酒文化成長的基石。三十有五的布萊恩是死吧的bartender，也是數家烈酒公司與其他酒吧的顧問。他是西雅圖人，十八歲進大學前的暑假來到紐約拜訪兄弟，結果愛上這座城市，一畢業在工作還沒有著落前就搬了過來。他在餐飲業打工賺錢付帳單，直到接之於他，就是他的指引：「就像過生活，除非你知道你去過什麼地方，否則你無法得知自己要往哪去。鑑往知來嘛。我們對那些老前輩有超乎尋常的敬意。我說的前輩可不是戴爾（迪格洛夫），而是傑瑞·湯瑪斯、查爾斯·貝克（Charles Baker），這些人早在我們之前就調出了不得了的酒飲。[18]情況就像是『好喔，酷耶，我們就拿這個來即興發揮』。我記得蓋瑞（指知名bartender暨作家蓋瑞·里根〔Gary Regan〕）說這是『在拉經典的皮條』。[19]我的做法是直接拿二十世紀的東西來發揮：琴酒、麗葉酒（Lillet）、檸檬汁和白可可香甜酒。我去掉琴酒，改放波本，再把白麗葉換成紅麗葉，加可可香甜酒和檸檬。又是一種可以上台面的飲料。」[20]

經典文本不只是bartender的參考酒譜，也是技術指南。布萊恩談起他的搖酒技術：「我剛開始在勃固俱樂部（Pegu）工作時，奧黛麗（指勃固的老闆兼bartender奧黛麗·桑德斯〔Audrey Saunders〕）就給了我一本書。[21]她有一份類似指定閱讀書單的東西，其中之一是大衛·安布里（David Embry）的《酒怎麼調》（*How to*

Mix Drinks），她超好心借了我一本。[22]基本上，安布里書裡的指示就像『搖（shake，雙關語，同時有搖與發抖的意思）得好比有七個魔鬼在追你』。總之，你就像見了鬼那樣搖。」

事情就像戴夫在談話中提到的那樣，全國禁酒令終結了調酒的黃金時代。俗稱「沃爾斯泰德法」的美國憲法第十八修正案，宣告釀酒、運酒與賣酒屬違法之舉。[23]在修正案於一九二〇年一月一日生效後，若想喝酒就得關起門來偷喝。禁酒時期正是speakeasy（地下小酒館）興起的背景。之所以叫這個名字，是因為裡邊的人得「低聲講話」，或是小心翼翼地靠通關密語才能入內。雖然有些小酒館提供的是貨真價實的好酒，例如紐約的傑克與查理（Jack and Charlie's，又名二一俱樂部〔21 Club〕），但多數可不然。[24]業主常在便宜的無味穀釀烈酒裡混入調味劑，讓酒更好喝，例如私釀琴酒（bathtub gin）；走私販則會加入食用顏料，讓澄清的烈酒看似威士忌。這些非法酒館的顧客大多更在意能否公然喝酒，而非入喉的酒飲品質如何。bartender此時不再為了加強風味而混入材料，而是像早期製作蒸餾酒那樣，隱藏酒的味道。[25]手藝精湛的bartender無法一展長才，只能被迫到非法酒館工作、轉換跑道（例如當汽水員〔soda jerks〕），或者出國前往需要優秀bartender調製「美式酒水」（歐洲人通常這麼稱呼調酒）的地方。[26]一言以蔽之，黃金時代結束了。

一九三三年十二月五日，時值經濟大蕭條，美國憲法第二十一修正案撤銷了第十八修正案，成為唯一撤銷前案的修正案。酒類銷售、運輸與製造相關的合法工作機會回來了，酒類稅金也開始再度流進州政府與聯邦政府的金庫。調酒再度進入夜生活領域，恢復它象徵嫻於世故的地位。然而二十世紀的這個時間點卻和黃金時代大不相同，消費場所漸漸變得更在意服務顧客的效率。[27]高球雞尾酒（Highballs，例如伏特加加蘇打水）因為調法簡單，因而大受歡迎：一種烈酒、一種調味品，再加冰就好，不必在乎用量。科技創新也讓調酒更為簡化，有了製冰機就無需再從大冰塊上鑿冰，有蘇打水槍（soda guns）就沒有混和糖漿與酒液的必要，有包裝果汁也就表示bartender不必手榨檸檬與萊姆汁。bartender也不再使用度量器具，用量多少全憑己意，而非嚴守酒譜。在這門行業一度需要的技術層面上，這段時期的調酒沒能恢復多少。

今日的雞尾酒社群成員還會提到這段時期的酒吧素質低落，以及調酒業的「去技能化」，而這兩種情況泰半也延續進入了二十一世紀。[28]他們運用經典的調酒術為自己的作法劃清界線，宣稱這才是調製酒水的「正確」方法。熟悉酒譜、調酒技術與成分的風味特性，運用形狀各異、溫度極低的大量冰塊，犧牲效率，以手工榨汁確保新鮮……這些都強化了他們心中「調酒是門精細活」的看法。二〇〇〇年新年當天，沙夏在下東區開了「奶與蜜」酒吧。[29]雞尾酒社群公認奶與蜜是紐約市第一間精調雞尾酒吧。剛開幕時，沙夏便有意把今日酒吧的標準材料替換成過往黃金時代的東西，尤其是冰塊：「美國bartender因為禁酒令就……你懂吧，日子還是得過，一切都江河日下。總之，一九一〇年代的標準做法——接了單才開始榨果汁，從大塊冰上取冰——這些在美國全給忘了，原因是禁酒令，是類似蘇打水槍的技術創新，如果你管那樣叫創新的話。基本上，如果我找不到大塊的冰塊，我根本就不開店。在我看來，那樣沒意義。調酒會好喝，不只是因為酒譜，還有酒溫與口感。少了這些，酒溫不對，沒有小冰粒和這類搖製酒飲該有的東西，那我還寧可喝紅酒。用製冰機做出的冰是不可能調出我們這種調酒的。你得在搖杯裡放一大塊極冷的冰。我們用的術語是「活的」跟「死的」：死的飲料看起來就像一杯葡萄酒，而死搖出來的雞尾酒看起來就像攪拌的雞尾酒。基本上，我們用對了方法。」

奶與蜜酒吧的bartender整晚都在手工榨汁、用瓶裝蘇打水，還會在輪班前就先把特大號冰塊用鋸、用敲地弄成搖酒用的大冰塊，以及要加進雞尾酒的冰塊。（也有專門的製冰機可做小冰球，供朱利普〔juleps〕和碎冰雞尾酒〔swizzles〕等飲料使用。）對專精於雞尾酒的bartender來說，標準製冰機的冰塊（常見的方形扁塊）太小顆，溫度太高；要是為了達到降溫目標，用的冰塊量與飲料一比又會占掉太多液體表面區域。這種冰塊無法讓雞尾酒夠冰，還會因為融太快而稀釋了飲料。在他們看來，科技帶來的效率已然傷害了酒飲品質。更要命的或許是，大多數bartender再也不曉得各材料的風味特性，也未必得通盤了解才能做這一行。

「真正了解如何運用烈酒的bartender少之又少，」死吧的首席bartender菲爾這麼說，「就是因為這樣，許多烈酒才蠢到隨便哪個白癡bartender都能用的地步——多數bartender根本不曉得自己在搞什麼鬼。拿柳橙口味的蘇托力（Stoli）加蘇打水，你就有柳橙味伏特加，當中就有你要的柑橘味，他們啥都不用加。」*

「金快活（Jose Cuervo）特調瑪格麗特，」布萊恩說。

「就是說。什麼都蠢得可以，烈酒的水準也在往下走，剛好和bartender缺乏手藝扯平。」

這幾位正在重振調酒黃金時代的bartender對著時局大嘆。他們說，這都要怪禁酒令。

後禁酒令時期也是伏特加在美國興起之際。黃金時代的美國人很少喝伏特加，最早致勝美國市場的伏特加公司是思美洛（Smirnoff，該公司在一九〇〇年代早期試圖打進法國市場時，將品牌名裡俄文的「v」換成了西式的「ff」）。先前花了將近二十年仍然挑不起美國人的味蕾興趣後（美國人偏愛本國的威士忌），思美洛終於在一九五〇年代因為精明的廣告戰而有了突破。「嗅嘗皆無味」和「思美洛令你摒息」成了人人朗朗上口的廣告詞，該公司為了宣傳還創造出一款雞尾酒——莫斯科騾子（Moscow Mule），和無數的高球類調酒組合攜手並進。[30]無香、無色、無味（聯邦法的規定），伏特加跟什麼都能混，這帶來了巨大影響。bartender調製伏特加酒飲時，不需要對風味特徵或材料的量有多少了解，這種情況也符合「去技能化」的說法。[31]伏特加在

* 菲爾話裡提到的，是常見的俄羅斯伏特加廠牌蘇托力齊納亞（Stolichnaya）。

一個吧台越來越講求效率的時代，成了一種簡單、用途廣泛的烈酒。

伏特加在現今的調酒吧和bartender間通常不受歡迎。許多bartender會在吧台擺個一兩瓶，但不會擺在後方酒架上給人看，用的也不是知名牌子。但伏特加畢竟是美國最流行的烈酒，對酒吧來說，賣伏特加符合賺錢的道理。「伏特加通寧水能賺錢。」bartender兼酒吧老闆吉姆直接了當說道。但他們的酒單絕少會放上以伏特加為基底的調酒，也很少準備像是蔓越莓汁的材料，以避免調製像柯夢波丹（Cosmopolitan）這種高人氣的伏特加調酒。死吧的瓦金道出bartender對於伏特加的共同感受：「這個嘛，我們都會跟人家說，我們對伏特加沒有不滿。我們很愛伏特加。要清理什麼都用它。一點潔食鹽加一點伏特加，就能把瓶子洗得一乾二淨。不是啦，我是說，伏特加沒什麼不好，但它在一場派對上的功用也就只有提供酒精濃度罷了。你喝了伏特加飲料之後哪會說：幹，這是**上等**伏特加。不會，你嘗到的所有味道都是其他加進酒裡的東西。總之，你要是用真正新鮮的香草和果汁，你真正嘗到的就是它們的味道。但這麼一來，這酒飲的好壞就完全仰賴調味劑的品質了。如果你的調味劑品質很好，就能調出很棒的伏特加酒飲，這很棒，但我們要是想在調酒裡加入某種材料，我們會希望各種材料都有特別用途，都能為各種酒飲帶出某種味覺、嗅覺、視覺上的東西，但是伏特加辦不到。這種酒本質上就是設計成無色、無香、無味的，這就是伏特加的定義。所以，何必丟個一兩盎司東西進去，只為了增加酒精濃度？我保證能找到別種烈酒，讓味道或香氣等等加分，這樣品嘗起來更有意思。那幹麼不用？幹麼不加蘭姆酒、琴酒，或是龍舌蘭？這樣會讓飲料更有意思。總之，這就是我們為什麼避免使用伏特加。基本上，你等於是把調酒風味侷限在調味劑上。這就沒意思了。」

如果客人想要來杯伏特加飲料，而且酒吧也有準備，bartender還是會幫客人調製。[32] 但他們比較喜歡露一手黃金時代的經典調酒術，尤其是其基本信條中的重點——平衡各種風味。[33] 伏特加無法讓他們使出這種絕活，這種酒因此也在精調雞尾酒界裡變得無足輕重。[34]

就像西哥德人攻陷羅馬不僅終結了古典時代，還帶來一段動盪時期，雞尾酒吧的bartender也把從禁酒令以降，到大約一九八〇年代中期和九〇年代的整個時期稱為「黑暗時代」。這兒所說的「黑暗」，是指bartender的技藝、創造力與知識不到位（亦即捨棄調酒術），以及美國人普遍的飲酒習慣。在這個黑暗時代裡，還是有一些關乎品質的雞尾酒運動，例如熱帶風酒飲（tiki drinks）的誕生；雖有若干經典雞尾酒熬過了這個時代，比方說馬丁尼與曼哈頓，*但多數還是消失了。進入美國飲酒風景的新雞尾酒，例如瑪格麗特，也和經典雞尾酒一樣，屈服於同一股講求效率的新勢力。大家比較在意的「是喝這種還是那種飲料」，而不在乎bartender如何調酒。

他們的論調是這樣的：bartender是種職業，而我們美國是個因為禁酒令而失去某些東西的國家，需要有人指點迷津。[35] 艾倫是雞尾酒社群的重量級成員。他是美國最大的紅酒與烈酒經銷商南方紅酒暨烈酒公司（Southern Wine and Spirits）的調酒術與烈酒教育總監，負責為公司舉辦活動。他也是紐約蒸餾酒公司（New York Distilling Company）的老闆，還於瑪莎·史都華（Martha Stewart）在天狼星衛星廣播（Sirius Satellite

---

*「馬丁尼」之名是留了下來，但這種飲料從其原本就眾說紛紜的起源發展出好幾種路子。最主要者，在於伏特加取代了琴酒成為馬丁尼的基酒，乾苦艾酒從這種雞尾酒裡消失，而搖製也取代了攪拌。我們也可將這些變化歸咎於伏特加日益高漲的人氣與容易飲用的特色；苦艾酒一旦與伏特加混和，味道會變得更強烈的事實（或許也是因為酒吧的苦艾酒因保存不佳而走味——雞尾酒文化消失的又一面）；以及搖酒比攪拌更有效率的關係。馬丁尼的轉變也跟詹姆士·龐德一角並進，伊恩·佛萊明（Ian Fleming）小說中的龐德會點加琴酒或伏特加的馬丁尼，還有一次是同時加琴酒與伏特加（稱為「薇絲帕」〔Vesper〕，以小說及電影《皇家夜總會》〔*Casino Royale*〕的人物薇絲帕·林德〔Vesper Lynd〕為名）。龐德很快就不再點琴酒和苦艾酒了，他開始喝冰的純伏特加，裡面只有一點點杯中的冰融出來的水。

Radio）的電台上主持每週一次的調酒廣播節目。艾倫從食物講到調酒，尤其是「慢食運動」；他說，正是這個運動讓他對於美國的「美食傳承」（這是他的原話）有了更多認識。他在談到調酒的黑暗時代和當今的復興時，常把食物與調酒相提並論：「隨調酒興起而來的是一次演進及品味的熟成——對此我完全抱持正面態度。就說甜味好了，非常概略說，我們美國人就愛甜滋滋的東西。沒問題，很好。那後來我們怎麼會願意吃以前不熟悉的東西，像是甘藍菜苗、早餐蘿蔔（breakfast radish），以及其他蘿蔔或香草？我認為，我們接受、最後甚至享受這些苦味的意願，也能解釋現在出現的這些調酒類型，以及在各界大受歡迎的烈酒種類：威士忌是當然——另外，不只是淡香蘭姆酒，還有風味微妙的陳年蘭姆酒；不光是糖跟焦糖的氣味，甚至還帶一點苦橙或熟透水果的特色。目前紐約的調酒文化不再只有大量的甜，還有類似苦精與蕁麻酒等成分，這幾乎已是當代調酒文化的金科玉律。大家一夕之間都對這些草本風味產生好奇，但也要有一扇敞開的門，讓人能接受這些風味。要知道，二十年前就只有甜味飲料，當然，這沒什麼不好。柯夢波丹本身是種好調酒，但多少擺明是一款本質上過度直接、加了糖或人工甘味及人工材料的甜味雞尾酒。」

bartender的工作在黑暗時代得到一種五味雜陳的名聲。國人認為bartender是一種低階服務業工作。[36] 在像是炫富餐廳與奢華旅館裡的酒吧這類高級場所工作的bartender雖能掙得更多薪水，名氣也更響亮，但他們仍是服務業的底層成員。有些在特定族群或工人階級酒吧裡工作的bartender，雖然在顧客之間地位崇高，但其權威與所得到的尊重一般都邁不出酒吧大門，或是超出其社群的界線。[37] 一般人普遍認為，當bartender就像端盤子，從事這行的人不過是想打平收支，實則志在他方，例如想當演員、畫家、音樂家或求學。對於還在職涯起步階段的年輕人來說，酒水業的工時彈性，薪水也還能接受，領的還是現金；對其中某些人而言，他們能有機會結識同領域的其他人，或許還能穩定駐點。[38] 但是有意開創事業、獲得尊重、從勞動中獲得意義的人，多半只把此處當成暫時落腳處，而非終點。

但對從業人員來說，bartender這個職業已走上舞台，重返鎂光燈下，因為他們再度擁抱了調酒術的原則。大眾也適時為這麼做的bartender帶來回饋。

「我以前在其他酒吧工作時，老是有人問我：『你的正職是什麼？』」瓦金解釋。「一直有人問，因為人人都是演員，是作家。大家都是編劇，是導演、舞台助手、畫家、雕塑家，他們當bartender只是為了付支出帳單罷了。在死吧就沒人會這麼問我。大家都知道，要是你在這裡工作，你就是bartender。你是專業人士，你一臉看起來就很懂、會很多調酒技巧，這就是你從事的工作。為了做好分內事，你得花很多時間下分外工夫。沒有人會拿那種問題問你，這真的讓人非常、非常自在。這就是我的工作。你正看著我在做的事，看我怎麼做。我不是來兼差的，這就是我的正職。你從自己的工作裡得到認可，這對自信確實大有幫助。客人會告訴你，這是他們喝過最好喝的酒飲，或者這飲料實在太完美，所以沒錯，這感覺真的很棒。」

在雞尾酒吧工作的bartender自視為專業人士，也希望別人這麼看待他們。他們因工作而從顧客處獲得情感上的小費，從而支持、鞏固著如此需求。[39] 但他們並不贊成類似「吧廚」（bar chef）的標籤，或是「調酒學家」（mixologist）等媒體與一般大眾愛用的流行用語。他們認為，這些標籤過度強調了其工作中調製雞尾酒的一面，把這擺在他們職業身分的中心實在不恰當。[40] 雞尾酒吧的bartender極力強調bartender的身分。對他們來說，身為專業bartender，意思就是有能力照管整個吧台。

「我是bartender，」布萊恩挑明了說，「我不是調酒學家。我恨這個詞，而且是深惡痛絕。這就像你在《柯夢波丹》雜誌裡會讀到的東西：〔用做作的口吻〕『噢，這位調酒學家……』這就像是把清潔工說成是廢棄物工程師。清潔工就是清潔工，說不定他樂得當個清潔工。我樂得當個bartender。我就想幹這行。我想當一個大小事都會的人，能調酒、上酒、手腳俐落、數錢、創造東西、清點東西、當經理。就好比棒球選手，我想當『五拍子球員』（five-tool player，意指擊球、長打、跑壘、臂力、守備皆有一定水準的棒球選手）。我希望自己有能力完成這一切，我不想就只專做飲料。」

調酒術是職業認同的基礎，但對bartender而言，調酒術並不等於認同本身。雞尾酒吧的bartender認為自己的工作具有多重面貌。當個好bartender等於要把調酒的知識與手藝，與高品質服務不可或缺的人際互動技巧相互結合，還要耐著性子在酒吧後表現基本、甚至是非技術性的工作。湯姆提出一種新穎的區分方式：「類似情形在製作糕點過程中滿明顯的。烹飪有其靈魂，有其情感，但烘烤本身卻沒有。烘焙是一門科學，要嚴守比例。我認為當bartender也有其靈魂。說到底，最讓我自在的還是『bartender』這個詞，因為這就是我在做的事。我不會自顧自地調酒。」

若是這樣類比，調酒術就是科學，但當bartender卻是藝術。[41] 材料比例錯誤會導致麵包發不起來，bartender也是這樣；某種材料多加四分之一盎司就能毀了酒飲的平衡，無法變成bartender希望的樣子——它發不起來。但專精於雞尾酒的bartender堅稱，調製飲料學起來很簡單。瓦金就說：「這只是熟不熟練的問題，熟了看起來就很簡單、渾然天成；調酒又不是火箭科學，真的沒那麼難。你就只是調飲料，按照酒譜調。」bartender這一行的靈魂、或說藝術，在於握有邊調製飲料，邊與顧客互動，同時還掌控整個吧台的能力。「bartender不只是調飲料的人，更是專業人士」——今天的bartender依然緊抓著這種在黃金時代生成的觀念。[42]

即便如此，調酒能帶來人們的關注與機會，bartender也承認懂得調酒、從事調酒對此有多重要。死吧的bartender傑森言簡意賅地表示：「身為bartender，人家付你錢是因為你知道的、與你所做的事。但人家是因為你懂的東西，所以**尊重**你。這一點非常打動我。同理可證，身為專業bartender，客人還是比較重要，就跟雞尾酒本身一樣重要，甚至更重要。」

少了調酒能力，在雞尾酒吧工作的bartender就得不到現有的媒體關注。他們不會因為客人表示有多愛他們調的酒飲，就能從個人工作中得到認可。他們不會有機會到其他酒吧擔任飲料和菜單方面的顧問，或訓練其店員、舉辦活動、教育大眾、參加比賽，或是與品牌合作。說不定，他們還在為了回答「你的正職是什麼？」的問題而糾結，或者至少會為了應對答說「我只是個bartender」而遭受的眼光而糾結。清潔工哪有機會能把事業拓展到手上的水桶跟掃帚之外，獲得「廢棄物工程師」這種更高的地位？但雞尾酒吧的bartender不同，他們有門路從自己的工作中獲得地位，從吧台後開枝散葉，但這得靠調酒術才能辦到。人不在酒吧時，這些bartender話裡總會淡化「調雞尾酒」在其職業認同中的分量，但他們的舉止卻透露出不同的故事。比起精進互動技

bartender倒出酒飲，以及數瓶原料。Chantal Martineau攝。

巧，或是學習改善服務品質，他們會投入更多時間去進修調酒相關知識與技術。調酒社群在紐約市內外和雞尾酒聖會等大型活動中舉辦的研討會、教育學程和活動，其中心大多都是在以某種方式討論、學習更多關於雞尾酒與烈酒的知識。更有甚者，bartender與顧客在酒吧中的互動，泰半也是雞尾酒建構出來的。

雞尾酒吧，品味的聖殿

死吧位於東六街的街區中央，夾在第一大道與A大道之間，此地正是時髦的紐約東村。行人總是經過死吧，卻不曉得這兒是間酒吧——在紐約市開業的第一代精調雞尾酒吧多半如此。奶與蜜酒吧有扇鐵灰色的大門，窗上掛著黑色布簾（「M & H」這幾個字母就印在布簾上「裁縫修改」的字樣中間），外面還有生鏽的鐵窗，而且這間酒吧只做預約客。想進PDT（Please Don't Tell，即「拜託別講」酒吧），只能從速食餐廳克里夫熱狗（Crif Dogs）店內假牆上的假電話亭進去，而且得先預約才有位子。雷恩法庭（Raines Law Room）藏身於一處地下室沒有標誌的門內，晚上大多都是「先到先入座」。小分店（Little Branch）與勃固俱樂部分別位於大馬路上平凡建物的地下室與二樓。浴缸琴酒（Bathtub Gin）只能從精品咖啡店群聚的石街（Stone Street）後方的一道假牆穿進門，而且要預約才有位子。死吧也不脫這種模式——沒有窗戶，也沒有像樣的招牌（只有門邊寫著店名的小小銘牌）。[43] 店的正面就像幾道切下來的深色橫木板籬笆，沉重的木門上裝了精心設計的青銅把手。

禁酒令標誌著bartender們歌頌的黃金時代就此結束，想到這點，這些祕密地下酒吧拿禁酒令作為重要主題的做法，看來還真是古怪。但精調雞尾酒吧的隱密感只會為酒吧與其酒水更添神祕與高檔的特別氛圍。雖然這些酒吧幾乎都坐落在人聲鼎沸的夜生活景致中，卻試圖與通宵達旦的喧嘩打鬧保持距離。在豐富的夜生活選項中，雞尾酒吧是種獨特的所在。它們為夜生活文化的快速消費增添了幾分文雅與世故。顧客走進店門，也會從典型的夜間場所穿越到一個不同的夜生活體驗世界中。[44]

一走進死吧，顧客會迎面撞上一張厚重的黑色天鵝絨布幔。如果店外正逢華燈初上（死吧六點開門，跟所有雞尾酒吧一樣，都是服務夜裡的人群），客人初進門時雙眼還在適應突如其來的黑暗，會一時摸不著方向。昏暗的燈火、低矮的天花板與水泥牆構築出封閉的環境。入耳的是爵士樂聲迴響、入座的顧客與侍者間的輕聲交談，以及bartender調製雞尾酒的聲響：冰塊碰撞、瓶身叮噹和大力的搖酒聲。吧台內現榨果汁與提味香草的芬芳與從廚房飄來的香氣相互交織。[45] 大理石吧台與後方酒架上擺滿琳瑯滿目的用具：冰桶裡放著小杯的薄荷、橄欖和白蘭地酒漬櫻桃；一桶桶的檸檬與柳橙；十幾瓶分裝瓶和苦精；調酒用的玻璃杯；各種工具（量酒器、吧台用長湯匙、霍桑〔Hawthorne〕與朱利普兩種樣式的隔冰匙、木製搗拌棒、碎冰攪拌棒）；以及一排又一排的烈酒與利口酒，而且泰半都是顧客不熟的品牌。* 客人一旦拿了酒單入座，整晚都會坐在自己的位

---

* 分裝瓶（cheater bottle）是bartender為了提升效率，常會拿透明玻璃瓶裝滿自己最常用的材料，例如純糖漿、檸檬汁與萊姆汁。比方說，假如綠蕁麻酒是酒單上幾款人氣調酒的材料，bartender就會找個分裝瓶裝些綠蕁麻酒，然後整晚不斷補酒進去。他們會在瓶上貼標籤，把瓶子擺在吧台上，或是擺進酒井（well，吧台後的架子，高度到bartender的膝蓋），方便取用。

量酒器則為bartender用的金屬小工具，用來量出盎司或毫升的液體量，確保用量精準。外觀上，大部分的量酒器就像兩個尖端相對、黏在一起的金字塔，一邊大一邊小（比方說用來量兩盎司或一盎司的量）。雞尾酒吧會準備各種不同容量的量酒器。

子。酒吧裡沒有電視，沒有點唱機，沒人會換桌挪位，沒有搭訕，也沒有多少機會能跟同行者之外的顧客交談（雖然坐吧台還是會讓顧客有比較多機會與陌生人互動）。與其說這裡是酒吧，感覺倒更像是高級餐廳。

精調雞尾酒吧猶如一座品味大教堂，是調製與飲用雞尾酒的聖殿。實踐調酒術時的嚴肅態度構築出公然飲用的樂趣。業主設計酒吧，提供精調雞尾酒與飲酒時特殊的內在體驗。業主必須支持「以調酒術製作精調雞尾酒」的理念，否則理念無從發揮，店也不必開了。「要是你好好做，你就會少賺很多錢。」沙夏如是說。「好好做」代表顧客得比在其他酒吧等更久，才能等到自己點的飲料來到面前。精調雞尾酒酒吧必須備齊各式烈酒與利口酒（有些酒要價不菲，例如精釀烈酒與蘇格蘭威士忌，而且多數是其他酒吧不會準備的），以及形形色色的苦精。這類酒吧必須費心安排冰塊（昂貴的製冰機、大冰塊，或是兩者皆有），還需要細心的職員去榨汁、清理玻璃容器與工具及製作糖漿。此外，精調雞尾酒吧通常得限制同一時間內服務的人數，所以才會有預約制、「先來先入座」和不提供站位等規定，否則工作量會超過bartender所能負擔。業主得處理這當中的各個問題，店內bartender才能以「對」的方式調製好的雞尾酒。他們必須讓手下的bartender發揮，才能成功。死吧滿足了上述的所有目標。

一晚，我坐吧台，點了沒在酒單上的紅男爵（Red Baron），這是一種加了飛行牌琴酒、安堤卡香艾酒（Carpano Antica Vermouth）、阿瑪卓香艾酒（Ramazzotti Amaro）和瑪拉斯卡櫻桃利口酒（Maraska Maraschino）攪拌而成的雞尾酒。這杯算是烈酒取向的攪拌雞尾酒基本上是用馬丁尼變出的花樣。一夥人同來的兩名年輕男子與一名年輕女子，看著當晚的bartender凱特調製我的飲料。凱特身穿鈕扣白襯衫與黑色西裝褲，褲頭繫上圍裙，上身穿著背心。她擺好調酒杯，以量酒器精準量出各種材料的用量，動作一絲不苟。接著，她以吧台匙背面用力敲碎幾塊大冰塊，裝進調酒杯。盯了一分鐘後，年輕女子問了個問題。

「把冰塊敲碎有差嗎？」

「有，」凱特回道，「這取決於你要調哪種酒。我們用這種大塊的冰（拿起方塊狀的冰），自己敲出需要的冰塊，才能適當融解。」

「你們有專門的製冰機嗎？」其中一名男子問。

「有，我們有不同機型，可壓出特定飲料用的碎冰和長玻璃杯用的冰條。」

杯子裝滿材料後，凱特站到距離吧台一步之遙的位子，一手伸出去，挺直身體，另一手背在身後。她拿同一支湯匙攪拌我的飲料，動作有力，卻又穩定流暢。她的手臂幾乎不動，只用拇指與兩隻手指拿著湯匙，活動關節轉著湯匙。玻璃杯紋風不動。約莫三十秒後，冰塊融了些，凱特拿起朱利普隔冰匙，把我的雞尾酒倒進冰鎮過的高腳杯。等她把我的雞尾酒在餐巾紙上擺好後，那夥人又回去聊自己的。

在精調雞尾酒吧調酒的過程，會讓以前沒看過這類技術或材料的人想發問，就像這幾位客人。大多數調……比方說調伏特加蘇打的bartender，只要拿出杯子（有時還會用杯子當冰匙，直接挖取一般製冰機製出的冰片，節省時間），量都不必量就能調好飲料。它們通常一邊直接拿酒瓶把伏特加倒進杯內，一邊按蘇打水槍的按鈕就好。凱特反其道而行。她一開始先量自己用的調味物（modifiers，調製雞尾酒的bartender一般會先從比較便宜的材料開始量，像是簡單的糖漿或果汁，免得出錯），接著是烈酒，最後才加冰塊，以免在達到適當的冷度之前就融出太多水。她用攪拌來達到所要的融解度與冷度，比多數bartender（如果他們還會攪拌的話）花上更多時間，動作也更和諧。最後，凱特會拿隔冰匙，把飲料倒進另一只杯子。

吧台的客人常會問這類調酒工序的問題。比較了解調酒術的人提問的還會更深入，例如他們為何在某種雞尾酒譜中使用特定品牌的裸麥威士忌，而非其他品牌。雞尾酒吧業主也會故意在體驗過程中增添若干元素，以促成對話。酒單上會列出酒飲所用的材料，設想客人會因為從沒聽過當中某種材料而發問，也會將酒飲分成好幾類。比方說，雷恩法庭的人就用「果汁與汽泡」和「攪拌與濃烈」等分類，以區別店裡若干飲料。注酒絲帶（Pouring Ribbons）的酒單上則有「風味矩陣」，以「清爽」與「濃烈」為X軸的兩端，「安適」與「冒險」為Y軸的兩端。他們標出店內酒飲在矩陣上的落點，例如，一杯落在「清爽」與「安適」象限的飲料有可能是水果味、帶汽泡、非烈酒取向；而有著像蘇格蘭威士忌與苦艾酒等複雜材料、烈酒導向的飲料，則可能落在「濃烈」與「冒險」象限。這些分類除了提示顧客、讓他們了解自己的口味之外，也是為了讓客人以不同方式思考自己喝了什麼，給他們一套用語來討論這些飲料。[46] 多數酒吧一年內會更換幾次酒單，此舉通常反映著季節變化。春夏兩季的酒單會以淡色烈酒為主角，例如琴酒、初釀的龍舌蘭和蘭姆酒，以及朱利普和碎冰雞尾酒等清新的風格；秋冬兩季則由波本、白蘭地、陳年蘭姆酒等深色烈酒領銜，酒水風格也更濃烈，像是古典雞尾酒作的變化。

雞尾酒社群

在本書的四種職業中，bartender的社群最大，成員連結也最緊密（職業與品味社群皆然），從城市、國家一路延伸到世界各地。相較於其他城市，紐約的雞尾酒社群雖然大，但人數還是很少，而且多數成員彼此認識，至少相互有所耳聞。他們會定期光顧彼此的酒吧，造訪其他城市的酒吧，還會互相代班，例如有人獲聘到酒商活動擔任bartender時。此外，調酒聖會與曼哈頓雞尾酒經典節（Manhattan Cocktail Classic）等大型盛會，讓他們有機會得以結識來自世界各地的bartender；不過，人在紐約工作，也意味全球調酒社群的成員會經常造訪他們的酒吧，前來自我介紹。bartender有時也會參加非正式的「bartender交換計畫」，不同城市的bartender會交換工作幾週，目的是為了宣傳自家酒吧，同時也交流調酒知識。

bartender們也有正式的成員組織——美國調酒師公會（United States Bartenders' Guild，簡稱USBG；該機構是國際調酒師協會〔International Bartenders Association〕的成員），也有教學和認證學程。USBG有好幾種認證考試，調酒社群裡的老手也發展出酒精飲料資源教育學程，提供有關烈酒、雞尾酒與調酒術原則的五天密集課程，當中內容更包括筆試與盲測。[47]法律上，你不需要這些認證也能在雞尾酒吧或其他任何一種酒吧當bartender，而且大多數參加學程的人若非已是bartender，就是整個大社群的成員（例如酒類公司職員）。但這些學程也是某種形式的交際，讓成員知道如何品酒，如何談論品酒，教導他們一些更深入的細節，以及與他們所用的材料和製作的酒飲有關的歷史。[48]

隨著雞尾酒社群的擴大，有越來越多人加入這個產業，在當中扮演某種角色。以雞尾酒吧的bartender來說，一旦有人並非出於照顧酒吧的熱情，而是單純只喜愛調酒術而從事此行，就會出現衝突。常見的情形是，這些人會短暫擔任bartender，接著就成為酒類品牌顧問或品牌大使。我有回跟瓦金聊起這些因為對雞尾酒文化有興趣而成為bartender、但此前從沒管理過酒吧的人。

「這確實是個問題，」他說，「差別在於你是忠於客人，還是忠於酒水。新的bartender確實很會調飲料，但如果你碰上從調酒狂熱者變成bartender的人，要讓他們進一步超越是件非常非常難的事。有時候，要讓他們用有條有理或熱情的方式講述苦精之外的事情，簡直難上加難。這就像……這麼說吧，要是客人想知道某場比賽的比分怎麼辦？你知道是誰跟誰在比賽嗎？你知道紐約尼克跟布魯克林籃網會在馬丁路德·金紀念日對戰嗎？你會注意到這兩支球隊是同城死敵嗎？對不對？」

「對啊。要是顧客就是對苦精沒興趣，那怎麼辦？」

「就是說啊！假如客人想知道近期有什麼展覽開幕呢？要是他們想知道現代藝術博物館（MoMA）在展什麼呢？你會不會為了想知道有那些展覽而讀《村聲》？你有沒有為了要知道城裡的大小事，所以讀這本雜誌？你有沒有四個街區內的六間酒吧或餐廳的口袋名單，而且無論客人心情如何，你都能推薦給他們的？你對這個區域了解多少？甚至是，你有多了解觀光區？要是你料到會有很多城外的客人來你店裡，你就該曉得曼哈頓中城值得一探的地方，就該知道世貿中心附近廣受推薦的場所。這些就是他們永遠無法領會的細微之處。」

「確實。這才叫最好的服務。」

「假如天氣實在很冷，有個像你這樣戴眼鏡的客人走進酒吧。你進門了，接著會怎麼樣？」

「眼鏡整個都是霧。」

「因為我戴眼鏡，我懂，我會這樣——當我看到戴眼鏡的客人走進來，我第一件事就是抓一張紙巾。他們一站在那兒，我就會這樣說：『來，給你擦眼鏡。』這叫見微知著。我一下子就能讓客人曉得，『我知道你需要什麼』。」

「『這兒有我照顧大家。』」

「你不必開口，我就知道你需要紙巾。你都還沒試著從身上穿的四層衣服裡找哪一層有乾的地方來擦眼鏡，我就已經知道你要擦眼鏡了。接著，就是遞上一杯水跟酒單。我認為這就是差異。一旦有誰只當過一小段時間的bartender——不超過一年，一旦他們只做過這點時間就跳去做品牌工作，跳去開自己的學程，當某個地方的顧問，事情就是從這裡全盤皆錯的。」

瓦金與其他擁有一流顧吧經驗的bartender，正是憑藉強調服務對於照顧酒吧的重要性，因而讓自己與沒有如此經驗、單純只為雞尾酒文化而追求這個職業的人有所區隔。瓦金的做法也呼應了前面湯姆的看法——調酒術是一種科學，而顧吧是一門藝術。一旦這門學問有了人氣和市場價值，bartender藝術家便會宣揚他們服務工作的真正精髓，那就是充滿靈魂的人情味。

第二章

蒸材實餾

Chapter 2: Distilling Authenticity

「禁酒結束！」

——圖丘鎮酒廠的口號，紙箱與T恤上都有印

尼克是紐約州立大學紐伯茲分校大學部的學生，學校離圖丘鎮酒廠不遠。當初他為了上課方便搬到這區時，他的叔叔拉爾夫——酒廠的共同所有人之一——問他想不想打工。將近三年後，酒廠裡每項工作尼克大概都做過了，但他主要負責裝瓶及維護資料庫。一整年下來，他的行程表都會隨課業需要而改變。我第一天到圖丘鎮上工時，尼克開著白色SUV到公車站接我。車內超亂。備用電瓶和一組跳線就丟在後座，以備不時之需。我們先去熟食店幫大家買早餐，接著驅車前往小鎮買第納。

圖丘鎮烈酒廠在二〇〇五年正式開業，成為紐約州自全國禁酒令以來第一間有執照的威士忌酒廠，這中間隔了八十年。酒廠主體是兩座一七八八年建成的磨坊穀倉古蹟，在裝修後供輕製造業用。當中一間是商店、遊客中心兼陳酒房，*另一間則是廠房。廠房一樓有台磨穀用的陽春電動磨粉機、製作酒醪的蒸煮槽，以及好幾個容量兩百加侖的開蓋塑膠發酵槽（長得就像迷你版的無頂圓筒形穀倉），用來存放酒醪。**槽口稍微用布蓋住，以防灰塵與雜質跑進去，外面則貼有表格紙，明列材料和發酵日期。有些發酵槽裡的酒醪像汽水一樣冒泡，其他的則大致成休眠狀態，偶爾才冒個泡；前者是因為酵母分解了酒醪中的糖，變成酒精，後者則意味發酵已大致完成。***整間廠房聞起來就像是混合了酸玉米與烤麵包的濃厚氣味。

一旦發酵完畢，吊在發酵槽上的幫浦會將成品透過管子打到二樓的蒸餾器內，實際的蒸餾過程（透過加熱和冷卻來澄清液體）就在當中進行。圖丘鎮有兩具特製的罐式蒸餾器，一為銅質、一為不鏽鋼，是德國公司

克里斯提安・卡爾（Christian Carl）所生產，看起來就像老式潛水器，占據了這座有木桶拱頂的大房間其中一端。樓梯頂上有個小小的品嘗區和辦公室，隔出這層樓的上下空間。蒸餾器旁是通往室外的雙扇門，供堆高機由此將剛裝好的酒桶送往陳酒房存放。至於這層樓的另一端，則是裝瓶和貨運站與儲藏區。

等我穿上「制服」（胸口橫印手寫「Distilleryman」〔釀酒人〕字樣的褐色T恤）之後，尼克帶我來到裝瓶區。他先示範如何用高壓噴氣機，將灰塵與碎屑從一只只的酒瓶裡吹出來。尼克抓來兩個三百七十五毫升的矮墩瓶，瓶口朝下，拿低擺到管口朝上的噴氣管處。他踩下踏板，氣流隨之發出尖銳聲響。接著他拿開瓶子，將之在工作台上擺好。

「換你試試。」他對我說。

我拿起兩個瓶子，模仿尼克的動作，但我的腳沒有他那種輕踩的功夫，結果噴出大量不必要的空氣，發出刺耳的巨大噪音。「首席釀酒人」兼營運主管喬見我踩得太用力，便說「你踩個兩下就好」，接著示範如何邊快踩踏板，邊在噴管上下移動瓶子的手法。[1] 他的方法跟尼克的不太一樣，非常有效率。噴過十來只瓶子後，我掌握到了訣竅，也找到自己的方法。

---

* 陳酒房是用來存放酒桶的倉庫。陳酒是種複雜的工序。木桶所使用的木頭種類、鋸面紋理、木料尺寸、燒灼與／或烘烤程度（亦即桶身內壁燒灼與／或烘烤的程度）、在陳酒房擺放的位置（底層、中層或上層），以及外部條件（外界溫度和空氣濕度）都會影響烈酒陳酒，進而影響其風味。我在本章後面會更深入討論蒸餾與陳酒。

** 圖丘鎮酒廠單批製作四百加侖的酒醪，平分到兩個發酵桶。

*** 發酵需要約五天時間。

尼克繼續帶我到另一張擺滿瓶子的桌旁，這些瓶裡已注滿裸麥威士忌，瓶口塞有已包覆塑膠皮的軟木塞。

「這些是我昨天塞的，不過你還是拿這槌子敲軟木塞，確定都有塞好。」他講解。

我拿起橡膠槌，小心翼翼慢慢輕敲，試著不去傷到瓶子。尼克說：「呃，老兄。要像這樣。」

接著他舉起槌子，敲得又快又用力，像在玩有時間限制的打地鼠遊戲。

「你就死命敲。瓶子不會破。」

他還示範如何在桌上排好瓶子再敲，這樣才最有效率。

尼克與喬接著帶我跑一遍檢查步驟。釀酒人一旦把酒裝瓶、塞好軟木塞，就會將酒瓶拿到螢光燈下，檢查烈酒裡是否有沒過濾乾淨的雜質。

「玉米威士忌和伏特加檢查起來比較容

改建後的穀倉建物，圖丘鎮品牌主要在此營運。作者攝。

易，畢竟酒液是清澈的。」喬說。「深色烈酒要是起泡，就很難看見裡面浮了什麼。你要看看有沒有東西沉得特別快，最要緊的是檢查有無玻璃碎屑。我們換了製瓶公司之後就一直有玻璃碎屑的問題。玻璃碎屑落下時會稍微反射光線。你可能會看到一點穀類碎屑，不過一點點倒還可以。你就假裝自己是人在酒行的消費者，運用判斷力快速決定就可以。要是酒裡有這個量的雜質，你還會不會買？一點點沒關係，但太多可就不行。要是有哪幾瓶沒過關，就把酒倒回桶裡，重新過濾後再裝瓶。」

尼克和喬最後帶我做了一遍蠟封。取決於烈酒種類，圖丘鎮用紅、黑或綠色的蠟在軟木塞上塗一圈，以密封酒瓶。他們有一套相當簡單的設備：一罐擺在鐵板爐上的蠟，一個能橫擺四個瓶子、懸在蠟罐上的金屬架，旁邊則是用來冷卻的水桶。

「這套設備確實滿爛的，」喬用「爛」字來形容，「不過，這你懂，我們以後會想辦法改良。既然現在還能用，就先頂著。」[2]

那罐蠟擺在鐵板爐上將近一個小時，已經可以拿來蘸了。做法是拿起瓶子，瓶頸泡進蠟裡，但只浸到瓶頸與瓶身相接處。喬讓我觀摩他的手法，在這過程中他手都沒停過。他拿兩個瓶子浸下去，隨後拿起，接著他把前兩瓶浸入水中，然後擦乾，之後再拿兩瓶這麼做。他就不斷重複這個過程。

「黎安姆的手法不一樣，」喬說，「他把檢查跟蠟封結合，幾乎同時並行，形成他覺得順手的節奏，而且很有效率。你可以實驗看看，看你喜歡怎麼做都行，只要做好就可以。」

我實在跟不上喬的速度，只好一次封一瓶。我把瓶子浸到蠟裡三秒，接著取出擺到金屬架上，讓多餘的蠟滴回罐裡。我重複三次、直到第四瓶也上了架才停。擺好第四瓶後，我才把第一瓶的瓶口浸入水中冷卻，讓蠟凝固。等到拿紙巾擦乾瓶子時，我才注意到這蠟上得不均勻。有些蠟滴到了瓶身，有些則是從木塞上滴落到一半時凝固，形成一個波浪狀的泡泡。喬走過來，看到我皺眉盯著蠟看。

「我看看。」他邊說邊拿走瓶子。檢查後，他說：「這樣就好，很確實了。不必上得很完美。」

尼克跟我隨後默默形成了節奏，他拿我先前清過的瓶子注滿酒、塞上軟木塞，我則蠟封瓶口。我倆構成一條簡單的小生產線。我問他：「話說，這步驟大酒廠是交給機器來做，對吧？」

他點點頭。「沒錯，但我們有兩台它們沒有的精密機械。」

「真假？」

「就你跟我啊。」

●

釀酒人在本書四個職業中相當特別。他們在廠房裡工作，生產有形的商品，但不必遞給消費者，因此也比較少直接面對消費者。[3] 與其他三種職業相比，釀酒人與其他人的共通處，在於成為釀酒人、開設酒廠的是哪些人，以及獨特的哲學是如何支持他們的動機；而差異處則在於釀酒人的工作內容，以及他們將產品背後的意涵傳達給消費者的方式。

美國近年來出現了一股少量生產、「精工細做」的輕製造業風潮，精釀蒸餾酒正是其中之一。[4] 精釀啤酒運動則是其近親。[5] 除了小規模之外，類似精釀蒸餾酒的商號還有若干特色。它們重視手工生產，也尊重所有產品蘊含的微妙差異。它們透過原物料來源、產品銷往的地區，以及／或是利用地方區域作為其品牌認同的基礎，喚起強烈的在地感。最重要的或許是它們創造、推動著一種「真材實料」的感覺，亦即產品要全然真誠信實的理念，同時以「真實」作為其品質保證。一種產品之所以能真材實料，是因為出自手作，而且來自某個獨一無二的地方。[6] 有許多學者已仔細研究過消費者如何認定其消費的物品是否貨真價實。[7] 不過，製作這些信譽商品的從業者，是如何看待自己將真材實料的品質注滿有形產品的勞動過程？對此，我們所知仍然不多。[8]

從穀物到玻璃瓶

「蒸餾」一詞既指加工製作烈酒的多個環節，亦指過程中的特定時刻（亦即蒸餾器中發生的反應）。精釀蒸餾的核心奠定於古代習俗。蒸餾已有數千年歷史，幾乎所有古文明都曾以某種形式投入當中，而其蒸餾之舉大都是為了製作香精、香膏與香水，以供醫藥與宗教之用。早在西元三世紀的埃及，就已有以一根管子相連兩個容器的蒸餾甑（alembic，今日多稱為罐式蒸餾器）。裝有基液的容器置於熱源上方（最早是明火），蒸氣上飄後通過管子、凝聚在另一個容器內，而當時的蒸餾甑是銅製的（如今多半也是）。[9]

中世紀可能已有歐洲人蒸餾酒精以供飲用，但蒸餾酒的興起與歐洲人和近東地區阿拉伯世界的交流有關——該地區的蒸餾技術與實作非常成熟。[10] 早期的烈酒稱為「aqua vitae」或「eau de vie」，意為「生命之水」，是以葡萄酒、發酵的水果與穀類蒸餾而成。[11] 基本上，古人會拿手邊可用的材料來蒸餾，連釀葡萄酒與啤酒剩下的廢料也不放過。許多源自歐洲的傳統烈酒——伏特加、白蘭地、琴酒、北歐生命水（akvavit）、威士忌，其起源都能回溯到中世紀晚期與文藝復興時期。由於技術原始，原料品質低劣，純化的步驟也很少，早期的烈酒嘗起來泰半都非常粗獷、直接。比方說，直到十九世紀，才有文獻提到蒸餾者會掐「頭」（head）去「尾」（tail）的記載。[12] 所謂的「頭」是指單次蒸餾過程中最早凝結的液體。「頭」本質上就是甲醇，含有高單位的丙酮和其他有毒醛類，味道非常強烈；而「尾」嘗起來則相當苦。「掐」頭「去」尾，把它們跟「心臟」（heart）——也就是過程中段凝結、香氣十足的部分分開到不同容器的做法，已是今日蒸餾的標準步驟。罐式蒸餾器也隨著時代不斷改進，例如在管內額外加上冷凝管，以助蒸氣在第二個容器中凝結，以及採用比直火更容易控制的加熱法。[13]

來到新大陸的歐洲移民不僅經常釀造啤酒與蘋果酒，也會喝進口葡萄酒。他們還從歐洲帶來蒸餾器，以本土食材釀造琴酒與蘭姆酒。[14]由於美國建國後，公民們開始將琴酒與蘭姆酒與歐洲的舊秩序聯想在一起，加上開墾西部將人從東岸城市帶開，上述兩種烈酒也就逐漸失去人氣。農人用自種的玉米、裸麥等穀物來蒸餾酒，有時候也用小麥。這些產品成了美國的威士忌，以主材料多半為玉米的波本酒和裸麥威士忌為主。大多數的美國人都是當地農人製作什麼威士忌，他們就喝哪種威士忌，農人也視威士忌為基本農產品，一如他們販售的其他農產。事實上，威士忌本身比用來釀造威士忌的穀物更值錢，因為酒運輸起來更容易，賣價也比原材料更高。肯塔基的酒廠利用桶釀——就像歐洲人製作白蘭地與蘇格蘭威士忌的做法——讓波本酒於焉誕生。[15]十九世紀有像是蒸氣加熱（一八一六年首度用於蒸餾），以及柱式蒸餾器的發明（一八三一年）取代了罐式蒸餾器等科技發展；前者讓釀酒者更能掌控生產品質，後者則能大量生產烈酒。*美洲大陸橫貫鐵路使得運輸效率大增。烈酒蒸餾走向工業化，威士忌也變成流行商品。許多農人事業做大，開起了威士忌公司，但多數威士忌釀酒者仍是小規模農場的農人。[16]

就像雞尾酒文化面臨的情況，全國禁酒令也毀了美國蒸餾酒產業與蒸餾文化。當時，有超過五百家蒸餾業者關門，其中多數都把銅蒸餾器與設備出清換錢，成千上萬人，例如靠蒸餾自種玉米大發利市的農民，也就此喊停。[17]有些公司仍繼續暗中偷偷蒸餾，有些則在藥用執照許可下合法生產，畢竟當時的醫生還是會為特定的小病痛開出威士忌作為處方（這是中世紀的遺風，時人常為治病而服用蒸餾酒）。[18] 禁酒期間，一向以某種形式存在的走私與私釀，也在美國蓬勃發展，為這段時期帶來多采多姿的人物百態：穿著雙排扣西裝、一身俐落行頭的黑幫，手持湯普森衝鋒槍開車逃離現場的車手，以及在條子面前揚長而去的鄉巴佬。此前的美國是屬於波本酒與裸麥威士忌的威士忌國度，走私販在禁酒期間從國外帶進來的加拿大威士忌、**蘇格蘭威士忌與蘭姆酒也獲得美國人接受。進口酒通常都是真正的上等貨，而美國本土的烈酒若非稀有，就是品質堪慮。[19] 由於地方上（非法）釀造的琴酒是種味道中性的穀類烈酒，容易添加植物性風味與其他調味料，因此也大受歡迎（就像把茶包丟進熱水，再想想用浴缸來做這種事，就成了「浴缸琴酒」）。

一九三三年，憲法第二十一修正案終結了禁酒令。然而，蒸餾酒產業在修正案撤銷後並未立即重返禁酒前的榮景。這當中有許多原因。一九三三年的美國正值經濟大蕭條，投資資金少之又少，而且許多酒廠早就賣掉廠房和蒸餾設備。禁酒前，會喝烈酒的美國人偏好陳年威士忌，因此，就算釀酒公司重新開張、馬上營運，也得等產品熟成後才能上市；再者，由於經濟不景氣，擁有可支配收入的消費者也不多。幾年後就是二次世界大戰，聯邦政府在大戰期間規定酒廠必須製造工業酒精，以供戰備，蒸餾酒業成長因而受限。禁酒時期帶來的口

* 釀酒人使用罐式蒸餾器蒸餾啤酒醪之前，得先去除當中的固態物，而進行下一輪蒸餾前，也得先將蒸餾器裡殘存的醪（也就是已無酒精成分的剩餘穀物）清乾淨。這兩件工作都很費時。柱式蒸餾器是由數根高柱組成，蒸餾者可以連續蒸餾，啤酒醪從機器的不同地方進出，而且酒醪中的固態物不處理也沒關係。簡言之，柱式蒸餾器更有效率。

** 美國人和愛爾蘭人稱呼他們版本的烈酒時，拼法是「whiskey」（複數為「whiskeys」），加拿大人與蘇格蘭人則拼成「whisky」（複數為「whiskies」）。這兩種拼法的差別純粹是一開始將這個詞的蓋爾語音轉為英語時的細微差異，而不是指有兩種不同類別的酒。

味偏好——調和威士忌（來自加拿大與蘇格蘭）、琴酒與蘭姆酒——延續了下來，伏特加也漸漸流行。這幾個國家不像美國，蒸餾酒產業多的是可出口的產品。[20]在禁酒時期消失的美國本土威士忌公司，絕大多數再也沒有復活。

本書中的四種職業裡，就屬精釀酒廠與手工蒸餾運動最受法令衝擊，尤其是執照的影響。第二十一修正案除了撤銷第十八案之外，也賦予各州政府可自行決定如何處理州界內的酒類製造、配送與銷售的權力。與啤酒業的情形相仿，多數撐過禁酒時期、而且能重新營運的烈酒公司（例如金賓〔Jim Beam〕、傑克丹尼〔Jack Daniel's〕，以及後來釀造出野火雞（Wild Turkey）與美格（Maker's Mark）等威士忌的公司）規模都相當大，口袋也很深，因此能影響許多州，讓酒類生產的法律為己所用，例如規定每年最低生產量，同時讓執照貴得一般人根本買不起。以二〇〇〇年之前的紐約州為例，不論生產規模，一張酒廠執照一年就要花六萬五千美元。一九八〇年代開始，有些精釀酒廠開始到西岸的加州與奧勒岡州開業。[21]但多數州限制性的法律仍阻礙了發展。[22]到了二〇〇一年，全美只有二十四家精釀蒸餾廠。[23]多數美國人只會喝到幾間跨國公司所產的烈酒。

紐約州的精釀蒸餾產業是中小企業的推動，再加上運氣共同造就的結果。圖丘鎮酒廠的拉爾夫在五十歲後半買下這座荒廢的麵粉廠，並在二〇〇一年遷入廠旁的房子居住。熱愛攀岩的他原本在曼哈頓擁有好幾座室內攀岩場，也為商展興建攀岩牆。他想開展新生意，於是買下距離紐約市北方只有兩小時車程的上州產業，打算在此開設一座攀岩公園，自己也避靜鄉間。但鄰居強烈抵制他的構想（「他們深怕胡士托音樂節的情形再現，讓小鎮遭到遊客占領。」他回憶道），最後，他放棄了開設攀岩公園的念頭。但歷史建物與產業還在這裡，於是拉爾夫開始思考其他生意的可能性：「我在研究過程中發現，紐約州去年開始發放A-1蒸餾酒執照，這是禁酒令之後紐約首次發放微型蒸餾廠執照。原本開蒸餾廠一年要六萬大洋，A-1執照把費用降為兩年一千兩百五十美元，每年生產量不高於標準酒精度三萬五千加侖的酒。[24]我仔細算了算，算出要是能拿到執照，又能把酒賣掉，差不多能賺三百五十萬美元。我想，這是個好主意。」

A－1執照在二〇〇〇年開始啟用。五指湖（Finger Lakes）地區一間葡萄酒廠業主也想製作烈酒，於是向州議員提出自己的點子，州議員隨後在紐約州首府奧巴尼（Albany）推動通過。後來推動酒類執照法律修法的人都主張修法目的是要掀起小規模的地方運動、增加就業機會，或是振興州內觀光；然而，他們的本意其實並非如此。不過，執照費用大大降低，使得小蒸餾廠得以在紐約州裡生存，還有潛在的獲利可能。拉爾夫還在找機會改善法律。「這部法律還有好幾個缺點，」他說，「例如，這張執照沒能讓蒸餾廠像葡萄酒或啤酒廠那樣，有權在廠內販售商品。一拿到執照，我首要就是推動這個。」

經過拉爾夫與州內其他精釀酒商數年來的奔走，紐約州在二〇〇七年終於通過《農場蒸餾廠法案》（Farm Distillery Act）：只要產品原料有百分之七十五來自紐約州內，酒廠即可直接將產品售予消費者，廠內也可提供試飲。多數精釀業者早已使用本州所產的原物料，一方面是因為希望支持當地同業，而且可以用「在地」名號為自家公司打廣告。新法讓他們與潛在業主有了使用州內所產原物料的經濟誘因；畢竟，直接將產品賣給消費者（例如在品酒間）的利潤會比透過經銷商銷售更豐厚。《農場蒸餾廠法案》一通過，拉爾夫與州內各地的精釀業者便開始推動修法，要求允許單一蒸餾廠擁有一張以上的執照。有了兩張執照後，一間酒廠每年便可生產七萬標準酒精度加侖的產品，而且無須支付高得嚇人的費用。[25]全美各地都有類似的修法與草根改革，也都帶來類似的影響。[26]

除了修法，文化因素對紐約州精釀產業的擴大也有影響，而犖犖大者就屬調酒文化的興起。[27]紐約市調酒風氣的成長，讓消費者沐浴在新的烈酒與風味當中。例如禁酒令結束後，恢復速度遠比波本酒緩慢的裸麥威士忌便是其中一例。波本酒喝起來通常滑順甘甜，裸麥威士忌卻多半辛辣帶有草味，比較難單喝。[28] 精調雞尾酒成了推廣裸麥威士忌等原料味道強烈的烈酒的手段。此外，雞尾酒吧的bartender也會不停尋找新風味，以及背後有故事的產品。而精釀烈酒正提供了這樣的風味與故事。

精釀酒廠也會帶著自家產品的酒譜上門，與bartender展開對話。位於布魯克林的紐約蒸餾酒公司其中一位共同所有人湯姆說起公司的由來。「我們開始跟其他雞尾酒專家討論。他們喜歡什麼？不喜歡什麼？酒裡少了什麼？他們希望裡面有什麼？歷史方面有哪些是該尋回的？」由於bartender具備知識與對新產品的興趣，因此成為精釀酒廠的寶貴資源。他們同樣為精釀酒廠扮演了類似品牌代言者的重要角色——不是以非正式支持者的身分去使用、或向顧客提及產品，就是正式獲廠商聘為「品牌大使」。拉爾夫的兒子蓋伯負責處理圖丘鎮的銷售與行銷。蓋伯大學畢業後在紐約一家媒體公司上班，收入可觀，他大可以此為事業，但他不願一輩子都在那裡工作。幾年後，他辭職加入和平工作團。他賣掉了公寓，在出發前暫時搬回家住，豈料原定的派任因為預定目的地的國內衝突而取消。百無聊賴的他開始在自家剛成立的酒廠裡四處幫忙。協助公司營運步上軌道，也做過所有蒸餾工作後，他轉去做銷售。蓋伯提到他們與bartender的關係有多麼重要：「我們真的很幸運，有人把我們引薦給圈子裡許多真正關鍵的bartender。我跟當中許多人成為好友，他們也大力支持我們。不管是否會用於調酒，他們的架上都擺了我們的產品。對我們而言，真正重要的是跟這些夥伴接觸，和他們共同建立口碑，成為重視細節的可靠品牌——像是與地方農人合作、盡可能友善環境等等。無論是這些人、現今整個bartender業界，還是職業bartender之間的調酒術運動，都很重視這一塊。他們希望盡可能了解自己倒入杯中的產品。一有機會就會向人談起這些產品。沒有他們的支持，我們不過是另一家地方品牌、又一種地方產品，無法真正走出這整個地區。我們之間相處也很融洽，可以坐下來一起喝杯啤酒，享受一下。」

由於距離紐約市不遠，圖丘鎮也常招待bartender造訪酒廠。（蓋伯說：「我已經讓好幾個國內的頂尖bartender拿充氣床墊在我這兒打過地鋪了。」）一言以蔽之，精釀產業與調酒世界關係緊密，成員經常互動、相互支持，甚至一起工作或互換跑道（bartender變成釀酒人，釀酒人變成bartender）。

精釀蒸餾產業的發展

從第一代初成立時的業主與從業人員的背景來看，本書提到的四種職業都有類似的模式。[29] 簡言之，第一波的業主此前通常都沒從事過這些職業或開設過相關公司，[30] 但他們有創業精神，也有理念。無論是拉爾夫還是共同所有人布萊恩，兩人在創立圖丘鎮酒廠時，對調酒或紐約市的調酒風潮、甚至對蒸餾都一無所知，而且從沒認真品過酒。前面講過，拉爾夫是做攀岩的，想在上州經營自己的產業，而布萊恩則是電視產業的工程顧問。布萊恩在五十多歲時重返校園，取得哥倫比亞大學的MBA，開了家公司。他曾在課堂上以啤酒公司山謬・亞當斯（Samuel Adams）為題，研究該公司如何運用現有的啤酒生產下層結構建立品牌，同時為自己披上微型啤酒廠的外衣。這次的個案研究讓他接觸到酒品業與小批次生產。布萊恩曾在拉爾夫購入的麵粉廠原本的公司工作過，於是他聯繫上拉爾夫，提議重新開業做麵粉。「我說服他，說做麵粉就像做可口可樂，」拉爾夫說道，「既然這已經有人在做，而且東西又廉價，到處都買得到，那何必自找麻煩。」他把紐約州新執照分類和釀酒的想法告訴布萊恩。經過一番計算，加上想起自己曾做過的山謬・亞當斯研究，布萊恩於是同意跟拉爾夫合夥開設精釀蒸餾廠。

這兩人雖各有經營與工程背景，但對蒸餾或製作威士忌（這也涉及陳酒）卻一竅不通。但他們不擔心。「當時我們互看一眼，心想，『這又不是特別難』。」拉爾夫回想當時，「那些牙齒掉光光、連幼稚園都沒上過的山裡人都釀得出威士忌了。我們倆是工程師、製造商、開發商，又是生意人，在各自產業都爬到頂尖過。我們自認夠聰明，能做這個，於是就開始做，做著做著，竟也做出了一半雛型。」

拉爾夫和許多精釀產業中人一樣，都是以沒受教育、髒兮兮、落後的釀酒者形象為參考與比較的出發點。布萊恩對兩人公司初期的蒸餾過程有類似的記憶：「我們全憑本能學習，就直接動手了。伊安・斯麥利（Ian Smiley）寫過一本談穀物和蒸餾的書。[31]製作穀類威士忌的方法相對簡單，但當中有許多技術細節。總之，他從挑選穀粒到酶，再到加熱參數，各方面都有談及，還有最重要的——如何經營。這本書寫得非常清楚。市面上沒有多少這類食譜或訓練手冊，沒有《傻瓜蒸餾指南》這種東西。斯麥利的書好就好在當中真的把許多事情交代得仔仔細細，讓你有足夠的背景知識去製作烈酒。至於好不好喝，那就另當別論。」[32]

許多精釀酒廠業主都走上類似的道路，離開前一個產業，開創新事業。由於全美禁止私釀蒸餾，合法產業規模又很小，因此，精釀運動剛開始時，有意了解小批次蒸餾烈酒的人罕有可學習如何製酒的機會。我遇到的業主中，只有一人以前曾有蒸餾經驗。位在布魯克林的國王郡蒸餾酒公司（Kings County Distilling Company）共同所有人柯林在三十歲出頭時曾經試過。他在肯塔基州西南一處禁酒的郡裡長大，少年時期有時會和朋友一道向私釀者買月光酒（Moonshine）。*他常開車跨過州界到田納西州，去個買酒不犯法的郡。柯林從耶魯大學畢業後搬到紐約市，一心想進入電影業，結果主修建築的他卻在建築公司找到文案經理的工作。只要回鄉探望家人，他就會從肯塔基帶月光酒回紐約給朋友嚐嚐。最後，他從網路上購入一具蒸餾器，開始在布魯克林的自家公寓進行實驗。

「我之所以這樣做，只是因為某個……也稱不上興趣，我想更像是求知欲的好奇心吧。」他說。「你要怎麼學某件因為非法、所以沒人能教你的事情？我覺得這點實在很有趣。」白天的工作雖能糊口，但那不是他的熱情所在。柯林注意到世故的紐約客普遍對精釀烈酒有興趣，認為這是在城裡開立第一間精釀蒸餾廠的好機會；於是，他在二〇一〇年將之付諸實行。

從地理上來看，精釀酒業是從紐約上州鄉間開始發展的，因為當地房地產比較便宜，釀酒人也更容易接觸到農場和原物料。莊稼烈酒（Harvest Spirits）的老闆德瑞克是紐約上州第三代的蘋果農。種蘋果這一行老早就很難獲利，德瑞克近年也注意到自己不能只因為蘋果早就從樹上落下（他認為肇因是近年氣候變遷造成的異常天候），將越來越多的蘋果送往市場。這就讓他有了大量剩餘的蘋果——如果他無法直接賣掉這些蘋果，就得想辦法處理。

「我想要有附加價值的產品，」德瑞克說，「我們果園是有麵包房沒錯，但老早就拿一大堆蘋果去做派了。後來我朋友告訴我，『你知道可以用蘋果釀伏特加嗎？』，就這麼靈光一閃。倒不是我多喜歡伏特加，而是我在當中看到製造附加價值產品的潛力。」

德瑞克的狀況和成千上萬禁酒令之前的農民一樣，蒸餾酒能幫助他維持農場主業。其他上州的精釀業者也設法直接與農民聯繫，這種往來關係對雙方都不可或缺。通常，這中間會有仲介為酒廠尋找原物料，但現在雙方可直接接觸，省下了仲介費。最重要的是，精釀業者能幫助地方農業，因此也能從主打自家產品是「在

＊月光酒即「玉米威士忌」與「白威士忌」，基本上就是未經陳酒的波本酒。由於第二十一修正案賦予各州決定其執照制度的權力，有許多郡在禁酒令結束後直到世紀末都決定維持禁酒。許多至今亦然。

地」、「永續」體系的一部分而獲益。

有了二〇〇〇年代在鄉間發展出的契機，許多精釀酒廠開始在紐約市裡成立。在城裡營業會有額外成本，例如租金更高；不過，觀光客會想看看蒸餾廠，認識其產品及製作，這也使得這些公司因為地點方便遊人前來參觀，因而抵銷了額外成本。土地使用法規限制業者只能在城內的製造業區開業，這些地方通常與住宅區和商業區相距甚遠。紐約市內的精釀酒廠主要開在紅角（Red Hook）、威廉斯堡（Williamsburg）、戈瓦納斯（Gowanus）與布許維克（Bushwick）等地，這些全都是過去曾為工業區的仕紳化城區；此外還有布魯克林海軍造船廠（Brooklyn Navy Yard），這地方原是政府營運、持有的單一工業巨頭，如今特色則是有數十間小型私人輕製造業公司聚集在此。先前提過，農場蒸餾廠執照讓精釀酒廠可以設立品酒間，直接向顧客銷售產品。紐約蒸餾酒公司位於威廉斯堡仕紳化的時髦城區，周圍一片夜生活景致，於是便利用執照在自家土地上開了一間名為「陋室」（Shanty）的雞尾酒吧。酒廠與酒吧之間隔著大片玻璃窗，顧客就算沒參加導覽，也能看到製造過程，從博學的bartender身上學到些許烈酒知識（這間酒廠生產兩種琴酒與一種裸麥威士忌）。這正是該公司選擇這個地點的原因。

「實在很棒，」湯姆解釋道，「我們之所以開在這裡，而不是城裡其他地方，之所以選擇這棟建築，而不是另外看過的五十棟，是因為我們認為這裡大眾交通最容易抵達，這樣才會有人來。消費大眾和生意人都是。事情完全如我們想像。酒吧帶來人潮，生意真的很好。這地點幫助很大。」

既然先前有過蒸餾實作經驗的釀酒人少之又少，大家會投入這個行業，也有各種理由。最常見的，就是他們渴望親手從原物料做出獨一無二的有形產品。前言裡介紹過，黎安姆畢業後是到精釀啤酒吧當bartender，他還不確定自己想做什麼別的工作。徵才廣告上的敘述從好幾個角度命中了他對理想工作的期待，他說：「這份工作符合我想做的一切。第一，這不是一個只需體力而不必用腦的勞務。我喜歡動手做事，也確實喜歡烈酒產業。每件事都以永續理念為中心，又能為一家不追求大規模生產和消費的公司工作。而且到一個完全不像大企業的地方，這根本是夢想成真——能找到像這樣的地方，簡直酷斃了。」

黎安姆就和其他釀酒人一樣，會拿個人的工作與那些自動化生產、更具規模的烈酒公司相比。某天，他和我正拿槌子把酒桶上的軟木塞敲掉，好在桶裡灌入威士忌時，他解釋圖丘鎮與其他更大的酒廠有何不同。「依我看，傑克丹尼一天可裝兩萬個五十五加侖酒桶，大概這個數字，真荒唐。那間公司是光譜上比較大的那端，這當然有大有小。小酒廠四玫瑰（Four Roses）一個人就得做我跟另一位釀酒人史帝夫兩人的工作，但他們非常自動化。這後面有歷史、時間的因素，也有改良的部分。他們有讓酒桶滾下來的軌道。酒桶啊，我現在做的這些工作，他們都是自動作業。執行者把桶子拉到定位，插進管子，就會自動注酒直到酒液碰到切斷開關為止，這樣就完成了。他們的過程大概是……這個量的威士忌幾分鐘就灌好了。我們手作的正好相反。同樣的量我們得花一兩個小時。這是其中一項差異。」

就釀酒人的認同而言，這當中關鍵在於他們在生產過程中何時、以及如何運用雙手，或在當中加入哪些個人元素，以及自己的產品如何與他者區隔。對黎安姆而言，他們的產品差異不僅在於與其他烈酒的口味差別，也在於自己親手裝滿威士忌桶的事實。儘管此舉不會改變產品最終的口感與風味，但在釀酒人眼中，這正表明了酒整體的高品質，也證明了個人的工作價值。

精釀蒸餾酒業與精釀啤酒業一樣，其興起也為小廠牌烈酒的生產創造出下層結構。[33] 簡單來說就是市場上烈酒品牌比烈酒廠數量多得多，因為公司會將產品生產外包，而品牌業主參與產製過程的程度，會從積極投入到完全不參與都有。這中間的差異通常會被行銷手法掩蓋。

一年一度的曼哈頓雞尾酒經典節，是在春季舉行的消費者與產業人士盛會，場館散布在城內各地，通常是旅館與酒吧。經典節是紐約市對調酒聖會的回應。調酒聖會會有大批釀酒人參加，經典節亦然。我在二〇一〇年走過經典節的烈酒展區，現場大概有二十間小公司，向媒體、業界人士與消費者提供試飲，闡述產品故事。有些公司代表是釀酒人或釀酒人兼業主，有些則是廠牌老闆或品牌大使。我站在禁酒蒸餾廠（Prohibition Distillery）的攤子旁，這家賣的是「私酒販21」（Bootlegger 21）伏特加。這家公司的名字有誤導顧客的嫌疑，畢竟它既不是蒸餾廠，而且嚴格來說也沒有實際生產任何東西——這酒是由圖丘鎮酒廠代釀的。他們是以禁酒時期的誘惑和傳說為本，作為行銷。桌上擺放的摺頁傳單故意做成一九二〇年代的舊報紙模樣，海報則是懷舊風、網點粗糙、褐色調的歹徒與私酒販照片，高喊「開始禁酒！」——如此行銷手法多少有點不符史實，畢竟美國在禁酒時期幾乎沒有伏特加，更何況月光酒也不會打廣告。[34] 私酒販21在二〇一〇年六月才正式踏進市場，目前他們一直在培養地下小團體，以口耳相傳的方式傳播產品消息。[35] 我雖然在圖丘鎮酒廠裡幫忙釀伏特加，卻沒有見過這品牌的老闆。於是我向禁酒蒸餾廠的共同所有人布萊恩自我介紹，向他請教公司相關的事情。*

「合夥人跟我都是歷史宅，我們終於能好好發揮我倆的歷史知識了。我的夥伴有了開公司的想法，問我要不要加入。我原本是做人資和薪資出納的，後來決定不妨試試。你曉得，這酒是圖丘鎮生產的，我們認為這對雙方都是截長補短。透過圖丘鎮，我們也運用了手工精緻蒸餾的下層結構。我們未來會透過批發商酒莊嚴選（Domaine Select）來經銷。」[36]

一位手拿小筆記本跟錄音筆的記者站在我身旁。他問布萊恩：「你們的玉米伏特加與玉米威士忌有什麼差別？」

「呃，我還真不曉得，」他答道，「我沒有真正經手公司這端的業務。」圖丘鎮一向有承接外包製酒的工作。對於產量未達執照允許量三萬五千標準酒精度加侖上限的精釀酒廠來說，製作他牌的產品可以增加公司利潤。但不是所有精釀酒廠都會為了錢就什麼都做。圖丘鎮開始營業後，就沒有跟艾碧斯酒（absinthe）品牌愛德華三世（Edward III）合作，因為圖丘鎮不願意在生產品質上妥協。

某天，喬邀我一起試喝艾碧斯。他拿出一瓶愛德華三世和一瓶貼了白標籤、籤上字跡潦草的透明酒瓶。瓶裡裝的就是他拿愛德華三世的配方自己做的實驗。他將兩瓶酒倒入不同玻璃杯，接著以細長的玻璃量杯慢慢朝杯裡倒水。兩杯酒都開始自發乳化（louche），但後者乳化得更快，變得不透明、越來越白，彷彿牛奶。喬拿起第一杯喝了一小口，面無表情；他拿第二杯啜了幾口，發出滿意的聲音，接著舉杯對著燈。

「我一直對愛德華三世原本的配方很不滿意。這杯好喝多了。可惜它從沒面世。」

「為什麼？」

「我拒絕用他們寄給我的原始配方代釀。他們給的是個爛配方和乾燥、粉末狀的香草。對方希望我們快速生產，拿點香草跟酒精丟進去蒸餾裝瓶就好。但這可沒那麼容易。他們想要九月就上架。我稍微更改配方，回覆給他們，他們也接受了，但後來我說我們不是他們想找的蒸餾廠。」

「為什麼？」我問。

「我們不是香草蒸餾酒廠。」

---

* 本章有兩個布萊恩。一個是圖丘鎮的共同所有人，而此處這位則是禁酒蒸餾廠公司的共同所有人。

「那你可以做嗎？」

「除非我自己種香草。要是我真想釀艾碧斯，就一定要用新鮮香草。乾燥香草就在那兒的架子上。[37] 這第一瓶酒我絕對不會再釀，我只是幫他們做。但這第二瓶我真的會拿來喝。」喬認為愛德華三世的老闆只是想賺錢，想擁有一個烈酒品牌玩玩罷了。艾碧斯有其獨特的歷史與名聲，曾一度不見容於法律，據說還會影響飲者的精神狀態。愛德華三世這品牌與圖丘鎮的價值相悖，喬不願在自己的工序上妥協。

當布萊恩的合夥人約翰與喬接洽時，喬本以為禁酒蒸餾廠和愛德華三世也是同一副德行。「我原本以為他也是個為了想賺錢，就把配方丟過來的人。不過我發現他沒打算這麼做，而且很欣賞我們的工法。約翰與布萊恩當時分別四十過半和四十出頭，同樣出身為公司行號提供人資、薪資出納等外包服務的ADP（Automatic Data Processing，自動資料處理公司）。但他們厭倦了大公司的工作，公司裡『一切都是為了創造數字』，約翰這麼說。他們最初考慮自己開設蒸餾廠，但意識到兩人都缺乏蒸餾知識，這恐怕不是明智之舉，而且兩人根本也沒那麼多資金。約翰於是取得一份從紐約州到緬因州各家的精釀蒸餾廠清單，接著出發逐一拜訪，學習如何蒸餾，並表達自己的理念。「我們決定利用近年發展起來的微型蒸餾的下游。」約翰說。他跟布萊恩會把注意力用於行銷。約翰兩度造訪圖丘鎮，其間相隔六個月；喬對於約翰在這期間的研究所學之多印象深刻。約翰尊重他們的製程，喬則尊重他們學習的渴望。雖然只是一種行銷手法，但約翰與布萊恩對禁酒時期的研究卻很仔細：酒標以禁酒期間的聯邦藥用酒精處方籤為底，瓶身則是依照當時的舊藥瓶設計，「21」指的是憲法修正案，軟木塞上還貼了過去的酒類印花稅票。[38]

精釀蒸餾酒業的人也會支持真正的有志者，例如提供蒸餾器給這些人使用，讓他們得出自有配方。比爾在成為紐約蒸餾酒公司的首席釀酒人之前，原本是沒有蒸餾經驗的。在公司取得自家的蒸餾設備之前，他先去了紐約上州的沃里克河谷葡萄酒暨蒸餾酒廠（Warwick Valley Winery and Distillery），鑽研配方，並學習釀酒。

「完整的規畫是，」比爾說，「我們去那裡設法試出我們的琴酒要怎麼釀。我們大約試釀了三十批次，我自己大概就弄了其中二十批。一開始，頭幾批酒我們是用看的。我們在一旁當助手，看沃里克的首席釀酒人傑森（Jason Grizzanti）怎麼做。接著換我們自己動手，傑森從旁協助。最後終於達到全都由我們自己做的程度，操作大部分設備，由傑森在旁邊監督。」

「這不就只是學步驟嗎？」我問。

「是啦，還有想出自己的配方。我們在那邊也有釀一些威士忌，大概十批吧。我們把威士忌放在五加侖的小桶裡陳酒。我發現自己喜歡做生產。我們建立這家公司、付出個人心力，我愛上的就是這樣的角色。我們從做中學。」

出產真實、展現可靠

精釀蒸餾的手工本質，占了這個產業與品牌認同的一大部分。釀酒人希望產品能反映自己手工的步驟。本章開場白提到圖丘鎮的酒瓶裡有釀酒材料的碎屑，瓶上有多餘的蠟，但這既非缺陷，亦非錯誤。這顯示東西貨真價實，是人工手製威士忌、裝瓶封蠟，因此不能、也不應該完美。[39]「適當的」蠟封手法容許結果稍有誤差，正如「適當的」品管也容許酒液內有某些程度的殘餘物。圖丘鎮酒廠也運用其他幾種方法來創造真材實料的產品。某天，我看著喬一邊將酵母灑進一批塑膠發酵槽內的裸麥裡，一邊也檢查其他發酵情況。我問他，他們跟大酒廠的發酵方式有什麼不同。

「主要關鍵在於這裡是開蓋發酵。發酵槽上沒有蓋子。我們當然有用紙箱、雨衣這類小東西蓋著，但只是為了防止灰塵跟髒東西跑進去。我們做的是開蓋發酵，但如果是釀啤酒，這樣整個就毀了。如果這是啤酒，現在就可以全部倒掉，絕對不會有人想喝。但釀威士忌，我們的確鼓勵有一點點汙染，因為汙染能為最後成品增添些許風味，確實會有影響。以啤酒來說，這樣味道會太重，太具侵略性，會毀了啤酒的特色。大多數啤酒跟葡萄酒是精緻許多的發酵產物。你喝啤酒和葡萄酒，喝的是真正的果汁與穀液。但我們喝這個是喝蒸餾液，所以工序差異很大。你在這裡看到的，沒有一樣是這整個產業的標準做法。大家各有技巧。有些東西確實一樣，但大家多半是用自己的獨門方法在釀酒，所以你才會嘗到更多差異。」

「不同的做法是怎樣？」

「關蓋發酵。不鏽鋼發酵槽，相當精緻、高效、乾淨的發酵。我們比較粗曠，我沒有貶低別人的意思，但我們的作法就跟你看過的拓荒時代波本酒一樣真材實料。現在沒人這樣做了。大酒廠用一萬美金的發酵槽，我們這些才兩百美金，這是我們財力所及，而且也很好用。這的確決定了我們的產品是哪種類型，而且也是產品如此獨特的原因。我想，這個產業最大的心態問題就是覺得東西可以、也應該要一模一樣。你曉得《葡萄酒世界》（*Mondovino*）這電影嗎？看過嗎？」[40]

「看過。」

「那人說，到哪兒都能釀出好葡萄酒。[41] 硬要做的話，到處都可以。不過，說真的，烈酒、葡萄酒或啤酒的表現，也應該是一個地域的表現。」[42]

「表現酒的產地。」

「從心態上就完全不同。對我們而言，我不能說這是一般人追求的做法，但這就是工作上的必須。就像是說，我們非得這麼做不可。我們得用比較便宜的設備；我們得找出辦法，用手邊現有的東西來做。」

喬在這裡提到手工和真實的產物的一個重點——也就是讓「出於必要」成為一種美德的看法。釀酒人的所作所為，有多少是投入踏實生產時充滿自覺的決定，又有多少是因為他們就只能負擔這麼多？先進的蒸餾設備與裝瓶方法能讓產品品質更一致（牢牢黏著的標籤、平整包覆的封蠟），而且速度更快，產量更高，但這也很花錢。採用更昂貴的設備製作產品，是否就會讓產品沒那麼手工，因此也沒那麼踏實？精釀蒸餾酒產業充滿以這種問題為中心的激辯。手工精製所含的真實性就跟文化消費行為一樣，是一種社會建構，代表著一種浮動的標準。[43]從事這個產業的人，會利用自己公司經營的條件，也就是他們的原物料來源與生產方法，去主張自己的真實

架上四瓶酒滴下封蠟液。作者攝。

性。精釀業者所做的決定無論是有意為之或別無選擇，都是其品牌故事的一部分。

最後一個例子與圖丘鎮的酒桶有關。根據聯邦法，有許多種威士忌必須以特定種類的酒桶陳放特定的時間，才能以特定名稱上架銷售。一種威士忌若想合法稱為波本，就必須以玉米為主材料（亦即逾百分之五十的原料必須是玉米），且在新的（亦即未曾使用過）、燒灼過的美國橡木桶中至少陳酒兩年。從蒸餾器出來的玉米威士忌是清澈的液體。一旦放入桶中，威士忌就會從燒灼過的木頭中吸收糖分與若干成分，進而改變自身風味與色澤。熟成兩年的標準是以全尺寸酒桶（full barrel）為準，也就是容量約為五十五加侖的酒桶。酒精與木頭接觸時自然產生的化學變化會受到酒精量的影響，也就是關乎有多少烈酒與木頭接觸。換句話說，裝在小尺寸酒桶的玉米威士忌由於面積比率較低，會比裝在全尺寸酒桶的更快產出（就像把大茶包放進小杯熱水，茶會比較快泡好）。像圖丘鎮很早就開始使用三加侖與十加侖的酒桶。

「我們第一個冬天在製作伏特加與玉米威士忌，」拉爾夫回想當時，「一到開春就有產品了。六個月後，我們就有了陳年威士忌。我們一開始用小酒桶時就發現，酒桶越小，威士忌燻（cure）得越快。『燻』這個字不對。我應該說熟成，酒會更溫潤、更有色彩與風味，因為我們對酒擺了幾年沒興趣。我們一開始就是這種態度，因為小酒廠要是得遷就過去八十年來製作威士忌的方式，在最初五、六年都得花大把時間製作一種產品，這樣是沒法賺錢的。」

「陳酒太花時間，是嗎？」我問。

「如果陳酒真的很重要的話。但我們很快就發現其實不然。有其他方法也能釀出同樣高品質的烈酒，跟世上最好的威士忌有相同的風味輪廓，但只需要六個月就能完成，而非六年。」

釀酒人所做的諸多選擇都有成本考量，選擇小酒桶自不例外。等上兩年才能銷售產品可是很長的時間；酒桶在這期間只能待在陳酒房，無法帶來收入。大廠牌有足夠的時間與空間這麼做。小酒桶讓釀酒人能更快將自家品牌帶進市場，同時掌握時間，控制生產過程，更能與運用傳統生產方法的大公司做出區隔。[44] 這種經濟上的必要性，也能解釋為何有許多品牌業主會先從琴酒（紐約蒸餾酒公司）與伏特加（禁酒蒸餾廠、圖丘鎮）等淡色烈酒，或是玉米威士忌（國王郡蒸餾酒廠、圖丘鎮）等新釀烈酒開始進場。紐約蒸餾酒公司的艾倫以用桶選擇與其他釀酒人區做出區隔，而他的做法也展現出精釀蒸餾的真實性標準其實是浮動的。「我們第一批裸麥威士忌到現在都還在陳酒。我不想用小酒桶，我不太贊同那些使用小酒桶的公司。我們會拿小酒桶做實驗，但不會推出這產品。我們要讓酒液在全尺寸的酒桶裡以三十加侖的量至少陳酒兩年後才會裝瓶銷售。其他酒廠用小酒桶加速產品完成——此舉照顧到財力與實驗性——不然就是製作私酒。但我們邊賣琴酒，邊等我們的裸麥威士忌熟成。我這麼做，不過是尊重完整的陳酒步驟。純裸麥威士忌照規矩就至少得放上兩年，雖然我們認為應該要放兩至三年。東西該好的時候就會好，但那至少得花兩年時間。」

雖然精釀蒸餾廠屬於製造業機構，但《農場蒸餾廠法案》允許精釀酒廠將商品直接賣給消費者，這等於鼓勵業主設置品酒間，規劃導覽設施。書中四個職業的從業者，都提倡將工作流程透明化，希望藉由展現工作內容來教育消費者，而這通常與其他版本的同業大相逕庭。導覽就是精釀酒廠達到這個目標的主要方式。

國王郡蒸餾酒廠位於布許維克，此處是布魯克林東北一處仕紳化的前工業區。業者在某個改造成藝術空間的舊廠房裡租了兩間小房間。其中一間有三重功能：存放波本陳酒桶、直接將瓶裝酒售予消費者，以及引導遊客品酒。另一間房間則是供實際蒸餾用。他們在此烹煮玉米糊、發酵、將之過濾，然後蒸餾兩次。他們有五具八加侖、內裡鍍銅的不鏽鋼蒸餾器，靠電磁爐加熱。他們從這種極為原始的製作方式中每輪可收集大約一加侖半的餾分。每天兩輪，每週進行七天，一週大致可製作出二十一加侖的威士忌。無論多麼騰不出人手，他們每週還是會為前來蒸餾廠的消費者進行導覽。

柯林在三月某個週六帶了一次導覽。其中一位遊客是他白天工作場所的同事，另外則是一對同為波本酒迷的夫妻，他們是從地方雜誌得知這間酒廠。柯林一開場就把自己的酒廠與精釀蒸餾的兩個關鍵主題——歷史與地點結合起來。

「好，歡迎來到國王郡蒸餾酒廠，」柯林開始介紹，「我們是紐約市最古老的蒸餾廠，歷史大約十一個月，」他停下來等大家笑完，「也是這座城市自禁酒令以來的第一間蒸餾廠。這很了不起，因為紐約打從那時起就一直沒有蒸餾酒廠。這座城市過去有許多酒廠，不管是在這一帶，還是戈瓦納斯，醋丘（Vinegar Hill）也有一些——這是很蓬勃的蒸餾酒文化，尤其是政府在內戰期間還對威士忌開徵自威士忌叛亂（Whiskey Rebellion）以來首次的酒稅。他們甚至得找商船隊來破壞非法的蒸餾器，才能從人民身上抽到稅。這就像是在醋丘上針對酒打了一場慘烈的大戰。」

他接著說：「但在禁酒時期之後，這種傳統基本上就沒了。而蒸餾酒就像許多城市的諸多產業，多半開始在肯塔基穩定發展，蒸餾也不再是城市文化的一部分，就連去想像似乎都很怪，這個國家的歷史明明絕大部分都是百分之百的城市現象。」

柯林以在布許維克設廠營運的方式，清楚展現國王郡蒸餾酒廠恢復了手工蒸餾生產與城市之間本已失落的連結。他在開場的這些說法，顯示釀酒人如何以振興失去的文化、將自己置於當地環境在過去與當前脈絡的手法，推銷自己的品牌。柯林接著介紹起自家的月光酒、波本酒及其主要原料，也就是玉米和大麥。

「玉米就在房間另一頭。我們用的是來自紐約上州五指湖的有機玉米粒。月光酒的成分有百分之八十是玉米，波本則是百分之七十。這大麥來自蘇格蘭，是為釀造威士忌而栽種的特殊品種。這些大麥已經出過麥芽，意思是已經讓穀粒稍微發芽。接著大麥在長葉子之前就要送進窯裡乾燥，賦予種子不同的酶特徵。此舉是為了增加營養成分，我們喝的麥芽奶昔跟吃的麥芽牛奶球就是這麼來的。但蒸餾者與釀酒人之所以都用發芽的穀物，是因為那些酶能將穀粒中的澱粉轉化為糖，再經酵母菌消化後就變成酒，而酒才是我們感興趣的東西。」

那位女子對著先生「哇」了一聲。先生回：「這我都不曉得。」

釀酒人有時別無選擇，只能使用非本地的原料，例如碰上大麥時（紐約州沒有催芽場），又例如許多琴酒所用的植物在本地並不生長。但整體而言，他們會盡可能購買在地原料，同時向消費者及參加導覽者強調自家產品的在地性。柯林接著說，他們也會拿大麥作實驗，今天正好就在蒸餾大麥醪（他坦承最近實驗曾經失敗）。

「等等，那裸麥要用來釀什麼？」他的同事問。「我搞混了。」

「威士忌，」柯林說。「叫做……」

「百分之百嗎？」

「不必百分之百。裸麥穀粒只要超過百分之五十，就可稱為裸麥威士忌。波本基本上就是陳酒過的玉米威士忌；至於裸麥，你已經知道了，就是裸麥威士忌。另外還有小麥威士忌、麥芽威士忌——後者是完全以出芽的大麥所釀。」

「那個就是蘇格蘭威士忌嗎？」男子問。

「對，蘇格蘭威士忌，我相信這種酒都要……蘇格蘭威士忌有許多不同種類，但單一麥芽必須全部使用出芽的麥子，而且要在同一間蒸餾場釀造，這我確定——但我說不定也會搞錯。我記得愛爾蘭威士忌是用沒發芽、或大部分沒發芽的大麥釀的。不過，美國威士忌通常是用玉米，因為我們有種。」

這類交流讓釀酒人能向消費者提供更多與生產程序及其產品有關的資訊。實驗，例如拿裸麥實驗，對創意發想很重要，釀酒人也常跟參加導覽的人分享自己正在進行的計畫。談完方才那些之後，柯林領著一行人進入位在廠房一角的蒸餾室。

「這地方看起來就像科學實驗室！」女子一進門就說。

柯林提醒大家小心，因為蒸餾器非常燙。隨後他告訴大家實際生產過程。

「接著我會帶大家稍微走一遍整個流程。現在，大家面前就要開始作醪（指向正在爐火上煮著的鍋子）。我們會把水煮沸，加進玉米，變得像一鍋玉米粥。之後等溫度降至一百五十五度時，會再加入大麥；酶在這個溫度最能有效將澱粉和玉米轉化為糖。等到降到室溫，看起來就會像玉米甜布丁。這時就該加酵母了。這鍋東西接著會放進牆邊那個容器內，發酵一週（指著放在角落的一大堆塑膠桶）。我打開一桶的蓋子，大家可以看看裡面是什麼模樣。」

柯林打開一個容器，指出裡面的醪正微微起泡，這代表酵母正在將水中溶氧與糖轉化為二氧化碳與乙醇。

「哦，原來酵母長這樣啊。」女子說。

柯林接著說，桶內的東西這時本質上就是以玉米為底的啤酒，但他也解釋了製作啤酒與威士忌的差異。

「裡面什麼都有。威士忌的發酵比啤酒簡單得多，因為啤酒必須非常衛生。由於你真的是在喝麥汁（wort），這等於你發酵什麼就喝到什麼。*我們會把這東西送去蒸餾，而且蒸餾兩次之後才會讓它真的湊到嘴邊。總之，這比釀啤酒有更大的空間。」

釀酒人試著以盡量簡單的詞彙，向參加導覽者說明蒸餾過程。有些人會嚴守科學用詞，有些人則以更口語的方式比喻。柯林此時結合兩者，既提到酶，也提到玉米粥跟玉米啤酒。但釀酒人會充分利用手上的工作來展演蒸餾廠的生產工序。柯林繼續導覽製作過程，談到實際蒸餾。

「到了週末，這酒精濃度大約會是百分之六，接著我們會拿洗衣袋把玉米和大麥汁液擠進我旁邊這個容器，而穀渣就留在袋內。我們會在這些黃色大盆裡把穀渣集中起來，送給一位在聯合廣場農夫市集擺攤的農夫；他每天收攤後會過來帶走六盆穀渣，運回去給豬吃。只是穀渣裡還有不少殘餘酒精，所以豬都吃得東倒西歪，不過，牠們很開心。」

「我們有興趣的是留下來的液體。左邊有四具蒸餾器，我們會把液體放進其中一具，進行第一次蒸餾，右邊那個單獨的蒸餾器則是作第二次蒸餾。好，蒸餾器只是一台電磁爐跟一個壺，壺裡滾的蒸汽進到冷卻柱內，當中有一組塑膠管，管內純粹是備好的冷水。接著會有一台水族箱幫浦讓冷水在保溫管套裡流動，蒸氣一旦接觸管壁，就會凝結成小滴狀，滴進下方的壺內。」

解釋完蒸餾過程，也回答過眾人的問題之後，柯林帶大家回到一開始的房間，跟品牌另一位所有人大衛一同品酒。他們的執照允許他們可為訪客提供三種酒的免費試飲。由於他們只生產兩種產品，於是就想方法進一步教大家釀酒過程。

「我們特地為品酒製作了第三種酒，這樣大家就能稍微了解威士忌是如何從一個階段演變到下個階段，」大衛說，「因為這真的……就像大家以前聽過的，這中間只有一點點百分比的差別，但月光酒跟波本基本上是一樣的酒，只不過波本有在酒桶裡陳過。」

---

* 麥汁就是釀酒人在發酵結束後從酒醪裡實際拿來蒸餾的液體。就跟柯林解釋的一樣（喬前面也有說過），麥汁在釀造啤酒時必須保持純淨，因為喝啤酒就是在飲用麥汁。

置身在這個小桶裝波本酒的陳酒處，會讓品酒更具效果。大衛拿了幾個單口大小的透明塑膠杯，為參加導覽的人倒了一點清澈的月光酒。大家邊試喝，他邊解釋他們為何希望釀出更富風味的玉米威士忌，而非人家說喝起來像「火水」（fire water）的月光酒；他們為此還把酒精濃度降到百分之四十，好讓酒更適合啜飲。品嘗過後，團員紛紛提到喝得出玉米味。大衛隨後為大家倒了點獨門產品。

「這款波本我們在一個月前剛裝桶，還沒熟成。不過，大家可以看到，這酒色已經相當深了。」

「所以這算完成一半了嗎？」柯林的同事發問。

「算。但陳酒過程就像是一條漸進線。一個月不到，酒就已經變成這種顏色，也嘗得出酒體結構，或說，波本風味。不過它還缺少一種陳酒過後才會出現的醇厚感。」一行人接著試喝「釀一半」的產品，指出這和玉米威士忌在味道上有何差異。大衛繼續給大家倒一杯好的波本，是他們已經用小桶陳放八個半月的酒液。品嘗之後，大家再回頭喝一開始的玉米威士忌與介於中間的威士忌，比較這三者。

雖然媒體在這些意義的傳播流動上扮演了要角，但只有導覽才能讓釀酒人直接向消費者展現自己真正的釀酒過程。對釀酒人而言，品酒是導覽的最高潮，參加者能在經歷手作生產程序的洗禮之後，品嘗產品的獨特之處。透過這個品酒過程，他們串起了原料、工序與產品之間的直接連結。消費者得先看過手作工序，才能體驗結果。導覽和品酒揭露了一瓶瓶烈酒當中蘊含了多少功夫，而這通常是在幕後完成的。這些讓大家能體驗真真切切的生產過程。

第三章

在男人頭上動刀

Chapter 3: Working on Men

像樣的（presentable，adj.）：乾淨、穿著入時或得體，足以出現在公眾場合。

——弗里曼運動俱樂部白板上的話

理髮師們整天都很忙，顧客等候名單列得老長。五張椅子全部滿座，還有六個客人在等。當中兩人一個讀雜誌，一個滑手機，另外四個則來回盯著房間四周跟地板，順便聽一群人講話。理髮師整天閒聊不斷，炒熱氣氛。大家開始交換自己和朋友呼大麻的故事。魯本說自己沒再呼麻了，因為他會產生嚴重的幻覺。他解釋，有次醒來時發現自己手中握著刀，還有兩次是拿著刀就睡著。他的故事讓邁爾斯對著大家提出假設性的問題。

「你們有誰拿過刀捅人嗎？」邁爾斯對全店的人這麼問。

「這我不行，這太人身攻擊了。」喬伊說。

「你會叫得跟殺豬一樣——啊啊啊！」邁爾斯尖聲大喊。

「幹，那就完蛋啦。」魯本說。

「怎麼說？」邁爾斯問。

魯本頓了一下。「這我想過上千次……」

「你根本是在找機會下手嘛！」邁爾斯插嘴。

「……我想過上千次，拿刀捅人會是什麼感覺。捅完心情一定差到爆。可是，如果半夜有人從窗戶闖進我家，這可就是切身的問題了吧。」

「我說老兄啊，你怎麼連這種事都要預做準備。」邁爾斯說。

「那這個人長什麼模樣啊？」喬伊問。理髮師個個放聲大笑，也有幾個客人偷偷笑起來。

「我問你，」邁爾斯的聲音蓋過整片亂哄哄，「有人闖進你家——你跟人打過架對吧？那你有沒有真把人往死裡揍過，別騙喔？」

「嗯……，沒。」魯本說。

「所以說，你根本捅不了人。」

「對啦，可是……你啊……我不覺得，又不是跟你一樣危險，你又不是說……你這……首先，我沒遇過有人真從我家那扇他媽的窗戶闖進來。但要是你闖進來，老兄，我一定他媽的會氣炸。會比我以前最火大的時候還氣。」

「我確定我捅得下去。」

「你是波多黎各人耶，他媽的，你會捅人根本是天生的好嗎。」魯本說，店裡所有理髮師跟大部分客人全都大笑。

●

假設性的問題、嗆聲、嘲弄、叫人到外面解決、虛張聲勢——這在「弗里曼運動俱樂部」這間紐約下東區的高檔男仕理髮店裡不過是日常交流。當顧客第一次走進這裡，或許也暗自驗證了對「男仕理髮店該是什麼樣」的印象——一個讓「男人可以做男人」的地方。大家一起講垃圾話，實現了男仕理髮店作為兄弟互搏感情之場所的理想承諾。不過，新客人若是稍微留心，會注意到似乎少了什麼：在這裡，理髮師開口，客人不講話。垃圾話是未經彩排的表演，是以理想的理髮店的概念為基礎、進而引導客人的行為；客人則是來消費這種陽剛、通常屬於工人階級的文化。理髮師並未刻意將客人排除在他們的小團體對話外。店內的社交動態，以及這些高檔新店面開設地點的社會環境，影響著垃圾話如何進行。

男子氣概——亦即「何謂作為男人」——如今正面臨危機。男子氣概永遠在遭受威脅。無論在家、談戀愛，或是在工作場所，甚至是處於跟其他男人的關係中，男人都擔心自己的舉止是否像個男人該有的樣子。原因是，社會對於男性合宜行為的期待不斷在變，為男人「如何舉止」帶來挑戰與錯綜複雜的信號。男人總是望向自己年輕時，或是長輩講述、大眾文化呈現給他們看的舊時神話，以尋求指引。舊時的男人多少都比眼下的自己好，他們更強壯、更堅定，也更有擔當。「我現在該怎麼行動？別人都怎麼做？以前的男人怎麼做？」他們自問。如果美國長久不滅的理想陽剛形象是「自力更生的男人」，也就是「能獨力生活、掌握自己人生的男人」，那麼，「身為男人」就是要為達到這個目標而奮鬥不懈。問題並不在於危機中的男人是否覺得自己像個男人，而在於這個「危機」在特定時代的樣貌，在於是什麼導致男人感覺身陷危機，以及他們如何回應。[1]

歷來男人一旦面臨如此危機，便會遁入同性社交環境——亦即社交俱樂部和酒吧等供同樣社會性別者互動的場域，以成就自己的陽剛氣質。[2]這類場所一向重要，因為男人最在意的是在其他男人面前展現自己的陽剛氣質。他們認為，最有資格評判自己的男子氣概的是別的男人。[3]同性社交環境是男人可以「當」男人與「成為」男人，亦即「表現陽剛氣質」之所在。[4]至於讓男人感受到壓力、非得去實踐或展演的那種陽剛氣質，通常也代表著某種「霸權」或宰制性的理想型。[5]換言之，看似與生俱來、稀鬆平常的社會性別，並不會憑空產生。世人透過行為來創造社會性別。他們根據社會對於女性與男性應該如何舉止的期待，來像個女人或像個男人那般行事。而諸如種族、文化群體、宗教、社會階級與性取向等因素，也會影響如何認定上述展演應有的樣貌。「實踐社會性別」是個持續進行的過程，永遠沒有完成的一天。人不斷試圖在自己的日常中「完成」或

「企及」成功的社會性別展演。

在一直「實踐」社會性別的情況下，理髮店就是男人可以上門的同性社交環境，是這種「像個男人」持續要求的一部分。這裡不光能讓男人改造自己的身體（針對他們頂上和面容的毛髮），以達成自認應有的「像男人」的目標與外貌，幾個世紀以來，這裡也是男人前去與其他男人相處、公開展現其陽剛表現的場所。然而，一旦「男人應如是」的期許、男人能像個男人那樣行事的環境，以及男人周圍的社會條件發生改變，構成一連串威脅時，理髮店也會隨之產生改變。[6]

有型，信手拈來

數千年來，世界各地的人常將理髮師視為精神領袖，在信仰儀式上扮演重要角色。中世紀的理髮師是有一技之長的生意人兼能工巧匠，在學徒制下形成其行會。時人稱理髮師為「髮匠兼外科醫生」（barber-surgeons），因為在剪髮之外，治病、看牙（例如放血、用藥草治療刀傷、拔牙等）都是他們的工作。[7] 隨著醫療知識與技術逐漸專門化，內科與牙醫各自成為專業後，理髮師也慢慢將重心擺在頭髮上。他們在歐洲開始向外殖民時，仍扮演若干醫療上的角色；但在一七〇〇年代左右，理髮師就是大眾認為的工人階級職業，與僕役相去不遠。十九世紀與二十世紀初，美國理髮師開始專業化——例如採行工作準則、組織工會，以及創造執照與教育的要求，而理髮店也日益受到政府在清潔與預防疾病上的規範。[8]

美國理髮店的黃金時代是從內戰前後一直延續到第一次世界大戰。[9] 理髮店作為男人「稱兄道弟、放鬆心情的地方」的形象，泰半就源於這個時期。城裡鎮上有閒錢的男人大致與維多利亞時期差不多，他們試圖保持乾淨、莊重與合宜的外表，留著整齊短髮，臉上不是刮得乾淨溜溜，就是蓄著細心修剪的鬍鬚。男人會固定上理髮店，沒工夫拿剃刀自己刮鬍的人也會到店裡照顧自己的外貌，一週數次。髮油與生髮水、刮鬍皂和潤膚露等產品大發利市。男仕理髮店變成全方位的服務機構，男人不僅可在此讓人刮鬍剪髮，還能擦鞋、給鬍子上蠟、給頭髮噴香水、燙衣服（有些店還提供啤酒和雪茄），甚至邊聽人講政治、生意經與地方上的八卦。

理髮師與男仕理髮店在二十世紀期間因為幾起事件而逐漸衰落。首先是安全刮鬍刀的普及。十九世紀有好幾種安全刮鬍刀，但在銷售員金．吉列（King Gillette）在一九〇三年做出拋棄式刀片（常見的雙刃刮鬍刀片）後，安全刮鬍刀在市場上才一飛沖天。拋棄式刀片易於大量生產，刮鬍效果也近似直式剃刀，但不像剃刀那樣需要保養，畢竟它用完即丟，而且不需刮鬍技巧也能使用。由於意識到有些男人可能會把「自己在家刮鬍」與女性的美容保養習慣聯想在一起，產生潛在的反效果，吉列的廣告於是將「男人自己刮鬍」的舉動營造成等同陽剛氣質，是剛毅性格與便利性的象徵。吉列刮鬍刀先是銷量成長，後來美國在一戰期間又把它當成自家軍人的配備，使得該公司售出了三百五十萬把安全刮鬍刀與超過三千六百萬枚的刀片，國內外無不家喻戶曉。此後，天天（至少是經常）在家刮鬍就成了西方國家的常態。但是，在家刮鬍也意味男人不再需要常上理髮店。同時，經濟大蕭條也導致許多理髮店關門大吉。當失業率來到百分之二十五時，收入足以經常理髮的男人可說少之又少。

保守的短髮、時髦的龐巴度頭（pompadour）和波浪髮型，讓男仕理髮店在一九四〇與五〇年代人氣高漲。從二戰戰場歸鄉的軍人流行剪特定的短髮，例如小平頭（crew cuts）和平頂頭（flatops），這些髮型都需要經常修剪維持。但一九六〇年代才是原本隨處可見、專業的男仕俐落造型走下坡的開始。披頭四樂團頂著一頭蓬亂頭髮，出現在一九六四年美國的《艾德・蘇利文秀》（*The Ed Sullivan Show*）電視節目，引燃了流行文化中的年輕人革命。對於反文化的成員和穩重的專業人士來說，此時蓄起長髮才是潮流。上理髮店從每兩週一次的習慣變成偶一為之。理髮店關門，成千上萬名男仕理髮師沒了工作。有些人離開此行，有些則改為從事髮型設計和女性美髮。* 此時，女性與不分性別的美髮沙龍開始蓬勃發展，許多蓄長髮的男人也開始上沙龍。

後工業時代來臨成了男性理容改變的契機。「成就男子氣概」在今日就和在工業時代差不多，同樣意味著符合特定的外貌與風格（尤其是在白領男人之間）。然而，今日的男性有更多選擇（亦即多樣的風格），也沒那麼多規範（亦即服裝規定更寬鬆，對於「何謂陽剛」也有非傳統的看法）。[10] 新經濟中的男性專業人士在職場上感受到自己必須「好看」的壓力，認為個人外貌是事業飛黃騰達的一項重要成因。[11] 男性美妝產品（業者與消費者傾向用更中性的「理容產品」稱之）近年來銷量不斷增長，非刮鬍盥洗品項的銷量更是在二〇一三年首度超越了刮鬍用品（但後者也有成長）。[12]

或許，形容男人對待、整理個人身體有如美體工程的「都會美型男」（metrosexual）一詞，最能捕捉到這種「直男關注自我外貌」的現象。[13] 由於社會上將男性對於身體的關注與執著，常以陰柔之舉或同性戀文化的

* 男仕理髮師（barber）與髮型設計師（hairstylist）之間的差別，不只是前者剪男人的頭髮，後者剪女人的頭髮這樣，雖然經常如此。（正因為如此，男仕理髮師多半更習慣處理短髮、用推剪，而髮型設計師更善於處理長髮。）兩者需要的證照不同，職業許可規定也不同，舉凡需要多少小時的進修（經常是在學校裡完成的）、考試性質、允許提供的服務項目皆隨各州而異。比方說，男仕理髮師在學校不用學怎麼修手腳指甲或上髮蠟，考試也不考這些技術，法律同樣不允許他們提供這些服務。至於拿美容執照的髮型設計師則可以提供上述與其他的服務，但法律上通常不允許他們用剃刀修髮。詳細差異依然隨各州而異。

面向視之，大眾與媒體因此常以「都會美型男」一詞揶揄或貶低這些直男。[14] 男人愛美之所以好笑或有問題，是因為「真」男人不該這麼在意自己（吉列解決這種窘境的方法，就是大力鼓吹刮鬍乃陽剛之舉）。男人「應該」在日常生活中成就陽剛氣質，但過度打理個人外表、關注服裝、擔心毛髮的舉動（頭髮和體毛皆然，男性除毛有時也稱為「manscaping」，這個結合man和landscaping〔造景、景觀美化〕的詞彙兼具幽默與挖苦之意）卻偏離了陽剛氣質的「正常」與宰制形式。[15] 這些舉止威脅了「落實陽剛氣質」的正道。

一開始，男仕理髮店並沒有為迎合都會專業男性的造型需求而改變。許多白人專業男性為了因應要「好看」的壓力，只能到女性美髮沙龍。沙龍造型師能提供他們所需的品質與造型，這是那種好像會有拿著剪刀的老人雙手危危顫顫的一般理髮廳缺乏的。但美髮沙龍對這些男人來說有其問題。最明顯的就是美髮沙龍是陰性的空間，是屬於女人的場域。沙龍是進行美容的地方，是女人可從外太空八卦到內子宮的地方，也是女人對自己髮型、身材與生活表達不安全感的地方（刻板印象如此）。男人在沙龍裡被女人包圍，男子氣概在這裡會遭遇危機，而他的陽剛氣息也會在美容與美體工作完成時受到威脅。於是，這些男人運用若干策略，維持個人陽剛氣息，反制威脅。他們把造型師對他們身體的作為，明確地形塑成是某種與女性美容工作有別的內容。他們之所以心情好，不是因為上美髮沙龍，而是因為在這裡能和直女進行普通的異性戀模式互動。他們不是付錢讓陌生人為自己美容（此舉等於把自己的身體變成美體工程的對象），而是跟女性造型師發展個人友誼，而美容不過是附帶效果。最後，他們這麼做不是在縱容自己，而是確實需要看起來「有型」，這是專業認同的一部分。男人若想平步青雲，外表就得好看、陽剛，偏偏這在陽剛、同性社交、但服務糟糕的土氣理髮店是辦不到的。換句話說，他們是因為在沙龍與女人有誠摯的關係，又能「好看」、有助於事業發展，所以才從中感到樂趣。[16] 他們藉此策略控制住對於其陽剛特質的威脅，否認「都會美型男」的說法，以保有自己的男子氣概。

像弗里曼這種新型的高檔男仕理髮店，就是對今日陽剛氣質所受威脅與壓力的直接回應。業主刻意開設這些店面，以作為在「高品質、但陰柔的美髮沙龍」與「陽剛、但品質低劣的理髮店」之外的第三種選擇。這些理髮店試圖將女子美髮沙龍的技巧、風格與服務，與傳統男仕理髮店的男性社交、高度陽剛的環境相結合。[17]上門的顧客既能得到個人在職場與生活中所需的有型外貌，又能免除前往女性空間的困擾。這時代的男人承受著「要好看」的壓力，高檔男仕理髮店可說是一帖對治良方。

弗里曼運動俱樂部的老闆山姆並非理髮師，他聘的第一位理髮師是范。范如今三十有五，他最早在高檔女性沙龍工作了八年，接著在社區理髮店做了幾年後才來到這裡。范透過朋友認識了山姆，對於山姆的理髮店構想非常認同。二〇〇六年弗里曼開業時，范成為首席理髮師。他形容這間店的哲學：「我們的精神和堅持是這樣的：你來這裡剪髮，可以得到理髮師的敏銳感和設計師的技術。我以前就像美髮師那樣跟人收費，剪顆男生頭收七十五美元；我會像這樣（表情嚴肅，動作謹慎），持續這種鳥動作，好證明我雖然剪的是四十八塊的髮型，但有資格收你七十五塊。你上美髮沙龍感覺並不擔心，你認為你是去請教別人，不是匆匆趕去、匆匆走人，而且還覺得人家是用比較威的手法在幫你剪。有時候是啦，但不一定都這樣。可是你就是不想去他媽的美髮沙龍，你希望周圍都是漢子，不要都是女人、噁爛的電子樂、為小事吵翻天、勾心鬥角、兩個女的因為某個原因所以討厭第三個女的——你懂我意思吧？這個，我們在做的這個就介於中間：客人會得到關注、細節和你想要的時間，就跟美髮沙龍一樣。要是我剪好，結果顧客說他想再短一點，可以啊，我沒意見，你開心就好，我會剪出你想要的。既然我們都收你這個價格了。但我再說一次，我們是理髮師，我們都帶把。」

高檔男仕理髮店的理髮師認為，不該讓男人去應付女性沙龍的威脅，在有型的高品質髮型上也不該花大錢，這跟范的看法不謀而合。因此，這些理髮店將目標客群鎖定於年輕、重視外表，需要或想要一個安心的地方，能無損自己的男子氣概，或限制其展現陽剛氣質的男性。高檔男仕理髮店以直率的手法，試圖為男人——而且無疑是專業人士——奪回霸權式的陽剛氣質。上門的男人是來消費可見於傳統男仕理髮店的工人階級陽剛氣質，以及眾多研究指出非裔美國人、或特定族群理髮店擁有的那種一體感。[18] 這種理髮店的經營模式、裝潢風格與主題，為店內的勞動與互動提供以異性戀為依歸的背景，有助客人達成這些目標。[19]

弗里曼隸屬於一個小小的時髦都會生活風格帝國。除了這間位在下東區李文頓街（Rivington Street）的店面，這帝國的所有權人團體在紐約市西村還擁有另一間理髮店，舊金山也有一間，此外還有兩間高檔男性服飾店、一間酒吧與兩間餐廳。[20]（這些餐廳、服飾店和理髮廳全都叫「弗里曼運動俱樂部」。）這段位在克里士提街（Chrystie Street）與包厘街（Bowery Street）之間的李文頓街，則是這個帝國的心臟。其中一間服飾店位於街區中段，坐落在弗里曼巷形成的一個「轉角」，這正是幾間店名的由來。[21] 要穿過服飾店後才是理髮店。理髮店的窗戶對著巷子，若非老派的木製理髮店三色旋轉燈和招牌告訴行人「店就在這兒」，否則不會有人特別注意到。顧客經過價格不菲的服飾，來到理髮店入口旁的接待櫃台。這兩間店之間隔著玻璃窗與一扇門。走過幾間藝廊之後來到巷底就是餐廳，辦公室和衣物修改間則在餐廳樓上。有在當地手工縫製的男裝店、美國鄉村料理餐廳、經典風格理髮店，以及每間店裡以木質內裝與動物標本裝飾營造出的打獵小屋主題。這公司志在重振失落的精緻手工感與男子氣概，提倡陽剛化的「酷」感。

弗里曼和其他高檔店面一樣，堅守著傳統理髮店風格，用傳統理髮椅和工作台、古典的鏡子，牆上還掛著褐色調老照片（一張是無拳套拳擊比賽，一張是海灘自行車賽）。店裡有八張木椅，就擺在進門左右牆邊，一邊各四張。小小的等候區還有兩張皮面填充椅，背對玻璃窗。等候區更過去是五張理髮椅，進門左右牆邊各兩張，還有一張在裡面角落。一些標本（魚和幾根鹿角）與打獵小屋風格的斑駁木作，明確地讓人聯想到打獵與釣魚等男人的活動。店內架上擺的刊物都是以年輕、時尚、有文化意識的都市人為目標讀者，內容從男性生活風格（《GQ》、《君子雜誌》〔*Esquire*〕）、時尚商業區文化（《Vice》、《食用曼哈頓》〔*Edible Manhattan*〕），一直到深度的（《紐約客》、《連線》〔*Wired*〕）都有。雖然弗里曼這裡沒有，但有些類似的新店面還會將理髮店的傳統陽剛空間與酒吧相結合，同時提供酒精飲料與剪髮，相輔相成（大部分店家通常提供啤酒，但有一間名叫「盲髮匠」〔Blind Barber〕的店就緊挨著貨真價實的酒吧，提供精調雞尾酒單。[22]）有些店內擺了義式咖啡機和一流品牌的手工咖啡，不輸任何新型的高檔咖啡店。這些店家的想法是，會花十五美金喝杯雞尾酒、花五美金喝杯咖啡的男人，跟會花四十五美金剪髮的是同一批人。[23]他們通常是對的。

但這些店家為男性提供適合陽剛社群的空間所作的努力，也有其矛盾與侷限之處。比方說，跟傳統理髮店不同的是，高檔理髮店會賣男仕「理容產品」——諸如髮蠟、收斂水和刮鬍膏，這些要麼是自家品牌，要麼是其他小公司出品。理髮師將這些產品用於顧客，自己通常生活中也會使用。這有讓男人的身體看來像是「後天造就」，而非「先天如此」的風險。[24]為了降低這種風險，他們向顧客傳達的盡是產品的品質、便利性，能有效成就男仕的特定風格。也就是說，他們會強調產品的實用性，以免使用產品的建議對顧客來說會顯得太過陰柔（或像是專門提供都會美型男）。

某天下午，一位名叫查爾斯的客人首度光顧。他坐進喬伊的椅子。查爾斯在徵詢建議後沉默了幾分鐘，突然開口問喬伊。

「你頭髮都用什麼？」

弗里曼運動俱樂部，從弗里曼巷入口處看。作者攝。

「你是說像洗髮精嗎？」

「對啊。」

「我不用洗髮精。我都保持自然。我也只用可洗掉的產品。建議你只用水溶性產品。」

「我得用洗髮精。我超會噴汗。」

「汗就是水。」喬伊回他。

「鹽水。」

喬伊聳聳肩，「那還是水。鹽能融於水。一沖就沖掉了。你有用髮蠟嗎？」

「沒，」查爾斯的語氣帶著遲疑，「我該用嗎？」

「嗯，要是你想讓頭髮看起來有個特別樣子的話。我等等給你看一種塑形力強、但沒有光澤的。不會有人知道你塗了東西。」

等到我跟喬伊對話時，他大讚這間店要讓男人外表看來自然的目標。「我希望不是乾乾淨淨，而是盡可能更自然。我不了解幹嘛徹底乾淨。是說，我喜歡乾淨，我也可以乾淨，但那不是我們想做的。就算只是走過這條街，我也看得出那個人的頭髮是在我們店裡剪的。我們完成造型的方式，就是絕對不留痕跡。你知道人家怎麼剪出線條嗎？就像有條線，然後是頭髮。客人多的大店有時剪出來的線條會非常明顯，一看就知道不是在我們這兒剪的。你看得出來他們不知道怎麼剪漸層。對這間店來說，不留痕跡重於一切。我們不會留下銳利的線條。這種的我們不剪，就算客人要求也不剪。」對這些理髮師來說，頭髮逐漸短到能看到頭皮，會讓男人外表看起來更自然。[25] 但這種「自然」來得並不自然。「自然」必須由人實現。男人必須努力以看起來自然，理髮師會告訴他們自然與看來自然的風格意味什麼（也就是說，使用的髮蠟不會讓別人看出他們用了產品）。

新型的高檔理髮店還有一個問題：它們想成為一個能讓男人行事像個男人的空間。它們向傳統致敬，努力要像傳統理髮店那樣成為同性的社交聚會場所，例如工人階級、街頭巷尾、特定族群與非裔美國人去的理髮店。它們想成為地方的聚會場所和社群空間，但對顧客來說，這地方並未扮演如此角色。高檔理髮店位於仕紳化街區，周遭都是其他型態的高價、新潮商店（例如餐廳、酒吧、精品服飾店），吸引到的顧客是來自全城人口組成中的年輕都會專業人士與創意工作者。[26] 幾乎所有來客都是介於二十至四十多歲的白人。[27] 他們有財力支付這些商家的服務，他們希望成就特定風格（或是感受到得這麼做的壓力），而且也與這些店家提倡與提供的時髦、陽剛風格合拍（至少有所關注）。然而，大多數顧客都是從這個城區之外的地方特地前來，而且也不會把這裡當成聚會場所。許多曾在其他店裡工作過的理髮師也意識到了如此現實。

自從十多歲開始幫朋友剪頭髮後，邁爾斯就展開了自己的職業生涯，到理髮師之間稱為「家庭理髮」的非裔美國人理髮店工作。他曾在市內幾間這樣的店工作，之後才加入弗里曼。膚感漸層（Skin fades）髮型在非裔人士之間相當流行，由於家庭理髮店的客群特色，邁爾斯因此也成了漸層剪的專家。他到弗里曼來練功學新招，尤其是運用剪刀和剪長髮（也就是白人男性的頭髮）。但他在家庭理髮學會的推剪技巧在此卻大有用處。「這道理就像是種新的剪髮方式，」他指的是白人之間開始盛行的漸層風格，「這種剪法就算至少大概有二十年了，但風格看起來還是比較新潮。」隨著都會白種男性頭髮開始剪得更短，漸層也成了他們的重要髮型。邁爾斯把在黑人理髮店裡流行已久的這種剪髮技術與風格帶進弗里曼。但對他而言，在這裡工作也有代價：「我以前待的每間店好像總有兩、三個傢伙很會剪，其他人就像是在撿那三個人接不完的顧客。我跟不少我覺得其實不太在乎這門技藝的人工作過，這我不喜歡。但店裡肯定隨時都有人在交談，這感覺超團結，像個真正的共同體。在這裡工作，我覺得就好像，欸，這些跟我一起工作的傢伙都是我的家人，但我跟顧客的連結就沒了。我是說，還是有幾個關係不錯的客人，但我看這大概是曼哈頓的普遍心態：忙碌奔波，進門，剪髮，滾出門，『我不是來廢話，我不是來瞎扯』這樣。」

新型的高檔理髮店跟邁爾斯年輕時待過的那種家庭理髮店完全相反。客人很少加入理髮師的群聊，通常也互不相識，甚至只認識常幫自己剪髮的理髮師。店裡真實的社交現狀不僅跟這些場所主張的社群性互相矛盾，也跟「以理髮店為社群場所」的理念大相逕庭。

最嚴重的衝突來自於接下來要說的最後一點。顧客上門剪髮不是為了聯絡感情和社群，而是為了店家提供的特別服務、結合新式與老派的理髮技術，以及男性集體交誼的保證。理髮店的服務與技術包括比平均時間久的剪髮時間（至少三十分鐘）和講究細節的剪法、剃刀刮鬍（搭配熱毛巾、鬍前膏和潤膚水）、

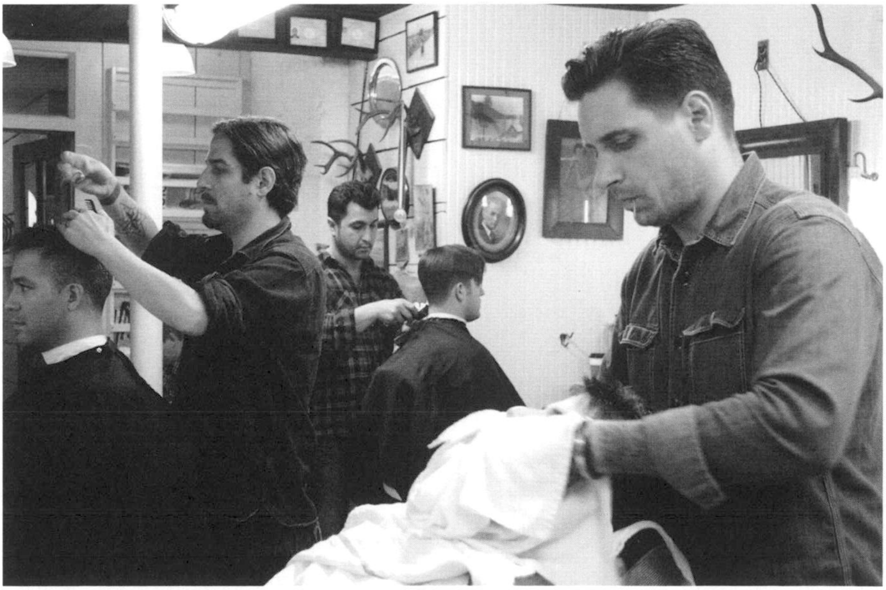

弗里曼理髮師工作一景。Chantal Martineau 攝。

修鬍、以泡過尤佳利精油的熱毛巾進行頭臉按摩，還有為特定顧客做點額外小服務，例如修剪鼻毛、睫毛與燒灼（singeing）耳毛。*即使這些理髮店不像沙龍會提供洗髮或染髮服務，但其他高度接觸性的個人服務卻會因為動作之親密而帶來不安全感，威脅到整個陽剛環境。高檔理髮店並非「男人可以做男人」、展現陽剛氣質、在其他男人面前成就自身男子氣概而無須妥協的地方，而是既能用於獲致霸權性陽剛氣質，卻又對陽剛氣質的展演帶來威脅的地方。縱使這些理髮店並非男人的社群場所，但在當中仍會產生兄弟情誼——只不過，這情誼是出現在理髮師之間，產生於建構、並規範這個同性社交環境，並提供服務的人之間。

男人好搞定

幾乎所有本書提及的理髮師，都是二十多與三十多歲的白人男性，而且都住在自己理髮店所在城區以外的地方。就這幾點來說，他們和自己的客人並無二致。本書四個職業裡，理髮師最有可能家中曾有人從事過相關行業，並在他們年輕時引領他們進入這個產業。（理髮師也是四種職業中最有可能出身紐約市或都會區的。）但在多數例子中，他們原本並無意成為理髮師，而且／或者他們的父母也不希望孩子以剪髮維生。

這些理髮師多半上過大學，而且／或是在決定靠理髮賺錢之前曾從事過不同職業。一開始就在高檔理髮店工作，從未在他處工作過的理髮師相當少數。[28]他們大部分人都曾在其他類型的理髮店工作過（例如當地鄰里的家庭理髮店；「屠宰場」——理髮師對大量招呼來客、快速理髮店的稱呼；客群同質性高的種族／族群理髮店，例如非裔美國人、西班牙裔或俄羅斯裔理髮店），或是待過女性美髮沙龍。在前者工作的理髮師之所以跳槽，是因為想到較注重服務與品質的店裡工作，為更時髦、更有鑑賞力的客群提供有型的剪髮。喬伊比較弗里曼和他之前工作的社區店面：「這裡的來客對於理髮的態度，比較像是他們**想要**，而非他們**需要**。對我以前工作那兒的客人來說，剪髮就是剪髮，是因為需要，所以來剪。他們不會當你是設計師或理髮師，他們就像『你只是在服務我』這樣。但這裡不同，客人更尊重你。你為了理髮進修，為了理髮受訓。」

絕大多數的男人總會在生活中某一刻需要剪個頭髮，但理髮師認為男人之所以選擇到高檔理髮店，要麼是因為他們對個人風格自有想法，要麼是對塑造風格抱持開放態度；而且他們重視自己的外表，希望將剪髮當成一種享受的體驗，而不是不得不剪。[29]

高檔理髮店的經營模式在於高品質的服務和注重細節，這也讓店內理髮師有機會精進個人的剪髮技術。邁爾斯先前談話中就曾提及這種機會。魯本在先前的職業生涯中待過各種理髮店，有些注重速度甚過品質。他說：「我認定我有技術，所以決定全力發揮，要就做到最好。這是我的態度。理髮上有些事需要多受重視才對。」一旦理髮店像另外三種職業一樣，能讓其中的勞動者有時間資源去完成他們的工作，他們也就能在精巧細節中注入個人手藝。在一間高檔的店裡，置身在尊重從業者、具備風格意識的消費者之間，讓從事此行的技巧至臻完美——這些勞動者因此有機會能在當今的服務經濟中，攀上時髦專業人士的地位。喬伊先前陳述過，顧客經常會聽從他們的意見（不時會說「你是專家」），理髮師從中就能感受到顧客的尊重。

* 嚴格來說，新式高檔理髮店就跟紐約州其餘所有理髮店一樣，在法律上不能使用真正的直式剃刀為客人服務，以免造成血液疾病傳染。弗里曼的理髮師使用外型仿造直式剃刀的安全刮鬍刀，刀片用完即丟。
燒灼：用可控制的小火燒掉毛髮。這種作法源自土耳其，據信其歷史比修剪更早，用於耳毛時可在不侵入耳道的情況下除毛。

然而，先前在女性美髮沙龍工作過的理髮師，起初也是以專業技術為顧客提供一絲不苟的髮型。但他們之所以離職，是因為對於剪女性的頭髮，以及在沙龍陰柔的環境裡工作厭煩，寧可在男仕理髮店做男性理髮。而他們之所以不去街坊理髮店、而是到新型的高檔理髮店工作，原因也跟其他理髮師差不多：在這裡，他們可以充分發揮個人手藝與對風格的理解，同時感受到自己因為這份工作而受顧客尊重。

喬伊摯友的弟弟擁有一間女性美髮沙龍。喬伊讀大學時，這位朋友上的是美髮學校。見識到朋友能賺多少錢（和能接觸到多少女人）之後，喬伊從大學休學，跑去念美髮學校，而後開始在沙龍工作。幾年過去，他的看法變了。

「我當時實在恨透沙龍，因為沙龍環境跟理髮店完全不同。很多時候都在演戲。」

「你是說，你得為了別人裝模作樣嗎？」我問。

「對，我這輩子還沒這麼做作過。這實在很難，尤其是整天跟女人工作。氣氛根本不一樣。她們空虛得多，你得一直讓她們相信，得讓她們一直感覺良好。」

喬伊和其他曾在美髮沙龍工作過的理髮師一樣，越來越厭煩在處理女人頭髮時不得不付出的「情緒勞動」。[30] 他辭去工作，念完大學，但他對如何運用大學學位卻沒有明確想法。既然擁有一技之長，他決定再試試看剪髮，但這回他要剪男人的頭髮。

「感覺輕鬆多了。男的就是比較容易。不囉嗦。幾乎每個人都知道自己要什麼。你根本不必去慣他們，單純跟他們發展很酷的關係就好，而我也可以做自己。這才像話。我以前做頭髮完全是為了錢跟妹子，這根本不對嘛。我很想試著去喜歡，但就是辦不到。」

在沙龍工作讓喬伊變得不像自己。[31] 另一方面，處理男人對理髮師來說就輕鬆許多。他們清楚自己要什麼，而理髮師在店裡對男人動刀時，又可以「做自己」或「做男人」。不過，讓剪男人頭髮比剪女人頭髮更輕鬆的，卻不是理髮技術。大家都說「頭髮不過就是頭髮」，[32] 但根據有沙龍工作經驗的理髮師所言，其中關鍵差異在於社交。在互動與理髮工作這兩方面來說，處理男人的頭髮都代表著輕鬆與自然（范說過，「我們都帶把」）。范解釋自己為何決定放棄沙龍工作：「我看到弗里曼，心想，『沒錯，我要做這個，我再也不想幫女人剪髮了』。除了我老婆，我再也不希望身邊有其他女人。我也不想再跟一堆女人混在一起。我也沒辦法繼續跳下去跟她們聊天。總之，弗里曼這地方介於中間，有兩種工作的好處。一旦大家都是男的，事情就先對了一半，這超棒的。男人最好相處。」相形之下，處理女人的頭髮得裝作一副高大上的模樣、付出情緒能量，再加上過多的產品、處理與程序，感覺就會走向假惺惺跟不自然。[33]

這些理髮師認知到男性為了工作與生活，必須擁有特定的外貌。他們也相當熟悉這座城市在文化上的時代精神。除了流行的髮型，他們也懂時尚、美食與音樂（而且通常也認識這些產業裡的人，為他們剪髮）。許多理髮師自己看起來就像店裡的理想客人：年輕、穿著入時（弗里曼的理髮師在前面的潮流服飾店購物可享折扣），他們個人的髮型與鬍子也都很特別。[34] 這些理髮師對於風格的特定定義與標準或許看法不同，但只要論及男人的髮型及服飾風格，大家同樣興趣熱烈。他們每個人對於什麼樣的外貌「好看」都有明確看法，而這種「好看」也同時兼顧了實用性（例如髮型要平衡，兩邊要清爽，後頸處的漸層要收得對稱）與美學考量（例如髮型要不落風格窠臼，要酷，或是根據顧客個人外貌特別處理）。[35] 隨著經驗累積，他們不僅對外表越來越有鑑別力，也越來越能以輕鬆的心態告訴顧客，他們要如何才是「好看」。三十出頭的布雷特說得詳細：「我想，我久了之後說不定眼力也會越來越好。以前客人告訴我他們想怎麼剪，我都會說『ＯＫ』，就算那種髮型跟他們不搭，我也會剪出他們想要的樣子。久了以後，我現在已經培養出一種能力，可以直接告訴他們我認為這髮型跟他們不搭。我之前工作的店和這地方的差別就在這兒。這裡更像是男仕沙龍，你要確實成為顧客的外貌顧問。他們想變好看，或是想知道你認為改變外型是不是真的對他們有加分效果。」

除了心懷曉得什麼對顧客「有益」的概念，以及指導他們營造如此風格的專業熱情之外，所有理髮師一致認為：現今的男人對於自己的身體與外貌「應該」要有一定程度的自覺與驕傲。事實上，他們認為自己的角色並不侷限於頭髮，而是在「從事陽剛工程」。當我問索林，教導每位顧客懂得自己的頭髮是不是他工作中很重要的一部分時，他不只同意，甚至還補充道：「還有如何當個成熟的人，如何當個男人，做男人該做的事。成熟的成年男性舉止就該這樣。很多人可不是這樣的。我的工作也是要讓人知道關於他們自己、但他們自己卻不曉得的事。你問問自己，你知道自己的頭髮是什麼模樣、什麼種類嗎？你手放在自己頭髮上，就知道自己頭髮是什麼類型，但你真的知道嗎？你也曉得，聰明人或許在成長過程中知道很多跟自己有關的事，但還是卻缺乏自覺。」

男人堆裡的垃圾話

弗里曼最鮮明的特色，就是理髮師之間的群體垃圾話。兄弟情誼的承諾是這家店自我標榜為陽剛環境的一部分。垃圾話可由兩位理髮師起頭，接著擴及整群人，或是以某個理髮師不經意間發表的看法，或是對所有人提出的問題開始（就像邁爾斯在本章起頭那樣）。在高檔男仕理髮店工作的理髮師眼中，這一點對於理髮店「應該有的樣子」、「作為男性聯繫的場所」，是不可或缺的。

群體垃圾話看似是在觀眾面前展演的一場秀，但理髮師並未刻意為顧客搬演。垃圾話是從他們的個性和相互關係中自然流洩出來的，有幾個理髮師都說彼此的關係「就像家人」（記得邁爾斯之前說的嗎）。[36]垃圾話在店裡有好幾個彼此相關的功能。理髮師認為講垃圾話能讓顧客放鬆，也解釋了顧客之所以前來光顧的原因（獲得一段理想的理髮店體驗）。講垃圾話還能讓理髮師工作時心情愉快，保持輕鬆，並且維繫彼此的友誼。

群體垃圾話還有另一項功用，是為店內進行的私暱、情感性的美體工作提供一種陽剛的偽裝。就和以女性客群為主的美髮師與造型師一樣，所有以男性客群為主的理髮師也都得從事情緒勞動。但情緒勞動在這些從業者眼中通常是陰柔的展演，演出的勞動者常會覺得這有失尊嚴。那些與女客人進退應對、掙的錢也比理髮師多的美髮師，會運用情緒勞動來拉近自己與顧客的社交距離，抵銷彼此的地位差距。但此舉卻會犧牲其技術上的專業性，傷害了他們希望被人以專業人士看待的渴望。[37]男仕理髮師同樣會碰觸顧客，聆聽他們的問題，為顧客提供建議（無論是他們的髮型、外貌，還是私生活）。但他們帶起了以陽剛為準則的垃圾話，並提供以手藝為基礎的服務，這兩者皆有助於隱藏他們展演的情緒勞動。[38]簡言之，群體聊天強化了這類理髮店有意塑造的社交環境，把注意力從常態性的撫觸與美體工作上轉移開來。而且，不像擔任女性美髮師的男性那樣，他們性別化的展演不會有遭受「誤解」或「錯誤詮釋」為陰柔的風險。[39]

對於在高檔男仕理髮店工作的理髮師來說，以特定形式呈現、表達特定題材的垃圾話，能強化一間店作為陽剛環境的特質。在本章一開始，垃圾話從講故事（大麻經驗）轉移到假想情境（「你們有誰拿刀捅過人嗎？」），這兩者都是垃圾話常見的形式。隨著對話進行，群體垃圾話也常會從一種形式轉變為另一種，鮮少會以開頭的形式告終。至於內容，理髮師會彼此挑釁（「我看你根本辦不到」），開開玩笑，包括對族群身分進行化約性的評論（波多黎各人很暴力）。由於理髮師彼此相熟，又來自不同背景（有義大利裔、猶太裔、波多黎各裔），他們常會以族群身分與刻板印象作為垃圾話的主題。雖然不會冒犯到彼此，但他們的意見卻有可能冒犯到不屬於店內社交圈的成員，或是無法「領會」這些笑話的顧客。[40] 理髮師最常談到的其他主題是女人和男女關係、運動、汽車、音樂、食物，以及個人的男子氣概。至於群體垃圾話最具代表性的形式，則是嘲弄或「喇賽」（talking shit）。

某個週四下午，我坐在店裡，此時理髮師們聊的話題材以男女關係為主。對話轉到了做家事的責任。店裡不是每位理髮師都結了婚或跟女友同居，但他們總考慮過男人在交往關係中該如何行事。范說，他讓太太處理許多家務事，例如帳單跟借貸。

「老兄，你都給人騎到頭上了。」魯本說。

「最好是。我讓我老婆管我那堆爛事耶，哪有被人騎在頭上？」范回嘴。「她都已經為我們家下一輛貨車建好檔案了。」

「等等，貨車？」馬克問。

「對啦，」范語氣有點不好意思，「我老婆開貨車。」

「結果你居然開Prius！」魯本插嘴。

「Prius省油啊！我可是要從威斯徹斯特（Westchester）開車過來耶！你知道『我有根巨屌』的俗話怎麼說？就是Prius。」

「你知道『我有根巨屌』的俗話怎麼說？」魯本反唇相譏。「不就是巨屌。」

范雖然試著辯駁，但也意識到自己現在已是受嘲弄的目標，論點也辯無可辯。他舉手投降，一笑置之。隨著理髮師們開始聊到輪圈，垃圾話的主題也轉移到車子。

在這段插曲中，理髮師們逮到機會，利用范沒有掌握家中大權來奚落他。范既沒能展現霸權型陽剛氣質，又沒能展現身為獨當一面的男人應有的地位，其他理髮師因此搶得先機。這一輪「喇賽」過程中，有許多其他選項的范選擇了迎戰。[41] 然而他這麼做，卻意外讓自己遭到進一步挖苦。理髮師們都很了解應該如何展現真正的男子氣概（例如開特定車款的車），在他們眼中，范的陽剛氣質受到的威脅顯而易見。不過，「成為嘲弄的靶子」一事，並不會對店內的社交秩序造成結構性的影響。身為首席理髮師的范在群體中的地位不見衰落；隔天，就換他嘲笑其他理髮師了。他不會因為自己生活中的這些事，威脅到他對理想男子氣概的持續追求，而在面對其他人時變得「沒那麼」男人或「沒那麼」理髮師。透過參與，他仍是團體中的有力成員，也為「理髮店是個以此類陽剛導向的行為（家中大權在握、開卡車）為標準的空間」的概念出了一份力。

群體垃圾話就跟聊天一樣有其運行規則。[42] 受人嘲弄時，像范這樣「吞下去」而非發脾氣就是其中之一。理髮師期許目標受到嘲弄時，不僅不會感覺遭人冒犯，而且還能意識到這其實是他們轉守為攻的機會。他們會給那些愛生氣的人貼上「沒有安全感」的標籤，因為這種人沒有坦然自嘲的雅量，而坦然自嘲正是一個人對自己男子氣概感到自在的標記，無論別人指出他們是多麼偏離了標準。

有天下午，理髮師們開始拿馬克取樂，故意誇大他的紐約口音——這事他們常幹。妙就妙在馬克這時已經出門吃午餐，人根本不在店內。范的客人於是問他，大家是在模仿誰。

「是個我們都喜歡的傢伙，但他有一口濃重的長島口音，講話又很好笑。〔對著其他理髮師說〕欸，幾天前他對某個人說『你有雙漂亮的小腳。我真希望自己也有這種小腳，八號半的。我喜歡嬌小』。」范用低沉粗啞的男中音說著。

笑完這個刻板印象之後，魯本說：「我今天要專門針對他。他完蛋了。」

「我們一取笑他，他就生氣。」邁爾斯補了一句。

「因為他沒安全感，」喬伊說，「他應該要能吞下去才對。」

理髮師們知道馬克最近暫時搬回長島的父母家中，同時在城裡找新公寓。一等到他吃完午餐回來，他們就拿這件事來發揮。

范用他的「馬克腔」講話：「媽，你幹嘛洗這些牛仔褲？它們明明好好的。」

馬克面對同事們的嘲弄，常選擇以「不變」應萬變。[43]他多半會做出齜牙咧嘴的表情，搖搖頭，然後無視。但玩笑越開越大，馬克只好說：「拜託，我還在幫客人刮鬍子耶。」

「連客人都在笑！」傑森說。

「我拿刀抵著他臉時，我寧可不笑。」

「唉呀，你不會給他割那麼深啦。」

「你這個白癡。」馬克生氣回嘴。

理髮師們喜歡馬克，也尊重身為理髮師的他。他們經常閒聊、共進午餐，工作之餘也會出去晃晃。但人在店內、處於群體脈絡中，他們卻希望馬克接受大家嘲弄他的怪。這是群體垃圾話的一部分規則，接受嘲弄顯示成員之間的兄弟情誼，也可說是「家庭中的一份子」。[44]因為遭到嘲弄而抱怨，就偏離了店裡的「文化腳本」（cultural script），眾人會譴責他沒自信、對自身的男子氣概沒有安全感。理髮師們趁馬克為客人（他並不認識客人）刮鬍子時嘲弄他。此時，客人雖然聽得忍俊不禁，但不會加入其中。儘管這位顧客誰也不認識，但他了解這種展演及對行為的指責都是鬧著玩的。

不過，群體垃圾話與理想的霸權陽剛特質之間的密合程度還是有限。根據過去的研究，若要在典型的同性社交場合展現霸權陽剛特質，男人必須以某種形式互相競爭。[45]垃圾話期間「喇賽」的時候，理髮師通常會把自己的能力與時尚嗅覺講得天花亂墜，彷彿自己是全店最強。但在比較個人的對話中，理髮師會誠實評價自己與店裡眾人的才能高低。

經過討論後，范的手指開始撥弄顧客的頭髮。這時他問：「你上次是在哪裡剪髮？」

「就這裡。」

「給誰剪？」

「就你旁邊那位。」

「邁爾斯。」

「剪得很好。」

「對啊，就是因為剪得好，所以我才問。」

這時在角落的椅子那兒，馬克問傑森：「欸，星期天下班後你可以幫我修鬍子嗎？」

「為何？」

「我有個朋友是髮型設計師，想邊看邊學。」

「ＯＫ，但我不是店裡最會修鬍的人。」

「你很會啦。你修得比我好，可以露一手讓他看看。」

雖然滲入垃圾話的競爭因素是典型霸權陽剛行為的標誌，會在「喇賽」形式的交流中顯現，不過一旦「誠實」進入對話後，競爭因素便會消失。理髮師對於承認自己在某方面沒有其他人那麼行（例如傑森的做法），指出誰比自己更厲害（例如馬克的做法），或是公開互相稱讚（例如范與馬克的做法）毫無障礙。他們會在彼此之間，也會在客人面前這麼表現。

除了這種坦然承認之外，高檔男仕理髮店的理髮師有時還會在群體環境中相互討論私人性質的事情。他們會聊感情議題、家庭問題、健康焦慮與其他敏感主題。有時理髮師會尋求建議，有時只是想宣洩情緒。總之，他們沒有像男性在同性社交環境中所受的期待那樣，刻意不表露感性的一面。[46]

某個週五，喬伊與邁爾斯在休息時展開了一段關於喬伊友人的對話，而且一直持續到他們進店裡繼續工作。喬伊有位孩提時的老朋友，但後來漸行漸遠。這位朋友原本邀請喬伊參加自己的結婚派對，但喬伊對婚禮規畫大小事的熱中程度顯然不如朋友期望，因此他後來把喬伊從名單中刪去。最後，喬伊說自己乾脆連婚禮都不去了。

「我們有點意見不合，而且我說我不想去結婚派對，但他硬要我去。」

「這樣啊，說不定是他馬子叫他把你刪掉的。」邁爾斯回答。

「大概吧。」

「什麼時候婚禮？」

「下週。現在我根本不想去了。」

「他其實是嘴上說你可以來，但實際上不想你來。」

「沒錯。我試著找他在城裡吃個晚餐，但他一直拒絕我。我們一直傳簡訊給彼此，試著說話。你就知道他有多難搞。」

「不過，你確定是他難搞嗎？」邁爾斯說，想提供一點分析。

喬伊顯然很受傷，他稍微點頭表示自己知道意思，但沒有回話。他繼續準備幫客人修鬍，邁爾斯則開始剪髮。有幾分鐘時間，他們暫停對話，繼續處理手上的客人。後來，喬伊打破沉默。

「他媽以前常打電話給我媽。」

簡言之，群體垃圾話因為能維持、促進理想的霸權陽剛特質，因此會出現在同性社交行為的理髮廳，但理髮師的局部團體行為卻展現出某種意義更為分化的脈絡。顧客被排除在外（或說未被納入）的事實，無意間顯露了這間店「個人導向」的性質，而非業主企圖達到的「社群導向」目標。雖然群體垃圾話與其象徵的男性情誼並非理髮師假裝出來的，但這兩者仍然近似於在觀眾面前展演的微妙陽剛特質。

弗里曼運動俱樂部的群體垃圾話展演有兩個明顯例外，一以性別為基礎，另一則以種族為基礎。女人在群體垃圾話當中扮演的角色，讓這間店作為同性社交空間的形象有了更進一步的發展。原因很簡單：店裡唯一的全職女理髮師可可並不參與垃圾話交談。三十過半的可可來自東京，在經歷一段失望的會計生涯後，她渴望能更直接與人互動的工作，於是決定投入髮型設計。一向希望和男人共事（她說「女人老是大驚小怪」）的可可，先待過中城一間高價位的男仕沙龍，後來才加入弗里曼，因為她更喜歡理髮店的環境。她跟其他理髮師相處極為融洽，彼此也常一對一或是一小群人聊天。可可自有常客，也會和常客進行友好的對話。只要可可碰上有趣的客人，例如對髮型有不尋常的要求，或是講話大嗓門的，大家也常會在客人離開後問她是否還好——他們對彼此都會這樣。但可可在群體垃圾話期間大多保持安靜，不會拋出假設性的處境，也不會講自己的故事。她不嘲弄人，也不會被人嘲弄。其他理髮師和她講話時，平常交談中明顯的陽剛特質內容也不會因此收斂——這在有女子進入男人的社交環境中時，可是個出人意料的現象。[47]

可可是競技長跑跑者，整天都在吃碳水化合物及高蛋白食物當點心。范坐在一旁休息時，注意到可可的大保鮮盒內全是點心。

「老天！這些你今天會全吃光？」

「對啊。要來一點嗎？」

「別別別，我吃了會放屁，但還是謝啦。你的假期如何，好玩嗎？」

「我的老天啊——」

「那是你第一次放鬆度假。」

「——不過我還是有跑步，反正放假不就這樣。」

「你去跑比賽？」

「沒，但每天早上都跑。」

作為對話中經常出現的主題，女人也是理髮店社交生活中的一部分。理髮師頻繁用私人或開玩笑的方式討論妻子、女友、約會、朋友與名人，藉此展現、強化自己的男子氣概。可可雖然是個實際在店裡的女性，卻不會、也無法加入店裡的陽剛氣質展演。不管她人在不在，這展演都會進行下去。[48]

第二個主要例外與一位來找邁爾斯剪髮的顧客有關。

休是年約三十的非裔美國人，虎背熊腰，身高一般，稍微有點美人尖。由於邁爾斯對漸層剪經驗老到，大多數有色人種的來客都會找他剪，休也是從朋友那兒得知邁爾斯和弗里曼的。第一次來店時，邁爾斯請休坐下，站在他面前，手肘靠著自己的理髮台，這是他在討論髮型時慣有的姿勢。

「好，你打算怎麼剪？」他問。

「欸，我不喜歡別家店給我剪的這個頭。現在我這邊（指著美人尖）頭髮少了些，但我想把這跟我的髮線連在一起，你懂嗎？」

邁爾斯一邊聽，一邊評估休的要求。「這我行，但得等到下次剪髮。現在髮線就像是這邊高（指著髮線退後的其中一側），然後下來，接著又高回去，然後你希望髮線是直的，我得把這邊修平。反正我可以剪，但要等一個月。這樣剪你可以嗎？」

「該怎麼剪就怎麼剪。」

邁爾斯穿起圍裙，拿起備妥的剪刀開始處理，而休則滑起手機。幾分鐘後，休問邁爾斯：「你玩拳擊？」

「嗯。其實我一直在進行簡單的訓練。」

「在哪兒練？」

「順著路走下去就是。」

「呦，這麼瘋喔。你看過梅偉瑟（Mayweather）比賽嗎？」

范此時叫我去看他正在幫客人剪的某種造型，我一下沒跟到邁爾斯跟休的對話。和范講了幾分鐘後，我注意到店內越來越嘈雜。

「拳王泰森（Mike Tyson）這人最聰明、也最愚蠢。」休開口就像理髮師們那樣，聲音大又響亮，每個人都聽的到。

「是啦，但你看過他對何利菲德（Holyfield）幹了什麼好事嗎？」魯本說。

「何利菲德？他很聰明，上過大學。」馬克補了一句，惹來一些笑聲。

「我不相信任何說自己上過大學的運動員。」范說。

「綜合格鬥ＭＭＡ那種鳥東西我就不懂了，」休說，「我太老派了。」

邁爾斯表示同意，接著說：「那些打ＭＭＡ的傢伙就站個大概三秒鐘，接著一下踢啊、一下倒地，等別人跳到他身上。」

「難說喔，」魯本說，「邁爾斯你這話我就不同意了。看這個。看到沒？」魯本停下手上正處理的客人，從口袋掏出手機，讓大家看一段激烈的ＭＭＡ比賽。他走到邁爾斯的工作台，給他和休看影片。

「哇！」看了一陣拳頭之後，兩人一起大叫。

對話不受限地在理髮師與休之間流動。休跟他們自在對話，彷彿已經來這家店裡剪了好幾年。隔月，休再度光臨。我走進店裡時，發現他在等候區等著邁爾斯為前一位客人收尾。邁爾斯還記得他，兩人擊掌虛抱。

「你覺得怎樣？要不要繼續？」他問坐定位的休。

「好啊，開始剪吧。」

剪了幾分鐘後，邁爾斯和休開始聊起食物跟餐廳，尤其是貝果、披薩和各種義大利食物。

「有誰吃過瑞奇灣的阿雷奧餐廳（Areo's）嗎？」休問，聲音足以讓在場眾人都聽得到來回答。

「有，但我喜歡路奇士（Lucchese）。」邁爾斯說，「對了，史坦頓島有幾個地方的披薩也不錯。」

「喬伊他爸媽毀了我對義大利菜的看法。」魯本加進來說（喬伊今天不在）。「他們有回煮了家常菜給我吃。（搖頭）幹，老兄，那真他媽是全天下最好吃。不過，吃義大利菜，我喜歡齊樂利（Cirelli's）。」

「但那不是義大利人的義大利菜。」休說。

「對，但有受到義大利菜影響。」

「呦，你們聽過有間叫馬佩許（Ma Peche）的店嗎？會用很多肥肉當材料的？」邁爾斯問。

理髮師因為站在理髮椅後，幾乎都是對著鏡子和客人講話。通常只有在得回到工作台前取放東西時，才會直接面對客人。這回剪髮過程中，邁爾斯一直停下手邊工作，不是想拿什麼，只為繞到椅子前面，這樣才能跟休在對話時直接面對面。他還不時把椅子轉半圈，這樣他就能面對整間店，而不是對著鏡子。

對話內容接著變成，如果有機會，大家想開哪種餐廳。休說自己想開一間專賣高檔拉丁美洲菜的店。此時，邁爾斯因為太頻繁停下來講話，頭髮都還沒剪到一半。

「凱撒漸層（Caesar fade）跟高漸層（fadeup）有什麼差？」休問。

「沒有凱薩漸層這種髮型。但我可以剪漸層。」

有幾分鐘時間，大家都專心在自己的客人身上。接著對話又轉到了電影。

「我認為班尼西歐・狄奧・托羅（Benicio Del Toro）是最被低估的演員。」講這話的魯本才剛重看了《刺激驚爆點》（*The Usual Suspects*）。

「噢！班尼西歐・狄奧・托羅！」休說，「他很棒。」

關於電影和演員的群聊又進行了一點，其他理髮師也加入話題，直到對話再度沉寂。接著，休重新開啟一段群體垃圾話。

「我要去聽肯伊・威斯特（Kanye West）在大西洋城的演唱會，但那裡全是一堆老菸槍。兄弟，這我真的受不了。」

「我懂，」魯本說，「像我雖然會抽菸，但我完全同意。你在紐約的餐廳不能抽菸。」

「我喜歡雪茄跟菸草，但香菸不行。我的公寓也不准人抽菸。所以我才會買霧化器（vaporizer）。」

「用起來到底感覺怎樣？」邁爾斯問。

對話就這麼順暢地進行了下去。我觀察到，為數不多的顧客會在群體垃圾話或談到某個點上時大聲評論，但情況從來不會連續，而且他們也從未開啟話題。可是打從一開始，在誰都不認識的情況下，休這位客人卻開啟了能進行下去的小聊。弗里曼的理髮師常會和顧客展開一對一的對話，通常只是簡單的閒聊（「週末有打算嗎？」「鬼天氣，對不？」）。休大喇喇地直言卻輕鬆帶出更多的主題討論。

休進門後，弗里曼就成了社區導向的理髮店——能讓顧客同時滿足社交需求與理容需求的地方。有鑒於他與邁爾斯的種族出身，最直接能相提並論的場所就是非裔美國人理髮店。不過，任何「為」特定群體，或是「為」附近居民營運的理髮店，其實皆在其列。這類場所不是只與剪髮有關而已，它們還是聚會場所，是男性專區，是男人（理髮師與顧客皆然）能互相挑戰、嘲弄彼此、互相叫囂、吹噓，以及最重要的——在其他男人面前展現個人男子氣概的地方。就這幾個面向而言，這些地方的陽剛特質與其種族與／或族群特性交織在一起。這些店鋪不只讓男人能在其他男人面前做男人，更是讓黑人（或者多明尼加人、俄羅斯人、華人）能在其他黑人面前做黑人的安全空間。或許是因為熟悉黑人理髮店的社交互動，坐在理髮椅上聽到理髮師之間的群體垃圾對話，再加上為自己理髮的邁爾斯一看就是有色人種，休於是感到相當自在，把弗里曼當成了對話可以流動、顧客能和其他理髮師及其他顧客互動的共有空間。當他人在店裡時，理髮師講話就和平常彼此對話時一樣熱情。休可能以為這種有顧客加入的開放對話是這裡的常態，但這些對話看來雖然尋常，其實卻是因為他的到來，才讓這間店獲得其業主努力想成就的罕見共有感。

第四章

全隻盡現

Chapter 4: Show the Animal

在地。自然。純肉。

吃真食。

——狄克森農家肉舖座右銘

——布魯克林廚藝學校（Brooklyn Kitchen，肉鉤〔Meat Hook〕肉品店開在這兒）屋頂上，面對布魯克林—皇后區快速道路東向車道的廣告看板上用紅字寫著這三個字

週二是狄克森農家肉舖的運貨日。司機喬駕駛冷藏貨車前往奧巴尼以西約二十公里、距離紐約北方兩個半小時車程的雙L牧場（Double L Ranch）載全隻屠體。雙L是家庭經營的小型屠宰場，為狄克森肉舖屠宰來自附近農家的牲口。[1] 根據不同週別與季節，狄克森每週會收到五到六頭閹牛、八到十頭豬，以及四到六頭小羊。[2] 豬跟小羊會在運貨日前一天先宰好，沿脊椎剖成兩半。閹牛則在兩週前就已殺好。這些牛肉在載送前已先在雙L的冷藏區經過乾式熟成，送來時已切分成四大塊：先沿脊椎處剖開，接著再分為肩部與後臀部，至於肋骨部分則獨立切除（想像天花板上高掛著巨型鏈鋸，屠體分割工作就是以鏈鋸完成的）。*

這天早上大約十點半，喬開著卡車回到十六街的下貨區。我幫姜卡洛、阿爾多與JM（荷塞・馬努耶〔Jose Manuel〕的縮寫）一起開箱。我們幾乎整個早上都在備這批貨——幫袋子印標籤，將上週剩的貨塞滿展示櫃。除了吊著的肉，卡車裡還有好幾箱內臟，是屠宰後立刻摘下的。** 我們把各部位拿進冷藏庫。接下來幾天，切肉師會進行分割。冷藏庫在週末過後相當空，但今天結束時會爆滿，架上滿是真空包裝的初分肉與邊

肉。***運貨日這天也是牛肉日，我們把牛體的大部分部位搬進冷藏庫，再拿兩塊到分割區。每個部位都非常重，而且就算幾近結冰，還是非常濕黏。血水弄髒了我們身上的白袍、圍裙與手套，連帽子都沾到些許油脂。冷凍庫內的肉塊下滴出一小灘血水。軌道上吊著四分切之後的兩塊後臀部肉，全店都能看到。阿爾多這時問：「準備好了？」手邊正在磨利短彎刀的ＪＭ點點頭。兩人拳頭碰拳頭，抓起肉鉤，開始工作。

另一位實習生梅根和我正等著切肉師從屠體切下初分肉，把肉朝我們這邊砸過來。三角上蓋（Tip-cap）、後腿眼（eye round）、牛腱、側腹、沙朗、里肌、上後腰嫩蓋（culotte）。後臀部處理完畢後，他們拿出肩部繼續切。牛腩、提貝里歐（Tiberio）、肩頸肉、普拉塔尼約（platanillo）、頂板腱、肩背。梅根和我將各肉塊分別塞進一只袋子，啪一聲貼上標籤，真空封妥，再擺到一旁，準備送進冷藏庫。肉塊種類這麼多，我們有時會無法正確分辨。我試著記住肉塊的特色：肩頸肉（大塊，一側有羅紋）、頂板腱（top blade，長、扁、厚，頂上有一層脂肪）、西耶拉（sierra，形狀有點像不規則四邊形）、肩胛（大塊）、牛腩（也很

---

* 乾式熟成過程需要把牛肉吊在接近冰點的溫度數週，讓水分從肌肉中蒸發，肉品風味因此濃縮，酵素也能破壞堅韌的結締組織與肌肉，讓肉更加柔軟。乾式熟成的成本更高，因為肉品需要更久時間才能上市（就像陳年烈酒），而且肉的重量會因為水分蒸發而減輕，這表示屠宰場與零售點若不提高價格，消費者購買乾式熟成肉的費用會比現宰肉來的低。

** 內臟（offal）就是動物體內器官，例如肝臟或心臟。狄克森會販售這些東西，也會用來製作狗食。

*** 初分肉（primal cuts）是切肉師分解動物時切下的整塊部位，例如後腿（內側、外側）、腰、肩頸與肋等。這些都是大的肉塊（cut）。切肉師之後會再將之切割為零售分切肉（retail cuts），例如牛里肌或是後腿肉。邊肉（trim）是在切零售分切肉時從初分肉上切下的碎肉與肥油。邊肉會另外處理以製成牛絞肉或漢堡排。

大塊，但上面有很多脂肪）、複合肌（complexus，小塊，一袋可以塞很多）。*袋子上的標籤有「WO」或「SWA」（公正有機〔Wrighteous Organics〕與威廉．安格斯爵士〔Sir William Angus〕的縮寫），或是特定牧場的名字，另外還有代表宰殺時間的字母「K」（下面寫著上上個星期二的日期），代表包裝時間的字母「P」（今天的日期），以及代表食用期限的字母「U」（從今天起的兩週）。

店裡的顧客被這些作業過程吸引，全湊過來看，拿起手機拍照。就連店外經過切爾西市場廣場的人也停下腳步，眼睛盯著，開始拍照。孩子們一臉瞠目結舌，他們一旦看到什麼沒見過的，經常就是這副表情。

分割一小時後，泰德帶著壞消息走向JM。

「有個客人想買一磅的上臀腰肉，還有兩磅紐約客——要剁碎。」

「他是來鬧的嗎？」JM停下手邊割肉動作，一臉嫌惡。

「沒，他是認真的。」

「幹。」

「那樣是很多嗎？」我問。

「對。」

JM熱愛分解全隻動物，可以整天都做這項工作。這張很耗時間的訂單打亂了他的日常工作，讓他覺得麻煩。他走往展示櫃和冷藏庫取來所需的肉塊，接著抄起兩把小刀，一大一小。大的那把在右手，沿著刀刃的曲線前後來回推切，彷彿在剁碎蔬菜。左手則用一般的方式拿刀，不過是將肉片離。這兩把刀的刀尖相對，他在片肉時，刀刃會輕輕相碰，發出電影中鬥劍時會有的那種鏗鏘聲。他的動作如行雲流水，現場觀眾看得目不轉睛。

「這刀工實在太厲害了！」一名和丈夫一起逛街的女子說。「我以前從沒看過。你是怎麼學的？」

JM停下動作，看看四周，露齒一笑。

＊肉，尤其是牛肉的命名方式，會隨國家、地區，甚至店面而有不同。例如，狄克森把頂板腱分出的肉稱為翼板牛排（flat iron steak），而布魯克林另一間手工肉舖「肉鉤」則稱之為板腱牛排（blade steak）。後者把肩背心（clod heart）稱為翼板牛排。這種現象有個很有名的例子，就是以紐約名餐廳命名的戴爾莫尼科牛排（Delmonico steak）。大家都不曉得這間餐廳一開始使用的究竟是牛體哪個部位切出的肉，只知道肉質軟嫩，有漂亮的大理石紋，這表示可能是肋部或腰部。有些肉店稱自己的無骨肋眼是戴爾莫尼科牛排，有些則稱腰條牛排（strip steak）是戴爾莫尼科牛排，還有一些店完全不用「戴爾莫尼科」一名（或用於牛其他部位的肉上）。另外，有些人用「腰條牛排」，有些人用「紐約客牛排」（New York strip steak），還有些人用「堪薩斯城腰條牛排」（Kansas City strip steak）來稱呼從牛前腰切下的同一種無骨肉塊（如果骨頭留著，則稱為丁骨牛排〔T-bone steak〕或紅屋牛排〔porterhouse steak〕；這兩種牛排的差別跟上面留下多少里肌有關，但是要留多少，卻也眾說紛紜）。

手工肉舖之間的差異跟切肉師的經驗與偏好有關。有些切肉師會將整塊大肉塊保持完整，有些則分割為許多小塊。例如，狄克森的西耶拉與羽花牛排取自介於肩頸和肋部之間的肩部，但其他肉店有許多切肉師卻不曉得可從初分肉中切出這些肉品獨立販賣，或是傾向將這些肉留在肩頸或肋部上，讓這些部位能有更多肉。

這些差異還會延伸到其他國家。動物的解剖構造當然不會隨地方而異（無論在哪裡養，是什麼品種，所有的牛跟豬都有四條腿、腰部、肋部等），但不同品種自有其獨一無二的特色（例如比較肥、腳比較長），不同地區也有其獨特環境（如牧草、水、氣候），這些都會影響動物的生長。尤其是，不同文化自有其飲食與傳統，對於使用哪種部位、如何分解初分肉、如何運用（比方是作為一道菜的重點，或僅是其中一種食材）以及如何烹調（例如烘烤或燉煮）都有其偏好。由於狄克森的首席切肉師JM是墨西哥人，店內展示櫃就會出現墨西哥常見的肉品部位與名稱，例如普拉塔尼約（牛的二頭肌）與北方牛排（bistec norteño，取自後腿，在北墨西哥很受歡迎）。本章後面會提到，JM有非常豐富的分解全隻屠體和去骨經驗，墨西哥切肉師一般都會把整個部位與初分肉分割成許多更小的部分，對狄克森來說，這是非常重要且（對多數美國人來說）不尋常的多樣性。這種獨特切分與各種命名法的結合，會為手工肉舖的櫃台人員帶來許多特別的挑戰。我會在第六與第七章詳細探討這些問題。

「在墨西哥學的。」

「喔，所以墨西哥人都是這樣切肉？哇塞。」

「沒錯。」

「真的很厲害。」

「謝謝你。」

●

新式的全隻屠宰肉舖已經隨著「吃貨」運動的興起而出現。其實，整個飲食業都是美國「職人」與精製作法出現的重點領域。食物是社會地位的象徵，而法式高級料理（包括軟嫩的菲力）一直控制著飲食高雅品味的發展。[3] 但在當今這個文化雜食性的年代，高雅與低俗文化的界線日益模糊，內行的消費者會把眼光深入探向單一食材的來源，例如製造者是誰、如何製造、在哪兒製造，以及這些食材究竟是如何出現在自己的盤子裡，藉此劃出品味的界線。[4] 餐飲業者與特色

掛在冷藏庫的牛肉屠體。作者攝。

食品店業主在自家產品上運用「精製」、「匠作」、「手工」、「真實」、「小批次」和「在地」等詞彙，而這些詞彙當中全都隱含著「品質」的概念。他們以此作為商業策略與品牌認同，並藉此展現其品味。全隻肉舖重新定義了屠宰業，而全隻肉舖正是能觀察上述食物生產方式與品味轉變的眾多零售點之一。

「從頭到尾」的技藝

打從歐陸移民首次踏上北美海岸以來，美國就一直是個肉食國家。這些拓殖者引進的牲口在廣袤肥沃的土地上繁衍眾多。一開始，肉類消費多半是季節性及地方性的，畢竟，牧養的動物唯有在牧草茂密時才會達到最理想的宰殺體重。但農人開始善用自己生產剩餘的穀物。與其面對將穀物全數銷往市場的不確定性，他們選擇將之餵養牲口，養肥牠們，轉為回收更快的利潤。[5] 到了內戰時，這種以年為循環的餵養方式已經遍地開花。大眾會在物資相對短缺時食用、或是設法運用全隻牲口。頭肉凍（Headcheese）、腦、內臟、蹄，以及牛頭湯，都是常見的食材與菜餚。*

不過，一旦肉品產量因生產效率而增加，再加上大眾遷居都市、財富增加，他們的飲食喜好也隨之有了改變。有些肉塊與部位——例如在盤中仍維持原有樣貌的頭、器官與蹄，逐漸被人視為那是多少比可切片、剁碎

* 頭肉凍用的是豬頭肉。「pluck」一字通常跟「offal」（內臟）同義，但有時只指動物的心、肝、食道、氣管與肺。

的內肌來得「下等」的食物。方便取用的紅屋牛排與腰條牛排、火腿、烤牛肉與羊肋排因為文雅，成了「上等」的肉塊，而且肉質越嫩越好。*（所以才會有用「吃豬隻的上半部」〔high on the hog〕來指生活寬裕的俚語，意思是可以吃里肌肉，而非吃豬蹄膀、豬肚和豬腳。**）到了十九世紀末，美國人已經習慣有質佳、便宜，且大量的肉品可吃的生活。[6]

工業時代的都市成長將畜牧業朝西推進，深入美國浩瀚廣闊的大草原，在此蓬勃發展。全國鐵路網的誕生與冷藏技術的進步（尤其是冷藏列車）讓農人與市場間的距離更形擴大。[7] 西部的農人可將動物與／或屠體運往都會區的肉品包裝場，在那兒分割，供當地銷售。由於屠宰工作會有血水流竄、廢料惡臭的髒污問題，這些公司常會在城中集中於一處，形成單一工業區（例如紐約市的肉品包裝區〔Meatpacking District〕，芝加哥的堆放場區〔The Yards〕與舊金山的屠宰城〔Butchertown〕）。肉品成為工業時代的基本商品，是舉國高效生產體系的一部分。牲畜飼養在西部，在專業化的城區分割，美國大眾大多自二十世紀起便跟肉品生產過程完全脫節。

不過，戰後的若干科技革新與肉品產業內部的轉變，卻改變了前述的生產模式。早在二十世紀初，獨立經營的農場就因為製造業興起、勞工離開農場轉往大城市尋求工廠的工作機會，因而開始衰落。戰備工作讓氮基化肥與農耕機具有了進步發展，進而帶來更科學化及技術化的農耕實作，以及單一作物栽培和大量穀物剩餘。大型農企採用經過小農創新、實踐了兩世紀之久的基礎飼養方式：將牲口集中在育肥場飼養，以便宜的穀物餵食，好讓牲口迅速增肥。不過，隨著嬰兒潮世代以來的人口不斷增加，美國人的口味喜好偏向速食與更便宜的肉品，穀物價格又來到歷史新低，大型農企於是擴大上述的生產模式，將之企業化，生產過程工業化，產量也因此騰飛，帶來龐大獲利。肉品公司變成農牧業專家，以經驗選出最能符合其生產程序與消費者需求的品種，例如安格斯牛與約克夏豬——這分別是高、低體脂肪量的牲畜，適應力佳且肉質柔軟。（美國人普遍喜歡脂肪量低的豬里肌，卻又認為牛肉有大理石脂肪油花的才是上等。）這些公司也開始對動物施打抗生素，以預防因過早餵養穀類、與其他密集飼養可能造成的疾病，並使用生長激素，加速增肥過程。[8]

為了大幅提升效率，農企巨頭還改變了肉品業的地理分布與產業結構。各大公司將肉品包裝從都市遷往更靠近育肥場的鄉間，迴避強大的工會組織，並把「骯髒活」完全遷離人口密集的都市環境，此舉也順應了新的都會意識。[9] 它們也開始將從宰殺到分解的所有肉品生產活動集中於大工廠式的加工設施內。這類設施將宰殺與分割細分成一連串流水線般的重複工作：工人在一個工作站點將牛電暈，下一個割開牛的喉嚨，再下一個剝除牛皮……諸如此類，直到將銷路最好的肉塊裝盒，其餘部位也依其用途分門別類擺好。[10] 此舉造就的結果就是工作費時更短，產量更高。與此同時，擁有肉品產業的公司數量越來越少，但擁有比例卻越來越高；屠宰場數量下降，但卻負責為全美消費者宰殺絕大多數的牲口。[11]

肉品的銷售點也隨著產業轉型而有了變化。新崛起的超市成為美國人最愛的食物購買場所，導致街坊鄰里型的肉店數量銳減。有了超市之後，民眾購買肉品的方式開始變得跟買其他食物一樣：要包裝、標價，而且源

---

* 嫩肉塊（tender cuts）通常來自牛甚少使用的肌肉。想像一下，草地上有一頭牛，牠整天四處走動，低下牠沉重的頭部吃草，體重泰半都擺在前腳、肩與胸。這些肌肉最強壯，因此也是最韌的肉塊。身體後臀部動得沒那麼多，位於肋部與後腿之間腰部動得尤其少。正因為如此，里肌肉（菲力牛排就來自這個部位）才會如此受人歡迎。（由於我們人類直立行走，因此會使用腰部，人肉若吃起來恐怕不像牛腰那麼軟。）如果牛不是在草地上吃草，而是餵養穀物，其肌肉整體都會比較弱，也比較肥，這會帶來不同的肉質。本章後面會討論這一點。

** 豬肉（尤其是豬腳、豬肚、豬腸或小腸）還帶有種族意涵，因為白人會把豬肉跟非裔美國人（尤其是美國南方）的飲食聯想在一起。

頭多半不詳。「白人群飛」造成工業城市中的族群街區衰落（例如「小義大利」、「小波蘭」與猶太城區），獨立肉舖也紛紛關門。都會區裡仍有一些舊的族群肉店與販賣頂級高價肉品的老舖，此外也有迎合更晚近移民的新店（例如拉丁肉店，以及供應穆斯林群體的清真肉店）加入此行列。* 由於這些改變使然，像是紐約市的肉品包裝區這樣的舊工業區，也就與以往的樣貌大相逕庭。[12] 由於與富裕的西村與切爾西區接壤，現在的肉品包裝區已是有精品服飾店、餐廳與酒吧入駐的仕紳化街區。

這些產業中的改變也深深影響了美國屠宰業，有些切肉師技術衰退，而且／或者完全關起門來工作。如今，無論是初分肉或更常見的零售分切肉，絕大多數都是以冷凍真空包裝，裝在紙箱運送到零售點，大眾對於經驗老到的切肉師的需求也隨之變少。沒有肉品櫃台的超市通常是直接訂購預先包妥的冷凍「商品肉」（commodity meat）——亦即工業生產肉，直接送到店內販售。即便超市有肉品櫃台、雇有切肉師，他們的作業多半也是在後場進行，不見於消費者。他們將送到店裡的肉塊處理成零售分切肉，例如分割初分肉、綁肉捲，或是單純為零售的分切肉除去多餘肥油，用自己的風格將之陳列於展示櫃內。這些切肉師通常不會與顧客互動，而且只處理超市選定的肉品。鄰里族群型的肉店（義式、猶太式、清真式）通常則專精於符合其群體成員口味，或是適合烹煮其文化特有料理的肉塊與產品。一般來說，超市與鄰里肉店賣的都是受當地居民歡迎的肉品。它們不收全隻屠體，不賣不常見的肉塊，而且切肉師也無需認識分解全隻屠體的繁複手法。除了零售點外，切肉師也會在城市裡尚存的肉類批發商和包裝公司工作，在此將屠體分解為初分肉與零售分切肉，進行乾式熟成，並將產品分送到餐廳與超市。最後，也有在屠宰場工作的切肉師。後兩種情況中的切肉師工作高度重複、管理嚴格，而且是公眾看不到的（尤其是在屠宰場工作的切肉師）。[13] 由於切肉師通常在定點工作，整天分解屠體，動作可以非常迅速，但他們不會跟消費大眾分享自己的知識，分割的屠體也多半來自育肥廠。

在今日消費者好奇心旺盛、重視食物的大環境中，在何處購買食物就變得非常重要。例如遍布全國各地的農夫市集便提倡了食物的在地感，讓消費者能跟農夫和實際栽種出其食物的人互動。[14]整體上，與產品生產者面對面，甚至親眼看到產品製造的地方，例如精釀酒廠，已成為當今大受歡迎的消費者旅遊模式。民眾對於自己消費的食物和產品究竟來自何方、如何生產，以及是由誰生產，也都越來越感興趣。產品源流、生產透明度與這些高品質新定義日益重要，大眾對食物也益發著迷，再加上名人飲食文化的崛起，這些都讓全隻肉舖等場所完美地增添了今日的高檔零售風貌。[15]

支持全隻肉舖的切肉師所做一切的，是其獨特的哲學，一如調酒術之於精調雞尾酒的bartender，真材實料生產之於精釀酒廠的釀酒人，陽剛風格之於男仕理髮師。類似狄克森肉舖這種店家的職員，就抱持、並宣傳著一種肉類的好品味哲學。這種哲學包括幾項道德原則——肉品「應該」來自何處，「應該」如何製作，這又帶來動物應如何飼養與宰殺的問題——並針對何謂肉的「好」品味提倡其觀點。肉的地位不再以一向受人推崇的嫩切菲力牛排或頂級肋排等傳統看法為依歸，而是根據動物來自何方、如何宰殺與分割，以及肉塊的獨特性為標準。手工肉舖的哲學反映出這些關於肉品的理念，而肉店及其員工則重新建構了決定肉品品質的價值體系。

符合這種哲學的手工肉舖會以小規模經營，而其販售的肉品則來自遵循特定倫理實踐的獨立農場。特定倫理包括牲畜應在草地上飼養，以牧草餵養，不施打任何非必要的抗生素或荷爾蒙。肉店業主同樣保證動物是在

---

* 美國農業部（U.S. Department of Agriculture，簡稱ＵＳＤＡ）管理美國國內所有的肉品生產。出於肉品包裝場的要求，ＵＳＤＡ檢查員會根據一套大致以肉的脂肪含量（所謂的大理石花紋）與動物生理年齡（或身體成熟度）為基礎的標準，為廠商生產的肉評等，一共有八個等級，最高級的是極佳（Prime）、特選（Choice）與上選（Select）。

符合人道的小型屠宰場中宰殺，而且全程通常是「在地」進行。簡言之，他們想避開工業化肉品體系。狄克森肉舖的所有人傑克以歷史為脈絡，解釋「在地性」對「手工屠宰運動」有多重要：「從肉品觀點來看，在地食物不算老派的東西。紐約的肉品百年來一直是靠芝加哥的屠宰場供應。在此之前，市內仍有屠宰場，而牲畜則是用火車從芝加哥運來的。說這些店是回到過去，其實完全不對。我們創造了某種全新的東西——『我們』是指我們狄克森、肉鉤和馬洛父女（Marlow & Daughters）這三家肉店。[16] 我相信有在地成分是必要的，因為整個主流商品產業的文化已經跟大家的期待相距太遠。目前的做法已經走過頭，我們需要在地成分，才能問責。我們在這裡做的和屠宰本身或許是一門老派的手藝——像是我們使用全隻屠體，五十年來都沒人這麼做過——但事實是，我們結合了傳統技藝和在地肉品來源，這是全新的做法。」

傑克也提到，如此哲學還有兩項元素：一是使用全隻屠體，而非只賣最受歡迎的部位；一是過程透明，也就是盡可能讓人看見，在店裡、在客人面前運用傳統技術將全隻屠體分解為初分肉。櫃台人員泰德解釋了這些元素的重要性：「這是要讓顧客到店裡看全隻。因為超市處理肉品的方式就跟其他產品一樣，把你跟動物分開，動物放在保麗龍盤裡用保鮮膜包著。這種處理方式就像在處理鯽魚還是薯條。最尊重動物的方法就是別殺牠，但若是要殺，最尊重的方式就是全數利用。」

手工肉鋪基於這種哲學，主張要賣「好」肉。有許多純味覺之外的因素也共同決定了肉的品質。傑克提到當中若干分別：「你可以到超市或洛貝爾肉品店（Lobel's）買等級極佳的肉，入口必然美味，但那都是育肥場的牛肉。*都受過不人道對待，用了荷爾蒙、抗生素什麼的。我覺得，消費者一旦意識到這些牧場——我根本就不想稱之為牧場——跟他們的農業理念差距多遠，就不會想要這種產品。要是他們看到宰殺方式，以及整個產業的宰殺規模，根本不會想買。這些店家利用這種理想來銷售，賣這種上等牛肉，我覺得就是問題。對我而言，問題關鍵在於人道對待動物。你找得到高品質的上肉，但通常找不到受人道對待的高品質肉品。」

肉的品質好，意味你食用時會覺得美味。但這也意味動物要以人道方式飼育、屠宰，並以適合的方式分割。[17] 這些元素——以人道方式在地飼養及宰殺的動物，以專業手工技巧仔細分割屠體——就匯聚於手工肉舖的肉品中，使之與其他店家販售的肉品有別。曾在狄克森當切肉師的紀引用他義大利師父達里歐的說法，解釋道：「達里歐認為，一隻動物需要公道四要素：好生、好死——死得有尊嚴、好切肉師，還要有好廚子來完成這個循環。[18] 身為真正愛動物的人，在我看來，我確實有能力讓這隻為了充作人類食物而死的動物得到提升。牠的出生有其目的，不是僅為一片肉排或排骨，而是有一部分要去這戶人家、一部分要去那戶，而你能讓牠確實成為一段非凡的體驗。這隻動物必須是某種非凡的東西，是其他動物或許無法成為的東西。」

而切肉師只是這個循環中的一節。他們掌控自己的工作——也就是如何處理肉，並透過處理方式表示對動物的尊重。「在整個光譜上，有許多東西都能對肉的品質有所貢獻，對吧？」曾在狄克森工作的傑夫說。「我覺得，這純粹關係到你追尋的是什麼，對身為消費者的你來說，什麼才重要。如果你認為大理石花紋這類脂肪量重要，那你可以買一塊來自中西部的肉，你知道，就那種盒裝牛肉，每次品質都一致，ＵＳＤＡ極佳級，那也很好。不過，爛切肉師也能毀了這塊ＵＳＤＡ極佳級的肉塊，對吧？有可能農場很棒，肉品很棒，結果切肉師卻把這都毀了。」

食品公司以「在地」、「職人」、與「永續」等模稜兩可的形容詞來宣稱產品品質。它們常利用這些詞

＊ 洛貝爾是一間紐約市的肉店，已經營了數十年。店就座落在富裕的上東區，是在超級市場興起後依舊存在的高價肉店代表。

彙，將自己與產業的其他做法劃出區隔（例如泰德對自家肉店哲學的評論，便讓這間店與超市有別），但這一切大有問題。有些定義在切肉師社群中是有爭議的。以紐約為例，「在地」通常是指來自上州、而非生產大多數肉品的中西部（多半來自育肥廠）。狄克森的方針是，從農夫、屠宰場到店面的整條供應鏈，總距離不可超過六百四十五公里。為了提供透明的肉品資訊，狄克森在展示櫃內掛上寫有農戶名字的小牌子，告訴大家這肉品來自何人，以及該所在地與肉店的距離。顧客可以看到供應牛肉的是距離狄克森三百公里遠的公正有機，而三百七十八公里遠的威廉．安格斯爵士則供應豬肉與小羊肉。

不過，其他肉店雖然也認為自家販售的是「在地」肉品，但他們的供應鏈卻長了許多。實際距離並無客觀標準。如果肉品來自上州，肉店工作人員便能拜訪供應肉品的農夫；這既具教育性，也能加強問責性。肉鉤的老闆兼首席切肉師湯姆強調，私人交誼對於肉品業和他的生意有多重要：「這講起來我會像是個控制狂，但我真的不是，我只是喜歡從頭到尾徹底瞭解，完全掌握。談到食物，這跟我們成長時學到的完全相反。我們每年會關店三、四天，租一台小巴，載著所有員工、實習生和幾位熟客，去我們合作的農場住上幾晚。到了農場後，我會教大家怎麼挑選活牛，了解要看哪裡。如果有一群外表各異的牛，你會看到某一頭長得漂亮得不得了，某一頭看起來卻跟屎沒兩樣。就好像『ＯＫ，這隻看起來棒透了，因為背部有稜有角，體格結實，下腹部有許多肥肉，尾巴末端還有油脂塊』。基本上我們會看牠們的生長情況，要求按順序宰殺。如果長得還不夠好，我們會希望把牛再養個四到五週才送宰。總之，這大概就像，『ＯＫ，一號先，再來六十八號，接著三十三號，然後六十七號』。我們跟我們農夫的關係就是這樣，這對我們非常重要。我們不會根據價格或漂亮話來買，而是根據品質和對口的人是誰來決定買或不買。我們想跟這些農夫建立私人關係。」

若非距離夠近，這樣的關係與隨之而來的肉品品質就不會有實現的可能。不過，傳承肉舖（Heritage Meat

Shop）卻認為不應該只找當地肉品；他們認為「在地」未必就代表「品質」。店經理丹解釋道：「我常跟顧客說，我們店並不在地。我們的確有條在地供應鏈，店內之所以販售這條供應鏈的肉品，是因為許多紐約人的確喜歡。但是，養了各種稀有品種，而且飼養量足夠、做法也適當的農人都在堪薩斯、密蘇里和美國中部。我們對在地的立場是，我們認為自己的東西比大多數在地的都來得好。總之，如果你只注意和你離得近的地方，這對顧客來說沒有好處。」

傳承肉舖的人承認，流行的「在地」一詞有其力量，認為那是一種行銷形式。但這間肉舖目前之所以能有如此重要的地位，是因為農人以合適的方式飼養獨特品種的牛。「好」意味肉品來自這些農場，而不是農場位在哪裡。對他們來說，「距離」不僅不是、也不該是影響品質的因素。

切肉師社群偶爾會有不同意見的另一個點，則跟以牧草養牛有關。育肥場的牛吃的是全穀類（通常是便宜的玉米），因為能迅速增肥；以牧草餵養的牛整天低頭在原野上吃草，使用的身上肌肉與只待在牛欄裡的牛不同。穀飼牛可比草飼牛更快進入肉品市場，長得也比較大。販賣、食用「草飼牛」的做法，已同時成為定義「正確」做法的道德選項，和食品界行銷的流行用語。若不賣純草飼牛，恐怕會有偏離肉品哲學中反育肥要素的風險。狄克森賣的大多是「草飼穀終」（grass-fed, grain-finished）的牛肉，亦即農人放牛吃草，直到牛壽命的最後幾週才改餵農場內的有機穀物。（店內也賣純草飼的牛肉，供應者是不同的農夫。）狄克森的店員為「穀終」的做法說話，理由是產出的肉品品質更為一致，而小農進行飼育的方式也很人道，與育肥場有別。狄克森前首席切肉師喬絲琳說：「我在琳迪與格倫狄（Lindy and Grundy）工作過，那裡賣的都是草飼草終的肉品。[19] 完全不餵玉米，完全沒有。後來我到狄克森的時候姿態很高，像是〔以目中無人的語調說〕『抱歉，我只對草終的肉動刀』這類的話。但農夫馬丁飼養的方式，他最後用玉米飼養的做法，老兄啊，我想不到更好的說法，嗯，我好像也會用同樣的做法。這很好，沒什麼好可怕的。你想想看，大家認為牛就只該吃草，這就像是說人只能吃羽衣甘藍。幹，我也想吃薯條啊。大家都想吃薯條。拉長時間看，這樣的餵法才會讓肉更美味。」

不過，也有其他肉店認為只賣草飼牛有其道理，這不只符合他們提倡的道德做法，而且也沒有犧牲掉口味。肉鉤的莎拉解釋：「通常大家都認為草飼比較好。這話對也不對。很多人認為這對食用者比較好，我們也這樣想，而且對動物也比較好，諸如此類的。草飼牛吃起來確實跟穀飼牛肉不一樣。真正上等的穀飼牛肉非常美味。這不是什麼壞事。我們不會宣揚什麼，或是讓顧客感覺自己在食物選擇上有錯。我個人覺得，穀終牛肉多帶了些許奶油味，通常一般人比較習慣這樣的口味。草終牛肉吃起來多一點鐵味，也多一點……我想，不能說肝臟味，但總是有點不同。這肉顏色比較深，肌紅蛋白比較多，因為牛更常四處走動，所以送進那些肌肉的血液也比較多。這有點霉味。我會說，穀終牛肉是那種典型乾淨的牛肉味，也就是多數人預期想像裡會有的那種味道。」

切肉師社群中最重要的爭論點，是在何處分解動物——是在屠桌上，還是吊著屠體分解。這爭議點在於何種做法比較「手作」，或者說，比較「職人」。在桌上切分是比較傳統的做法，而吊著切的手法較新，速度也更快。吊切在現今的屠宰場與肉品包裝廠較常見，在任何一種風格的零售點則否（畢竟零售點通常根本不會進全隻屠體來掛著）。紀過去學藝時是學桌切，但到了狄克森也得學吊切。「他們在軌道旁切，我在桌上切，」他說，「他們用肉鉤，用重力。我喜歡從肌理縫隙下手。我的方法速度慢很多，非常多，但我認為自己的方法更精準、更細緻。」如果最終目的是把動物分解為初分肉，那麼把肉擺在桌上或吊在天花板上顯然都一樣。不過，有些切肉師認為，在桌上切肉能在自己跟動物間賦予更多親密性。對紀而言，桌切讓他能碰觸到屠宰業的傳統，他說：「有時把這扯在一起是有點誇張，人類以肉為食或許已有一萬年，但分割動物的方法大概五、六千年都沒什麼改變。在狄克森工作時，我問傑克我能不能早一個小時到店。因為我晚上就是有事得處理，那我能不能早點來，然後稍微早點離開？其實我來的時候都沒有人，我會打開音樂聽威爾第或古典樂，接著慢慢切肉，這就是我的時空膠囊。這就是我的朱爾．凡爾納（Jules Verne）時光機。」

一旦繁忙工作日的經濟現實與桌上慢切的傳統文化相碰撞，獲勝的會是前者。桌切對每天得賣出一定肉量的店舖來說並不實際（就生意立場而言，很難維持），因為切肉師就是切不了那麼多。吊切更有效率。

其他的切肉師倒是認為吊切更講究技術，一方面是因為重力，一方面則是屠體在切割過程中會一直被推開。此外，由於採用吊切法的切肉師一般會切比較多肉，這讓他們有更多機會去運用、磨練個人的功夫。阿爾多在墨西哥學藝時學的就是吊切。後來他搬到紐約，在布魯克林一間肉店找到的工作卻需要桌切。

「那間店是走桌切路線，有點老派。我在那裡學到許多切肉技巧。桌切不算是很好的做法，但我還是從他們身上學到東西——切美式肉塊，各種切法都學到了。」

「怎麼說不算很好的做法？」

「你剛學的時候當然好，因為那間店不是特別忙。他們一星期大概只切一頭牛，偶爾再加上四頭豬。店裡的切肉師上工，切點肉，接著就是四處繞繞跟客人講話。如果你真的想練好功夫，得在狄克森這兒工作。」

屠宰的學習關鍵在於反覆練習，阿爾多的前東家雖然讓他學會更多桌切方法與美式肉塊的知識，但無法幫助他精進刀工。此外，這些切肉師都說大多數吊切其實仍是在桌上進行。狄克森的切肉師只會用軌道來輔助分解大塊屠體、四分的牛與剖半的豬與小羊。他們從屠體上分切肉塊後，也是「啪」一聲將肉塊擺到桌上，進行更仔細的分切。好的切肉師應該這兩種技術都懂。

儘管細節仍有爭議，但切肉師社群成員對整體的肉品哲學仍有共識，行事也遵守其中的大原則，而且譴責育肥場與肉品生產的工業屠宰模式——不過，這正是美國大部分地區的實際現況。肉品方面的文化雜食性正是實踐這種哲學的結果。手工肉鋪販售傳統上的高檔（菲力牛排、帶骨肋眼）與低檔（邋遢喬三明治〔Sloppy Joe's〕與熱狗）產品。店內的高檔產品因為遵循透明的哲學，標榜肉品來源和生產方式，因而有別於其他肉店與超市販售的肉品。同時，手工肉舖也會將低檔文化起源的產品重新包裝成講求真材實料的罕見商品。比方說，他們會賣拉丁美洲料理普遍使用的肉塊，像是需要不同烹飪技巧的蝴蝶排（palomilla）與普拉塔尼約，位置就擺在大家熟悉的美式紐約客與珍貴的法式菲力牛排旁邊。同樣的新式高檔肉店也會販賣肋眼牛排等肉塊與高級牛肉乾，向顧客呈現的方式也同樣高級，一樣是「好肉」——因為肉品來源清清楚楚，產品更是以獨一無二的工序創造出來的。

精緻肉舖的世界

出身企業世家的傑克一向知道自己有意創業。二〇〇二年從康乃爾大學畢業後，他在美國運通當了六年的業務，望梅止渴：「我有點像是在尋找自己希望從什麼開始。我不知道那是什麼。我對食物充滿熱情，大學時也曾做過一點廚房工作。我在想，食物會是做點小生意的好起點，因為我真的很愛吃。我到處尋找，想知道該做什麼。同時，身為消費者，我也對肉類做了大量研究，學到不少。某天我起床後想到，『我無肉不歡，但從如何畜養牲口到肉怎麼上到餐桌，我卻一無所知』。等到我展開全面研究，我被這過程嚇到了。我學到的越多，就覺得吸引力越低，也越想找到更好的選擇，但就是沒有。要麼飼養方法好、但肉質糟糕，不然就是肉質好、但飼養方式很糟，甚至養得糟、肉質也糟。真正做得好的人很少。有天，我告訴自己，『你要是能想到怎麼把這事情做好，那麼這生意一定大有可為』。」

於是，傑克辭去大公司的職位，改到農場工作。他待過雙L牧場，以及明尼亞波利斯（Minneapolis）的一間小零售店。他在這段過程中學到了肉品產業的大小事，也明白自己想從哪個地方切入。傑克在二〇〇八年創業，向他認同的農家購買產品，繼而在城裡的農夫市集轉售。由於全國規模的食物供應鏈模式使然，再加上來自美國中西部的競爭過於激烈，紐約上州的農夫多半已不再養牲口供宰殺。但吃貨文化在紐約市興起，加上消費者想要「在地」且人道的肉品，這才讓上州又恢復了飼養牲口。傑克變成零售商，堅守特定原則，然而他的生意規模不大，過程不見於公眾，也少了一點人味（雙L的切肉師負責分割、真空包裝、將肉塊冷凍，再由傑克轉賣）。不過這是個起頭。「我從一開始心裡多多少少知道，農夫市集不是我想久待之處。最好的地方是像現在這樣的零售店。我們可以推出最多樣的產品，我也能跟顧客密切溝通，把我的理念、正在嘗試的事傳達出去，同時獲得重視。」

二〇〇九年，傑克在切爾西市場開了自己的店。[20] 他在迅速成長的美饌重鎮和充滿居民、專業人士與遊客（令人豔羨的綜合飲食顧客群）的富裕城區找到好地點，這讓他得益甚多。除了市場徒步區川流不息的人流，這個空間沒有多餘的裝潢，天花板很高，後面還通往卸貨區。這讓傑克能打造出他想要的體系。

手工肉舖的勞動分工相當彈性，未必一眼就能看出箇中門道。一間店販售的肉量越多，店內的角色分工就越明確。對於走進狄克森的顧客來說，這地方就像個蜂巢，店員拿著一盤盤肉到處穿梭，與顧客對話，烤熱狗，進出店門，操作大型機械。由於店內販售的肉品體積與數量使然，這間店自有以工作內容為基礎的分工，強調空間運用，而當中同時還有族群的元素。店內分為三區，進行不同類型的活動。

第一區，是顧客從市場徒步區穿過玻璃門進店後的所在，亦即稱為「前場」的櫃台區。長約四點五公尺的大型封閉式冷藏展示櫃，將整個空間從中分成兩半。順著生肉、熟肉難以區分的氣味，顧客會馬上看到左側的展示櫃像條路一樣在面前展開。右側沿牆擺了吧台椅和長桌，讓顧客能坐下來吃東西，架上則放了一些販售用的調味料和其他包裝商品，像是洋芋片、辣醬、烹飪油。架子最頂端擺了一些關於牲畜、肉、肉類加工品的參考書，這些書是非賣品，但顧客可以翻閱，員工也常拿下來讀。

櫃台店員在大展示櫃後工作。這一區擺了價目表、切肉紙、砧板、幾把小刀、一大台烤肉爐，和一部放了三明治、瓶裝水與汽水的冰箱。店家還在靠徒步區的櫥窗前擺出烤雞，用保溫燈照著，還有一小台電烤爐來加熱熱狗，吸引過往行人。收銀機擺在一張小桌上，就夾在一大一小的展示櫃之間，而小展示櫃則採開架式，擺有預先包裝好的新鮮產品，例如豬肉醬、雞肝醬、蛋。

第二區是切肉區，也就是切肉師與實習生工作的地方。一大張附輪木桌隔開切肉區與前場，但顧客能完全看到此區的情況。切肉師站在這張木桌後工作，面對前場。上方吊有三盞明亮的燈，營造出一種展示切肉師與肉、甚至如同表演的舞台效果，同時也帶來充足的燈光供切肉師工作。燈旁是用來吊掛屠體的鋼軌。顧客若是幸運地在切肉日上門，就能見識到整個過程。但分解結束後（切肉師大約到下午五點半就不再切分），大多數顧客仍會留下來看切肉師將零售的分切肉放進展示櫃，或是處理他們點購的肉，有興趣的話還能跟切肉師聊天、問問題。這種刻意的設計，移除了前台與處理肉品的後台之間的阻礙：切肉師在店的正中央，搬演分解屠體、處理肉品的後台骯髒活。[21] 沿著左右兩面牆還放了兩張比較小的切肉桌、兩台大型絞肉機、一台真空封裝機，以及一整排小刀、漢堡排壓模、橡膠槌等工具，以及塑膠盒袋等耗材。

選擇來手工肉舖擔任櫃台、切肉師或實習生的人，有些是在還沒到店裡工作前，就已經抱持與這間店相同的肉品哲學與肉類知識（亦即烹飪技術）。他們對肉品所知甚多，對食物也有強烈興趣與熱情。他們選擇這間店，這間店也選擇了他們，雙方的哲學一拍即合。其他職員則對食物有其品味，有鑑別食物品質的能力，但未必抱持該店的肉品哲學，也不見得具備大量的肉類知識。在店裡工作時，他們會同時學習這兩者。就說安迪吧，他在大學時開始重視飲食倫理與食品體系，那時他曾短暫吃素。他在畢業後到了夏威夷與馬里蘭的兩座小農場工作，後者的工作機會是透過世界有機農場機會組織（World Wide Opportunities on Organic Farms，簡稱WWOOF，為志願到小型農場工作的人媒合的組織）找到的。「我畢業時就知道自己想做的事必須符合永續性，或是與食物有關。」他回憶道。在某份工作落空後，安迪搬到紐約，睡在朋友家的沙發上，對於想做什麼工作沒有明確概念。他從自己的飲食朋友圈中得知狄克森肉舖，於是成為店內實習生。店裡的工作讓他學會肉類零售與肉品知識的眉角。由於沒有其他工作，安迪每週實習三天，而不是通常的兩天。以切肉工作為主的兩天他都會來，累積了一些經驗後，他開始用第三天做些基本的切肉工作。安迪非常喜歡在家做菜，立志要將展示櫃裡各種肉品都試過一遍。他很投入，也從實習生轉成有給薪的櫃台正職。他從切肉區得到的經驗這時派上用場。「一般來說，他們喜歡雇用有點肉品知識的人，而且傾向雇用是在狄克森學到、或自有一套道理的人。如果你做櫃台，這些知識會有大的幫助，因為切肉方式和烹飪建議占了我們櫃台工作極大比例，做櫃台就是要告訴客人該怎麼煮。超市的肉跟這裡完全不同，他們會把肉切得很薄，你也只是負責把肉從櫃台遞出去。比起超市的做法，你最好從零開始。」

狄克森的切肉師的所學背景彼此各異，這和他們各自的社會背景有關，也跟工作態度有關。店內五名切肉師中有兩人來自墨西哥的普埃布拉（Puebla）。（兩人其實來自普埃布拉的同一區，但到了狄克森才認識。）

有十五年從業經驗的ＪＭ是首席切肉師，七年經驗的阿爾多則是他的副手。他們倆起先都是從墨西哥的肉品包裝廠和大型超市工作中學習的，例如沃爾瑪（Walmart）、索里阿諾（Soriano）與沃爾瑪持有的沃德嘉・奧雷拉（Bodega Aurrera）——分解全隻屠體在這些超市仍然普遍。（他們也都有在紐約市較小型的超市和肉店的工作經驗。）由於ＪＭ與阿爾多過去在這些地方工作時處理過大量的肉，有時甚至整天都在處理全隻屠體，因此能以高超水準快速作業。他們也喜歡這種做法。ＪＭ想起過去轉職到小超市當經理，「真他媽的無聊，」他說，「我以前都在處理牲畜，分割屠體有八年經驗，可是超市肉品是裝盒送來的。」不過，如此經驗也讓ＪＭ學到如何將展示櫃補得恰到好處，這對他來到狄克森工作也有幫助。

他們倆和多數移民一樣，為了多賺點錢而搬到紐約。阿爾多年輕時曾和家人住在紐約與達拉斯，但後來隻身回墨西哥重新學習屠宰（以前他對此稍有涉獵），之後決定再搬回紐約。ＪＭ與阿爾多和前場員工、其他切肉師和實習生不同。相較於店的肉品哲學，他們倆更重視品質、手藝與工作量。阿爾多因為年輕時曾來過美國，英文非常流利，只要情況需要，他有時也會到前台幫忙。ＪＭ略懂英文，但不大願意講，只有當顧客提問，像是問他在切什麼時，他才會跟客人講話，不然他都待在切肉區。傑克與店經理比較喜歡靈活變通的員工，像是肉切得好、又能主動開口與顧客互動的切肉師，但ＪＭ與阿爾多認為，店員手腳快、能滿足工作量要求才是重要。手工屠宰的技藝在美國已經式微，但墨西哥能提供手工肉舖迫切需要的技藝。[22]

店裡另外三位切肉師都是三十多歲年紀，也都受過高等教育：姜卡洛出身科羅拉多，在醫學中心當了幾年經理後轉職；布萊恩來自密西根，作過行銷工作後自己開了香腸公司；還有來自紐約市的萊娜，她先做了八年行銷工作才轉換跑道。除了喜歡肉跟食物、受屠宰手藝吸引，這三名切肉師也提到店的哲學是自己工作中的重要面向。他們不是只想當切肉師，而是想成為專注於「手作」的切肉師，在像是狄克森這樣的店裡工作。姜卡洛最初是在紐約上州的認證學程學習屠宰，布萊恩是在製作香腸與料理私宅晚餐的過程中自學如何處理豬肉，而萊娜則是在紐約幾間小型手工肉舖學到肉品處理方法。然而，這三人全都是在狄克森透過處理遠比以往更大量的肉品，並在JM與阿爾多的指導下精進了個人技術，也都視兩人為師，尤其是JM。由於出身背景不同，他們的切肉經驗和速度都比不過這兩位墨西哥人，但他們以英語為母語，而且身懷肉品哲學與知識，因此常在前台和客人互動，並在肉店對外的教學課程中講課。[23]

由於學藝背景使然，JM與阿爾多比其他切肉師更重視效率。對其他人來說，品質、細節，以及推廣手工屠宰的原則要比數量與速度重要。

「我再怎麼樣都不可能跟JM一樣快，」姜卡洛說，「他切肉和分解全隻屠體已經十六年了，我才兩年，根本沒得比。不過我還是有點進步。我沒打算練到那麼厲害。我可以練，會想和他一樣厲害，但只要我還希望自己未來能創業，就沒那麼多時間可練習。就是沒時間，對我來說，知道JM每件事怎麼做未必一定有好處。」

專注於手作技藝的切肉師當然想精進技藝。但對他們而言，這門技藝也包括在人跟肉品之間創造關係，與其他人討論肉品，以不同的角度從事肉品工作（例如娛樂與教育），以及不斷學習（且有意願學習）更多與牲畜及其肉塊的相關知識。然而，JM跟阿爾多對自己的工作卻有不同看法。

「老實說，我現在對自己當切肉師的看法是，我沒法再學什麼了，」阿爾多說。「是啦，我有學到一些，但這些事……怎麼說呢，這些事好玩，因為我現在在狄克森作的跟在墨西哥時相比，真的簡單很多。對我來說，這就像在玩。真的，跟玩一樣。這是我的工作，我很嚴肅看待，但我知道我已經懂了。還能怎麼樣？還能學什麼別的嗎？我的話，或許是多學點顧客服務，看該怎麼告訴客人肉要怎麼處理、如何烹調啊這個那個的。」

阿爾多認為屠宰就是切肉，從工作速度來看，他已是爐火純青。但顧客服務與互動則是另一回事。不過，其他切肉師對手工屠宰的概念卻融合了切肉、互動與學習，而且是打著肉品哲學之名進行。

最後，店中的第三區則是「後台」，也就是廚房。這區是兩位主廚與兩位助手進行「增值」工作的地方，方法則是料理現做午餐（例如冷肉和手撕豬肉三明治）、電爐烤雞肉、豬肉熟食（charcuterie，指培根與風乾豬頰肉〔guanciale，是薩拉米（salami）的一種〕等即食肉品）、大骨高湯與香腸等商品。廚房也是搬運工清理髒汙器具之處。廚房跟切肉區以一扇推門隔開，更裡面則是高聳的儲藏架與大型冷藏庫。主廚與副主廚都是美國人，主廚是白人，副主廚則是華裔。助理是西班牙裔（瓜地馬拉人、墨西哥人和古巴人），搬運工的族群出身則各不相同。[24]

相較於其他新型高檔肉店，狄克森的肉品銷售量相當多。只要上述三個區域合作無間，就能幫助狄克森堅守其肉品哲學。[25] 全隻肉舖有個基本但關鍵的問題，就是要將全隻屠體盡數銷售完畢。超市與多數肉店通常是向大盤商整批購入，沒有這種問題。傑克這麼解釋：「對我來說，我的經濟考量完全不同。我得把整隻賣掉。所以我得為了一種肉塊而多進許多種，我的意思是，每種肉塊都算我的。要是我把價格拉高，結果人家不買，那我就卡死了。我不能說，因為我有賣五盒紐約客牛排的市場，我就進五盒來賣。我得買下整隻閹牛和整條豬。」

多數美國人在成長過程中，都是到超市或一般肉店買肉，因此也預期店家會準備他們想買的部位，像狄克森這樣的地方等於是為顧客帶來購物上的挑戰。客人一進門，看到大型展示櫃和當中不尋常的部位與古怪名字（提貝里歐、普拉塔尼約、西耶拉），經常會睜大眼，帶著驚訝、迷惑與恐懼的神情（有時三者兼具）。他們也可能找不到自己認識的部位。櫃台的查理表示：「一頭牛只有兩塊橫膈膜內排（hanger steak），你懂我意思吧？我們不會一下子就有三十塊橫膈膜內排可賣，沒這回事。」某個部位要是賣完了，那就真是賣完了，而接下來的重責大任就會落到像查理這樣具備肉品知識的櫃台員工身上，由他來解釋展示櫃的奧祕，說明不同部位的相似和相異處，以及可以怎麼烹煮。[26] 店家為了經營下去，就得賣掉夠多的罕見部位。如果少了櫃台員工和他們的知識，這些部位恐怕會銷不出去。

實用美學

在傳達一間肉店的肉品哲學上，櫃台人員是透過言語，而切肉師則是藉由動作。他們的工作目標是一種「實用美學」，亦即以結合清潔、自然與怡人的表現，加上最高等的味覺品味、為顧客備料時的輕鬆寫意，同時還兼顧食物實際營養目標的方式來處理肉品，以供展示或滿足特定訂單的需求。[27] 他們必須透過關乎美學與技術抉擇的特定技巧，將這些品質灌注於肉品中。他們認為，肉品的特殊之處就建立在這間店的哲學與美學目標上（形式），並主動強化肉品的易烹煮性與味覺風味（功能）。這麼說來，切肉師等於是透過其勞動，將文化性與物質性生產交織在一起。[28]

這些切肉師就像雕刻家，從一大塊原物料開始，利用所學技術與細密感官考量（亦即肉的外表、口味與口感），將碩大肉塊逐步切割，修整成更精緻、獨特的部分。他們常提到一塊肉看起來「該是」什麼樣子，或者「應該」如何處理，才能讓它看起來是應有的樣貌。關於這幾點，不同肉店與切肉師的看法各異，而店家希望肉塊呈現的外貌，也影響了切肉師的工作。[29] 切肉師經過多年實作，已學到落實這些要求所需的功夫，分解屠體處理肉塊，讓肉品上得了台面，消費者也容易料理。[30] 他們實際運用的手法五花八門，端視如何落實個人功夫，但無論如何都得依照店家或顧客期望，切出特別的產品。紀說，師父教他在運刀時要「無畏、無恚」，也就是落刀時要信心十足，也要仔細精準，否則就會有糟蹋那塊肉的風險。信心是習慣落實的結果，而習慣則來自專注與反覆。

由於原物料是天然的，肉在不同時候看起來、嘗起來都會不同。實用美學的目標便在於運用特定技巧，將品質灌注於肉品，以反映肉品之「優良」，不受上述事實影響。切肉師們尤其專注於將實用美學應用在展示櫃上。當他們彼此相互提點時，此中意涵便會浮現。

某天，姜卡洛在為羊腿去骨、綁肉捲。狄克森之所以除去腿骨，是為了烘烤羊腿時能讓肉平

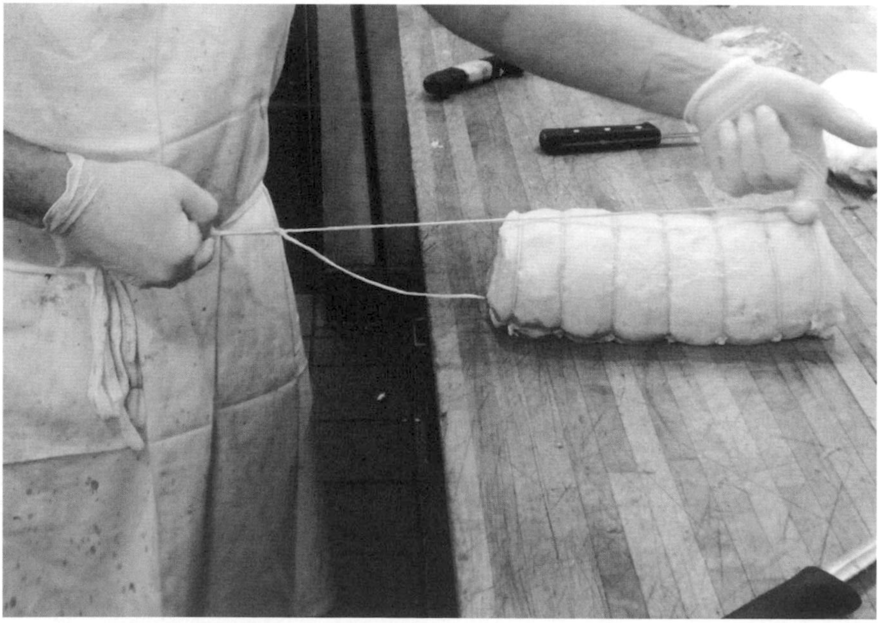

姜卡洛正在綁豬里肌。作者攝。

均受熱，這是很常見的處理方式。他沿著其中一根骨頭周圍開始刮肉，接著將肉塊與腿骨分離，盡可能從骨頭上取下最多的肉。阿爾多就在他旁邊做事，給他提示。

「我該從這邊取出骨頭嗎？」姜卡洛問。

「對，一定要從這邊。」阿爾多答。

去骨後，姜卡洛將肉塊皮面朝下擺平，去掉多餘肥油，只留少許。他接著捲起羊腿，以細繩綁住定型。羊腿是肌肉、脂肪、肌腱與其他結締組織的綜合，也就是說，一旦去骨，就會軟成一攤。把腿綑綁成捲狀會好看許多，也能確保當中結實固定，有助烹煮均勻。這綁法是在腿的幾處緊緊用繩繫住，先從中段開始，接著綁兩端，最後再將這中間空的地方綁滿。姜卡洛動作緩慢，過程一絲不苟。

「綁快點，別像是在跟它打架。」阿爾多說。

「你是怎麼綁緊的？」姜卡洛問。

阿爾多隨後示範打了兩個結——第一個綁緊了捲肉繩，第二個結則固定住第一個結的位置——也讓姜卡洛曉得手要擺在腿肉何處。「我會這樣綁。你要把肉綁緊，但又不能太緊。你不會想擠到肉。」*

姜卡洛綁完後，我跟他聊起他的表現。「我以前沒處理過羊肉。要綁好捲成那樣的肉真的很難。你邊綁肉會邊擠出來，就像是在綁水球。」

狄克森的羊腿特別之處在於其來源（由在地獨立農場以人道方式飼養），而阿爾多教導姜卡洛去骨和綁肉

* 阿爾多說「擠」到肉，意思是不要綁太緊，免得繩子把肉割破。

的方式，既是為了讓肉方便料理，也是為了讓顧客覺得美觀。但切肉師運用的技巧，也會因為肉會腐壞的本質而更顯重要。他們製作漢堡排的方式就是個關鍵的例子。

週四早上，我走進店裡，姜卡洛說等我換好工作服，他有話要跟我說。我換好衣服，回到切肉區。

「你做的漢堡肉糟透了。他們要我告訴你，你上週做的漢堡排跟絞肉放不了幾天就得丟掉。肉整個顏色變超黑。可能是你讓肉離開冷藏太久，手在肉上的時間也過長，所以肉也快速變得不新鮮。」

我道歉。我原本來以為自己已掌握到製作漢堡和絞牛肉的訣竅。我知道牛肉一旦升溫，肉的紅色色澤就會消失；我也盡力確保肉不會在我手上太久，而且只有在已準備好要絞肉、製作漢堡排時才從冷藏庫取出邊肉。

「別擔心，」姜卡洛說，「這不是什麼嚴重的事情。記得別讓肉在外面擺太久就好，手拿肉的時間也別太久。沒事沒事。」

狄克森的切肉師希望確保漢堡排跟展示櫃裡其他肉品一樣完美，彷彿紅色的冰上曲棍球。雖然顏色不再紅潤、變成咖啡色的肉還是能吃，但店家不會擺出變色的肉，因為他們不認為顧客會想買。肉品一定要能傳達出品質。切肉師會運用幾個步驟，確保漢堡排好看又可口。首先，他們會鋪好幾層方形墊子（他們稱之為「尿布」）吸收盤中血水。由於要讓消費者能直接看到肉品，展示櫃層板會有個朝下的角度，但底部可不能積出一灘血水，甚至滴血。接著，他們會用兩層切肉紙包住這些墊子。要做漢堡肉，得先把牛邊肉絞過一次，跟切塊的培根邊肉混合後再粗絞一次（這比例是八成牛肉瘦肉跟二成肥培根）。這兩者一定要混和均勻，好讓較肥的培根跟較瘦的牛肉能均勻分布。接著，他們會拿秤量出半磅重的肉球，再用模具壓出外型完美的肉排。肉排每三個一疊，中間以裁成方形的紙隔開，在盤子上排成四排，每排三疊。

姜卡洛解釋過，前述工作的重點在於迅速完成，因為肉不可離開冷藏太久。我也不希望自己動手處理肉球的時間太長，因為手溫只會加快肉的「黑化」過程。總之，我盡可能加快動作。阿爾多停下手邊工作走來。他注意到我在做的漢堡排有問題。

「不對，不對，不對。你得把它壓實。看到這些洞沒？你一煎肉，就會散掉。所以要壓緊，就像你兩隻手弄個圓形〔他兩手的姿勢就像握著一顆棒球〕，然後壓緊。」

我照他的話動作，把肉壓實。「我不想拿著太久。」

「對，沒錯。所以一定要用力到底，而且要快。你要壓快一點。」

我快速將兩手之間球狀空間裡的那團肉盡可能壓緊，而且還不能讓肉溢出來。他點頭表示滿意。接著，我將肉球擺定位，把壓肉機壓緊。

「要更用力點。」

我再試一次。

「用力，用力。」他覺得我還不夠用力。

壓完後，我拿給他看。

「看起來很好吃！給我來三塊！」

從全隻屠宰業的大架構來看，製作漢堡排還真不需要什麼了不起的技巧。狄克森的漢堡排經常交由未經特別訓練的實習生製作。漢堡排之所以重要，是因為這是人氣商品，而且是利用沒有其他用途的肉（即邊肉）製作的。但漢堡排就和店裡販售的所有從高級（羊腿）到低階（牛肉乾）的肉品一樣，必須保持特定樣貌（顏色紅潤，脂肪均勻分布）與完整結構（壓實不留空隙，方便烹煮），並結合肉品獨一無二的來源（反映店家的肉品哲學），進而為產品創造特定風味（有可能次次不同）。切肉師們一再實踐並試圖賦予的，正是這樣的一致性。

從前述的片段中可發現，切肉師之間的對話大多會以工作的實際內容為重，而非肉品背後的特殊意義——例如吃在地生產或可靠肉品的好處，或是他們販賣的商品有什麼特質。一旦忙碌起來，或是展演例行職責時，他們可以純粹「當個切肉師」，憑本能行事，也有信心將個人知識付諸實現。[31] 整體而言，他們重視如何有效地結合形式與功能，並且對自己使用的肉品品質之優越信心滿滿。受過訓練的人能辨識出肉品來源（例如，油花紋路等級便能表示這頭牛是純草飼或全穀飼），但對一般人來說，肉品來源的特出之處仍然隱藏在肉品當中，而切肉師則力求讓肉品外表一致。

有些肉品大公司也會採用手工肉舖的元素當成經營模式。但提倡如此哲學的高檔肉店之所以有別於前者，關鍵特色仍在於店內的工作人員。最重要的是，這些店員乃是實踐如此哲學的重要角色。在其他地方、例如屠宰場工作的切肉師所用的許多技巧，與手工肉舖的切肉師並無二致。但後者之所以與前者不同，除了懷抱肉品哲學之外，也是因為肉店的環境——全隻屠體、罕見的肉品部位、展現刀功，以及高高在上的文化與「料理」資本地位——讓「屠宰」功夫得以提升到「精宰」的層次之故。[32]

第二部

PART II

我在第一部各章都只聚焦於一種職業，但第二部的四個章節會以共同的主題為基礎，進行跨職業的分析。我志在跨越這些不同的職業社群，呈現其中的勞動者如何透過其言行，詮釋自身從事的產業、工作與日常職場生活的各個面向，並解釋這些意義對於理解今日的勞動而言何以如此重要。我在各章中都會探討這四種職業，唯獨第七章例外，因為第七章的重點是服務消費者，因此我省去了無須從事服務的釀酒人。

第二部的內容會討論：是「誰」得到這些獨特的工作，他們「如何得到」這些工作，在這些工作中「從事什麼」，以及他們在職場上「如何保持卓越」。幾個章節分別涵蓋這四個獨特的主題。首先，我會指出勞動者在追求這些典型低社會地位工作時採取的途徑，而且過程中不會感覺那是向下的社會流動。隨後兩章將深究這些勞動者展現的文化套路——也就是他們的職人意識在其工作中扮演的角色；他們如何想出辦法，將這些施作中的若干面向詮釋成「創意」實踐；以及他們在服務過程中將雜食性的品味傳授給消費者時採取的一套工作實踐。最後，我會分析他們如何在其職業社群中自信滿滿地展演出這些文化套路，以及為何有些人無法適應。在這幾章裡，我的理論目標在於綜合幾個截然不同的實例，提出行為解釋，但同樣也會指出個案之間的分歧與變異。

第五章

渴望體力活

Chapter 5: How Middle-Class Kids Want Working-Class Jobs

每年六月，紐約市酒吧暨紅酒展覽會（New York City Bar and Wine Show，簡稱吧酒展）都會在曼哈頓遠西區的雅各・賈維茨會議中心（Jacob Javits Convention Center）舉行。吧酒展是一場酒吧、餐廳與夜店產業的盛會，參展廠商在會上推銷的產品有燈光、音效與保全系統；艾碧斯酒泉（absinthe fountain）；附有一口杯專用架的塑膠托盤；當然，也有紅酒與烈酒。酒商雇用模特兒穿上幾難蔽體的服裝，在自家攤位前請人試飲（端著有一口杯專用架的塑膠托盤）。某間派對巴士公司把產品停在攤位後，遠在三十公尺外都能感受到音響的重低音。天分過人的bartender在此較量身手。

紐約的雞尾酒社群成員近年來都會在這場活動中工作，主持研討會，為酒商調製雞尾酒，或者單純毛遂自薦。美國調酒師公會在現場也設有攤位和一小塊展示空間。二〇一〇年的吧酒展上，好馬傑克酒館（Jack the Horse Tavern）的年輕新秀bartender麥斯威爾站在臨時的酒吧後調飲料，而身兼調酒師公會與自家顧問團隊「雞尾酒上師」（The Cocktail Guru）兩主席職的強納森則站在一旁，講解調酒步驟與所用的材料。強納森得確保自己說出贊助商提供的產品名稱（例如，調製這杯酒所用的圖丘鎮四麥波本酒）。酒展的入場觀眾有產業中人，也有消費者，大家排排坐在摺椅上。只要等得夠久，就能品嘗到麥斯威爾調出的雞尾酒。

我站在人群後方看著。我在右手邊川流不息的觀眾之間瞥見哈爾，他正朝我走來。哈爾穿著襯衫，繫上領帶，搭配背心與牛仔褲，揹著他的皮質多功能bartender包（由著名bartender吉姆・米漢〔Jim Meehan〕設計）。[1] 哈爾告訴我，他剛結束調酒師公會的進階測驗，考了經典與現代雞尾酒和烈酒，這是專家認證學程（Master Accreditation Program）的一部分。他對自己的考試表現胸有成竹。

我是在去年一場由巴倫坊蜂蜜利口酒（Barenjager Honey Liqueur）贊助的比賽上結識哈爾的。他從那時起就不斷深入精調雞尾酒世界，目前已有大幅進步。哈爾出身長島，大學畢業後開始在財務公司技術部門工作。

二〇〇五年，他到熨斗酒吧（Flatiron Lounge）和人約會。「我現在根本不記得是跟誰約會，但我就這麼愛上了調酒，」他提到當時的體驗，「我是喝山崩（Mudslide）、長島冰茶和劣質啤酒長大的。」約會那晚喝到的酒和他過去嘗過的完全不同。

此後，哈爾便開始上網尋覓其他雞尾酒吧，親自走訪。他也慢慢打造起自己的家中酒吧，增加雞尾酒知識，精進調酒技巧。他開始結識城裡各處的bartender。等到對酒吧、雞尾酒與紐約的品酒風貌有了大量認識後，哈爾開始常為朋友推薦城內值得一訪的酒吧和應該一嘗的酒飲，朋友則鼓勵他將個人的評論發表出來。二〇〇九年初，哈爾開設了部落格，撰寫自己上酒吧的經歷與在家中調酒的實驗。突然間，開始有酒品公司聯絡他，寄來產品請他品評，也請他以產品創造新的雞尾酒。跟bartender與同類部落客相聚、相處、串聯，以

強納森與麥斯威爾在酒吧暨紅酒展覽會示範調製雞尾酒，哈爾看著他們。作者攝。

及撰寫個人的探索經歷成了哈爾的熱情所在，但他還是得靠他的正職工作才能平衡收支。

「我正在寫琴酒的系列文，」哈爾在我倆相識後某場十二月的活動中告訴我，「有幾家廠商寄了琴酒給我，讓我寫點東西。現在我在格雷格・貝姆（Greg Boehm）的公司研究、品嘗這些酒，[2] 馬上就會寫完。我希望這可以做到讓我能辭掉白天工作，但目前還不到時候。」

二〇一〇年初，哈爾報名了單日的BAR（「酒精飲料資源」）快速入門學程，其中包括一場需要嘗出材料為何的考試。我在學程開課前一晚的活動中遇見他。那時他沒什麼信心。「我們幾個人昨晚花了點時間研究。我很擔心酒譜，因為我得嘗出當中的正確比例。我像個狂熱分子四處到酒吧嘗酒，我是靠風味認識這些酒，而不是憑經典的酒譜，也不是靠實際調酒。」雞尾酒有其分類，同類酒在材料上比例相近。多數bartender和其他報名學程的人會抄捷徑，從雞尾酒分類下手。但哈爾不然，他靠填鴨背下數十種酒譜。最後他依然通過了考試。

來春，我和哈爾在紐約公共圖書館總館入口大廳聊天。此地正是一年一度的曼哈頓雞尾酒經典節開幕式的地點，業界盛會就此展開。我們倆在開幕式上都有工作要做。這場活動基本上就是個超大型派對，現場有數十個贊助商的攤位，bartender們調製一桶桶的材料，名廚上菜，還有DJ大聲播放夜店音樂，這些全發生在這個紐約市最安靜的室內場所。開幕式前幾個月，哈爾開始在各種活動中和強納森的顧問團「雞尾酒上師」合作。開幕式當天，他也和強納森一起調酒。哈爾告訴我，他獲選參加由BAR的專業bartender開設的五天密集學程。此外，他在隨後的雞尾酒聖會中，也會參加bartender見習學程。我一面恭喜，也一面提醒他見習學程簡直就是人間煉獄。見習生得幫研討會準備調製特色雞尾酒的材料，不僅要跟研討會主題相關，而且得使用該場研討會贊助商的產品。他們得整天東奔西跑，榨汁、準備裝飾，調出一批批酒飲。見習生會分身乏術、精疲力竭，就像在酒吧後頭不停輪班。

「我知道，他們有說，但我不在乎，我得去學如何能更快速進行bartender工作。只是，我很好奇ＢＡＲ對我會有什麼影響。我的意思是，這個學程對我得到bartender工作來說會有什麼實際作用嗎？」

哈爾自問的這個問題並沒有明確答案。當我倆並肩站在會場時，我想到他這一路走來的進步。此時他才剛參加完一場認證，告訴大家他對烈酒與雞尾酒譜頗有心得，也曉得如何調酒，接著又準備參加第四場測驗，還要抄起傢伙為蒙特萊昂酒店與法國區一整週的忙碌和活動準備一桶桶的雞尾酒與冰塊。哈爾比先前更接近自己的目標了。不過才一年多，他已從一位雞尾酒狂粉開始，靠著個人部落格引起大公司注意，透過調酒界的認證學程取得門票、適應業界文化，並且在活動中工作，這些全都是為了有朝一日自己能以bartender為業。

「我愛死這裡了。」他環顧整個會場，話裡指的並非特定的人事物。

「你愛它哪裡？」

「一切。」

我點點頭。幾分鐘後，哈爾上台示範調酒。

●

對於擁有時尚品味的都會年輕人來說，這些工作場所透露著一股酷味。在他們看來，為了精調雞尾酒與獨一無二的小批次烈酒而走訪隱密的酒吧，為了剪出經典髮型與老式刮鬍而前往有如打獵小屋的陽剛理髮店，或者為了購買在地飼育肉品的罕見部位而光顧當地肉舖，這些皆是都市生活的基礎。對於個人為休閒所購買或從事的事物具備特定的敏銳度，對於商品製作與服務過程有一定程度的意識與要求，而且又有一定數量的金錢可用於這兩者的人來說，他們會在城市的眾多選擇中，找尋這些新型的都會奢侈。相較於來客更多的運動酒吧、嘈雜夜店、大廠牌酒飲、便宜快剪店，或以保鮮膜封在保麗龍盤上的肉，那些選擇代表了有趣、酷、都會性。在這些地方工作想必很酷。

在討論新經濟體系中什麼是「好」與「爛」工作中，「酷」工作占有相當獨特的地位。[3]「酷」工作就算同時是份「爛」工作，也擁有一種令人難以抗拒的特殊光環，足以克服或掩蓋其本身的負面條件。[4]特定產業中的「酷」工作就是比其他產業多，例如文化產業裡有明星音樂人、藝術家與時尚設計師，為這事業增添一抹特別的光芒。不過，音樂、藝術與時尚等文化產業的從業者，就算不是一線製作人，而是幕後枯燥行政工作的從業者，依然承認自己的工作有種「體制性的魅力」（institutional charisma）——亦即深植在結構中、令人不得不服的吸引力。[5]儘管工作枯燥、低薪（或無薪）、低利潤（甚至沒有利潤），他們仍然會因為能自己跟塑造文化的集體努力沾上邊，因而認為自己很特別。[6]本書中探討的幾種職業所屬的產業——夜生活、酒精、理容與造型，以及食物——都算是今日都市中最時髦、人氣最高的產業，在都會的時代精神構成中扮演著重要角色。[7]長久以來，夜店、時尚與精緻餐飲一向代表著魅惑人心的都市生活。然而，從事這些產業的體力勞動者一直要到近期，才能跟都市中的名流菁英共享些許關注，讓自己也成為獨特的菁英。[8]

消費者一再對這些從業者說，他們的工作想必很酷，因為做這行要有創造力，而且工作又有趣。消費者親眼看到從業者為人製作、提供特殊卻又實用的商品與服務。他們看到從業者享受工作，也讀到生活風格與社交媒體如何以「明星bartender」、「吧廚」、「調酒學家」、「蒸餾大師」與「文青」（hipster）等詞彙，將這些從業者形容成是各自領域中的明星。在這些體力活搖身一變、提升到新菁英階級的過程中，「酷」這個要素可說舉足輕重。人家之所以會追求以此為職志，**想必是**因為做這行看起來很酷。

「文青」一詞在媒體版面四處可見，也滲透到大眾對於這些職業的想法。至少「反諷」這個當代文青的特色滲透了這一切。[9] 一般人認為，文青把每件事都當成天大的笑話看待。比方說，雖然受過良好教育，出身中產階級，但文青卻會認同廉價啤酒和卡車帽等工人階級文化的符號，而此舉既是為了展現自己的「酷」，也是為了玩起建立群體內部地位的遊戲。「文青」一詞經常帶有負面意涵：「文青」的次文化角色形象舉止既不誠懇，也不可靠。[10] 對抱持如此看法的某些人來說，你大學畢業，卻決定從事傳統上實屬工人階級的工作，穿起老式風格的衣服，從事手作勞務，這種念頭本身就是文青文化的縮影。

但是，懷舊之情或許也對這些勞動者與工作場所的「酷」有所貢獻。這些工作場所與品牌採用的主題與樣式、工作習慣與某些從業人員的外貌，都能喚起一種失落的、更美好的、受人渴切懷想的風格。[11] 地下小酒館與經典旅館酒吧、禁酒時期的蘭姆酒走私、木造打獵小屋與經典理髮椅，以及桌上擺的砧板。手榨果汁、罐式蒸餾、直式剃刀、全隻屠體分割。背心與袖環，鎖子甲與刀鞘。以懷舊的眼光單獨看待這些面向，便能將它們從原本的歷史時代抽離，讓當代版的它們更顯優越。[12] 比方說，超市內以保麗龍盤和保鮮膜封裝的牛排，就是比不上由功夫了得的切肉師以舊日手法從吊掛的屠體上現切的部位。讓失落的世界重新復臨的，正是這些新菁英勞動者。

但是，鮮少有人會因為單純覺得這些工作很酷，便投入其中。雖然浪漫的往昔在他們工作場所的風格中，有時甚至在勞動背後的文化中發揮著一定的影響力，但為復興失落的文化而投身這些行業的人，甚至比因為覺得「酷」而從事的人還更少。在絕大多數情況下，工作內容、職業形象與歷史關聯中的「酷」跟「潮」等因素，對從業者最初會選擇從事此行並無影響。他們也不會把大眾對其工作內容精髓或核心的想像納入考慮，而文青的招牌反諷不僅對他們的選擇沒有影響，在他們的日常工作與職業認同中也不具任何地位。

一般人之所以從事特定領域或特定產業中的工作，背後多有常見的社會機制，例如社會地位與名望、家庭影響、教育分流過程，但這些也無法直接套用在他們身上。[13] 有些學者主張，中產青年做「爛」工作（例如零售業）是因為身分認同與消費之間的關係，或是因為他們認同店家品牌，想跟自己的朋友與「酷」同事相處。[14] 不過，這些解釋也無法說明本書所談的勞動者。那麼，這些勞動者何以會以此為職業，他們又何以不會把從事這種職業視為向下的社會流動？

這些勞動者從事酷工作，但不是因為工作酷，也不是因為他們想變酷。對他們來說，從事其中一種酷工作，是在尋求工作意義，尋求因工作而受人認可（同時得到消費者與職業社群的認可），尋求一種能安身立命、為自己提供目標的職業的結果。[15] 這既是他們擁有得天獨厚的自由、以個人意願選擇職業的表徵，也是他們有能力看出當今城市文化潮流，並且運用這種能力的結果。這些特定職業絕非僅是生活風格的相關工作，從業人員也不認為是「爛」工作。[16] 這些職業要求從業者展演文化套路（以職人意識加上理解、溝通特定知識的能力為基礎的技巧），而這些套路既能達成提供意義的目標，也能讓從業者不會將從事這些工作視為向下的社會流動。一旦決定以此為職，這些勞動者都是將自己的工作視為某種召喚或天職。[17]

有好幾條路能讓他們達到這一步。正如許多主廚是「跌跌撞撞」踏進了自己目前從事的職業，書中若干勞動者亦然。他們多經歷過一段在各種職業中浮浮沉沉的時光，不清楚自己有意追求的職涯，而後才發現現職。[18] 對這些曾經的職場飄蕩者來說，有幾種原因領著他們踏入了這些領域，例如師父引進門之後反而離不開這個社群，或是發現了支撐著這些職業的奧義。最後，這些勞動者中還有少數人確實欣賞這種酷文化，或是在年輕時便浸潤於這些職業的菁英版本中，這便讓他們有別於時常換工作與轉換職業跑道的人。對於若干勞動者而言，這些工作不過是漫長職業生涯上的臨時站。這幾種途徑不會互斥；勞動者通常會沿著多條途徑，成就個人的職涯目標。一旦他們找到天職，便會努力創造某種在這些產業中前所未有的職涯。

在職海中探索

某個悠閒的週一夜裡，我坐在死吧的吧台邊。瓦金一邊和我閒聊，一邊細心調製「創意奔放」（Fancy Free，材料有波本酒、櫻桃利口酒、柳橙與安哥斯〔Angostura〕苦精）。兩名年近三十的男子進到店裡，先是停步讓自己沉浸在這個剛踏入的新環境，隨後慢條斯理坐到吧台。瓦金招呼他們，遞過酒單，這時其中一人說：「聽說這裡的調酒術不是蓋的。」

瓦金嘴角上揚，點點頭，目光低垂。他常聽到這類評語，於是以某種罐頭應對詞來回答。而後，他對我說：「我們是bartender。『調酒術』這名字實在爛透了。應該要有人幫那些不懂bartender在做啥的人想個其他名稱，而且要用『bartender』稱呼我們才是。人家稱呼你『bartender』，這感覺才有分量，才有尊重。我們沒必要被人稱作『吧廚』。」

以這些工作為職業的路鮮少能走得一帆風順。最常見的途徑其實很難稱得上是條「途徑」，反而更像是始自各式各樣的起點，在途中得到各種指引，最後才飄蕩到了這份工作。職場飄蕩者在新經濟中居於獨特的位置。他們是典型的大學畢業生，卻在知識經濟底層就業，像是做入門等級的工作，或者完全不在經濟體內，但費盡心思想入行。瓦金走上這條自稱為「bartender」、而非更撩人的「調酒學家」或「吧廚」的道路，是從大學時期開始的。

「我是我們波士頓那區一間酒吧的超級常客。那酒吧叫白馬，一間大學城的小酒吧，是走學院風、愛爾蘭風和路邊小店風。因為我超常在店裡，他們一直想找我做正職。總之，某天我答應了。一開始他們讓我做了快一年……嗯，應該一年多的外場吧，然後拉我上去做吧台助手（barback），*吧助做了很久後才開始當bartender。」

「我很幸運，能在店裡跟一大堆了不起的bartender工作。他們或許不是一流的bartender，但手腳俐落，做事有效率，而且真的很懂常客跟酒吧之間的互動方式，顧客也很棒。他們都知道怎麼照顧人，曉得如何能讓你賓至如歸，那幾個bartender在這方面真的厲害。他們款待、招呼客人的敏銳度實在好到難以置信。只是，我後來覺得在那地方是工作沒錯，但不是事業。」

在各自產業中，本書四種職業裡就屬bartender和理髮師最可能在較典型的工作環境裡就業（例如鄰里酒吧與理髮店、美髮沙龍，以及盈利全視工作量多寡的地方），扮演較為典型的角色。有許多bartender是從大學時期便開始從事此行，或是更上層樓、到紐約的夜店或外燴公司工作，以支持自己心心念念的歌唱、音樂或演藝事業。他們在吧台工作，但對自己端出的酒飲品質或由來其實沒什麼想法。瓦金在他那間波士頓愛爾蘭風小酒吧倒啤酒，倒一口杯，開酒瓶。白馬的bartender缺乏雞尾酒知識與技術，但當時這對瓦金不成問題。不過，他很重視這段在小酒館工作的經歷。瓦金從同事身上學到擔任bartender最重要的特質，也就是待客之道。他學會了bartender五花八門的工作內容：服務來客，照管酒吧。許多在雞尾酒吧工作的bartender都強調，相形之下，在個人職涯路上，調製精妙雞尾酒的酷炫知識與文化不僅來得晚，而且也比較不重要。

瓦金在大學畢業後來到紐約市，對未來的工作沒有具體想法，許多年輕人都是這樣。當時是二〇〇五年初，他二十七歲。他覺得，反正再怎麼樣，自己總還能做bartender工作。過了一段苦日子之後，他終於在找辦公室職務之際，覓得在一間位於翠貝卡區的義大利小餐廳的工作。

「我心想，好吧，這我可以做，同時也再找找有沒有其他比較受人重視、或是更能讓家人開心的工作。所以我試著投非營利組織的補助作者職。你懂吧？我想讓英語文學學位有點用處。但我缺乏相關經驗。每天花八小時寫求職信，寄履歷，但全部石沉大海。」

瓦金因為工作沒有進展而悶悶不樂。他四處打零工，在各家酒吧與餐廳間輾轉流連，結果卻在接待客人的過程中發現快樂。曾經久待愛爾蘭酒吧與底層酒館的他，開始造訪城裡較為高檔的酒吧，這些地方都是他從服務業圈子和媒體聽得的。他在《美食與紅酒》（*Food & Wine*）雜誌讀到著名bartender奧黛麗・桑德斯在蘇活區開設的勃固俱樂部開幕了。瓦金在這間酒吧裡靈光乍現。

「我記得第一次去勃固時，只點了一杯曼哈頓——你知道勃固那種盛況和桌邊服務。你點完酒，會拿到酒瓶、滴管啊等等小東西。**我忘不了在那兒的感覺，『哇，我以前絕對沒喝過像這樣的曼哈頓』。我還記得自己在想，『好，我還有很多可學』，想著『靠，我連利登豪斯〔麥酒〕是什麼都不知道，我該搞清楚才對』。我還意識到花十二塊就能買一整瓶利登豪斯，結果剛剛那杯調酒就花了我十四塊。但那杯調酒還真棒，我完全不會認為自己被海削。真的好喝。感覺就像『哇，我調不出這種酒』。我從沒看著一瓶十二塊、不算貴的酒，心想自己能用它調出這麼好喝的飲料。我真的心服口服，就像是『媽啊，我還得加把勁才行』。於是我才用自

* 吧台助手就像是在吧台打雜的人。

** 勃固俱樂部是以為顧客提供一盤小瓶裝的苦精與果汁等少量調味劑聞名。顧客可自行用這些調味劑調整飲料口味。

己的方式朝這個方向努力。在勃固的初體驗，絕對是讓我大開眼界的一次經驗。」

瓦金隨後兩年在城裡累積了大量的bartender與服務經驗，還自學更多關於烈酒與雞尾酒的知識。他在一間經營不善的南美餐廳管過酒吧；新鮮果汁、蛋白與皮斯可酒（pisco）都是他在店裡會用的材料。但bartender調製的飲料會反映其酒吧的文化。瓦金意識到，除非他到某個想製作精調雞尾酒的地方工作，否則他永遠無法以bartender為職志。經過八年服務業歷練，他深深渴望得到文化知識與業內技術，以搭配他在白馬工作後便持續精進的待客之道。瓦金看到新開的高檔雞尾酒吧有工作機會，於是前往應徵。由於他的人格特質，他獲聘成為死吧開店的元老員工。知識與技術之後再補。

「到我得到死吧的工作、而且再過一兩年後，事情才真正開始順利。我的家人在那當下才首度意識到，『好吧，或許這一行不是我們原以為的死路一條，也許你也不是在浪費時間』。從那一刻起，我才能更理性地和他們真正聊起我在學什麼、見過誰，這為什麼重要諸如此類的。」

瓦金就和許多先前已有同產業經驗的從業者一樣，認為自己早先的工作與如今的事業是有分別的。前者未必全然具備他在後者當中追尋的元素。我問瓦金：「你認為，如果你工作的地方比較注重服務，或者說，比較不重視酒水品質，你還甘願在那樣的地方當bartender嗎？感覺還會一樣嗎？會不會像『現在這個就是我的事業』？」

「我覺得不會。了解我背後架上所有東西就是我的工作，這就跟知道飲料裡用了哪些材料一樣重要。是事實沒錯，但我覺得，這跟我之所以熱愛死吧讓我見識到的沒有多大關係。我的工作就是要能回答我做的每件事背後有什麼原因，但我認為這跟我們確保自己在這杯酒裡加了幾滴苦精倒沒什麼關係。不過你也曉得，我們比較像是『我沒有你剛剛點的那牌子的威士忌，但我知道那牌子怎麼樣，知道它的酒醪成分，也知道背後這四十七種美國威士忌有類似的酒醪，而且我還能告訴你，為什麼你該改喝這種，為什麼我提供你這種，而不是那種』。我認為這跟鑽研、調製完美的酒飲沒有太大關係，反倒跟這個地方有關。你在這裡就是得了解一切，因為這是你的工作。我想，這才是我喜歡這裡的原因。這裡需要動腦袋，你得了解這些東西是什麼，我喜歡的是這部分。」

瓦金搬到紐約時，帶的是一紙英語文學文憑、服務的竅門和些許bartender經驗。他缺乏寫字維生的運氣，浪跡於不同的服務業工作賺取溫飽，卻偶然在過程中發現能滿足他所追求的工作意義的世界。顯然不是每個背景與瓦金相同的人，都能鐵了心不再尋找傳統上更「好」的工作，轉而以酒水服務業為職志。但瓦金擔任bartender的經歷，以及服務時感受到的喜悅，肯定領著他走上了這條路。瓦金和其他在無意間以這些工作為業的勞動者一樣，他發現只要bartender工作能結合服務、技術與知識（也就是文化套路），他的內心就會充滿熱情。

一邊工作、一邊學習

學者會運用「實踐共同體」（communities of practice）的概念，來談論那些人們在當中能夠學習的非正式社群。[19] 實踐共同體代表一種持續進行的學習過程，群體成員在當中交流理念，並且在有意識與無意識的層面上相互學習。只要透過彼此互動，就能學習。本書所提的各種工作場所都呈現出實踐共同體的樣貌，它們不只是零售、服務與製造業，更能促成雇員之間產生有意義的互動，而這種互動就具備學習交流的作用。

學習有時會以正式的形式出現在師父與新手之間。但在多數情況中，經驗豐富的資深工作者就是師父。一旦新人明白了自己想做什麼，而且讓自己置身於做這件事的環境中，一對一的指導關係也就於焉成立。

理髮師傑森今年三十四歲，全身幾乎都是刺青。他常跟客人聊到自己身上的刺青，當其他理髮師的客人徵詢該怎麼剪時，其他理髮師也常指著傑森俐落的側分線上梳髮型。傑森曾在麻薩諸塞從事營建業多年，後來才在二〇〇七年搬到紐約與女友同居。

「那時我在做營建，但對營建就是沒熱情了。尤其在紐約，感覺有點沮喪。我在麻州鄉下長大，那裡大概每個人都在幹營建這行。我有車，可以放工具。在紐約工作就像是場不同種類的球賽，工作趕趕趕，幾乎沒時間可做別的。我得揹著工具。」

「我就在紐約做了三年營建。但過去這一年我一直在做理髮。這兩個感覺就像同樣的事情，你懂嗎？一堆人在喇賽，氣氛也很像刺青店。兄弟們進來串門子，我當然也喜歡。我完全沒辦法當刺青師，因為我不會畫畫。我喜歡男仕俱樂部這種東西。怎麼說呢，這就像我走經過一間理髮學校，心想『我想做這個』。」

但傑森不想真的去上理髮課。他想在理髮店的自在環境中學習如何剪髮。願意花時間訓練完全新手的理髮店不多。傑森的朋友向他提過弗里曼，他也聽到店裡在徵人。

「我覺得自己很走運，能跟這些傢伙工作。我沒在別間店做過，甚至沒上過理髮學校。[20]是他們教我怎麼剪頭髮。有天我走進店裡，看到他們在徵人，其實是前面在徵人賣衣服這樣。接著我就跟范說，大概是『你們收不收學徒？還是有缺掃地工嗎？』他的反應大概是，『現在沒有，但之後一定會收。你就常過來，讓大家都認得你』。我大概很煩人吧。我一直來、一直來，某天，他們就給了我一份工作。」

「你會只為了串門子就來店裡？」我問。

「（發出『嗯……』的聲音。）問問題、觀摩，有點像當學徒，但不是真的學徒，不算正式。有天我進門，范就說：『你想要工作？』我就回，『當然』！」

弗里曼因為想訓練人把頭髮剪「好」，所以常會收學徒。傑森常上門聊天，展現出自己對於學習剪髮的認真態度，相處起來也隨和，於是他成了店裡一員。他領薪水做的是前台接待，工作內容是招呼客人，安排每日預約排程，銷售產品，收錢和接電話。接待也得清掃地板上的頭髮，折圍裙，替理髮師跑腿，還要確定理髮師的工作台上有他們需要的東西，像是熱毛巾與剃刀。這類工作占據了傑森白天大部分時間，但在早上和傍晚店裡清閒時，他會替朋友和從網路招募來的人免費理髮。他透過觀察店裡每個人、和大家閒聊來學習。不過，范後來成了他的師父。「盡力做就對了。我以前不會用手指梳頭髮，但現在我不必看都能辦到。說真的，我真沒辦法用手指整理頭髮，感覺很彆扭。范的教法是接手過去，等到我搞懂怎麼做這鳥事後，他會在我收尾時處理，像是讓我看看哪裡做錯、哪裡做對。」

傑森恰好有人脈（一位朋友），讓他得知弗里曼的事，他的外貌恰好能讓他受雇擔任接待（亦即刺青與穿衣風格），而他的態度對於成為理髮師學徒也恰到好處。[21]他努力學習理髮手藝，休假日也來，而且早到晚退，最後開始在正職理髮師沒上班或午餐休息時，以半價為客人剪髮。經過五個半月的學徒生活後，弗里曼給了他一張椅子。理髮店陽剛、同性社交的工作環境與「男仕俱樂部」的氛圍，讓早已習慣運用雙手工作的傑森深受理髮的概念吸引。接著，他為自己的個人風格找到合適的文化環境，也找到一位幫助他學習技藝的師父。

除了像范之於傑森這樣的一對一指引外，工作場所的同事也能集體指引這些從業勞動者，讓他們適應環境，獲得這一行所需的知識與技術。比方說，bartender常會問同事正在調製什麼飲料，釀酒人問別人如何讓整批酒得到特定的風味輪廓，理髮師與切肉師也會在工作時一直偷瞄別人的成果，想找出能帶來豐碩成果的其他做法。新人身處周圍皆是老練的實踐者的環境，從中學習，沉浸於工作場所中一再反覆的活動。

如果以調製雞尾酒的技術與知識為標準，瓦金不會是死吧那份工作最好的候選人。店內其他獲聘的bartender都有曾在勃固俱樂部與熨斗酒吧工作的背景，這兩間都是名店。但瓦金知道，和這些人工作，他能學到追求自己職涯所需的技術與知識。

「我受的訓練一直是『顧客永遠最大』，所以基本上我就是閉嘴聽比我厲害的人講話，一如既往。你他媽給我閉嘴，聽菲爾和布萊恩怎麼說（這兩位是經驗更豐富的同事）。我就學。『你為什麼拿那瓶苦艾酒？這瓶跟那瓶有什麼差別？好，我們來嘗嘗。我沒聽過那種經典雞尾酒，怎麼調？沒問題，等我寫下來。』我第一年就像塊海綿，拚命吸收。我恐怕得花一輩子才能為酒單加上一款調酒。我根本不敢拿酒譜給菲爾看。我知道自己是個還不錯的bartender，但沒有他們幾位的背景。我沒有受過茱莉（茱莉・瑞納〔Julie Reiner〕）或奧黛麗（奧黛麗・桑德斯）的訓練。我不曉得誰是沙夏（沙夏・佩特拉斯克）。[22] 我沒聽過這些人，那我就閉嘴，閉嘴幹活。在這裡工作你要開心，別把事情搞砸，態度要大方親切。這些人從他們以前待的酒吧把常客帶了過來，可別失去這些客人。就算你沒辦法用同樣的方式回答問題也沒關係，就把不懂的全寫下來，研究透徹。頭一兩年在死吧差不多就是這樣。」

對出於偶然而開始從事這些工作的勞動者來說，體力勞動自有其魅力，但那只有在體力勞動結合了文化品味與專業技術時才算數；至於文化品味與專業技術，則是在共同體內透過實踐來學習。

為理想而奮鬥

其他勞動者在入行前，或許已對自己想走的職涯道路懷有強烈認同感，但並未在相關產業工作過。相較於bartender和理髮師，釀酒人與切肉師更是不大可能有過相關經驗，能領著他們在年輕時就走上這條路。有些勞動者之所以開始踏上走往這些職業的路，是因為早已接受支持著這些工作的哲學，而這些特定的職業，不過只是幾個有可能實踐如此哲學的工作選項而已。

喬來自密蘇里西北，就讀大學前曾短暫加入美國陸軍。他在大學畢業後到堪薩斯城當學徒釀啤酒。大約此時，他對美國當今的食品產銷體系，例如農企與超市，開始抱持批判態度。「永續性」與設計可永續經營的體系才是喬真正的熱情所在。他曾在加州與紐約州的小農場工作過六年，在後者與布魯克林威廉斯堡的公寓之間通勤往返，而布魯克林則是他與藝術家和其他創意工作者相聚的地方。喬和愛人搬到上州，在當地農場與一間啤酒吧當差。儘管沒有任何釀酒經驗，但一聽到圖丘鎮開缺，他便決定應徵，因為這份工作能讓他更深入自己關注的議題。生來健談的喬特別喜歡解釋精釀烈酒與在地小規模農業之間的關聯。某天早上，他在短暫的休息時間拿起圖丘鎮的玉米威士忌酒瓶。

「這堪稱月光酒的理想化身。你以後還會更認識這支酒。我腦袋真的是炸了。我剛來時，他們就有這產品，我的反應像是『是很可愛啦，可是……。OK，你們不會拿月光酒去賣人吧』。結果我錯得離譜。這支酒超轟動，現在真的是紅翻天。美國最好的bartender愛死它了。一下子，大家都說『我們賣光了，還需要大量進貨』。所以我就釀了八個批次。八批月光酒耶！我們這才開始趕緊生產，因為大家喜歡這款酒，棒呆了。喝起來真純。這款酒在市場上聲譽很高，非常炙手可熱。一方面可以教育消費者，一方面又能回饋農民。你會認真去品嘗、細聞這款酒，它聞起來就像玉米。我的意思是，它聞起來就像爆米花，奶油爆米花。」

「確實有透出味道。」我說。

「這又是一件能幫助將事情導向更整體、更完善的做法；更豐富的遺傳多樣性（農業方面）等等都是。農民透過我們可直接受益。我們釀酒，所以怎麼樣都賺錢。我們大可在釀造時加糖，這對我們來說最省錢，然後釀出跟大多數人一樣的垃圾賺到大錢。」

從喬的角度看，圖丘鎮酒廠與其他精釀酒廠直接向附近農民購買蒸餾製酒所需的農產，對維持在地經濟頗有貢獻。真材實料使用在地農產的精釀生產過程，讓釀酒人與農民建立起直接的關係。這一層關係代表精釀酒廠得到的農產品，通常會比向大盤商取貨的原物料來得特別，而農民則能獲得經濟收益。

「農民一向得看市場吃飯。除非當下的市場價格高於他們的預期，他們才能賺得比一般多，但有時甚至會達不到預期。不過農人要是直接以同樣價格賣給我們，就能省去中間人。」

「這跟CSA*是一模一樣的概念。農民提升收入，能獲得務農需要的資金。他們不必去借錢，也不必等市場決定農產價值。要等上八個月是很可怕的。雖然很多人同情農民，但大家不管怎麼做其實對他們都沒有實質助益，因為不是直接向他們購買。我覺得，唯一能做的，是在地方層面採取行動，像我這樣直接向當地農民採購。這是唯一能帶來影響的事。」

因為有潛力成為體系的一部分，並同時強化這個體系，農業背景出身的喬才會受到吸引，投入烈酒蒸餾業這一行。隨著時間過去，喬學會如何蒸餾，對烈酒的味蕾也變得更刁。喬有這麼多可能的出路能實現個人對於永續經營事業的熱情，而他選擇了蒸餾酒。要是少了這個哲學，他未必會成為釀酒人，而且很可能完全不會走上這條路。但蒸餾酒只是其次，只不過是他成就遠大志向的途徑。憑藉烈酒精釀，喬得以挑戰主流的食品體系。

四種職業裡，全隻肉舖的切肉師與職員是最有可能先對自己從事的產業——也就是食品業——懷抱堅定的熱情，而後才來做這份工作的。重視食物的吃貨浪潮不僅改變了涉及食物的公共論述，讓人質問食物如何製作，將食物化為大眾文化中固定會出現的一環，還激發了眾人想成為產業一部分的熱情——無論是以專業人士或業餘愛好者的身分為之。不論是切肉師、櫃台、廚師和實習生，到肉店工作的人是因為他們對食物世界的某個面向已懷有強烈好感。肉品有時甚至不是他們對食物的信念或喜好的重心。有些人的關懷圍繞著提倡永續食物的社群，而新式職人肉店的哲學正符合他們的性情。[23]食物，尤其是肉品，在某個時間點變得重要到能引領他們在這個產業中追求一份工作——但追求的只會是較高階的工作。

「你有辦法切肉乾但不切到手指吧？」姜卡洛某天在店裡問我。我上週才剛在學切後腿肉時把自己小指切掉了一大塊。那時我忘了屠宰（也可說是用刀）的基本規矩：一定要清楚你另一隻手擺在哪兒。

「我有點緊張，不過我想再試一次。這樣才會進步。」

「沒錯。去拿塊後腿肉吧。」

我拿出冷藏庫裡剩下的最後一塊後腿肉，回到切肉間。我小心翼翼試著從肉塊上單單切掉肥油，而不切到任何肉。幾分鐘後，我桌上已經有一大堆肥油。姜卡洛過來檢查。

「這算邊肉還是垃圾？」

「嗯，都是？我還沒把它們分開。」

---

* CSA是「社群支持型農業」（community-supported agriculture）的簡稱。CSA計畫讓消費者跟在地農民購買農產份額。消費者可憑份額得到一定量的農產品，像是一箱箱的蔬果，通常是以週為單位，農民則能直接將農產賣給消費者。

「你切肥油時夾帶太多肉。你不會想浪費掉這些肉的。你知道，一頭牛得吃多少穀子和牧草才能多一磅體重嗎？」

我聳聳肩，知道他意在反詰。

「可多了。我們希望盡可能少浪費。要確保切掉的只有肥油。」

姜卡洛來自科羅拉多的普埃布羅（Pueblo），他在科羅拉多大學波德分校（UC Boulder）取得經濟學學位。「我多花了點時間才唸完。有幾堂課忘記修，結果少了幾學分，而且我對唸書也有點厭倦了。」他在丹佛一所醫學中心擔任管理職，這份工作最終也讓他疲乏。為一份沒能帶來意義的工作勞心成了推力，對食物與肉品的熱愛和興趣則成為拉力，這兩股力量讓他做出了改變。

「我年輕時就喜歡下廚，只要跟食物有關的事都喜歡，而肉品始終是我的最愛。我很好奇，很想知道我的食物是從哪裡來。你去超市會看到保麗龍盒上的那些東西，或者你看到YouTube影片或關於動物的紀錄片，就知道他們會在牛耳朵上掛小牌，一直餵牠們吃荷爾蒙那類東西。這會讓你不禁懷疑。你不會想吃那種肉，而且那些動物都窩在自己的屎堆裡。」

因為對食物與肉類的好奇，姜卡洛辭去醫學中心的職務，找到一份熟肉店的工作。由於好奇心大勝，後來他更是極端到一家小屠宰場從事宰殺工作。[24]「我整整一個月不吃肉。」他談起那段經驗時說。雖然事後證明屠宰工作深具啟發，但他並無意在此久留。不過，到屠宰場走一遭卻讓他對這個行業有了興趣。他存了些錢，搬到美國東部，到上州的紐約州立大學科博斯吉爾學院（SUNY Cobleskill）研習「肉類加工與食品安全」的職訓計畫兼認證學程。[25]這個學程除了讓他得以精進刀工，也了解了從肉類溫度到滅菌等領域的食品安全。畢業後，他在二〇一二年往南搬到紐約市，他的女友當時正開始攻讀紐約大學的食品研究博士班。擁護肉品倫理的姜卡洛開始與當地提倡相同主張、而且願意教他如何從事屠宰業的肉店聯繫。「我想去類似老派、傳統肉店的地方工作。把全隻屠體拉進來，分切。」傑克給了他「助理切肉師」的位子。事情既成，姜卡洛才解釋，說他打算慢慢了解這個產業的其他領域，進而成為這份工作的不二人選。他回想這一路走來：「我想開闢自己的路。我覺得，這個產業、服務業裡那些成就非凡、最後開了一大堆餐廳什麼的人，都是從洗碗工起家的。」

「一路往上爬。」

「對，然後他們開始做準備工作，開始切菜。接著他們準備當廚子。他們進廚房當二廚，接著變成副主廚、行政副主廚，最後走向前場當經理。」

「沒錯。從基層做起。」

「就是說啊。這麼一來，你才會面面俱到，什麼都懂。我就想這麼做。我想往回走，所以從做香腸開始，煙燻香腸那種，然後去屠宰場。我想用這種方式去了解我若要從事屠宰業，那會做什麼。」

追求一份能滿足「永續性農業」、「道德飲食」等既有價值觀的工作，就像是種有目的的流浪。心中並未懷抱特定職業期待的人會受價值觀指引而去從事相關工作，從事那些他們可將之化為事業的工作。但既有哲學會引領他們朝特定方向前進。姜卡洛的「洗碗工到店主」模式，反映出「從掃廁所的到大老闆」這類的商界傳奇。這種事在食品界並非前所未有。[26] 但在這幾種職業的勞動者中，傳奇畢竟極為罕見，只能說非常浪漫。大多數人都不是從其工作場所或產業中最底層一路幹上來的，這些工作場合的助手——吧台助手與肉店搬運工——通常都是少數族群出身，不僅不會升職進入這些新型菁英工作，而且絕不會一路走下去、開起自己的店。姜卡洛雖然不是一開始就當切肉師，但他在產業中的第一份工作卻是在某間特別的熟肉店——這並非最底層的職缺；而他的第一份切肉師工作又是在狄克森這家高檔全隻肉舖，而不是一般超市或肉品包裝廠。指引這些勞動者去從事這些工作的哲學（例如道德肉品哲學），最終會具體帶領他們去追求產業中的菁英版本。這些有志之士的「最底層」，並非吧台助手，甚至不是鄰里酒吧的bartender、蒸餾廠工人、快剪店理髮師，也不是肉品包裝場的搬運工或切肉師。這些勞動者的「低出身」，其實地位與影響力仍然相當高。

●

在每一個順流漂向工作的例子裡，這些勞動者都是在前進的過程中精進在其職業裡蔚為特色的文化套路，漸漸透過實踐，以及師父、相關社群與哲學方面的指引，達成自我實現。他們早年的個人經驗，以及進入產業前和身處產業中的工作經驗，共同形塑出他們邁向眼下工作的進路。除了少數例子，他們至少都有一點大學經驗可依靠，而且無須擔負養家的重責。不過，這種未經計劃、隨波逐流、以低地位職業為事業的道路，並非他們唯一採取的途徑。

轉換跑道

揚斯敦是俄亥俄州東北的一座小城，位於馬霍寧谷（Mahoning Valley，又名「鋼鐵谷」〔Steel Valley〕）的心臟地帶。這座小城在鋼鐵業鼎盛時期發展蓬勃，在一九三〇年代達到十七萬人的人口高峰，卻在製造業慘痛的衰頹中土崩瓦解。揚斯敦如今象徵著美國中西部工業經濟的崩潰，廢棄資產、失業、貧窮與犯罪皆達到難以承受的程度。揚斯敦目前人口只有六萬五千人，而且持續減少。年輕人只要有能力，都會離開這座黯淡的城市，往外追尋更開闊的天地。

「我來自一個非常藍領的地區。」羅伯說。他站在理髮店「盲髮匠」附設的雞尾酒吧吧台後，等著預約客到來。羅伯常跟客人聊起自己的出身。他的祖父在揚斯敦如日中天那時擔任技工與鐵路工，父親則是理髮師。根據他的描述，他父親的生活就好比一首藍領工人的牧歌：收入可觀，有棟不錯的房子，每年都能度假，每五到十年換一輛車，平常生活都還過得去。他以七塊錢的價格為當地警察、消防員，以及汽車、鋁罐與幾間仍在營運的鋼鐵工廠的工人剪髮，而剪出的髮型幾乎人人相同。放假時，街坊的老太太會送他一盤盤餅乾和烤派。羅伯的父親教他剪髮，高中畢業後，他就去理髮師學校念書。但他曉得，想脫離揚斯敦，就得讀四年制的大學。

「所有同儕朋友都讀大學，讓我覺得自己也該去讀。我的確有機會，也搬到哥倫布讀俄亥俄州立大學。那感覺很掙扎，尤其你在這麼藍領的地方長大，無論爸媽或爺爺奶奶，大家都是辛苦工作，只為了多給你一點。上大學就像異想天開，但你終於辦到了。我寒假都會回我爸店裡幫忙，你知道，就是做那些工作。我一直很喜歡這一行，但就連我父親的態度都像在說，『你不會想站一整天的』。」

除了放假時幫忙父親之外，羅伯在學時偶爾會當理髮師賺點生活費，也會幫朋友剪髮，不讓技術生疏。他在學校的資訊系找到工讀機會，負責線上教學。羅伯在畢業前夕得到正職工作，後來又搬到紐約市，在布魯克林鬧區的紐約大學理工學院（Polytechnic School of Engineering at New York University，簡稱NYU-Poly）找到類似工作。

「那樣的轉變對我來說太可怕了。我在辦公室工作，一大堆教職員都非常抗拒科技。做線上教學的老師也不是真的全線上教學，而是擺擺幻燈片。我幾乎不會遇到任何教職員或學生，所有事情都以e-mail溝通。這也是一種消極體抗的方式。你會覺得自己好像沒有建立真正的連結。話說回來，如果我坐在隔間裡透過e-mail做事，或許留個語音訊息——大學或企業的文化氣氛都是這樣，大家根本不會合力做點什麼。我們都在各自獨立的部分上費心費力，但這些片段永遠不會組合起來。我覺得，只要你看看藍領工作裡一些有形、實際的部分，就連文化都不一樣。啊，我這話不是針對你……」

我意識到羅伯本想講些跟學術工作者有關的事，但怕冒犯到我，便揮揮手說完全沒關係。他接著說。

「但要是我去幫教職員處理問題，就得用很不一樣的講話聲調跟態度，完全不像我跟維修工人打交道那樣，只要說『跟你說，這堂課有台投影機得換燈泡。我們就別浪費時間，動手吧』，這麼基本的工作很快就能解決，根本不必經過十五封官僚派頭十足的e-mail。一段時間後，這種情況實在讓我招架不住。」

「我猜，這對我就像是：我真能試著坐在辦公桌後、賺到六位數薪水，但感覺很不踏實；或者，我可以到別的地方做點什麼，雖然少賺點，但感覺更充實，也跟我的工作更有連結？這不是說我在學院裡共事的人都很糟。但我會想，在通用或福特汽車生產線上組裝汽車的人會有什麼感受。他們會說，『告訴你，我們一天就能搞出四十輛Cobalt』，感覺車子每個零件都是為了打造出這個有形的東西，是你能觸碰、能感覺的東西。你可以建立夥伴情誼。我就是想做藍領工作，想知道這究竟意味什麼，對我而言究竟有何意義。我可以打造某樣東西，而且不只跟我服務的對象、還有共事的人建立起夥伴情誼——我想，這種想法對我才是最大的轉變。」

「可以朝九晚五，擁有真正的福利和休假，還能用黑莓機或iPhone看e-mail，感覺是很幸福——但我也覺得自己雖然完成工作，卻沒法真的碰到、看到或感覺。我覺得一天過後，整個人真的很空虛。我有固定收入，這很好，有穩定薪資當然好。但有時我也許打著領帶、穿著卡其褲什麼的去上班，卻會覺得下班搭車回家的那個人不是我自己。除非我能做自己，不然我不想讓任何人看到我，你知道這種感覺嗎？能用相當合理、實在的價格去創造某種東西，或提供踏實的服務，藉此獲得收入，這樣很好，這跟我領死薪水、怎麼做都沒差的情況完全不同。」

羅伯從藍領工人階級出身學得的價值觀，與他認為現今的經濟中自己「應該」以什麼維生的想法有所衝突。他上大學，成為高等教育機構中資訊單位的專業人士，搬到紐約市，得到該領域裡的「好」工作，穿起體面的衣服。他走在一條職涯道路上，有朋友與家人支持。羅伯也承認辦公室的全職工作確實有些好處讓人頗為享受：高薪、薪水準時入帳、醫療保險，以及假期（簡言之，安穩）。但他就是不喜歡。

在「二度就業者」（second careerist）中，羅伯不是孤身一人。這樣的人曾做過全職工作，領固定薪水，在特定環境中作業，擁有特殊技能（總之是份「好」工作），卻出於個人意願決定離開本行，改從事本書討論的職業。[27] 記得開場白裡面提到的哈爾嗎？哈爾是個「轉職者」（career changer），他在將近三十歲時初識調酒文化，而且深深愛上。他慢慢想辦法進入這個產業，以能夠辭去平日的工作為目標，後來也真的實現了。他成為bartender、品牌顧問，以及幾間威士忌公司的品牌大使。就羅伯的案例而言，他當過理髮師——作為工作（job），而非事業（career）——後來也決定重操舊業。對於內勤工作，羅伯的態度有點矛盾（不妨回想姜卡洛在前言裡說的話：他不想在「小隔間裡工作」）。許多轉職者表示自己喜歡辦公室全職工作的安穩，但在工作上又感覺不踏實。他們不喜歡窩在辦公隔間裡做事，與他人隔開，而且工作成果只存在於數位科技的乙太網路中。

羅伯，以及其他因家庭而跟產業有所關聯的人（多半是理髮師）可說是獨一無二；因為他的藍領背景影響了他對工作的期待。不過，雖然他渴望特定工作中的具體特質，卻未必要在例如像揚斯敦這樣的藍領環境中工作。羅伯選擇到紐約東村一間潮店工作，而不是工人階級街區的在地小店。身為具備時髦都會品味的大學畢業生，類似盲髮匠這樣的地方，就能同時滿足羅伯在文化與技術上的工作需求。並非所有勞動者都抱有個人在成長過程中學到的體力勞動價值觀：站著工作，以雙手創造某種有形之物，為他人服務。即便如此，對於離開知識產業轉做體力活的人而言，「用自己的身體與頭腦和物質世界互動」依然具備強大的吸引力。

人生鬥士與文化追求者

瓦金、喬、姜卡洛、羅伯與哈爾都是三十幾歲的年輕人，他們在一九九〇年代與二〇〇〇年代初期讀大學時，各自從業領域的精緻文化還不像五到十年後那麼廣為流行。由於文化潮流讓他們得以藉著人際網路、傳統媒體及社群媒體保持流動，加上工作機會也隨專業棲位的擴大而增加，有些職業中的勞動者才能在年輕時發展出對該職業文化的熱情，並積極求職。

雪城（Syracuse）出身的妮可在下州的曼哈頓學院（Manhattan College）主修化學工程，並在二〇〇六年畢業。她在大三、大四時曾擔任「工程導論」的教學助教，在課堂上協助教授示範如何釀造啤酒。由於她對這過程頗感興趣，於是思索如何才能將之化為事業。

「後來我突然想到，釀製啤酒跟威士忌中間只差一步。蒸餾是化工的最核心，烈酒蒸餾的微妙之處其實跟其他化工蒸餾相去不遠。這說得通，感覺是很自然的過程。我從沒考慮搬去肯塔基州，當時的想法就像『哇，這不是很酷嗎？但我不會真有這種機會，那我得去其他地方』。我曾經想過到百威啤酒（Budweiser）工作。我還真的去面試過。」

妮可畢業後在一家環保服務公司謀得職位，讓她得以留在紐約市。當時是二〇〇六年，城裡還沒有任何烈酒蒸餾廠。隨後幾年，妮可盡己所能閱讀跟烈酒蒸餾有關的資料，與美國蒸餾酒協會（American Distilling Institute，簡稱ＡＤＩ）的人討論蒸餾與可能的開缺，過程中也聽到有少數幾家蒸餾廠計劃開設在紐約五個行政區，這裡正是她想久居之處。妮可在紐約蒸餾酒公司創業之初得知這間公司，當時該公司正和上州幾間酒廠合作實驗自家配方，同時打造自己的空間，於是她連絡了老闆。

「我對他們做的事印象非常深刻。他們財力雄厚。這是一份工作，是可能的職涯選擇。於是我寄了e-mail給業主，他非常禮貌地說『我們還要再一段時間才會有實際作為，但咱們保持聯絡』。我滿失望的，不過還是覺得有機會。總之，我先把這件事擱到一邊。」不久後，妮可得知國王郡蒸餾酒廠剛在布許維克開張。

「我在他們辦月光酒試飲時跑去自我介紹：『我是你們最新的員工。很高興認識你們。我會一直站在桌子旁，直到你們願意跟我面談。』我在那兒站了一會兒，他們點頭了。我接著連去好幾天，心想『我願意免費工作。只要能成為其中一員就好。我想學這一行』。大家都明白我的意思，事情就這樣了。我純粹是因為『有人在紐約做這個』，所以很興奮。我不必為了自己這輩子都想做的事情，犧牲自己在紐約的生活。」

國王郡是間小公司，這讓妮可有機會直接參與釀酒各個過程，從中學習烈酒蒸餾。她一直很想體驗這種動手做的感覺。

「還有一件事情讓我不想搬去肯塔基，就是我跟百威的面試經驗。如果是為大規模生產者工作，那麼我絕對接觸不到每一件教我迷上釀酒的事。百威已有多年傳統和專業釀酒人，很清楚自己在做什麼。他們有自己的配方。如果在百威工作，就是要負責確保酵母始終維持在華氏七十六度之類的……他們沒有玩的空間，沒那麼有餘裕，也沒什麼職人創意。就是典型的化工。」

等到生意越做越大，妮可終於能辭掉白天的工作，成為國王郡的「調和大師」，而且充分運用個人專業，成為其他精釀烈酒廠的顧問與紐約州釀酒人公會（New York State Distillers Guild）主席。若說有誰早在大學時代便已浮現對一份工作的熱情，那麼，妮可即是例子。小批次蒸餾酒的夢想種子一旦在她的腦海裡播下，便開始指引她去追尋。至於其他勞動者，領他們走向那份工作的，則是他們對工作本身的文化、包括圍繞其歷史的浪漫故事所懷抱的熱情。

●

「我會告訴你——但除非你的書出版了，不然你都不能告訴別人。等你書出了之後，我就已經老油條了。別、別，我很認真。這是我不可告人的祕密。」

傍晚時，傑瑞米和我坐在死吧分享雞尾酒。我跟他是在雷恩法庭認識的，他是那家店開張時的首席bartender。如今，他是俄羅斯斯丹達伏特加（Russian Standard）的品牌大使。傑瑞米經常穿著全套合身西裝，搭配他的骨感身材，頭戴費多拉帽（fedora），襪子色彩鮮豔。他還神氣地蓄著克拉克・蓋博（Clark Gable）那樣的鬍子，兩耳耳洞用黑色小栓稍微撐大。我點了一杯黛西・布坎南（Daisy Buchanan）——這是死吧的原創調酒，以泡了洋甘菊的裸麥威士忌、乾苦艾酒、艾普羅香甜酒（Aperol）與黃蕁麻酒調製而成——傑瑞米則啜飲裸麥古典雞尾酒。我問他怎麼會從事bartender這行，結果他要我發誓保密。

「我絕對不會告訴任何人。」我保證。

「這故事和我對美國文化的興趣有關。我爸是傳教士，我常跟他一起出國，去了一大堆東南亞和非洲國家，之後又回到美國。年紀越大，我就越懷疑美國文化其實非常空虛。這讓我難以接受。於是我開始研究美國文化。我在研究所時有回和班上同學激辯。我選了一堂談各國詩學中「悲痛」議題的課，是一門要研究悲痛的實作課，結果我們為美國的悲傷吵成一團。我就說，『美國人不懂如何悲痛。我們就是不懂。而且我們——我就這麼下斷言——我們根本沒文化』。一個朋友馬上說，『那棒球你怎麼說？』你能想像吧，『不是有脆傑克（Cracker Jacks，焦糖爆米花花生）嗎？不是還有……？』你知道，這感覺就像……全都是流行文化。我就說，『這不算。這些東西都是很表面的衝撞，是用來刺激文化發展的方式』。我們的文化從源頭、從最開始就是一團混亂，從來沒有、從來沒有穩固的東西。這也正是為何我們今天會拿像是『全球化』這樣的東西來幫自己忙，為什麼我們會把全球化當成工具，而非結果的緣故。」

「千萬別誤會我的意思，我不是種族主義者——看，我太太是亞美尼亞裔俄羅斯人。這與民族主義完全無關。可是每當夜深人靜我躺在床上，想來點小小幻想時，我想的都是這樣的美國——有自己的民族，有自己五百多年的文化，其他民族的文化之後才在這裡流行起來。也就是說，雞尾酒的存在是因為其他民族進入美國，而我們暴露在他們之間所造成的。總之，我深入研究美國文化，就是深入研究我們如何運用別人的文化，研究這些文化對我們有什麼價值。」

傑瑞米開始閱讀，研究美國的經典人物，例如赫伯特．亞斯伯里（Herbert Asbury）作品中的角色。*他迷上賭徒、爵士樂手與槍手，也意識到自己（以不會傷天害理的方式）唯一能勝任的角色就是bartender（他會彈

* 赫伯特．亞斯伯里是二十世紀初新聞人兼作家，他除了《紐約黑幫》（*Gangs of New York*，一九二八年）與《法國區》（*The French Quarter*，一九三六年）等知名作品，也曾在孟肯（H. L. Mencken）的雜誌《美利堅信使》（*The American Mercury*）上面寫過知名bartender傑瑞．湯瑪斯。湯瑪斯一九二八年版的《bartender指南：如何調飲料；又名講究人士指南》也是亞斯伯里編纂的。湯瑪斯的個性與十九世紀粗獷的地下社會完美吻合，這時代正是亞斯伯里擅長的時間點。

斑鳩琴，但只是彈好玩，覺得爵士音樂界競爭太激烈）。他在bartender工作中看到有發展潛力的事業。

「我講這些，是要鋪陳我那見不得人的祕密是什麼：我是從二〇〇八年一月之後才真正算是個bartender（不到兩年前）。在這之前，我只是個教科書式的bartender。所以呢，我進這行的過程就很像哈樂戴醫生（Doc Holliday，知名賭徒、槍手兼牙醫）投入槍戰的過程。他原本不是槍手，但他想當槍手，於是偷偷在牙醫工作後去練槍法，你知道，他的牙醫事業挺失敗的，之後就成了槍手，甚至還為自己製造傳聞。我成為bartender有一大部分跟他挺像的。」

「不過，網路文章有許多關於調酒術與當bartender之間的辯論。我同意其中一種特定立場，那就是：在背後支持整個酒吧的人是bartender。許多人認為『調酒術』是個比較了不起的稱呼。但我不覺得。調酒術誰都能練，你也可以練調酒。他做的事情（他指著吧台後的瓦金）只有他能辦到。他是bartender，他照管這個酒吧。這可比調酒術不知要難上多少。調酒術就是調飲料，那只占他工作中的四成。他得確保氣氛舒服，確保每個人都有杯水，飲料都很好喝。調酒術不過是調飲料的技藝。表面工夫嘛，是不？」

傑瑞米在密爾斯學院（Mills College）研究詩，取得碩士學位，接著到紐約一間建築公司做行銷。他有空時會寫詩，研究雞尾酒歷史，還開始大量囤酒，打造出擁有超過三百瓶酒的家庭酒吧，當中有十七種苦精，有些還是他個人的配方。「我擁有皇后區最棒的酒吧，也捨得在上面花錢。」他說。對行銷工作開始厭煩後，他上網覓職，在人力資源網站鍵入他的夢幻詞彙「調酒術」。當時新開的雷恩法庭徵求bartender的廣告跳了出來。

「他們隔天就有一場人可隨到隨談的面試。我翹班過去。走進店裡，因為完全沒有經驗，所以我有點吹噓。我拍下家中酒吧的照片，一進門就把照片秀給對方看，說『你看，要是我來這兒工作，你可以拿老二跟人打賭說我不管調哪種酒，都是用我自己的時間、花我自己的錢調過的。這我敢打包票，因為這酒吧都是我一個人搞出來的』。我就跟他們講這套話。奶與蜜酒吧的麥可是這份工作的顧問，總之，當時他跟店老闆都在，而我引起了他的注意。我說，『我就想幹這行』。後來，他們離開之後，他向老闆推薦由我當首席bartender。他們雇用了我，我也擬定了當年的酒單，那酒單店裡到現在都還在用。」

傑瑞米沒有bartender工作經驗，也不是從基層一路爬上來，但他依然在一個名聲響亮的地方得到首席bartender的位子。他並非浪跡至bartender工作，並無服務的敏銳度或對品質的哲學，甚至跟這份工作或產業也沒有個人的連結。他跟許多從業者一樣，原本的工作讓他感到很不踏實，但他對美國文化與傳奇bartender的興趣促使他考慮以bartender為業。傑瑞米「不可告人的祕密」也很關鍵。他有意表現出雞尾酒吧的bartender之間的共識，也就是「bartender工作」（照管酒吧）與「調酒術」（製作酒水）是不同的。傑瑞米絕對是在自家調酒時學會調酒術的。他在表演得像是個bartender的同時，也深知自己缺乏經驗的事實會讓他在調酒界成為眾矢之的；其他三種職業中，沒有經驗的人也會遇到同樣的對待。這些職業在轉變為「酷」工作的同時，對大學畢業、先前沒有產業相關經驗的年輕人來說，就會變得更富吸引力。傑瑞米真心熱愛bartender工作當中的浪漫成分，他不是為了參與振興老行業才決定成為bartender，而是因為了解美國歷史經典文化中的bartender工作，才對這份工作培養出真誠的興趣，進而決定自己捲起袖子來做。[28]

長路暫憩

這些工作場合中，並非所有勞動者都會如此投入某種很「酷」的工作，將之視為事業去追求。每個工作場所都需要有人扮演支援角色，而這些工作的內容沒那麼有魅力，所得回饋也不比主要工作中的活動。諸如吧台助手與酒吧服務生（幾乎都是女性）、精釀酒廠的品酒間與禮品店的員工、理髮店櫃台接待，以及肉店櫃台與搬運工……都是這樣的角色。必要時，bartender會清洗酒杯，理髮師也會自行清掃地上落髮，但這些髒活通常會落到專職勞動者身上。

對於某些支援勞動者，例如在酒吧洗杯盤的吧台助手，以及肉店的搬運工來說，工作就是工作，通常是在幕後完成，而工作場所反正也無意訓練他們另有想法或爬到較高的職位。支援性職員在這些工作場所中扮演的角色，會遵循一套族群、種族式的勞動分工。負責與來客應對的勞動者（例如理髮店接待、雞尾酒吧女服務生、肉店櫃台員工），跟新型態菁英勞動者及他們所服務的顧客都來自類似的背景：白人為主，多半受過大學教育，嫻於文化，跟店家的風格合拍——他們「看起來對，聽起來也對」，這與前人對審美相關工作研究呈現的結果一致。[29] 後台工作者跟顧客的互動有限，甚至沒有互動。他們多來自少數族群，學歷不高，對工作中的文化套路也沒有明顯興趣。一旦某個工作場所訓練某個出身支援性角色的人，使其成為新式菁英體力勞動者，那麼這個接受訓練的人，幾乎也都跟既有成員來自類似的背景，擁有類似的審美觀（例如在弗里曼從接待做起的傑森）。

某些支援性職員不只得跟工作場所的審美觀相符，業主也會期待他們能跟新式菁英勞動者一樣，熟悉主要工作相關的文化套路，甚至對此懷抱熱情，因為支援性職員經常得和顧客溝通。他們必須擔任這些勞動者的延伸，承載這些套路，代表這些商家。有些人或許會學到主要工作，一路爬升，就像從弗里曼的櫃台工作做起的傑森。就算辦不到這點，這些工作場所能提供支援性職員的，也不只是一份零售或服務業的工作，還有學習機會與聯繫管道，可供他們在離職後發揮作用。

查理年近三十，在格林威治村長大，他父親那方的家族在紐約的歷史至少可上溯到十九世紀中葉，而且都在曼哈頓發展。查理大學讀的是流行設計學院（Fashion Institute of Technology），畢業後在廣告公司謀得一份設計工作。「我做了一陣子。因為對辦公室厭煩，所以開始自由接案，在家工作。但後來我也不想老是都在獨自作業，所以我選擇做藍領工作。」他如此說道。

查理起先在蘇活區的蘋果專賣店短暫做過業務和維修工作，後來有朋友告訴他三區（3rd Ward，位於布魯克林的東威廉斯堡，是一間藝術集體企業，經營展覽空間，提供價格合宜的工作室供藝術家租用）有間新的餐廳在徵二廚。[30] 查理當時的興趣是在家煮飯。反正無事可做，而且又有美術背景，常跟藝術家混在一起，於是他決定試試。查理對食物與烹飪從這時開始興趣大增。一回，他跟室友在三區頂樓舉辦夜烤派對，吸引了超過兩百人參加，此後他就開了名為「布魯克林鬧」（Brooklynauts）的地下晚會社團。他跟夥伴很快便開始主辦活動，到城內各地為派對與募款餐會做外燴。他還加入了法式料理協會（French Culinary Institute），精進自己的食物知識與烹飪技術。

三區的餐廳後來在二〇一一年歇業，查理轉而到其他幾間餐廳當廚師，接著有兩個月找不到工作。之後，他在餐廳與食品零售工作的線上論壇「好食徵才」（Good Food Jobs）看到狄克森肉舖在徵櫃台員工。他以前就想過要到肉店工作。

「這很搞笑，我看到廣告的前一週才剛和朋友走過切爾西市場，我朋友那時在附近的小藝廊做了幾天策展工作。我說：『哈，在那間店（狄克森）工作感覺很酷。』我跟布魯克林廚藝學校和肉鉤的人是好朋友，但我不想在跟別人有朋友關係的地方工作。」[31]

「跟狄克森面試時，我很謙虛。我對屠宰一無所知，所以態度就像是『我想學』。這顯然管用。但我也曉得，這份工作對我而言只是暫時的。我知道我將來會經營自己的事業。當時我知道還不是時候。傑克從第一天就知道這點。他說，『我沒指望大家會一直待在這裡。因為你手上同時有別的事情在做，所以我們才雇用你。這裡每個人都不是只有一個面向』。」

查理和狄克森肉舖根本一拍即合。狄克森想找對食物有熱情、有知識的人，而查理想在高檔食品界工作。他在蘋果專賣店的工作經驗有助於他接待購買高價商品的顧客。狄克森知道查理需要再多學點有關屠宰的事情，而且大量學習後，他終究也會離開這家店。

「我從一開始就能夠跟顧客聊該怎麼料理肉品，這輕而易舉。當他們說，『我想買塊肉做燉肉用』。我知道他們需要什麼。我會切肉，但當我看著一頭牛，情況就像『這個嘛……』，我有基本概念，但沒有十足把握能幫分切肉貼標籤，你懂吧，就像這樣（彈了下手指）。不過事情都是這樣，只要你必須懂，你就會學得很快。說起來，在餐廳的工作經驗確實有幫助，因為餐廳都要快手快腳。」

櫃台事情不多時，查理常會到切肉區觀察切肉師工作，問他們在切什麼、做什麼。他也常到後頭的廚房跟大廚和助廚聊烹飪方法。在店裡工作一年多後，查理在忙碌的假期旺季結束後就繼續走往下一站，為自己的餐廳計畫努力。查理的故事告訴我們，對相關產業抱有其他志向的人來說，這些工作場所多半同時是工作與學習經驗的地方。在他們眼中，支援性的工作通常不是一份零售或服務業的工作而已，還是他們走往更長遠的職涯路上刻意停留的一站。

有些支援性勞動者會試圖往上爬升，進入其中一種菁英工作，卻意識到那並不適合自己。他們跟工作場所與工作內容在各方面都很登對，但就是少了熱情。

二〇一一年秋，賽門開始在弗里曼當接待。他來自百慕達，在加拿大念大學，後來搬到紐約寫小說與編劇。賽門又高又瘦，是根瘦竹竿。他的休閒時尚感跟這間店很搭。他常穿著合身T恤或寬鬆襯衫，搭配捲起褲管的長褲，和一雙經典款Converse球鞋。賽門也很好相處，他常整天跟理髮師們講垃圾話，互相揶揄。在弗里曼這樣的店做零售工作，讓他在經營個人的寫作事業時能有點收入，還能置身跟他的個性和風格匹配的時髦鬧區環境中。

某天，賽門把毛巾浸到尤加利精油水裡、接著將之取出放進烤箱，然後他站到邁爾斯身後，聽他跟客人講解何謂「牛舔毛」（cowlick）。「其實不是真的有『牛舔毛』這東西，那只是讓頭髮表現出某種它不想要的樣子。」邁爾斯說。邁爾斯講解髮旋與各區塊的頭髮時，賽門一臉好奇。范注意到了，於是問他：「你終於想學怎麼剪髮了嗎？」

「好奇一下而已。」賽門說。他這時已在店裡工作好幾個月了。

「我們會幫你找個洋娃娃來練習。」范嘲笑他。

隨後幾個月，賽門多多少少學了一點剪髮技術，但理髮始終不是他來弗里曼想做的事。他只是想在很酷的環境裡做一份有彈性的工作。當理髮師們正在剪最後幾個客人、即將換班時，賽門站到魯本、范與邁爾斯身邊，三人教他怎麼剪。

「兄弟，我有天在修鬍子，感覺超緊張。修自己鬍子很簡單，畢竟我知道要用多少力，也了解我自己的毛髮。但我不知道在別人臉上要用多少力。我得用兩手來做，覺得自己在發抖。剪了超久。」

「你動手是因為『有何不可，既然人都在這了』嗎？」我問。

「沒錯。我每天都來，或許我也可以學學。要是我在這裡工作卻從來沒幫人修過鬍子，那我一定會後悔。」

一個月後，我問賽門剪髮學得如何了。

「我沒剪多少。我的意思是，我很少剪。我就是不像這些傢伙那麼有熱情。」

對賽門來說，在弗里曼工作就是跟在別的地方（例如更傳統的男仕理髮店）當接待不一樣。他在文化上與社交上都跟這群理髮師與客人很合得來，而他的時尚敏銳度以及對建立友誼的興趣，也和這家店的哲學非常吻合。但他的熱情是在寫作，而非理髮。以精準技術剪出一絲不苟的髮型是弗里曼的服務宗旨。在這裡工作的每一天，都能勾起賽門對學習剪髮這門技藝的興趣。但對他這樣的勞動者而言，這些工作場合仍然只是個人曾經待過的一個酷地方，如此而已。

第六章

科學與藝術的平衡

Chapter 6: The Science and the Art

在死吧時，有個坐桌位的客人向服務生點了杯馬丁尼，女服務生再將單子交給今天的bartender艾力克斯。

「他有說想怎麼調嗎？」他問。

她搖搖頭。艾力克斯自個兒點點頭，開始調酒。他拿出普利茅斯琴酒（Plymouth gin）與多林牌（Dolin）苦艾酒，前者量兩盎司，後者一盎司，接著倒進混和杯，加冰塊攪個一分鐘，空出來的手就揹在背後，目光朝下，越過鼻尖盯著杯子。完成後，他過濾酒水，削果皮加上裝飾，再將餐巾紙擺在服務生的托盤上。由於馬丁尼可用各種方式調製（用琴酒或伏特加，苦艾酒比例可以相當懸殊，搖製或攪拌皆可，杯子可選高腳杯或矮杯，添上橄欖或果皮削花——如果改用醃洋蔥，那就是吉布森〔Gibson〕，另一種類似的飲料），於是我問艾力克斯，他們是否每次都用同樣的方式調製馬丁尼。

「對，只要是端出去給客人喝的，我們都用同一種方式調。你必須堅持自己調製的版本，因為那就是最好的版本。不過，要是在吧台點酒，就一定會有討論，因為馬丁尼有太多方式能調，大家都有各自喜好。我們沒辦法幫桌位客人這樣改，除非他們有明確告訴服務生。」

●

星期四下午，我在黎安姆做蒸餾工作時從旁協助。我們先把酒醪送到樓上的蒸餾器。我拿開發酵槽上的蓋布，用大塑膠槳攪拌。東西還有點起泡。

「可能還在發酵，所以才會產生二氧化碳，」黎安姆說，「但這槽已經擺了一週，應該差不多好了。」他先測量布里度（brix）——也就是液體中的固態懸浮物，這是測試糖度的方法；接著，我們在槽邊掛上幫浦，好將液體打上蒸餾器。我們放入兩百加侖的酒醪，之後會蒸餾出三十至三十五加侖的烈酒。黎安姆與其他釀酒人每天會將發酵過的酒醪放進第一具蒸餾器兩次，早上一次，將近中午再一次。第一次蒸餾後，烈酒會轉到另一具蒸餾器再蒸餾一次，作為調整。我們今天製作的是玉米威士忌，今早的第一批蒸餾物馬上就要進行第二次蒸餾了。液體緩緩滴進三十加侖的不鏽鋼桶。接下來，黎安姆會進行他所謂的「切中間」，意思是酒滴了一加侖多之後，他會看看自己是否喜歡接下來的酒。如果喜歡，就繼續讓酒滴進桶內。若不，他就開始去尾。他取來兩只矮腳大肚玻璃小杯，裝了些滴落的酒液。他將一杯遞給我，我們開始聞香小啜。

「喝起來酒精味很重。」我評道。

「我同意。那味道本該就這麼明顯。嘗起來也有點像瀑布。我們很早就要去尾，這是美國威士忌與蘇格蘭威士忌的不同處，因為蘇格蘭威士忌的陳酒時間更長，所以可以等久一點再去尾。酒尾味道會很烈，但陳酒能讓它變得溫醇。美國威士忌因為通常不會陳那麼久，我們會比較早去尾，把尾跟頭合在一起再過餾一次。」

過一會兒，黎安姆說：「你看，現在出來的液體更混濁，更像牛奶，不像之前那麼透明。混濁是因為脂肪酸與油，而且含量很高。這樣你就知道這是最後的部分了。」

●

「要是有人拿照片給你們看，你們大概不會高興吧，」一位客人坐進邁爾斯的理髮椅，講了這句話。

經常有人這麼問理髮師。來剪髮的顧客會因為若干理由，認為理髮師不喜歡參考照片——也許覺得照片沒幫助，或感覺像作弊。其實不然。理髮師很愛看照片。「圖片是最好的解釋。」魯本如是說，畢竟客人通常無法清楚表達自己想要什麼。照片最好是客人自己的，這樣理髮師才能看出客人希望多短，想要何種風格。但有時他們會拿雜誌上模特兒與名人的照片。這種視覺幫助也很有用，但他們會警告顧客。

「圖片超級好用，」邁爾斯說，「唯一不管用的時候，是他們希望看起來像圖片裡的人。我碰過有人上門、坐定，秀出照片說『我要剪這樣』。我就說，『你看這張照片，裡面這傢伙人在海邊，跟美女同坐在漂亮的海灘椅上，還拿杯飲料？那才是你想要的。你想要的才不是那個髮型』。不是說那種髮型不好看，但我可以盯著你、告訴你，你要的不是那種髮型。」

碰到這種情況，理髮師會先打量顧客，把拇指擺在照片中人的臉上，將髮型的部分獨立出來，如此，比較好想像這種風格是否可行，然後確實評估。這一回，邁爾斯的客人是拿雜誌上流行模特兒的照片。幸好，這位客人適合這個風格。

「好，你頭髮因為電剪推短過，現在有點太短。兩側完全可以做，但你頭髮還是有點短。我可以先做點處理，下次再來就可以剪出那個型了。」

●

早上十點，肉店才剛開門。我拿著咖啡走進店裡，看到阿爾多站在書架邊，隨興翻著從架上抓下的《全隻屠宰》（*Whole Beast Butchery*）。[1]

「你工作時參考過書嗎？」我問。

「有時會，當時我剛開始工作。書很有用，很有學習價值。有一本我以前用過、很簡單的書，我記得我們有。」

結果他沒在這座迷你圖書館裡找到，而且也記不得書名。阿爾多繼續翻書，指出他覺得當中有錯、或自己可以做得更好的地方。他翻到一張法式羊肋排照片，指著說圖裡骨頭兩端還有肉在上面。*

「你看到沒？過來看看。」

他拉著我到展示櫃前。

「那些是帶骨牛小排，但你能看到這骨頭多乾淨。我們處理得很好。」

●

調出「最佳」版本的經典雞尾酒（彷彿祖傳祕方），判斷烈酒何時蒸餾好，想像髮型風格與適合程度，以及利用適當技術切出「好看」的肋排，各種職業的勞動者都有「職業美學」，亦即對於「工作應該如何完成」、「產品與服務應有的外貌」，以及「成果應有的質量」有其是非觀念。[2] 正是這種「職業美學」，讓各種職業的勞動者成為一定程度的藝術家。

本書談論的這四項職業的從業者自然也不例外。他們對於「對」與「錯」的看法，深植於其棲位工作的文化套路當中。這些從業者施展文化套路，而套路的中心則是專業與職人的自覺。這是一種有意識聚焦於其勞動技術層面的自覺，而且跟他們學習到、用於交流的文化知識密不可分。這種自覺透過他們的技術展現出來，在他們的工作場所構成的社交世界中占有核心地位。勞動者公開展演手藝，此舉既是為了透明，也是為了引發交流。[3] 但他們也都相信「做好自己的工作」有其價值，就像他們會強調那些顧客其實根本不會注意到的小處細節。[4]

* 羊肋排的法式處理（frenching），意思是把骨頭兩端的肉、肥油與結締組織清乾淨，讓它們有乾淨的外表。

這種職人意識的樣貌如何？職人又如何展現之？這些勞動者都認同自己的工作有些部分是超乎個人可控制的——也就是有他們必須尊重原貌、遵循特定程序（科學），以及要仰賴他們投入之處（藝術）。了解這些部分的邊界——也就是了解科學與原貌要在何時、何處、如何結束，繼而讓創意接手——就是成功、自信展演的關鍵。

尊重原貌

某個送貨日的中午過後，在後面廚房吃完午餐的ＪＭ回到切肉區，繼續分割牛肉。姜卡洛和布萊恩此時已從冷藏庫又拿了兩大塊屠體掛上肉鉤。ＪＭ來回磨著刀。一轉身看到面前的屠體，他睜大了眼。

「哇，你看看，」他說，「極佳級的肉。」

「你怎麼看的？」我問。

「看脂肪。」

當天稍晚，我觀察萊娜在分解桌上的牛肩。

「這很老。」切下來的肉她連看都沒看就這麼說。

「你的意思是，這塊肉在冷藏庫已經擺上一段時間了嗎？」我問。

「不是，是說這是隻老牛。」

「你分得出來？」

「嗯。肉都沾在骨頭上了。」

老經驗的切肉師光是看一眼吊掛在面前、分解成大塊的屠體，就能答出許多關於這隻動物的問題。牠生前多半吃什麼？是好動，還是溫馴？遭宰殺時是否驚慌？答案都在身體裡。由於草飼牛不像穀飼牛那麼肥，因此不容易從中得到極佳級的肉塊，畢竟肉品等級泰半是以脂肪量（或油花）為標準。最高級的全隻肉舖通常只想拿到特選級的肉塊，比極佳級次一級。JM之所以驚訝，是因為他很少看到這麼肥的草飼牛。當然，他在之前的切肉師工作中常看到肥牛。

這些勞動者職業生涯中的某一刻，總會有幾個勞動過程中的面向不受其掌控。大自然會同時創造一致性與不一致性。切肉師之所以能學會如何分解動物，是因為動物有相同的解剖構造（肌群都相同），然而動物也是形色各異的有機產物。切肉師的屠宰工作必須有效率且一致，才能讓他們販賣的肉塊盡可能一致。但最終，產品的一致性是難以企及的目標。更有甚者，切肉師還把這種捉摸不定的特質歸因於肉品源頭（草飼或草飼穀終），他們的肉品哲學因此也帶有不確定性。換言之，把他們對於「好」肉品的看法，跟對於「好」屠宰技術的概念合而為一，就是他們的職業美學。

「我認為，『在地小農場』這種模式的妙處，在於肉品會有非常多面貌，」傑夫解釋，「某幾週送來的肉有美麗的大理石油花，某幾週來的肉質卻有點鬆垮。但只要你在乎的是『這很在地』、『這很永續』，還有『這來自小型家庭農場』，這情況不見得有影響。你會容許肉品有一定程度的差異。這種模式不像超市那種地方的肉有一致性。我們的顧客大多不會抱怨肉的『品質』有這樣的差異。我剛來實習時對這點很驚訝。」

由於這間店販售的產品出自手工，而非量產——有品質的肉品「就該」這樣製作——所以顧客「就該」接受外表與味覺有一定程度的品質差異。但這種狀況卻顯得矛盾：切肉師的目標在於加工出外型與口味品質一致的產品，同時卻也意識到自己處理的天然產物經常存有差異。小農場草飼的牲口在外觀與味道上不時會有變化（與育肥廠完全相反，育肥廠能更有效監控牲口的成長與飲食習慣）。全隻肉舖的勞動者認為，許多消費者把「極佳級」等同於高品質都是因為主流肉品產業的灌輸使然。對店裡的人來說，顧客不會抱怨肉的差異，就是這間店道德觀的明證，也證明店家有能力成功教育大眾。

從這個例子來看，體力勞動者工作中屬於「科學」與「自然」的這一面，為他們透過體力活來做生意的過程帶來經常性的緊張感：他們總是受制於一定程度的「不一致」，這是他們經營的根本之一，但劇烈的不一致卻會危害生意，畢竟現代消費者已習慣預期自己能買到品質一致的產品。切肉師無法控制大自然對牲口的影響，只能明智地選擇自己合作的牧農（如果有意親自走訪農場，也能選擇自己要的牲口），並把焦點放在自己的屠宰功夫上。「就新鮮肉品來看，我覺得牧農素質對肉品品質的影響占了八成，二成則是切肉師分割的能耐，」傑克說，「不是說肉好就不會因為切肉師爛而毀掉，但我認為，產品之所以特別，多半還是因為肉的品質與牲口的飼養方式。」

這種矛盾、緊張，以及對「事物超越自己所能控制」的順從，以不同的方式存在於本書談及的四種職業當中。雞尾酒吧的bartender與別種bartender無異，都會使用大量生產的品牌。他們會避開幾個知名大廠，例如灰雁、百佳得（Bacardi）、金快活與龐貝（Bombay）。但雞尾酒吧的bartender可合理期待自己使用的大多數烈酒與利口酒在風味上是一致的。烈酒產業也像肉品產業，有技術可確保其產品的風味一致。「調和」就是個例子。在裝瓶前先混和多個批次的烈酒，無論是出自木桶或其他容器中。這跟熬湯很像，混合多種材料能克服任何不完美之處。許多大型烈酒公司除了聘用「蒸餾大師」之外，也會延攬「調和大師」，因為調和對風味一致性的影響並不亞於蒸餾。結果雞尾酒吧的bartender反倒因此感到壓力——他們有可能「原本」毀了原本已經很好的材料。

「對於造就這瓶酒的一切，我們可是畢恭畢敬，」瓦金說，「我們跟蒸餾大師見面時，當下真是感恩讚嘆，能見到實際釀酒的人。超棒！他們的品味無與倫比，功夫了得。我們只答，能告訴他們，『我們試著不去破壞你的工作成果。我們努力不用一大堆沒必要的酒，來掩蓋你的畢生心血。我們試著讓那些酒瓶中的風味更顯飽滿。我們試著帶出韻味，充分展現』。而你達到這些目標的方式，就是明智地為你的雞尾酒選擇烈酒，調每杯酒都按步驟精確執行。每回有客人對我說『哇，你真厲害！』，我大概都回答，『要知道，我不過是用當天榨汁的調味劑調酒，再把這些酒倒進杯裡，實在不值得這麼多讚美。這些東西已經幫我把累人的活兒都幹完了。我提供的只是口感與溫度。這些傢伙才是為你帶來所有風味的人』。那才是美妙之處。」釀酒人此時就成了大自然，而大自然無論如何都是完美的。雞尾酒吧的bartender畢竟無法控制這瓶小批次烈酒跟下一瓶的味道，也控制不了自己使用的柑橘品質（他們能做的，只有調酒前的榨汁）。由於小型精釀酒廠還在實驗（不同配方、不同酒桶，或是不調和），或是還沒固定配方，每批酒的風味都會有變化，精釀酒廠因此常會將產品銷給能清楚意識到這一點的市場。針對使用精釀烈酒的雞尾酒，bartender只能在調酒前先試喝，按照酒譜，接著在必要情況下調整調味物（modifier），以達到他們期望的風味。這些產品就代表他們職業生活中超乎其控制的不一致性。

釀酒人則把自己的成品歸功於農人，農人才是種植農產、供其蒸餾所需的人。跟他們合作的農民不只養牛、豬與羊，還得處理有機農作物。釀酒人同樣傾向以小農場為主要原物料的來源，這也讓產品的不一致可能隨之升高。更有甚者，就算材料品質一致，蒸餾過程本身也充滿變數。

「你處理的是天然產品，因此會有許多變因，」妮可說，「像是玉米生長季如何，存放多久。每一株大麥都不同。還有酒桶——每棵樹都不一樣啊。你也沒有辦法真的控制蒸餾廠的氣溫。變因太多了，就算你想調控、管理每一件事，也總會碰上超棒和超爛的酒桶。風水輪流轉。」

對高檔男仕理髮店的理髮師（以及所有理髮師）而言，工作中碰到的科學因素則是人體構造。人的頭髮（直髮、捲髮、波浪、油性髮質、乾性髮質、髮線後退）、頭型（大頭、小頭、扁、寬與不規則）與長相（圓臉、長臉、大耳、窄額頭）就擺在眼前。理髮師無法選擇顧客長什麼樣子，或是大自然給了他們什麼條件。頭髮決定了他們的可為與不可為。經驗老到的理髮師已經學會如何聽任、順從、尊重頭髮想要的樣子，沒有反抗的道理。對理髮師來說，處理科學這一面的困難之處，就在社會與文化因素造成干擾時——也就是顧客要求他們違逆自然、無視個人頭髮按基因生長的走向（例如因髮旋而往特定方向生長）或本質（例如直髮、細髮）。無論如何，人類的生物差異始終是影響理髮師工作的因素，或好或壞，而他們也經常公開討論。

週三傍晚，一位身著西裝的亞洲人在范的理髮椅上坐定，他想在下班後修個鬍子。此君虎背熊腰、脖子粗壯，但鬍子並不濃密，下頜輪廓也不明顯。一開始他就擺明不想聊天。回答完范的提問（「你以前聽過直式剃刀刮鬍嗎？」「你會逆著毛髮方向刮嗎？」）之後，他馬上閉上眼休息。范開始刮鬍，試著讓動作慢條斯理。他一邊工作，一邊將新用的刮鬍膏擠在手上，拿高給邁爾斯看。

「就這坨？」邁爾斯問。

「超好用，而且一塊錢大小就夠。」

我都還沒意識到，鬍子就已刮好。那人向范道謝，給了小費後離開。

「也太輕鬆。」我說。

「超簡單。」范說。「大胖子。而且他的髮質很雜，大概是菲律賓還哪裡人。日本人的鬍子最難刮，因為他們毛髮又粗又直。直髮斷面形狀是個圓，捲髮或大波浪像橢圓。刮的時候扯到的都是直髮。我剛剛刮了多久？有十分鐘嗎？」

范的這位客人對理髮師來說簡直夢寐以求。撇開他實際的族群出身不談，他的毛髮混和了直髮與捲髮，而且鬍子並不濃密。特定的族群與種族體有其基因型的傾向，造就其外貌模式（與刻板印象）。理髮師若表現出對特定外貌的偏好，似乎是種歧視，但他們其實是在表達人類基因如何影響其外貌的看法。這位客人的體型，尤其是他和緩的下巴線條，意味著沒有稜角。他臉部與脖子的皮膚在視覺上沒有什麼分別，范等於是要刮一個平緩、連續的表面（就像是臉頰很長）。對刮鬍來說，微曲面容易得多。這種種因素相加能使得這次刮鬍又快又簡單，范再怎麼裝模作樣都沒有影響。

運用感官，掌控時間

由於「自然」的影響使然，學著控制、利用自然——尤其是在工作過程中何處、何時，以及如何控制，也就成為這些勞動者工作中的重要面向。他們強調訓練自己的體感，以得知何時需要控制與如何控制，也強調自己有運用這些感官感受的潛力，以及操縱時間的能力。對這些勞動者而言，「時間」既是限制，也是不可多得的奢侈。時間建構了他們的工作，[5]每一種職業都會遭逢某個片刻，從業者在當中會感受到必須盡快完工的壓力。這個時間點有可能是上下班時間，例如下班後的人群走進酒吧時；或是一週中的某個時間，像是週五與週六的理髮店；抑或是一年中的某個時間，比方逢年過節的肉店。[6]但這些商家業主會設法規劃作業方式，讓勞動者有餘裕完成該做的事，以製作高品質的產品，提供高品質的服務。雖然他們的作業速度比業界其他版本的從業者慢得多，需要更多時間才能完成主要目標（調酒、製作烈酒、理髮、切肉），但他們的目標並非「慢」，而是以「正確」的方式完成工作。

每一種職業都需要勞動者具備經過充分歷練的五官覺受。視覺、聽覺、嗅覺、味覺與觸覺。專精於雞尾酒的bartender需要全數運用上述這五種。味覺的重要性或許最明顯。bartender如同廚師，旨在讓自己的味蕾更為敏銳，以辨認材料的風味輪廓。這既是為了發掘新飲品的組合，也是為了向顧客清楚說明調酒裡放了什麼，以及入口為何會呈現這種味道。他們的訓練計畫主要強調的就是味覺。當然，味覺也少不了嗅覺。在雞尾酒吧，bartender會隨著時間培養出自己的味蕾與味覺記憶。他們藉由不斷試喝產品，精進個人的嗅覺與味覺。

「我們一直在試酒，讓自己的味蕾更刁。」PDT（「拜託別講」酒吧的縮寫）的約翰說。「你尤其會看到bartender這麼做——我們只要人在吧台，隨時都會拿瓶酒來聞，好充分記憶某種酒的氣味，這對我們搭配東西很有幫助。就像『嘿，我記得聞過某個跟這很搭的東西。就是這款紫羅蘭酒，搭我在調的酒根本天衣無縫』。所以，我們會以某種方式將氣息與味道銘記在心。要記的東西可多了。我們吧台裡有五十六還是六十瓶酒，每一種彼此都大相逕庭，尤其是琴酒、蘇格蘭威士忌與美國威士忌。它們之間有許多差異，像老奧弗霍爾德（Old Overholt）是種草味比較重的裸麥威士忌。所以說，你腦袋裡如果清楚這些差異，知道怎麼配，會對設計飲料很有幫助。總之，我們一直在試酒、混酒。」

在bartender工作中，聽覺、觸覺與視覺（當然不只是看自己在做什麼的能力）的角色就沒那麼明顯。bartender手持金屬搖杯大力搖製調酒的聲響與畫面，是雞尾酒吧主要的魅力來源。一旦聲音響徹空氣中，客人全都會停止交談，望向吧台後那充滿張力、甚至堪稱激烈的表演。當bartender採用獨門的搖酒風格（有時會因為手肘與肩膀受傷、痠痛而改變風格），美學也就有了實用功能。他們將材料混合均勻，敲碎冰塊以增加水分（水是關鍵材料），以及製作調酒用的小冰粒，讓溫度下降。他們聽著冰從大塊碎裂成小塊（聲音會從沉重的聲響變成輕輕的窸窣），感覺手中的金屬越來越冰（有時甚至會結霜），憑藉這兩者就能曉得搖杯中的雞尾酒何時「完成」。（他們都曉得，以標準搖法搖到最後，材料必然已混和均勻。除非是用了蛋白、奶油或濃稠的糖漿調飲料——這幾種材料都得搖得更用力、更久。）

以戲劇效果十足的重搖方式聞名的布萊恩，解釋了自己的做法：「我要是有什麼時候想起我正在搖，那一定是搞砸的時候；是我把搖杯撞掉，或是量酒器敲到玻璃杯緣的時候。搖酒是種內化的機制。就算是大塊的冰，也有可能搖過頭，把酒搞得太淡。你會有那個內在時鐘。我以前會數自己搖了幾下，但現在經驗夠多，就像內心有個聲音，我就是知道酒何時搖好。搖酒也像跳舞，而且有時我也知道自己的搖擺何時得停。比方搖的時間太短，搖得還不夠多，但我手累了，肌肉僵硬了，我就提早停下來。」

等到這些bartender把酒搖好或攪拌好、倒入玻璃杯之後，他們一貫會試喝一點（用塑膠吸管），以控管品質。如此一來，他們就能知道有沒有做對，有沒有掌握平衡：量要正確，混和要正確，溶解也得正確，而且酒要夠冰。談到視覺，視覺不時會在雞尾酒的新美學中扮演要角。有時因為bartender使用的材料使然，視覺也無用武之地，但他們還是希望調出的酒看起來漂亮。有時候，他們會結合材料，調出鮮豔色彩，用裝飾物帶出引人注意的強調與對比。

專精於雞尾酒的bartender是以「酒需要調多久」，以及「倒出來之後的樣子」去思考時間。調酒過程必須有策略，才能確保調製的各款雞尾酒，以及每次調同一種酒時都有正確的冷度與溶解度。經過練習，bartender能同時控制兩者，還能保證雞尾酒口味符合預期。

奶與蜜的服務生卡拉把一張寫了五款調酒名稱的單子擱在吧台邊。米奇拿起來看了一秒，隨即將單子擺回吧台，用橡膠墊壓住。這張點單上的酒有四種要搖，一種要攪。他把四個搖杯比較小的那半，跟一個擺在墊子上的調酒杯排成一排。米奇先調那杯要攪拌的「綠點」（Greenpoint，從曼哈頓變化而來，是米奇的發明）。量好之後，加入材料（依序為安哥斯苦精與柳橙苦精、甜香艾酒、黃蕁麻酒與裸麥威士忌）。他用吧台匙用力敲下幾塊大冰塊，加進玻璃杯中，攪拌約五秒，接著放開湯匙，讓湯匙直挺挺立在杯中。米奇迅速瞄了一眼放在他左手邊的單子。四杯搖製的酒裡有三種需要果泥，於是他抓了些草莓放進搖杯，又抓了些黑莓放進另一個，第三個則放了蔓越莓。他依序搗泥，又快又用力。接下來加的則是每杯酒需要的材料，諸如萊姆汁、檸檬汁和純糖漿。他加完材料之後又看了看單，把酒按照特定順序排在吧台上（單子由上而下寫，他就由左往右擺），不想漏掉什麼。那杯綠點他又攪了五秒。接著，他朝每只搖杯裡倒入烈酒：波本、琴酒、琴酒，然後波本。他迅速拿了根吸管試喝綠點，輕輕點頭，在調酒杯上擺朱利普隔冰匙，將飲料倒進一只從冰箱取出、冰鎮過的寬口杯，將杯子擺上吧台。他在前兩只搖杯裡加入大冰塊，用力搖，一手搖一杯，然後對另外兩杯依樣畫葫蘆。此時，卡拉已經取出米奇需要的雞尾酒杯——兩個洛克杯（rocks glass）跟兩個柯林杯（Collins glass），杯裡都放了形狀適合的冰塊——開始準備裝飾物。米奇抓了幾隻霍桑隔冰匙（一種飲料用一隻），開始一杯杯地倒。接著，他在果汁類雞尾酒中加了點蘇打水。兩人聯手在酒上擺裝飾，把酒全放上托盤，讓卡拉端去桌邊。

雞尾酒吧的bartender要確保調酒的品質與一致性；對他們來說，每一張單都是挑戰。米奇第一眼看到單，就先從攪拌類飲料著手。不光是因為攪拌類的酒要讓冰塊溶解、溫度降低的時間比搖製類更久，還得盛在高腳杯中、濾掉冰塊，以免顧客飲用時繼續稀釋（畢竟酒溫會越來越高）。他知道得把這杯酒擺個一會兒（如果單子上只有這杯酒，那就是攪久一點）。其他四杯的準備方式類似，也就是說，米奇必須快速處理，同時調製四杯酒。

對釀酒人而言，味覺與嗅覺最是重要，這一點與雞尾酒吧的bartender相同。蒸餾過程中，他們在許多階段都會試飲，例如發酵與陳酒時（以確認酒是否「可以了」），以及在蒸餾過程中掐酒頭、去酒尾、切酒心的時候。大酒廠多半會使用電腦自動掐頭去尾，例如憑藉測量蒸餾器溫度，以確保一致性。但精釀酒廠是人工作業，全由人決定何時為之。從業者有自己一套方式評估何時切取，像是觀察已凝結量、從蒸餾器出來的凝結物顏色，以及最主要的試飲。釀酒人一直試喝，喝自家產品，也喝別種廠牌。我請黎安姆說明他如何決定何時切取酒，他說：「你可以在酒頭中嘗到那種很臭、幾乎像是燃料的東西，像是去光水，而且口感很乾、有白堊口感（chalky）。等到越接近切取的時間點，你會嘗到越來越多，幅度很小，但你會注意到相當明顯的白堊酸味，接著是甜味，甜味帶白堊口感，然後白堊口感消失，只剩甜味，你會曉得那就是你要的成品。酒尾嘗起來有點像濕破布，或者你在最後又會嘗到一點甲醇味，只要這味道一回頭，你一定能嘗出來。當然，這也跟你蒸餾的東西有關。如果是沒有要進酒桶、而是直接裝瓶的白威士忌（玉米威士忌），你對這些風味就得保守一點。如果要把酒裝桶擺六個月到一年、兩年、六年，你就有很多餘地。不同酒類會隨時間而有不同的氧化狀況。」

試喝與試聞雖然有一定程度的主觀性，但仍然是釀酒人維持產品一致性與控管品質的方法。國王郡酒廠的人將一瓶自家的月光酒留在架上，瓶上貼了一小段紙膠帶，寫著「黃金標準」。經過無數次實驗與比較，他們決定自家的白威士忌嘗起來就該像這瓶酒。他們用這瓶酒來比較從蒸餾器出來的東西。最後，由於釀酒人在四種職業中屬於製造者，有著從開始勞動到產品誕生之間最長的時間線。前面提過，他們操縱時間的主要手法，

烈酒從圖丘鎮的蒸餾器裡流出來。作者攝。

就是利用小桶來陳酒。

男仕理髮師與全隻切肉師主要皆仰賴視覺與觸覺，這兩種官能之間的關係尤其重要。兩種工作都需要高度的手眼協調，才能順利進行，避免受傷（畢竟兩者都得動刀）。他們得自我訓練，以十足信心使用其工具，「體會」他們運用的原物料（頭髮與肉品）。有時候，這些要素只要有細微變化，就會造成影響。

弗里曼的理髮師每隔兩到三個月會磨利自己的剪刀，時間間隔端視各自使用的品牌而定。他們全都找一間設在加州、叫ＢＷ波意德（BW Boyd）的公司代為磨刀。理髮師把剪髮工具寄去，該公司一週後再將之寄回。他們這麼做的價格比以往找當地公司處理貴了兩倍，但理髮師們為ＢＷ波意德的品質掛保證，不在意花費與等待時間。而ＢＷ波意德在磨刀期間會提供「代用」工具供理髮師使用。

「該死！」某天，范在剪髮時大聲脫口而出。

「怎麼了？」邁爾斯問。

「沒，我只是剪到自己。」

他停下手邊工作，去沖洗左手手指上的傷口，貼上ＯＫ繃。

他為耽誤了時間向客人道歉，接著繼續工作。沒過幾分鐘，他又說：「噢幹，對不起。」

「現在是怎樣？」邁爾斯問。

「我稍微剪到他的耳朵。」

「真假？你今天在幹什麼？」

「都是代用剪刀啦。我不習慣它這麼利，還有長柄。」

范窘得很，他向客人鄭重道歉，對方則說根本沒感覺到，沒關係。傷口非常小，一分鐘後就沒再流血。

日子一久，剪刀、電剪和剃刀都會變成理髮師雙手的延伸。眼、手、工具相互協調，才能剪好頭髮，成就風格。只要有一樣沒跟上（像是不同套的剪刀），理髮過程有時就會受到影響。

理髮師跟時間打交道的方式分為長期與短期。長期而論，他們會跟顧客建立關係，了解他們的頭髮與生活。也許幾個月，也許幾年，時間一旦久了，理髮師會找到適合客人的風格，客人也會漸漸信任理髮師對他們頭髮的處理。還有，有些造型需要上門剪過幾回後才能完成，單次理髮只是長期計畫的一部分，是一連串工程中的一步。短期而論，理髮本身就是個過程。由於高檔男仕理髮店的理髮師有時間可投注於理髮，因此能運用其他類型的店的理髮師不會採用（有時是無從採用）的技術。別種店的理髮師必須迅速完工，目標也不是剪出獨一無二的造型。我從各種角度與距離拍下邁爾斯理髮的過程，等他剪完頭髮之後作訪談，討論他的手法。[7]頭幾張照片裡，邁爾斯正在噴水和梳頭。

「我只是想把頭髮裡的東西全弄開。如果頭髮上用了什麼，我就試著把那些弄開，這樣抓頭髮時手才不會覺得油膩。你曉得，把那些產品清得差不多，這樣在梳理頭髮時，梳子才不會扯到頭髮，讓客人不舒服。噴水可以幫忙把東西弄掉。我知道他在頭髮上用了一大堆定型力很強的產品。」

邁爾斯已經從經驗中對顧客的頭髮有了「體會」。不過，理髮師在跟客人討論完後，一開始還是會先以手指或梳子梳過客人的頭髮，好體會對方的頭髮（髮流、髮質等等）。對於頭髮的「體會」就像對造型的「眼光」，需要花時間才會成長。

「這時我開始剪他的頭髮，」邁爾斯看著下一張照片說。

「ＯＫ。你從前面開始剪，對嗎？」

「這算我個人作風。說起來還滿好玩，我剪髮的順序跟別人完全相反。我是自學，這對我來說比較順。我想，這跟我是左撇子也有很大關係。你知道，如果男生頭髮比較短，人家通常都會叫你從後面跟兩邊開始剪。我喜歡直接從頭頂開始剪，感覺這樣速度快很多。」

「是說這樣你比較好想像還是怎樣？」

「這個嘛，這樣我只要做一遍就好。要是我從後面和旁邊開始剪，還是得從這兩個地方剪到頭頂，接著又得把比較細微處修好，就好像無論如何都得剪到最底。所以我乾脆不從下面開始，你知道我的意思嗎？我就全用一個步驟做好。」

接下來的照片是邁爾斯開始剪顧客前面的頭髮，然後往後剪到頭頂正中央。他的風格相當特殊，他自己跟店裡同伴都這麼說。但對這些理髮師來說，不管從哪裡開始動刀，都只是為剪其他地方預作標記而已。

「前面，當你剪出第一條線——我照片上就是在剪這個——這條線就是後面所有頭髮的基準線。不是說前面的頭髮最後就會是那個樣。」

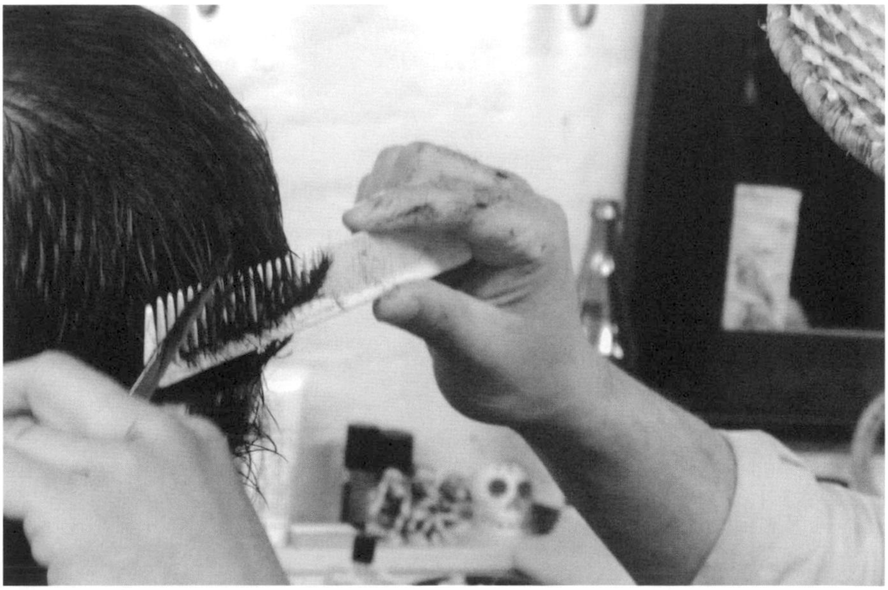

邁爾斯處理顧客後腦的頭髮。作者攝。

等到他剪到後腦，越靠近脖子根，頭髮就剪得越短，因為客人要求兩旁跟後腦的頭髮比較短。接著他回到頭頂，先理出一條中線，作為長度指示，然後剪兩側的頭髮。

「所以，你這當下是在想手頭上正在做的事，還是你就像……」

「我剪這麼久了，這就有點像肌肉記憶。大多數時候我腦袋想的，大概是我要買哪些雜七雜八的東西，你懂吧？就是各種肌肉記憶。」

除了要訓練自己在整段過程中去體會、去看之外，邁爾斯也是在幫這位每次都要求剪出同一種簡單髮型的常客理髮，所以他很清楚要怎麼做。邁爾斯隨後把兩側與後腦中間的頭髮剪齊，接著開始剪去梳起來量多的頭髮。我跟著給他看一張他在耳朵周圍快修的照片。

「這時候我只是在清理邊邊角角，確保輪廓乾淨。大家去剪頭髮的時候都會看到這種剪法。」

「你如果是在不同類型的店工作，剛剛所有步驟裡，有哪一步是你不會去做的？」

「那我全都不會做。」

我大笑。

「好啦。如果我是在那種比較街坊鄰居的店面，例如老式俄羅斯理髮店或類似的店，我都不會這樣剪。他們剪一次大概收十二塊，我剪一次則收四十塊。所以他們賺的沒我多。好，其實他們也能賺這麼多，但他們剪的頭是我的兩倍。但他們之所以可以剪兩倍人數，是因為這些客人一進店裡就叫他剪自己想要的髮型。他會解釋怎麼剪，然後客人說『沒問題』。理髮師會拿四號定位梳直接推側邊，理過耳邊、後腦，用剪刀剪頭頂，一次完成，然後說『剪好啦，十二塊錢』，把客人趕出門。因為他們沒時間，你也曉得。」

接下來的理髮工作是由更仔細的處理構成的。

「我這是在清稜角，讓形狀比較好看。」

我給邁爾斯看一系列照片，照片中的他拿了把羽狀剃刀（有著鋸齒狀刀刃的直式剃刀）在梳子上刮。

「這是在處理所有頭髮，確保整體看起來不那麼工整。因為我知道自己剪得很完美。看來整齊的頭髮其實會很怪，所以你會讓頭髮看起來有一點點亂，這樣才能帶出質感跟特色。」

「要怎麼做，用剃刀？」

「基本上用剃刀是為了減少髮量，同時增加起伏。因為這把跟直式剃刀很像，不會把頭髮全理得整整齊齊。你會理出像是沒動過刀的髮絲。整體長度不受影響，但你又能徹底減少那種重量跟一大團的感覺；這樣剪，頭髮會散、會蓬，看起來更輕盈，也更有質地。」

就技術而論，邁爾斯和其他理髮師剪的確實是完美的髮型。他們擁有額外的時間能處理細節，為客人打造獨一無二的風格。他們充分發揮這個優勢。

切肉師跟理髮師非常相似，學習精準運用工具是他們的重中之重，以求工作品質與安全。切肉師力求效率，但下刀不能魯莽。就像理髮師，這也需要手眼協調，精準的身體動作，以及對屠體的體會。

布萊恩在這店裡工作已經好幾個月了。他出身密西根，在奧勒岡州念大學之後就搬到底特律，之後在波蘭住了幾年。他和一位朋友合開了香腸公司，對豬肉與分解豬隻了然於心。但他才剛開始認識牛肉，姜卡洛今天要讓他看看如何分解牛肩。

「這是手肘，」他指著自己的手肘對布萊恩說，「你順著骨頭邊緣，把肉分離開。這是肩里肌，這是牛腩，這是肩背肉，這是普拉塔尼約。**專心看**切下來的肉塊。」

布萊恩邊點著頭，刀子邊慢慢順著肌間縫隙劃開。

切肉師對動物得有所體會，這有部分意味著得去學習肌間縫隙的位置，才能獲得他們想要的不同肉塊。切肉師通常能以各種方式取下、或說「順隙切下」動物的各個部位。各自獨立的整塊肌肉，或同一塊初分肉中的不同部位，都有肌間縫隙可循。肉店與首席切肉師決定零售分切肉的樣貌，切肉師則對其他肉店與切肉師作的決定感興趣。

某天晚上，我在肉鋪的莎拉向一小群消費者示範時充當助手。莎拉為大家分解半隻牛，進行時順便解釋過程。隔週，我跟狄克森的切肉師們談到這段示範，以及肉鋪店裡切的不同肉塊。

「我還滿想看他們是怎麼個切法。」姜卡洛說。

「他們切的肉塊跟我們切的有點不一樣。」

「例如？」

「丹佛牛排。」

「呵呵，」他說，「丹佛就是去骨的肩胛小排。」

「他們的比較大塊。還有戴爾莫尼科是從肩部切出來的。我想那就是我們這邊的羽花牛排。」

「嗯……JM，戴爾莫尼科在哪個位置啊？」姜卡洛說。

「通常是肋眼跟肩部之間。」

「那他們的聽起來就像老式的鄉村肋排（country ribs）。」

JM想了一秒，接著點頭表示同意。

「感覺啦，」布萊恩補充，「他們的戴爾莫尼科聽起來像我們的羽花牛排和西耶拉。他們似乎讓這些部位維持連在一起。」

「他們好像也把我們的蝴蝶排變不見了，」姜卡洛說，「感覺他們就是把好幾個肌群合起來弄出單一大塊肉，像是你說的戴爾莫尼科跟丹佛。」

「而且他們稱我們的翼板是板腱。」我說。

「他們用『翼板』這個名字稱呼另一種肉塊。」

「哪一種？」

「我也不懂。」

「呦，這就怪了。」

無論是剛進店裡工作，或是剛進這一行的新手切肉師，得學著一看到展示櫃中的分切肉，就知道這塊肉在動物身上的樣子。學會之後，就得開始學習如何以適當方法把肉切下來。

這天稍晚，姜卡洛開始處理嫩角尖沙朗（tri-tip）——這個部位來自後臀部（包括嫩角尖、上後腰脊、後腰脊柳和上後腰嫩蓋）。這個部位切起來相當棘手，因為切肉師用刀時會把屠體推離，但同時也得把這個部位用鉤子朝自己拉，而且肉很重。姜卡洛從屠體切下肉時，JM注意到他的用刀方式。

「幹，你白癡喔，這頭牛又被你多殺了一回。」

姜卡洛把肉弄下來，啪一聲擺到桌上。

「吼唷！」JM迸出口。

廚師戴夫正把幾個袋子真空封裝，一臉好奇地看著這一切。

「告訴我哪裡有錯。」他拜託JM。

JM帶他到吊掛的屠體處。

「你看，要將側腹切下來的線，應該切在這〔指著吊著的屠體〕。但沒關係，我也不要那麼多側腹肉。」

姜卡洛接著動手把仍在屠體嫩角尖部位的板油（suet）再多切一點下來。JM邊看他切，邊搖頭。

「這樣切哪裡有錯？」我問JM。

「之前就該把油切下來。因為你之前是把肉拉下來。現在你得分開來切。」

換句話說，姜卡洛錯失機會，沒有在用肉鉤把嫩角尖拉下來時順便除去板油。他現在得一點一點慢慢把油片掉，這很浪費時間。而且，他在取下嫩角尖時讓肌肉縫隙跑掉了，結果刀子在側腹肉上切得太深。姜卡洛本該有能力想像肉塊的模樣，但他沒有，結果店裡就多了一塊小的側腹肉得賣。尋找肌肉間隙與想像肉塊的樣子，都是切肉師透過經年累月操刀學到的技巧。

除了想像肉塊、找到間隙之外，切肉師還要學習如何貼緊骨頭表面切肉——目的在於將骨肉分離，而且骨頭剃得越乾淨越好。如此一來，他們既能取得最多的肉，又能保持肉塊完整。要練就這番功夫，切肉師必須學習控制持刀，讓刀像是從雙手長出的銳利手指。

「要不要來練一下刀工？」某個悠哉的週五早上，姜卡洛問我。

他從冷藏庫取出一塊豬背脊，擺在切肉桌上。

「你將它去骨，弄出一塊烤豬腰用的肉。」

他自個兒動手把里肌從肉塊上切下，擺到旁邊。

「第一步〔把肉的那一面朝下〕，你要用這把去骨刀沿著剩餘的肋骨周圍劃。動作要很小心，盡量不要切到肉。不要切到腰肉。順著骨頭劃。也別切到自己的手指。」

「我只做過一次耶。」

「記得不要切到腰肉。」他重複。

「接下來，你要從肋骨下面切，分開骨頭跟腰肉。你得一根接一根去劃，（沿著肋骨方向）劃一刀，然後把骨頭跟腰肉切開。之後再把肋骨往上拉，先用刀，再用手指，就能一直分到骨頭根。」

豬背脊看起來就像一架有血有肉的迷你鋼琴。切肉師得去骨，才能把背脊弄成烤肉用的肉塊。這動作的目標是肉塊去骨之後要能在上面看到骨頭位置的凹痕。我開始沿著位於肉塊邊緣的肋骨切，試著將骨肉分開。由於肉塊外型使然，下刀時必須有個波浪狀的動作，順著骨頭圓弧上上下下。動作要很仔細。

「拜託喔，博士。」姜卡洛說。我顯然在骨頭上還留了點肉。

我終於順著骨頭把肉切好，開始在每塊肋骨之間劃一道口子。姜卡洛示範如何拉開第一根肋骨。我第一次嘗試時，骨頭上還留了點肉，但不多（可是還是比他的多）。漸入佳境。等到肋骨跟肉都脫開，我才能沿著骨頭根部劃，把骨架跟肉塊完全分開。我讓姜卡洛看看我的成果。

「OK，還不錯。把肉清一清（除去多餘肥油與白色的筋），捲起來綁好，但別綁太緊。纏繩子時要交叉，但不要把肉擠到變長。還有，要確定別把結打在肉平整的那一側。」

我將綁好的成品拿給姜卡洛跟JM看。他們點頭了。我將肉放進展示櫃中的另一捲肉旁，接著把里肌肉真空包好。

店裡忙碌的程度會影響切肉師的作業速度，這跟其他三種職業是一樣的。JM與阿爾多這兩位墨西哥切肉師曾經待過工作量很大的地方，他們嘴上老是喊著分解全隻要快，而且習慣揶揄其他切肉師的手腳慢（但兩人私底下都知道其他人都還算新手）。但對切肉師來說，速度是相對的。有鑒於狄克森銷售量之多，切肉師在進貨日當天確實得手腳迅速，比在銷售量沒那麼大的店家中工作的切肉師更快。他們設法把分解屠體的工作分成幾天來做，一方面減少進貨日的工作負擔，一方面也讓全隻分解能進行一整週。切肉師因此努力控制時間，讓日子輕鬆一點，也讓更多顧客能看到這分解過程。他們也會因為安全考量，而不用自己所能的最快速度做事。

「你去過亞當開的店嗎？」實習生挪亞問正在桌上切肋排片的ＪＭ。亞當是狄克森店裡原來的首席切肉師，後來離職開了自己的顧問公司和肉店，地點在下東區的餐廳集中地，是面向馬路的店面。

「沒，他受傷了。」ＪＭ說。

「我有聽說。你知道他多久不能工作嗎？」

「我猜要幾個月。他這幾隻手指不能動。」ＪＭ抬起手，比出左手的後三指。「他切到自己手臂上的韌帶。」

「他切得太趕，」阿爾多說。「你不能那麼趕。要是我像那樣切到自己，手廢了，我就辭職。到此為止。」

「他切得太趕？是說他粗心大意嗎？」我問。

「是啊。」阿爾多答道。

「所以你不會切到自己，你有辦法避免？」

「你會有些小口子（他做出在自己手指與手臂旁邊快速動刀的樣子給我看，假裝他正在切東西）。但只要你覺得自己輕劃到自己，或是有切到一點點，你就會把刀拿開，然後停住不動。要是你切太快（接著他擺出動作很快的架式，把刀刃靠到自己手腕內側），那你是想幹嘛？像我之前因為站得離桌子太近，結果割到自己的腿（他用那天切到自己時的距離站著）。現在你看我在去骨時都退得比較遠。」

「所以，你希望動作快，但不要太快？」我問。

「對，就是這樣。」他說。

阿爾多去年在替豬肩去骨時，手上的刀在自己大腿刺出一個洞。一開始他完全沒意識到，後來覺得有什麼溫熱的東西流過腳邊，一看才發現自己血流如注。他得送醫，而且有一段時間無法工作。阿爾多承認自己粗心，站的位子不對。此後，他調整自己切肉動作中的這一點，就算他現在切歪或是刀滑了，也不會傷到自己。如今他可以高效作業，不必擔心刺到自己的腿。

我後來向JM問到關於亞當和他切得太趕的事。

「他切到自己的時候，夥伴正好有拍下來。」他說。

「有影片喔？」

「嗯啊，我看了。但在他切到自己之後就沒拍了。」

亞當有時候喜歡錄下自己切肉的樣子，這樣他才能看自己手腳多快，縮短工時。

「他老是想快、快，還要更快。」JM說。「在工廠裡你快是快，但你有護具，手臂跟胸口都有金屬擋著。我在墨西哥的工廠工作時，全身都要穿護具。要是你不穿，就不能切得那麼快。」

遵守經典，創意變通

某年，我在雞尾酒聖會上參加了一場叫「如何像個瘋子那樣飛快調酒」的講座，主持人是菲利浦・達夫（Philip Duff）和杜珊・札里克（Dushan Zaric），兩人都是老資格的bartender與雞尾酒吧老闆。產業中的座談會和整體討論會將bartender抬舉到藝術家的層次，但兩人的講座卻有意反對這種看法。他們主張飲料必須要有高品質，但bartender也得誠實面對自己。他們的談話與投影片內容走經營導向，首重達到效率、但不犧牲品質。活動過了一半，菲利浦罵起那些bartender，說他們在酒端上桌前花了太多時間在品酒，雕琢雞尾酒，試圖企及某種程度的個人完美。

「我們可不是受盡苦難的藝術家。接下來我要從歷史裡再抓個傢伙出來。我覺得這人講得真好，簡直前無古人後無來者。」接著他切換幻燈片，引用了派崔克・加文・達菲（Patrick Gavin Duffy，黃金時代的雞尾酒吧的bartender）的一段話：

> Bartender是門古老、受人尊重的行業。這不是什麼高深專業，對於那些想讓這一行變得不像樣的人，我完全不贊同。稱bartender為「大師」或「調酒學家」的做法根本胡來。[8]

「這是一門受人尊重的古老行業，一點兒不多，一點兒不少，」菲利浦接著說，「就跟製帽或水電工一樣。你可以看到派崔克對當時某人、某個把bartender叫成『大師』或『調酒學家』的人有那麼點不屑。但他說得沒錯，bartender是門行業。就像木工，量個兩次再一刀下去，然後繼續過自己的生活。」

這些勞動者沒有一個會自我標榜為藝術家。多數人認同的是自己這一行最基本（「我是bartender」）而非最高級（「調酒學家」）的標籤，稱之為自己的事業（career）、專業（profession）或職業（occupation），而非天職（calling）。當然，他們對於工作背後的技藝與功夫都很有意識，無論有沒有人注意，他們都會盡力做好自己的工作。這種行業與職人意識以及其工作蘊含的創意潛力（及其文化套路的一部分），對於他們從工作中獲得的意義，以及他們把工作當成事業追求的渴望來說，都至關重要。比起自詡為藝術家，這些從業者更重視自己所作所為「當中的藝術」。

從事這些行業的「藝術」，意味著學習如何去遵守、變通，有時甚至是打破其職業社群所遵奉、強制的一套規則。每一種職業都要求其從業者根據一套範本來工作。剛入行時，這些從業者得訓練自己，學習這一行的範本。「學習」代表他們得了解身（如何做）與心（做什麼）兩方面的技術。前者牽涉到「第二本能」的發展——也就是能輕鬆發揮文化套路的技術面；後者則必須在內心掌握、記憶自己的基本動作。一旦他們對範本了然於身心，就能操縱範本。他們可以即興發揮。不妨說，這些勞動者就好比爵士樂手，努力學習許多樂曲的共通模式，一旦學成，就能演奏出自己此前從未演奏過的樂曲，甚至在當中添進新元素。[9]

雞尾酒吧的bartender根據既有酒譜調製雞尾酒或創造新酒譜時，目標皆在達到平衡。一旦成功，就意味酒中不會有任何一種材料掩蓋了其他材料，或是能嫻熟運用某一種材料（調和或加強之）來創造新風味。*飲料不能酒味太重、太甜、太苦或太稀。調製風味平衡的雞尾酒，要有好幾種既有範本可循。

「想達到平衡，」托比說，「就得滿足黃金三角，也就是烈（酒味）、甜與酸，三者你都要兼具。如果三者當中有一種在飲料裡太過突出，就無法達到平衡。所以，要是你用兩盎司酒，四分之三盎司現榨萊姆或檸檬

---

* 我提到的後面這一點，指的是使用材料不多的雞尾酒，尤其是古典雞尾酒——只有一種烈酒（傳統上是威士忌）、若干苦精、一種甜味劑，以及水（來自溶解的冰）。烈酒顯然主導了這種雞尾酒的風味。運用甜味劑與苦精的目標在於調和以及／或是加強烈酒的風味。由於烈酒種類與品牌之多，加上甜味劑與苦精類型之廣，古典雞尾酒基本上有無限種可能的組合。要是烈酒太突出（亦即其風味未經修正、創造出某種新風貌），或是太不明顯（也就是太甜、太稀，或是味道因為加太多苦精而消失），那就是杯「爛」古典雞尾酒。

汁，和四分之三盎司的純糖漿，那就有達到一比一，你會調出完美平衡的飲料。道理就是如此。如果你要調黛綺莉（Daiquiri），調琴蕾（Gimlet），都可以套用這個範本。等你開始搖出這黃金三角——例如你要調瑪格麗特，你曉得君度橙酒（Cointreau）不像純糖漿那麼甜，那你就知道要多加一點，或是其他東西少加一點。這些細微的小動作在調酒時都是關鍵。一旦你記住了，就知道怎麼做，那麼你就會調酒了。」

「你可以調整。」我說。

「沒錯。而且增減什麼都要一點一點慢慢來，有時候十六分之一盎司，或者你就『啪啦』一聲加這個加那個的，但你還是在那個範本裡。接著，你就創造了一種風格。有些酒譜我看一眼都能告訴你那是誰想出來的，因為我知道大家都有個人的小撇步和喜歡的玩意兒。就像某一晚我在死吧，不知是誰提到某種飲料裡用了利口43（Licor 43）。*布萊恩脫口就說：『那是托比的酒，不是嗎？』因為我超愛利口43。我單純覺得這種酒味道棒透了，這酒我用得很凶，是我的招牌風味。比起安哥斯苦精，我更喜歡裴喬氏（Peychaud's）苦精，所以有好幾種一般用安哥斯的調酒，我都會改加裴喬氏。有心人就會發現這些小地方。」

菲爾把雞尾酒吧的bartender使用的這種做法稱為「蛋頭先生」（Mr. Potato Head）：「我想，我們之所以是優秀的bartender，是因為我們鑽研經典雞尾酒，我們知道如何調製經典飲料，而多數現代調酒不過是花樣更多的經典調酒。你學會怎麼做經典調酒之後，要做的就是將之拆解、再拼回去。就像範本——你學了那些經典範本，接著拋開範本，把這拿掉、添進那個，加進來之後就會產生別的東西。調酒時有兩件最重要的事，一是口味，二是平衡。但這有利有弊，因為沒有好的平衡就不會有宜人的口味，所以平衡恐怕才是最重要。」

今日，專精於雞尾酒的bartender要背下許多酒譜，但搞懂範本、了解特定飲料何以「行得通」背後的慣例，卻遠比死背酒譜來得重要。對他們來說，「即興」指的是替換、新增材料，以及調整比例。創意則源自在範本中即興發展獨特的風格。

「每種東西都是在向另一種致敬，」瓦金說，「而且是每一種喔。每種調酒基本上都是區區幾種經典調酒的即興樂段。你調出的每一種都是。天底下沒有新鮮事。大家都在選用的材料上發揮創意，但大部分情況都是套用同樣幾種基本公式。真正的藝術在於公式的微調，讓你的飲料變成真正特別且自成一格，堪稱創新，不論其原始靈感來自哪種調酒，它自己就是一種雞尾酒。我在調『拉丁區』（Latin Quarter）的時候，知道自己調的是以薩凱帕蘭姆酒（Ron Zacapa）當底、添加少許巧克力苦精的賽澤瑞克（Sazerac）。我調的就這樣，我心知肚明。但這在好幾個層次上都會帶來不同，跟賽澤瑞克已經是不同種的酒。味道沒那麼辣。但以雞尾酒來說，這能否行得通？當然行。我老調重彈嗎？才沒有。我調出一種很棒的酒飲。這才是你最能發揮創意的時候。」

釀酒人和bartender一樣得處理材料與配方，但前者所說的「平衡」就更主觀了。釀酒人志在調整材料與配方，以達到自己追求的風味。bartender工作要是就像本書第一章提到的湯姆所說，比較像烘焙的話（少了精準的度量，麵團就發不起來），精釀則更像烹飪。烈酒的配方（例如酒醪成分，亦即不同穀類的比例，以及琴酒中的藥草比例）是釀酒人自創的範本；烈酒蒸餾雖然也有許多前例與習慣，但要確保精釀過程能精準複製，當中仍涉及太多因素。

「我認為，這之所以跟直截了當的科學大不相同、反而有點像門藝術，是因為純粹的化工方法對威士忌來

＊利口43是一款柑橘味的西班牙利口酒，用了四十三種水果、藥草與香料為材料。

說根本行不通。」妮可說。「光是選用蒸餾過程的熱源就堪稱是門藝術了。是什麼成就了好威士忌？你得對工序應有的樣貌有所體會。你可以按配方做，但你真的得知道該有什麼樣的感覺才對。這很藝術。」

由於化學過程與複雜機制使然，釀酒人可說是四種職業中最能調和藝術與科學的職業，而且他們也強調兩者對自己的工作皆不可或缺。精釀酒廠營運的日子是感受與測量、試喝與實作的相互作用。創意便從發明配方、建構工序，以及根據試喝做出決定的過程中浮現。

「我認為科學才是基礎，」比爾說，「藝術和試喝非常關鍵。說起來，只要威士忌好喝，誰管α—澱粉酶發生什麼事？但反過來說，基礎打得好，知道發生什麼事，才能讓你真正做出有創意、又合理的決定。事情要是順利，那當然完美。試喝一下，你會說『好，嘗起來真棒』。但是，如果出了什麼問題，你的感覺和直覺可沒辦法幫你多少忙。背後有這種認知做基礎，才能讓你揪出錯誤，解決問題，讓你提升效率。做生意嘛，釀酒的藝術跟功夫會讓你釀出非常優秀的產品。一旦產品優秀，也賣得起來，突然間你就得有效率，因為你要做生意。如果對科學的認識讓你能以特定的方式增產，如果你因為了解糖對澱粉的轉換率，所以一下子發酵效率多了百分之二，這樣的躍進可是意義重大。根據這些理由來看，科學認知確實很重要，尤其是你要讓產量提升到有意義的程度。你得明白事情是怎麼進行的。」

有很多因素能影響最終成品，例如蒸餾用的材料品質、發酵過程（像是開蓋、闔蓋發酵的差異，以及外界溫度）、陳酒用的酒桶材料，以及比爾所說的釀酒人的品酒功夫。釀酒人的創意來自他們能在蒸餾過程各個階段當中控制、下決定，即便這些決定會帶來無法控制的結果。他們就像bartender，會以材料與配方進行實驗，有時則遵循既有範本。他們可做的決定包括選擇不同品種的主原料（玉米、裸麥、大麥、小麥），或是不同組合與比例的植物藥（botanicals，如杜松子、小荳蔻莢、茴香種子）。釀酒人決定發酵技術、蒸餾器類型、蒸餾次數，以及掐頭去尾的時機。他們還能選擇酒精濃度、用水（煮酒醪和調整酒精比例用）、酒桶尺寸與種類（亦即燒灼程度）、陳酒時間長短，以及是否需要調和與如何調和。對釀酒人而言，當中每項選擇都代表了創造獨特產品的不同方法，但多數決定也會為品質帶來一定程度的不確定性。

理髮師與切肉師就跟bartender與釀酒人不同，他們不必在材料與配方上下功夫。添加物質性的東西不是他們工作步驟中的一環。（除了理髮師在剪完後用髮蠟定型，以及切肉師用繩子綁肉塊。）他們對範本所做的即興，與替換或調整材料無關。他們的範本是以個人所學，以及對所處理的物質性產物（尤其是人髮、頭型與全隻屠體）累積的經驗為基礎。日子一久，他們會建立起對這些範本的認知，並精進個人運用範本、即興發揮的能力。

我也拍下魯本為客人剪髮的照片。有一回，他忙著為許多客人剪髮，我們直到一週後才有時間看照片討論。我知道他參加過理髮考試，也累積過許多經驗，於是，我們坐在店外用筆電看照片時，我開玩笑地問他，是否還記得照片中這回剪了什麼髮型。

「當然記得。」他看著第一張照片回答。

「你記得？」我很驚訝。

「對。這是很一般的髮型。」

bartender跟釀酒人有酒譜跟配方，理髮師也有範本，可讓他們根據工作程序、顧客的天生外貌與要求為基礎，去創造風格。我在魯本理髮過程中拍的第一張照片，不過是他拿梳子梳起客人右耳上方這區塊的頭髮、用電剪推的樣子。根據照片內容判斷，這是一連串步驟的第一步，而他看到的是客人最初的髮型（從頭後方拍下的角度）。魯本身為經驗老道的理髮師，「記得」這一步，還能解釋隨後的所有步驟。換句話說，他能在腦海中讓自己再置身於之前曾經歷無數次的情況。

「你要做的第一件事，是搞清楚分線在哪裡，」魯本談起這類剪髮方式，「看分線通常很簡單。你先看牛舔毛，再從牛舔毛就知道頭髮的生長方向。你把最有可能的地方找出來。只要你搞清楚，就會知道這頭髮會怎麼長，也知道我在對這傢伙的頭髮做什麼。側邊用的是三號半電剪梳，你就在這裡（頭的側邊）拉一條看不見的線，這條線一定要比牛舔毛的區域低，因為要是你把線往上拉，頭髮就會捲，所以你得盡可能避免這線劃得太高。接著你就整個頭劃一條漂亮的漸層線。從這邊的太陽穴開始，劃到另一邊，結束在另一邊的太陽穴。」

魯本當時是按找出頭髮分線和髮流方向的工序在進行。每個人的髮流都是天生的，而且不會變。頭髮生長方向和過程中出現的情況（例如長度、髮質、頭禿的位置）則因人而異。照片裡雖然沒有顯示這些，但魯本在看出部位之前就已經知道髮型設計的方向。理髮師必須「清楚客人想要什麼」，或是幫助他們了解他們想要什麼，或是什麼「適合」他們。有了這種資訊，理髮師就能選擇依某種風格的範本來動刀（或者客人怎麼說就怎麼剪）。風格範本的運用情況會因顧客而異，因為每個人的頭髮、頭型、長相都不同，而且還有個關鍵——對自己想要的髮型，人人看法各不相同。這些因素有時會起衝突，例如客人的髮質屬於某種特定類型，卻提出與自己類型衝突的要求。[10] 魯本從第一張照片看出自己正在剪「一般髮型」：兩側與後面短，頭頂較長。他用三號半的定位梳開始推，這讓他知道自己正打算剪的是哪種髮型，因為定位梳決定了頭髮的長度。

弗里曼風格的外觀整體較偏「自然風」，例如漸層剪，而非剪出明顯的線條。以一般髮型來說，魯本知道要用最大號的定位梳從太陽穴開始推出基準線（真的推出一條線，但最後他會將之剪得和其他頭髮合而為一），隨著漸層推往後腦與頸部，定位梳也會越用越短，最後讓頭髮消失於皮膚，彷彿一首音量漸弱的曲子。由於魯本當時是拿三號半開始推，一看照片他就馬上對自己是按什麼風格範本去剪有了概念。三號半的定型梳不會讓頭頂的頭髮與兩側和脖子對比強烈。比方說，要是用一號梳推一圈，風格就會大不相同（即所謂的側分線上梳）。這位客人顯然不要那麼強烈的風格，他想剪一般的髮型。

理髮師的創意來自幾個互有關聯的源頭：經常為那些髮質、頭型與長相獨一無二、帶有個人風格的人剪髮；根據上述差異，在風格範本中運用一系列的技術做即興，以及發展自己的風格。

「每位客人都不一樣，」盲髮匠的艾瑞克說，「所以你不可能給大家都剪一樣的髮型。你對每個客人都得做點變化，創意就在這裡。更何況大家的頭髮都不一樣，髮流跟生長模式也不同，你是從他們既有的條件去著手。你也知道，有些人就是比較敢嘗試，願意讓你從不同方向下手，更信任你，而且也不想剪簡單髮型，他們想要更有型或更前衛的。那你真的可以放手揮灑創意。」

理髮師在實踐共同體中工作，經常相互學習實用的新技術。

「我學到用梳子搭配剃刀刮，是剛開始在這裡工作時跟范學的，」喬伊說。「現在大家都用這招。因為之前沒人這樣做。范最先開始。這有那麼點凌亂效果。現在店裡大家都這樣做。魯本還開始用直式剃刀做頭髮分線。他做理髮已經很久了，而他的態度就像『現在就這種方法最容易分線』。我看到傑森現在也會這樣做。」

理髮師先學基本、再學較為專門的剪髮技巧，終究對理髮會有十足信心。一旦有了信心，就會逐漸發展出個人在範本中即興發揮的風格。對理髮師來說，有個人風格算是更上一層樓。負責招募弗里曼西村店員工的布雷特，就藉著比較不同的理髮師來解釋這個概念：「有些來這裡工作的新理髮師訓練有限，想掌握一些更高竿、更有創意的技巧。有些傢伙學的淨是些超短的髮型——一般的理髮。像我留長髮，他們就不會剪。我是說，他們當然會剪髮，但他們沒法真的動刀，或者投入其中，因為他們不懂該從哪兒開始剪，剪到哪裡該停。實作練習幾種簡單的技巧，會讓他們已具備的技巧變得更有效率，確保一切乾淨俐落。我週一面試過一個人，那人來，剪了幾個頭。大致剪得不錯，外型跟設計都可以。但你得注意細節，收尾的地方——像是頸部線條那些——那才是讓你得以與眾不同的關鍵。剪髮技術自然要好，但髮型每個部分都要處理得很棒才行。有些人確實有能耐把耳朵周圍清得很乾淨，頸部線條平整，但整個頭髮裡面卻是一團糟。偏偏一般人來看、會覺得很俐落啊。總之，你會希望這裡看起來很清爽。就是要讓頭乾乾淨淨，但型要出來，要好看。」

弗里曼的理髮師們能看出某個路人的頭髮是在他們店裡剪的，因為他們理髮時在技術面上一般是共通的（例如自然漸層）。說不定連常客也看得出來。但理髮師通常還能分辨是自家哪一位同事為這人剪髮，因為在技術細節之上，還有風格的細節。前者是標準，但後者有時需要時間才會浮現，例如得等到理髮師了解某位客人、了解他的頭髮、經過多次理髮建立信任後。細節的實例包括運用直式剃刀加強或創造分線（魯本的強項），或是用羽狀剃刀創造凌亂的模樣（邁爾斯的強項）。細部與遵照風格範本無涉，反而跟個別性的決定大有關聯。

「某天我人在餐廳，」安東尼說，「我一直盯著大家的頭髮看，接著有個傢伙走進門，我一看就知道他頭髮剪得很好。這麼說吧，技術上真的非常優秀。但我也看到理髮師對哪些部分做了我不會那樣做的決定。不過這沒關係，因為那是他的風格。我的做法不一樣而已。」

一國的肉品文化與肉店的選擇，通常形塑了切肉師遵循的範本。動物的解剖構造顯然放諸四海皆準。（「牛就是牛，」阿爾多說，「又不會多長出一條腿或兩顆頭——『這顆頭不能吃，那顆可以』。」）但是，不同文化偏好的動物部位也不同，這就影響了屠宰場工人與切肉師分解動物的方式（比方說，要把比較多五花肉留在肋部，或是用更多五花肉做培根；要把肉多分一點給肩部，還是肋部）。世界各地的肉店有不同的初分肉、次分肉（subprimal cut）與零售切分肉，丟棄與使用的部位也各不相同（對各部位的用途也不一）。美國的切肉師有可能得以義大利、西班牙或墨西哥的切法為導向，反之亦然。

「我一直想了解不同的肌肉與肉塊，」姜卡洛說。「之前，有一天我就從JM那兒學到後腿肉頂端有塊我原本不知道的肉。」

「是什麼肉？」我問。

「欸，我們都講西班牙文名字。唸作『庇尼甕』（piñón），長得真的很像庇尼甕的子，也就是『松子』。」

「喔喔，好。」

「那是後腿肉頂端一塊柔軟的肌肉。我以前老是把它切掉丟進桶子裡當邊肉。但你如果好好清理，讓肉好看點，會是一塊很適合用來烤的嫩肉。」

總之，動物本身對切肉師來說就是基本範本（牛、豬與羊彼此各不相同），但文化（國家或地區的文化）與肉店的偏好也提供了其他範本；正因為如此，狄克森的切肉師才會對肉鉤的人如何分解牛肩部感興趣。創造力，或說屠宰的藝術，源於你如何俐落地動刀切肉（包括順肌肉縫隙分解、修邊與呈現）。傑夫解釋：「你知道，像是下刀方式錯誤、鋸的動作太慢、去掉太多肥油，肉會真的看起來就像被蹂躪過。這不應該。我看過某些肉店和農夫市集攤位，賣的肉看起來面目全非、飽受摧殘，真的，很可怕。要是你拿塊品質不怎麼樣的肉，好切肉師是能讓它變得漂漂亮亮，提升一定程度的。」

創意同樣來自於你能在動物身上發現什麼。一旦切肉師習得這些範本，有時便能想出如何從初分肉與次分肉中順著肌理，切出新的零售切分肉。

某天我問萊娜：「再說一次，翼板是從哪裡切出的？」當時我們到店裡在翠貝卡的「好物多」（All Good

Things）擺設的櫃點值班。[11] 要學這麼多不常見的肉塊，我常會趁閒暇時找切肉師問這類問題。

「板腱連接肋骨與肋眼的地方。」她說。「你想不想看個還沒有起名、也沒人賣過的肉塊？」

萊娜帶我到冷藏庫，取下一塊正在乾式熟成的肋部——切肉師會從這裡鋸下肋眼與腰條等人人喜愛、而且價格不菲的零售切分肉。她把肋部擺成直的，讓我看這個部位是從肩部何處切下來的（另一端原本則是連著後臀部）。

「蝴蝶排（指著底部）跟翼板（指著頂部，位置就在帶油的上蓋肉下面）就收在這邊。你一眼就能看出這些肉塊收在肋部的哪個位置。我們把這塊肉切下來做絞肉，但這其實是最好的肉。你生吃也沒問題，味道超棒。但這塊肉只有半磅，每隻牛身上又只有兩塊。」

「那為什麼不往肩胛骨多切一點？」

「因為大家都切在第五根骨頭上。這是美式做法。肋部能賣更多錢。我很想幫這塊肉取個名字。要想名字真的很難，我得想個拉丁名字來用。」

美國人就愛肋排和培根，這說明了美國屠宰場與切肉師為何會用這種方式分解牛與豬。但萊娜憑藉思考分解牛的不同方式，發現了一塊只要她有機會就會想賣的肉塊。因為她在狄克森工作，以狄克森的方式切肉，所以只能向首席切肉師和店老闆建議。透過尋找隱而未顯的肉塊，切肉師學到以新方式從動物身上取肉，帶來不同的風味輪廓與烹飪步驟。他們的創意來自於學習如何玩自己已學會的範本。

第七章

在服務中傳授品味

Chapter 7: Service Teaching

某個週四下午，一名年近四十的女子走進狄克森肉舖。她完全沒看展示櫃，逕直走向櫃台，盯著查理與泰德這兩位櫃台員工的方向看，但不是看他們任何一人。查理問她是否需要什麼。

「是的，」她說，「我想買豬里肌，謝謝。」

查理滑開玻璃門，取出盛放豬肉產品的盤子。他拿起里肌給她。

「我只要那塊的一半。」

「要不要我秤給你看多重，還是直接從這塊切中間？大概五磅。」

「呃，你切半就好，我兩塊都買。我先放冰箱，之後再煮。」

查理轉身將里肌擺上櫃台，對切後包起來。這時，客人走到一旁，看展示櫃裡還有什麼肉。

「什麼是『紅公雞』（red cockerel）？」她問。

「那是我們專賣的雞，是很古老的品種，長得很高，所以上下腿肉很多。雞胸跟雞翅比較小，所以有很多深色肉。風味十足，煮湯或做烤雞都很棒。」

女子張大眼，點點頭，付完里肌肉的錢就走了。接著，一名年輕男子走進來，只是頭低低，視線固定在展示櫃上。他腳步緩慢，一直盯著櫃子。泰德對他說：「要是有什麼要幫忙，可以跟我說。」男子視線稍微朝上，往他一掃，囁嚅著說好，又盯著櫃子看了一分多鐘，不發一言離開。又一位客人進門——是位年輕的南亞人，他慢慢往泰德走去。

「呃，有羊膝嗎？」他聲音猶疑地問。

泰德從展示櫃取出羊肉盤，盤上有四只羊膝。他問客人要幾只、想要哪一只。他挑了兩只，問道：「這是肥油嗎？」

「不是，這是骨頭，是周圍軟骨，不會影響你烹煮的味道。」

「你可以把它切掉嗎？」

「這我沒辦法。店裡的帶鋸今天故障。旁邊這裡我倒是可以修掉。」泰德指著羊膝的那個地方說。

「那沒關係……這樣……就好。」他說。

「確定不用？」

「嗯，我可以自己處理。」

「真的沒關係啦。」

「那好。」他笑著說，聲音感覺鬆了口氣。

每當有人第一次進到店裡，所有的bartender、理髮師與切肉師都會面臨兩難。[1]他們無法單憑自己的經驗就能百分之百確定顧客想要什麼，但他們得找出那是什麼，才能完成自己的工作。有些零售業勞動者，例如收銀員，在消費者購物經驗中扮演的是被動角色；

泰德正在服務客人。作者攝。

這種勞動者有一套固定台詞，是雇主（例如大企業）規定他們必須講的。[2]但相較於他們，bartender、理髮師與肉舖店員整體上會與客人有更多互動，都會跟顧客與客戶面對面，互動過程也會影響消費者取得什麼，以及其消費經驗走向。

新型菁英服務業的從業者面臨的兩難還要更上一層樓，因為當下的情境影響很大。由於媒體形象與價格定位，消費者對他們的期待會多過對於類似商家的店員。比方說，一般酒吧的bartender對於客人點的東西就不必操太多心。他們提供的是店內現有存貨——瓶裝或現打啤酒、選擇不多的紅酒、基本的烈酒品牌——而且客人對於會喝到什麼通常沒有疑問，這些bartender也不必向客人說明有哪些選擇。顧客不會期待自己的酒飲蘊含什麼高深知識，也不期待眼前的bartender精通調酒術。[3]不過，這些bartender的注意力反而需要擺在顧客的其他需求，像是他們的水杯是不是空了，或者是不是想聊天。[4]多數的傳統理髮師與切肉師也相去不遠。有些理髮店會提供店內可剪的髮型清單（正式或非正式），將諮詢與討論簡化。切肉師也可以只備貨、販售店裡決定進貨的肉品，鮮少需要精深的屠宰技術。

不過，會上雞尾酒吧、高檔男仕理髮店以及全隻肉舖的顧客，經驗通常比一般人更豐富，也希望得到更多。他們擁有雜食性品味，渴望獨特的產品與服務。對於自己消費的產品、得到的服務，以及中間的過程，他們都想了解，想要前所未有的經驗。那麼，新型菁英服務業從業者在面對消費者時額外感到的兩難，即是供應這些欲求，滿足這些期待。這些商家的老闆會傾全力創造特定的經驗，像是透過裝潢與氣氛，為旗下雇員提供在反映雜食品味而製作產品、提供服務時必備的條件——工具、材料、支援者與作業時間。學界對於雜食性消費已有大量研究，但焦點不是擺在消費者本身的意義與態度，就是其出現在媒體上的形象與論述。[5]但創造、傳播雜食性品味的關鍵場所——欲望得到滿足，未知得到澄清，故事得到講述，品味得到傳授的地方——仍然是在銷售點，在於服務業從業者與消費者的互動中。

這些互動與製作產品、提供服務時投入的心力，都是一種遵循、執行文化腳本的勞動者所做的展演。更有甚者，除了做自己的基本工作，提供酒飲、剪髮、賣肉之外，勞動者還得努力教導顧客與客戶培養個人品味，讓客人有信心去認識自己喜歡什麼，最終將客人引入維繫其商店與職業團體的品味社群當中。我將他們透過實踐以達成這個目標的做法，稱為「服務式教育」（service teaching），亦即透過服務來教育。這些獨特商家進行的服務業工作，絕非僅是為消費者提供某種事物；雜食性品味正是憑藉這些工作得到灌輸，為新型菁英服務業從業者形成其職業認同打下重要基礎。

特色各異的消費者

這幾種工作場所的勞動者會依據多層次的資訊，將顧客與客戶分成不同類型。他們對顧客與客戶的詮釋，影響了他們展演的服務與製作的產品，而互動過程則會強化若干詮釋。各個類型彼此並不互斥，勞動者也能根據交流進行的方式重新分類消費者。類似上述狄克森肉舖三位消費者的互動，就非常典型，其他兩種工作場所的消費者也與此極為相似。

老經驗型消費者

有些消費者就像本章開頭的第一位顧客，走進店裡，知道自己想要什麼，以自信的姿態點購。這位女子知道自己要買豬里肌，一種相當簡單的商品。櫃台職員以進一步的問題回應這種直接了當的點單，例如問顧客想要多少量（個案中是整個或半個肉塊）。雞尾酒吧的bartender與理髮師也會遇到這類知道自己想要什麼的顧客。

我是在某個週日傍晚首次與瓦金相遇，死吧店內在那個時間點位子還相當空。我以前只去過兩次。他向我打招呼，一邊遞酒單給我，一邊將黑色的雞尾酒紙巾擺在吧台上。我稍微確認他們有什麼可點，但要喝什麼其實我心裡早已有譜。

「可以給我一杯內格羅尼（Negroni）嗎，裝高腳杯？謝囉。」

「行。你比較喜歡哪種，琴酒味要重一點，還是比較均衡的調法？」

「琴酒味重一點好。」

「沒問題。」

他轉身開始工作。專精於雞尾酒的bartender大推經典的內格羅尼，因為簡單明快。標準的酒譜是「一兌一兌一」，也就是等量的琴酒、金巴利、甜艾酒（各一盎司）。[6] 這種酒瓦金以前調過許多次。我用直接點一款經典雞尾酒的方式，暗示他我有可能略懂雞尾酒。但這些新型菁英服務業勞動者需要消費者透露更多訊息，縱使對方知道自己要什麼亦然。這些訊息也許只是豬里肌的重量或大小（或是，假如有一半比較肥，那就得知道消費者要哪一半），或是對某款經典雞尾酒的製作要求。內格羅尼屬於特定的調酒類別（琴酒底、需要攪拌、帶有苦味）。但顧客不需要對雞尾酒或個人口味有多少認識，也可能知道內格羅尼，會點來喝。瓦金還需要更多資訊，才能為我調製「正確」版的飲料（標準酒譜或琴酒加重的版本）。另一位在雞尾酒吧工作的bartender艾力克斯之前就說過：「在吧台點酒總是會導引出對話，畢竟酒有那麼多方式可以調。每個人都有不同詮釋與偏好，這是常有的事。」對理髮師來說，這種互動會發生在諮詢討論時，有時還會延續至整個理髮過程。

索林一臉倦容。此時正是週五傍晚，店裡通常會擠滿為了週末打扮而來剪髮的客人。剪完一位客人後，索林拿起精油熱毛巾，攤開來甩甩降溫，為自己擦個臉。擦完臉後，索林看起來像是又上了發條，他看到下一位客人是常客，精神更是振奮。

「最近怎樣啊，兄弟？」他邊說邊跟對方擊掌，順勢來個擁抱。

索林帶客人到自己的理髮椅坐定，為他圍上圍巾，過程中稍微閒聊。

「好，我們要怎麼剪？」索林問。

「兩邊要削，比平頭長一點，上面留長。」客人答道。

索林點點頭，開始做事。他們互問彼此夏天過得如何，有沒有出遊計畫。索林知道他已經成家，於是問起他的家人。削完兩側頭髮後，索林在客人頭上噴水，開始梳理頭髮。客人希望上面留長，但索林還是會稍微修剪。之後他剪起一邊，隨後卻停下來。

「不好意思，」客人正在講自己可能會重新裝潢自宅，他只好先打斷客人講話，「我只是想確定上面剪這樣是不是夠了。」

「行啊，長度恰好。」

一旦顧客要求兩側推得比平頭長些，理髮師通常需要知道到底是多短。索林的客人知道自己要怎麼剪，而且又是常客，所以索林知道他說「比平頭長一點」是什麼意思。即便如此，他還是會問客人，自己為上面保留的頭髮長度是否剛好。理髮師在理髮時常會來個狀況確認（或是一連串的狀況確認），諸如問「這邊可以嗎？」或「長度行嗎？」，才會繼續進行。表面上，對於有經驗的消費者，例如曉得知道自己想要什麼的常客，似乎很容易應對，但對新型菁英勞動者來說，仍需要將注意力擺在他們身上。其實，正因為常客對自己的品味很有信心，對這些商家提供的商品與服務也很熟悉，所以這常對這些勞動者帶來需要他們全神貫注投入的挑戰，或是勞動者得時時了解最新產品與風格，讓常客嘗鮮。即便是老經驗的消費者，也是可以再教育的。

好奇型消費者

第二種類型是「好奇型」消費者，亦即因為不尋常的產品、服務與技術而被挑起好奇心的消費者。勞動者因此得到機會，能教他們一些新東西。這類消費者表現出渴望接受引導、進入品味社群的樣子。狄克森的第一位顧客（問紅公雞是什麼的那位）所問的問題，暗示她或許既有經驗又很好奇（這兩者常同時存在）。新鮮的紅公雞肉看起來就像雞肉，因為那就是雞肉，但狄克森故意標成「紅公雞」，是因為曉得某些客人對此並不確定。好奇就會發問，問了就是勞動者能解釋的機會。

肉舖的展示櫃幾乎都擺在店內的前方與中間，但在雞尾酒吧的話，業主會決定如何呈現自家商品。瓦金說：「我們用的材料全都一目瞭然擺在這裡，是打算引發對話：『哇，老天！看看那些草莓！是要用來做什麼啊？』、『這個嘛，看情況。你想喝加草莓的蘭姆調酒嗎？想喝加草莓的龍舌蘭嗎？沒問題，我調給你。』然後開始搗草莓。這是觸發對話的方法。」

我都還沒拿起內格羅尼小啜一口，瓦金便削了一小圈柳橙皮，從吧台上的透明玻璃燭台裡拿了根火柴。他劃亮火柴，小心將火苗靠近果皮，沿著表側燒了一圈。接著他快速順著火柴繞的方向捏起果皮，結果冒出一點小火花。

他嘆了口氣：「沒達到我想要的效果。」

「原本是要怎樣？」我問。

「欸，這是功能性的炫技。只要你把果皮拉到火上，果皮中的精油就會焦糖化，加進飲料中會帶來很棒的煙燻風味。原本火花應該更大的，看起來會很酷，但這邊是店裡死角，有風在吹。店裡有幾個死角會讓火苗被吹熄。」

在這個情況中，我是那個好奇的顧客。雞尾酒吧裡的功能性炫技——像是燒果皮、同時搖兩只搖杯，或是一口氣攪四杯酒——既能達到風味目標，看起來又酷。[7]這麼做，就是為了吸睛與開啟對話。無獨有偶，在男仕理髮店，好奇的顧客也常會在剪髮之際問理髮師關於不常見的技術、產品或他們所用的工具。

一位三十多歲的男子坐進邁爾斯的椅子，想剪基本的髮型。剪了一半多，兩側頭髮推完、上面以剪刀剪過之後，邁爾斯拿出他的打薄刀——外型就像直式剃刀，但刀刃邊緣有齒。*客人沒注意到兩者不同，而在頭頂部位用直式剃刀是種不尋常的做法。

「話說，那把直式剃刀是要做什麼用的？」好奇的顧客帶著不確定的音調發問。

「這把是打薄刀，」邁爾斯說，「我用它來打薄你的頭髮。我想讓髮量減少一點，但保持長度，這樣頭髮會

---

* 我在第六章分析的連續照片中，邁爾斯用的就是打薄刀。

有蓬鬆感。你只能用打薄刀削薄微卷的頭髮，用直式剃刀削全直髮。白人男子的頭髮一般都適用這種手法。」

總而言之，這三種商家販售的產品與服務，以及這三種從業者所用的工具，皆同時具備其形式（或審美）與實際功能——這是足以引發好奇心，吸引人想知道更多的議題。而這些知道自己想要什麼、想深入了解的老經驗好奇顧客，也能讓勞動者感受到樂趣。他們是其品味社群（或者說「內行人」）的既有或潛在成員，讓這些勞動者得以汲取自己的文化知識財富，運用自身的溝通與專業技巧，在交流過程中深化互動。

迷茫型消費者

最後一類是「迷茫」的消費者，亦即品味社群之外的人。迷茫型消費者隔絕於外、蒙昧不明，欠缺高品質風味與風格之光的指引。至於勞動者會因為什麼原因認為消費者迷茫，則視職業而異。前述第二位光顧狄克森的顧客——也就是只盯著展示櫃、卻不發一語離開的那位，就是迷茫型的例子。全隻肉舖的職員認為，這類客人的沉默是他們被店內大量陌生選擇給震懾所導致。「人是習慣的動物，而且對烹飪為之卻步，」空閒時與我同站櫃台的泰德如是說，「你以前也進過店裡。那感覺就像這四公尺櫃裡的肉全是他們沒聽過的，除非他們是做餐飲的。」肉店職員從自己過去上超市買肉的經驗出發，覺得迷茫型消費者害怕自己不了解的東西。他們不了解自己要什麼、喜歡什麼（一旦買了也不知如何處理），而且／或是不知道自己以為喜歡的東西其實「並不好」。雞尾酒吧的bartender也有類似看法，認為這些人的消費行為其實是出自習慣與無知，認為這足以解釋迷茫型消費者為何會點知名品牌的酒與飲料。

「行銷跟習慣，」菲爾說，「讓大家一直喝爛酒。像是最受歡迎的酒，管他是佩恩（Patron）、龐貝藍鑽

（Bombay Sapphire）、灰雁，還是金快活，都是最爛的例子；它們品質最糟，價格卻很貴。這一仗我們非打不可。要是有人點佩恩，我會說『你賺到了，我們這裡沒有佩恩。你今天不用喝那種龍舌蘭啦』。」

理髮店的客人跟酒吧消費者一樣，都會講一點關於「自己想要什麼」的訊息。偏偏有時他們的回答其實等於沉默，例如他們要理髮師「你想怎麼處理」就怎麼處理，完全交給專業。在理髮師來看，以如此方式應對的顧客顯然對理髮店作業的方法缺乏理解，對自己的頭髮缺乏認識，或許也缺乏個人風格，甚至對自己的外貌感到不安。「我會跟這些人說，我要把他們整顆頭剃光，因為這對我來說最簡單。」范說。「我要是全剃光，不必剪，賺得更多。我這麼一說，他們都會一臉驚訝。接著就開口啦。」雞尾酒吧的bartender與肉店員工有時也會碰到這種聽話的客人。這類來客通常是用問題的形式表達：「你最喜歡的調酒／肉品部位是什麼？」但bartender與肉店員工都不喜歡這種問題，因此會用「這不重要。我們來看看你最喜歡的調酒／肉品部位是什麼吧」之類的來回話。

解讀顧客

狄克森肉舖的店員與那位購買羊膝時沒什麼信心、後來又對羊膝骨頭和軟骨感到焦慮的第三位客人之間的互動，就跟問起紅公雞的第一位客人的情況類似，兩者皆提供了櫃台職員去吸引顧客注意，教育他們有關肉品知識的潛在機會。第三位客人雖然對自己買的東西不好奇（他似乎從沒聽過羊膝），但還是向泰德提問，這讓泰德有機會說點關於肉和烹煮的事。這些新型菁英勞動者等待的正是這種契機，能在消費者的品味之窗上尋找縫隙，好將這扇窗再打開一些。好奇的顧客對學習抱持開放態度，迷茫的顧客則不知自己要什麼，或是不知該如何表達自己要什麼（或表達時缺乏自信）。這兩種都「有機可趁」，而老經驗的客人提供的機會，通常能讓從業者施展更進階的知識與技術。這些勞動者的目標在於推廣自己的品味文化，將自己的品味傳授給他人（即便是以潛移默化的方式），並將他人領進自己的品味社群當中，而這些都是透過點單／諮詢、後續互動與工作展演而為之。

雜食品味製造者與雜食性消費者皆鼓吹品味的認知應當觸及普羅大眾。他們對自己的產品與服務，以及對只要有機會，就有辦法讓大眾如己般領會品味胸有成竹。

「讓大家張開眼看世界，是我們的工作。」菲爾說。「這可說是我們工作中最重要的部分。比方說，要是有個愛喝伏特加的人進來，說『我討厭琴酒』。你不是討厭琴酒，你只是不知道自己喜歡琴酒。你從來沒用正確的方法喝過琴酒。所以，我們要讓大家看清楚自己不喜歡的東西。一旦有人說他們不喜歡什麼，那可真讓我興奮，因為這是一種能讓他們了解自己其實是喜歡的挑戰。」

「迷茫」就好比伸手不見五指，這些勞動者知道自己有義務去開窗引光。就像菲爾上述的暗示，許多人相信，這道光早已在消費者心中，只待有人讓它透出來。

狄克森肉舖的人都知道，許多客人不會在首度光顧時就和他們有相同的品味，或是掌握同等的肉品知識。因此，他們希望能與顧客分享自己的肉品知識，如此既有文化因素，也有經濟因素。

「一開始實在很困難，」傑克說，「我們當時得訓練顧客改以不同方式購買，現在他們已經嫻熟於心，很能接受。我們已經找到能平衡價格與數量，以及『訓練消費者行為』之間的做法，就是以相當一致的價格銷售，所以我們一向不會剩太多賣不掉。」

「你說『訓練他們』的意思是？」我問。

「顧客嗎？就教育囉。你曉得，就是教他們有關肉品部位的知識。要是某種肉塊賣完，就得知道如何形容另一種肉塊，做交叉銷售：『這種肉你可以用同樣的方式煮。兩者不同處有這些。』這是前場員工需要非常有自信的原因。我們要找非常能言善道的人，這人不會只把這當成工作，而是某件自己真的很熱衷的事。」

到超市購物的人習慣認為他們想買肉品就跟最愛的穀片一樣，不會售罄。傑克意識到，早早告訴客人店裡的原則相當重要。這麼做同時滿足了文化上的必要之舉（分享他們在「優質」肉品背後的理念），也滿足了經濟上的不得不然（必須賣掉全隻，以免倒店）。業主與員工假設一般顧客都需要協助，才能理解他們的肉品哲學。他們假定顧客需要「受訓」。

一位年約二十初的年輕男子上門。他筆直朝當時獨自站櫃台的莎拉走去。二十多歲的莎拉大學剛畢業、搬到紐約後就在狄克森工作，已經一年多。

「我要做韃靼牛肉。」客人說。

「好的。要幫你剁碎嗎？」

「不用，不過，你可以挑一塊最新鮮的菲力嗎？」

莎拉稍微停頓，往下看了看展示櫃，接著說：「要不要試試無骨沙朗？」

「哦，味道更好嗎？」他問。

她點頭。「是啊，風味更足，適合做韃靼牛肉。」

「好。你能切一塊新的嗎？」他在她從展示櫃取出肉時說。

「這塊非常新鮮，切肉師才剛切好。」

「你該不會只是想讓我覺得這塊比較好吧？」

「哪有，才沒有，他們才剛切而已。」

當天稍晚，我向莎拉問起這次互動。「我注意到你設法不讓客人拿菲力做韃靼牛肉。」

「我看得出來他不想花錢，所以我想讓他知道他還是能買到好東西。我還會試著不讓人買里肌。我的意思是，買菲力沒那麼好。肉嫩歸嫩，但你若是要剁那麼多次，像做韃靼牛肉，肉質原本多嫩根本不重要。」

「對於自己想要什麼，什麼東西好，一般人腦袋裡早已有想法？」我回問。

她點頭。「他們很怕，而且不會煮。一般人要麼老是用同一種方法做同一樣菜，要麼照著別人給的食譜動手，而且不會想試試其他方法，就怕自己糟蹋了食材。我試著讓他們有信心。」

櫃台職員有著自家肉品品質更勝零售商的堅持，對於肉品和其調理方式也具備相當知識。他們以這些信念與知識為本錢，舉止充滿自信。他們的目標是同時將肉品的形式與功能傳授給顧客。只要談到顧客的渴望、需求與品味，他們就認為自己能「解讀」顧客。客人所點的東西就是起點。例如第三位客人要的羊膝就是非常特別的部位，無法以其他部位取代。於是，泰德雖然只跟他談羊膝的物理外貌，以及軟骨在烹煮時不會影響風味，但他仍提議去掉軟骨，畢竟客人看起來有點在意。

莎拉的那位客人倒是讓她有機會去開拓他的品味。她「解讀」出這位來客點菲力是出於習慣，或是因為他認為菲力是高檔部位，抑或是有點畏懼嘗試不同部位；此外，莎拉也看出他其實不想花錢買這麼貴的肉。如果他說的是「我想買菲力，謝謝」，莎拉八成會直接問他要幾塊，然後結帳，就像查理在顧客點豬里肌時那樣。但他明確表示自己要用菲力做韃靼牛肉，等於讓知道韃靼牛肉「該」怎麼做的莎拉曉得：眼前此人對肉有點了解，但不多。他提供一面有裂痕的玻璃，讓莎拉打破。透過指引迷茫的顧客知道自己能買到更適合的部位，櫃台職員覺得自己讓顧客更具「信心」，成為不僅是更優質的消費者，而且還是更好的廚子。職員運用個人對知識的自信，以及與顧客互動的能力，將「訓練」顧客視為自己的目標。bartender與理髮師雖然不會用「訓練」一詞，但他們也有志於教育顧客與客戶，讓客人對他們的品味社群略知一二。

某個週三夜裡，一位年輕人走進奶與蜜，坐到只有少少四席的吧台，就坐在我隔壁。米奇是當晚的bartender，他老家在北愛爾蘭的貝爾法斯特。他在大學時開始認真涉獵雞尾酒與bartender工作。米奇一得知奶與蜜這間吧，就決定遷居紐約，以便能在此工作。他招呼客人，問他想點什麼。

「我還在等朋友，但我絕對會點。我想喝伏特加吉布森。」

「抱歉，但我沒有伏特加，也沒有醃洋蔥。你有沒有喜歡什麼別的風味？」

「呃，來點薄荷味的？」

「沒問題。要不別種淡色烈酒，像是琴酒？」

「嗯……我對琴酒不熟。」

「那我用琴酒調點什麼，但琴酒味道不會太強烈。」

「好，沒問題。」

米奇正要開始調製飲料，那人的朋友也到了，隨之坐下。兩人閒聊幾句，米奇請這位友人點單。

「先生晚安。您以前來過嗎？」

他搖搖頭。

「好的，我們可以口頭點單。所以，我需要您給我一些提示或線索，告訴我您喜歡的味道或烈酒，或是不喜歡什麼，這樣我就知道明確方向。」

「這樣啊，我通常喝伏特加，但他說你沒有伏特加。」
「對。您一般怎麼喝伏特加？」
「簡單的伏特加通寧水。」
「好，所以是氣泡類。喜歡覆盆子嗎？」
「喜歡。但別太甜。」
「那我想，要有香甜的氣息、但不是甜味。」
「好啊，聽起來很棒。」
米奇調出兩杯酒，接著把酒端上。
「我給您調的是東岸瑞奇（East Side Rickey），裡邊有琴酒、蘇打水、現榨萊姆汁和薄荷。而您的是覆盆子菲克斯（Raspberry Fix），加了覆盆子泥、琴酒、檸檬汁和一點純糖漿。兩位請用。」

熟稔雞尾酒的bartender透過提問，運用數種策略，為顧客找出了合適的飲料。這一晚，米奇以奶與蜜的標準開場問題起頭：您以前來過嗎？（米奇拿這個問題問第二位，沒問第一位。）假如來過，他們對於自己喜歡、想喝的東西應該會有點概念。否定的回答讓他知道：這幾位客人對精調雞尾酒或這間酒吧恐怕很陌生，也就是說，他得再深掘才能找出適合他們的調酒。他透過點酒逐漸蒐集「客人喜歡什麼」的資訊。[8]

米奇採用了數種常見的提問套路。他問客人喜歡何種烈酒或風味，以尋找「提示或線索」。雞尾酒吧的bartender可從客人說出的烈酒或風味，掌握客人的口味。例如琴酒，琴酒是種淡色烈酒，若干蘭姆酒與龍舌蘭亦然，與大多數威士忌與陳年蘭姆酒等深色烈酒不同。由於陳酒效果使然，深色烈酒味道偏濃郁，風味也比淺色烈酒複雜。雞尾酒吧的bartender思考某種調酒時，會遵循這些一般的烈酒分類。他們不希望讓不熟悉精調雞尾酒或烈酒的客人嘗到太強烈、複雜的味道。如此一來，恐怕會把他們從品味世界中嚇跑。

「我老說『慢慢培養出的品味，是投入帶來的應有回報』。」菲爾說。「就說蘇格蘭威士忌吧。這種酒很烈，風味確實濃厚，你得費一番工夫才有辦法喝。可你一旦下過功夫、喝得動了，那感覺就像驚天禮讚，或許啦，可以說是最複雜的一種烈酒。從不同的蘇格蘭高地威士忌到艾雷島（Islay）——艾雷島產的泥煤味實在很重。艾雷島堪稱烈酒奇蹟。但你別想馬上直接跳去喝拉弗格（Laphroaig）。*如果你是第一次直接喝不摻水的，大概會覺得『噁，難喝得像屎』。這酒其實不難喝，你只是做錯決定，一開始竟然就喝拉弗格，而不是先試著喝酒味重的琴酒調酒，然後波本，然後一路往上爬到蘇格蘭威士忌。」

換句話說，本著人人平等的精神，品味確實需要時間培養，但它可透過努力而獲致。雞尾酒吧的bartender不想跳過這努力的過程。

米奇的第一位客人點了伏特加吉布森，第二位平常則喝伏特加通寧水。有鑒於伏特加無味、無色也無香，這種酒在淡色烈酒中可說是淡中之淡。對於喝伏特加的人來說，琴酒可能是比較容易的替代品，畢竟琴酒多半也無色，味道可以很溫和。是夜稍晚，兩位客人離開後，我才向米奇問起這個順序，以及他何以選擇這幾種調酒。

「伏特加吉布森是非常烈的伏特加調酒。」他說。「他一說自己喜歡薄荷，我就曉得東岸能合他胃口。他對琴酒不大有把握，但琴酒在當中味道不太重，而且他都喝過味道算烈的吉布森了。另一位喜歡氣泡和水果，那我就調別種的清爽型琴酒飲料。」

* 艾雷島位於蘇格蘭外海，以泥煤味／煙燻味威士忌聞名，風味非常強烈。島上有九間烈酒廠，其中拉弗格生產的威士忌或許是最強烈的。

米奇以這兩杯飲料當「門道」，打開客人的好奇心之「窗」，為他們搭配出符合口味的產品，藉此讓他們一窺調酒術世界。[9] 喜歡酒味重的伏特加調酒與薄荷風味，以及喜歡氣泡伏特加飲料和柑橘水果風味——這兩種口味對米奇來說輕而易舉。

最後，他要處理「甜味」的問題，於是向客人解釋自己會怎麼調，好讓飲料不太甜，但當中仍有甜味。根據調酒術的大原則，一杯成功的雞尾酒必須風味平衡。米奇的意思並非調製加了糖的飲料，而是讓調酒有甜味元素或「特性」，例如使用某一類烈酒或利口酒。儘管bartender常運用各種調味劑，例如甘味劑，讓口味圓潤，但有時這杯調酒也會被歸為酸、苦口味，而非甜味，端視酒譜中的材料與比例而定。一旦知道客人喜歡甜甚過酸，雞尾酒吧的bartender就能鎖定特定的調酒類型。

這幾條詢問的台詞，就是這些bartender「解讀」顧客的著手處。每一道問題都能為「要調什麼飲料」縮小可能的範圍。客人若是喜歡伏特加，bartender會避免用深色烈酒。假如他喜歡水果調酒，他們就調搖製的酒飲。對雞尾酒吧的bartender而言，顧客點的東西不是他們被動接收的資訊而已。他們會把點單視為一種交流，從中了解如何為客人提供獨一無二的品嘗體驗，同時讓客人窺見調酒術之妙。點單對那些迷茫的顧客最是要緊。瓦金說過：「我會請客人告訴我他們想要什麼，他們大概會講五樣東西。或許第三或第四樣才是他們真正的意思，只是他們自己還沒意識到。」

全隻肉舖的員工常採用非常類似於bartender的手法。莎拉的客人原本知道自己要什麼，但員工會問客人通常會吃哪種肉、一般怎麼煮，以及打算做什麼當晚餐（「今晚想燒哪幾道菜？」）。肉店顧客跟雞尾酒吧客人一樣，他們的回答能向肉店員工透露自己的品味（亦即他們是老經驗、好奇，還是迷茫的客人），在員工推薦適合的部位時減少選項。比方說，如果只煮個人分量，不想麻煩，店員會建議適合煎的部位。整個點單過程中，店員都在判斷顧客的品味與烹飪技巧，據此提出建議。

最後，理髮師也有他們解讀與教育客人的獨到方式。不過，雞尾酒吧的bartender與肉店員工通常偏向跟顧客對肉品、調酒的品味與知識打交道，但理髮師卻必須處理男人對外貌與自己身體的看法——這是個更敏感的問題。此外，他們還得真的碰觸自己的顧客。這些因素會為諮詢帶來額外的挑戰。

某天下午，名叫達米安的年輕人坐進范的理髮椅。達米安髮色深棕，耳邊頭髮疏於整理，整體打理得很隨意。范先自我介紹，請達米安坐下，為他圍上理髮圍巾，接著問出自己常問的第一個問題。

「好啦，咱們怎麼剪？」

「我想把兩邊剪短。」達米安答道。

「你上次剪髮是多久前？」范這時也穿上圍裙，站在達米安身後用手隨意梳攏他的頭髮，望向鏡子對著他說話。

「大概一個月。頭髮長得真的很快。」

范在為顧客進行諮詢。Chantal Martineau 攝。

「所以剪回上個月那樣？」

「嗯，尤其是兩邊。超蓬的。」

「會蓬是因為你用洗髮精洗頭。」范說。「我才碰過你頭髮一次，就能感覺出你一週至少洗幾次。」

達米安有點驚訝，他點點頭，范繼續說。

「頭髮生長的速度人人相同，都是後面最快，然後這裡（指著達米安的兩側頭髮），然後這裡（抓起達米安頭頂的頭髮）。血液從後腦上來，接著到兩側。你髮量很多，但又沒那麼厚重。你有用什麼產品嗎？」

達米安一臉不對勁，像是他不確定范話中所指的「產品」是什麼意思，或者這問題讓他有點不悅。「沒，我喜歡簡單一點。」

「這樣的話，就別用洗髮清，是不是很簡單！試著減少一半。」

范如此指示，達米安看似很能接受。范已經在達米安頭髮上噴了水，現在邊梳邊說。

「你頭髮之所以會這樣，是因為洗髮精。你的髮流很順，流動感真的很棒。你用哪種洗髮精？」

「我不曉得……是綠色瓶子。」

「好，要是你有時想洗頭，我建議用保濕洗髮乳。」

簡單的髮型有很多種，就像直接開口點豬里肌和內格羅尼一樣簡單。顧客講清楚想要哪種髮型，理髮師聽清楚之後就問幾個基本問題（例如想用幾號的定位梳），接著動手（如果是常客，理髮師等於已經知道他想要哪種型，要怎麼剪）。但有些客人很棘手。客人會喜歡剪「好看」的髮型，對他們來說也是很享受的經驗。理髮師的目標在於幫客人剪「好看」的髮型、教育風格意識，但根據客人種類不同，理髮師會面臨到兩種相互拉扯的阻礙，妨礙他們達成目標。

在理髮師眼中，許多客人既對個人外表沒有安全感（這未必等同在其他生活領域缺乏自信），也不確定希望頭髮是什麼模樣——至少不知道如何表達自己希望的樣子（無獨有偶，雞尾酒吧的bartender與全隻肉舖的職員也覺得顧客不知道自己想要什麼，而且／或是不知道如何表達）。理髮師就像雞尾酒吧的bartender與全隻肉舖的職員，同樣主張顧客若是對個人外貌沒信心，不確定如何清楚表達自己所想，他們都能「解讀」出來。某天，我問索林是否能分辨某個顧客是否缺乏安全感。

「我的老天爺！當然。這簡直難以置信。難以置信的不安全感呦。下次你來的時候注意看。我有個客人就像這樣。這樣講很殘忍，但你根本沒法幫他剪髮。他真的從頭到尾看起來都像這樣（頭低低），一直不抬起頭來讓我看。我只好說『頭抬起來』，我跟他講話都像在跟小孩講話，像我跟來店裡的小小朋友那樣說，那種六歲小朋友。『現在你可不可以直直看鏡子，看鏡子裡面的你？放輕鬆，直直看著，保持姿勢喔。』我很想跟這個三十五歲、已經結了婚，馬上就要有小孩的傢伙這樣說：『老兄，別緊張。』我知道那就是沒有安全感，就是彆扭。超怪的。」

有鑒於某些顧客對自己的外在沒信心，理髮師雖然不認識他們，但還是會扮演照護者的角色，協助他們提升對個人外貌的感受。[10] 理髮師身為專業人士，對自己的業內與社交技術都有信心，他們覺得自己能運用既有的專業，以不會嚇到或冒犯客人的方式，去感知、補足客人缺乏之處。[11] 理髮師還認為，顧客對自己頭髮希望的樣貌其實通常已有想法，只是多半缺乏能力將之清楚表達。布雷特說明向顧客提問的重要性：「有人一進來就說，『我想把兩邊剪短』、『側分線』，類似這樣。但你得試著了解到一個程度：『你想剪短？』或『你真的要這麼短？你希望看起來清爽，有比較清爽的樣子？』我覺得最後都會是我問問題，因為他們真的不知道。他們知道自己要什麼，但又不是真的知道要什麼。要試著深入地問，『你想把這裡剪短？要多短？你想用電剪推短，短又有點亮澤，還是用剪刀剪整齊清爽就好？』你很難決定要問得多深，畢竟你得知道該問什麼，還有如何詮釋。你得看他們進門時的樣子，還有外表看起來如何。」

布雷特說「詮釋」，指的是同時透過直接和間接手法，既理解客人在表達想要什麼時是什麼意思，也「解讀」客人的生活與人格特質。「我們有很多客人是第一次上門，」邁爾斯說，「你多少會打量他們一番——這人怎樣？——盡你所能觀察。有個男的告訴我他當律師，是從肯塔基搬來的。他或許是個單純、一派輕鬆、隨和的傢伙。他完全不想走極端，不想太過醒目，就只想要簡單、清爽、經典的髮型。」

「典型的律師，看起來在大企業工作什麼的。」我補了一句。

「沒錯。他有時可能會說，『啊，我想稍微犀利一點』。他的『犀利』，意思就是在頭上抹點產品，你懂我意思？」

「就還不到飛機頭那類的髮型。」

「沒錯，完全正確。還有些上門的小子就像熱愛時髦的學生或攝影師，而且這人其實沒在工作，或是自由業，這讓他可以愛怎麼剪就怎麼剪。他坐下來，你可以想像，他的短褲比什麼都短，而且顯然曾經是條牛仔褲；他身上有數不清的刺青，就是真的很酷、很前衛的那種，你懂吧？你知道對這些兄弟剪刀下手可以隨意點，幾個地方留得超級長，幾個地方特別短，他也會很滿意，因為他想要極端的外表。反正就是打量人，沒別的。」

就算來人是常客，每次都剪相同髮型，理髮師還是會問他們想怎麼剪（對常客，簡單一句「老樣子？」就夠了）。以前例來說，范問完「好啦，咱們怎麼剪？」這句萬用問題之後，接著又問達米安上回剪髮是多久之前。面對理髮師解讀為「不確定自己要什麼」的客人，這是個很常見的問題，因為客人的答案能讓理髮師知道該剪去多少頭髮（或者「短」是指多短）。平均而論，頭髮一個月大約長半吋，所以在范看來，「剪回上個月那樣」或許就能讓客人滿意（只要他喜歡上次剪的髮型）。范一開始就先碰觸了達米安的頭髮。他跟其他用這招的理髮師一樣，是為了讓客人放輕鬆，一邊問問題，一邊開始碰觸頭髮，客人甚至未必會注意到（等注意到時，早開始剪了）。

在前述個案中，達米安在諮詢過程中為范帶來明確的難題：他覺得自己兩側頭髮太蓬。理髮師強調要對客人誠實，並且直接、迅速指出他們頭髮的問題，像是糟糕的分線與開始落髮的區域，或是他們提出不可能的要求時。例如先前提到，理髮師超愛客人拿自己的照片給他們看，好完全了解客人的需求。但有時顧客會拿別人的照片，例如名人的。我問麥可怎麼處理這種情況。「我認為，只要你誠實以告，他們不會覺得不舒服。他們就不是那種髮質，你也做不來，我們又不會改造基因。你可以用化學手法弄直頭髮，但改變不了頭髮的原貌。跟髮質妥協，然後在常理範圍內盡你所能。」

理髮師對自己的專業程度有信心，認為顧客應該接受自己對他們頭髮的正確看法，同時聽從建議——要是顧客希望「好看」的話。不過，除了像先前那樣誠實以告，范還誇獎了達米安的頭髮濃密，而且流動感很棒。理髮師希望客人了解自己頭髮的優缺點，了解如何強化或處理前者，以及降低或避免後者。更有甚者，范還向達米安保證：聽了他的建議，就能讓自己的生活「更輕鬆」。對理髮師來說，改善顧客的生活，像是讓他們更好看，同時簡化達成有型外貌的方式，是工作中重要的一部分。他們想為顧客提供風格，而且是客人能天天自己輕鬆再現的風格。邁爾斯在理髮收尾時會對客人說：「你可以分線，但我剪過之後就不需要分了。」

理髮師除了告訴客人他們頭髮的情況，還會讓他們曉得如何在許可的條件下自己照顧頭髮。

馬克的椅子上坐了一位客人，此君一臉濃密鬍子，說想修剪。

「行。你希望我怎麼修？」

「我不知道。我喜歡這長度。我是希望鬍子看起來沒那麼……狂野。」

「好。我看到這邊特別厚（指著頜線）。但我們等等看，兩週後，兩頰鬍子也會明顯冒出來。不過我可以用剪刀處理一部分。我會在這邊稍做處理，之後我們再看。」

他接受馬克的建議。馬克把頭枕擺到椅子上，將椅子放斜，開始動手。

「鬍子怎麼留最好啊？」客人問，這時馬克才剛開始剪。

「看情況，」馬克回答，「要是你希望鬍子乾淨俐落，就用機器修（他拿出電推剪）。如果希望看起來自然，就拿剪刀剪。但這要多嘗試，有錯再改。你如果喜歡現在的長度，那就像我現在這樣用剪刀。這樣吧（把椅子稍微回正），你可以看看我怎麼做。」

馬克繼續為客人修鬍，當他修到客人臉上鬍鬚特別濃密的部位時，他會指出來讓他看，特別解釋他如何去「造型」。前來刮鬍或修鬍的顧客多半是將之當作放鬆，偶一為之。有些客人蓄鬍，像是馬克這位客人，卻不知道如何照顧。他來尋求建議，給了一扇透明的窗，讓馬克打開進去。對理髮師來說，修整與其他服務都是潛在的教學時刻，理髮師示範「乾淨俐落」與「自然」之間的差異讓客人看，同時也教他們如何照顧自身的毛髮。

我們可以想想這些例子，問個簡單的問題：這些勞動者對於這些顧客及其品味的詮釋是正確的嗎？有時或許是，有時或許不然，但答案並不重要。這些勞動者一舉手、一投足，彷彿自己對顧客與客戶行為、思考與品味的看法不會有錯。他們以自信的表現影響客人，形塑其消費經驗。

創造常客

我在某個週三傍晚走進死吧，那時他們才剛開門。菲爾跟我打招呼，幫我點單。幾分鐘後，阿弗瑞・格拉瑟（Avery Glasser，苦精匠〔Bittermens〕的共同創辦人，這間公司專門製作小批次苦精）進來和菲爾打招呼，拿了個小藥罐給他，裡頭裝滿自製的葡萄苦精。菲爾向他道謝，兩人聊了一會兒，接著阿弗瑞才下樓找死吧老闆戴夫講話。他請菲爾幫他保留三個吧台位，菲爾說好。幾分鐘後，一對三十多歲的情侶進門坐到吧台邊。

「我能給你點什麼嗎？」菲爾問男子。

「這個嘛，我想來點不同的。我想來杯能讓我想起地平線起起伏伏、天地連成一線的調酒，就像你在沙漠裡開車所見的那樣。」

菲爾沒以任何特定方式回答。他眼睛往上看，想了一秒，接著問女子想喝什麼。她點了水牛戰士（Buffalo Soldier），是一款酒單上的波本調酒。

調完後，菲爾將這兩杯酒放在這對情侶面前擺好的紙巾上。

「水牛戰士。還有，這杯給你，是我想辦法做的特調。」

的確，那杯特調彷彿雲翳，折射的吧台燭光為它帶來某種特別的波浪感。菲爾詮釋客人點的飲料時，把目標設定在掌握視覺描述上。

這張單出乎我意料。雞尾酒吧的bartender通常不喜歡客人的要求不明確，比方說能讓他們憶起某種感覺或視覺情境的飲料，就像這杯酒。有其他bartender曾告訴我，說他們討厭這種點單，所以我原以為菲爾會回類似「這我不調，等你真的準備好要點再告訴我」這樣的回答。但我後來才從菲爾那兒知道，這位客人是常客。身為店家的常客總是有點特權。[12] 雞尾酒吧這行除了格外注重客人，圍繞著自家獨特的產品與服務之外，在這一點上也不例外。勞動者與常客之間的關係也是雙向的。菲爾一般不會接受這種不尋常的點單，但他會為常客調，常客則得回饋對新調酒的看法。[13]

這些勞動者以創造常客為目標，覺得這是得到別人信任，從而教導之、形塑其品味，引領其進入品味社群時的重點。雞尾酒吧的bartender透過為顧客調製恰到好處的飲料——一開始就要對，而且得一直對下去——來獲得顧客的信任。所謂的開始，可從一杯入門調酒出發。正如西奧的解釋：「假如他們沒去過雞尾酒吧，有些調酒他們會不習慣。你知道一定有某幾種飲料人人愛喝。比方說從淘金熱（Gold Rush）開始。* 喝過第一杯之後，你就可以調些稍微複雜的飲料。『要不要再來一杯波本類的？』你端出紙飛機（Paper Plane），材料是苦甜酒（amaro）、波本酒和檸檬汁。** 接著一路往上。那些未曾體驗過雞尾酒的人會如何去體會？觀察他們的進步實在很有趣。」

對這些勞動者而言，「一路往上」是他們的服務式教育發揮作用的跡象。雞尾酒吧的bartender希望用一晚、甚至好幾晚來建立這個順序，從一種調酒再到另一種，直到顧客對品味有了新認知，習得新詞彙來討論品味，並且有望再度回到酒吧為止。bartender先從特定雞尾酒家族的飲料開始，接著由此開枝散葉，到達用料更複雜的層級。這當中的關鍵在於信任。托比說過：「你的酒吧裡受過薰陶的酒客越多越好。先試著精確拿捏他們想喝什麼，如果他們點了某種你不見得覺得好的飲料，還是為他們調製。但他們下回若再來，等你得到多點信任後，就能試著推他們一把。**接下來他們就是你的了**。我想我能代表所有曾經共事過的bartender，一旦有人對你在做的事情感興趣、想學習，那感覺真是妙不可言。這種人是你能遇到最好的顧客，你得讓他們知道往那兒走，尤其是已經準備好要走自己的路的人。」

獲得信任、創造常客所需的時間，會因職業而有不同。通常酒客一晚不會只喝一杯酒，有時候會喝到三、四杯以上。於是，bartender在與客人未來或許不會再相見之前，確實有幾次突破口，能教導他們、形塑其品味。要是一夜過去，他們能將喝伏特加的人變成喝威士忌的人，可是能令他們自豪不已的。但多數人不會每週剪髮。有人一個月剪一次，有人兩個月，甚至更久。新客人一旦剪完髮，理髮師不會知道他日後是否還會再度光顧。因此，理髮師通常會為初次上門的客人剪出相當中規中矩的髮型。但要為客人的髮型精雕細琢，就得來個好幾趟才行。

「第一次剪就搞定當然很好，」邁爾斯解釋，「但要是他們進門說，『你上次幫我剪的髮型我超愛，可是有一些地方我想調整』，那真是酷斃了。應該說，這才叫完美，因為我們現在對你想要什麼至少有點底了。『你想剪的是這樣，你是這樣告訴我的，我也照做，但你的意思其實是想要……』有點像做分析。類似半成品。等到剪第三次，我絕對可以清楚知道你想要什麼。」

理髮師在解讀初次來客時（舉凡：他似乎喜歡冒險？他從事哪種工作），會相信自己的直覺，也會力求貼近新客人的要求。這麼做，是為了建立與顧客的信任，期望他們會喜歡這種髮型，回流，甚至成為常客。許多理髮師對邁爾斯的「三度剪髮說」深信不疑。他的意思不是說第一次理髮在技術或風格上不好。不過，既然目標在於創造適合客戶的風格，甚至推動他們突破平日的風格，理髮師因此需要時間去了解客人的需求，以及他

---

* 淘金熱是種加了檸檬汁與蜂蜜糖漿的波本底雞尾酒，清新簡單。

** 苦甜酒是加了藥草的義大利利口酒，通常又苦又甜。紙飛機裡面也有加艾普羅，這種義大利餐前酒同樣帶苦味。發明紙飛機的人是奶與蜜的bartender薩米。

們的頭髮能與不能「做」什麼——畢竟每個人的頭型、長相與髮質都有差異。同時，顧客也需要漸漸信任理髮師，相信他們了解、也能帶來客人想要的造型。理髮師經驗與自信越是充足，就能越快為客人提供風格更不同、更具實驗性的髮型建議。

某天，魯本為他的常客麥特剪完頭髮，這是麥特第三次來剪了。兩人在剪髮過程中交流融洽。麥特留著一頭基本款的重量線（weight line）風格髮型：頭頂長，兩側稍短，頭髮在頭左側自然旁分。除了鬢角與後頸之外，魯本都是以剪刀修剪。

「謝囉，魯本。」麥特掏小費給魯本時說。

「沒問題，兄弟。下回搞不好我們可以來點什麼……不同的。」

「呦？例如？」麥特問。

魯本看了看他的頭髮，想個一秒。

「或許在後邊做點花樣，因為你現在留的方式，要麼留長，要麼就原樣。你好像有一兩處牛舔毛？可以用來做分線。」

「我應該只有一處，這邊。」他指著說。

「下次我們把這邊弄濕弄散，梳開看看是不是還有其他分線。」

麥特同意，然後離開。大概六週後，他再度上門，但要求剪同樣的髮型。再下一次卻有了變化。

「我覺得很膩，」魯本邊幫麥特圍上圍巾邊說，「我對你的髮型很膩了。」

「那我們可以試試不同的。」麥特說。

魯本隨後不停梳著麥特的頭髮，一下從鏡子裡看，一下子到他面前低頭看。

「你試過改誰的分線嗎？」他問隔壁剪頭髮的喬伊。

「有啊。怎樣，他有假分線？」

「我覺得有。」

魯本隨後把麥特的頭髮全數梳往另一邊，好有點想法。他又梳又檢查，自言自語：「不，問題在這。所以你才會這樣剪。」

開始剪髮後，兩人聊起音樂。幾分鐘過去，魯本開始用電剪推兩側頭髮，過去幾次他都沒這麼做過。

「那個，你用的定位梳是三號嗎？」麥特問。

「四號。到最最最底才會用三號。之所以拿四號，是因為我不希望這邊〔他指著新分線那側〕出問題。拿四號比較不容易出錯。」

理髮跟垃圾話繼續進行。魯本完工時，拿起手持鏡讓麥特從不同角度看後面與側邊的頭髮。由於魯本用了電剪，側邊頭髮現在短了許多，分線也換到另一側。他利用電剪改變分線，避開問題區域，創造出更多漸層，讓麥特的髮型改頭換面——雖不算劇烈，但很明顯。

「帥耶。」麥特說。

「我把底推得超短。」

「我有注意到。」

「我原本有點擔心，不過只要你留著這條新分線就行得通。你仔細看，這整個輪廓多順、多俐落？只要上面頭髮夠長，其他地方就可以短些，而且這髮型不必抹東西。」

麥特在魯本掃地時起身付錢。當麥特回頭拿小費給魯本時，魯本搖搖頭。

「改分邊。我不敢相信自己竟然這麼久才想到。」

「是啊，你這廢柴。我沒法相信你竟然這麼久才想到。」麥特故意說反話。

「喔，對啊，我花了一年才想到。但你頭髮一輩子都長在你頭上。現在是誰比較廢？」

兩人一起大笑。

等到剪第三次時，魯本已經將麥特視為常客，而且也掌握了麥特頭髮的特色。魯本身懷十年理髮經驗，對於自己的能力，以及與顧客建立關係該從何處著手都有信心。這種情況對他們倆都好。魯本如今能提供麥特真正想要的，他也假設麥特信任他，認為他能持續提供自己想要的髮型，對自己誠實，驅策自己超越現有的風格（只要他真有好奇心，想讓人驅策——這不是所有常客、甚或其他行業店家的任何常客都能接受的），又不會走偏了風格、失去自我。麥特放手讓魯本推自己一把，進而證實了魯本的假設；魯本也讓麥特有了自己喜歡的髮型，從而證明他選擇信任魯本是對的。魯本得以運用自己的功夫與風格意識，麥特則獲得新髮型（與新的風格意識），也學到如何重現這個髮型。雖然將近一年剪了數次頭髮才走到這一步，但畢竟還是發生了。

切肉師要獲得信任、培養出常客所需的時間，介於bartender與理髮師之間。顧客得回家煮了肉之後才能評價其品質，品評這肉是否好煮，以及切肉師告訴他們的資訊（嘗起來如何、怎麼調理）實不實在。他們不見得隔天就會回來光顧、甚至未必會在一週內回頭再買另一塊肉（有些人會），但只要他們喜歡，或許不會像理髮間隔那樣，過了四到六週才來。切肉師在創造常客的過程中，會運用與bartender和理髮師非常相似的技巧與言詞。狄克森在翠貝卡好物多市集的臨時櫃就是絕佳例子。由於櫃點不大，銷量也不多，現場通常只會有一名職員值班。我在某個週四過去加入萊娜的行列。

「我剛來這裡值班時，傑夫和黛娜告訴我只賣里肌就好，因為大家都會買里肌。」萊娜邊說邊切去里肌肉上的一些棕斑，好讓肉更顯紅潤。「他們叫我別期待能賣掉側腹橫肉或別種肉。現在呢，我有賣側腹橫肉、羽花，甚至連骨髓都賣，只是大家買骨髓多半是用來餵狗。」

「你是怎麼突破顧客只買同一種肉的想法？」我問。

「跟他們講話就對了。只要他們信任你，你就能讓他們嘗試新東西。『有一位客人買了這個……』說些能領他們入門的東西。」

一整天過去，三位接連進門的客人讓肉店職員展現如何創造常客，以及一旦來者成為常客後如何與他們互動的技巧。

一位中年女子走向櫃台，點了兩塊肋眼和一塊豬肋排。冷藏櫃裡有兩塊肋排並陳，骨頭相對，看起來就像左右括號。

「我有兩塊。你想要靠近肩膀的，還是靠近腰的？」她問。

「嗯……」顧客發出猶豫的聲音。

「靠肩膀這邊比較肥，靠腰那邊瘦一些。」

「那我買腰。」

一名推著嬰兒車的女子來到櫃點前，盯著展示櫃。

「想問什麼問題嗎？」萊娜問。

「我試著回想上次我在這裡買的肉。那塊你說四邊都要煎過的肉叫什麼？是上後腰嫩蓋（culotte）嗎？」

「沒，那叫肩里肌內側（zabuton）。但上後腰嫩蓋是很好的里肌替代品。」

「會比較肥嗎？」

「這麼說好了，肩里肌內側大理石油花比較多，上後腰嫩蓋則有肥上蓋。就脂肪來說，這是兩者唯一的不同。上後腰嫩蓋是上後腰里肌的上蓋肉，紋理跟紐約客非常類似，是取自牛的後腰部。肩里肌內側和這邊的去骨小排（她指著展示櫃）的肉有種伸縮口感，但上後腰嫩蓋不像這樣，比較緊實。通常超市買到的上後腰嫩蓋都還連在上後腰里肌上。但肉塊的質地差異很大，上後腰嫩蓋雖然來自上後腰里肌，可是味道也很不一樣。」

女子點點頭說：「那我要兩塊上後腰嫩蓋。」

華裔中年男子梅爾也是萊娜的常客。他也來到櫃點。

「上次的培根如何？」她打完招呼之後問道。

「美味。」

「你怎麼用？」

「煮義大利麵。」

接著兩人聊了些食物的事，尤其是比較肥的肉品。他們講到豬的直腸跟大小腸，以及華裔和拉丁裔料理這些部位的不同方式（萊娜是華裔和古巴混血，對兩者都有經驗）。

「那些東西我沒那麼愛。」梅爾說。

「有些我愛，有些不愛，但不愛是因為味道，而不是因為模樣。」

對話漸漸轉移到他們喜歡與不喜歡的中式點心，直到另一位客人上門才稍停。萊娜招呼完來客後，兩人繼續方才的對話。

「羊肩排跟前腿排差別在哪兒？都是瘦肉嗎？」梅爾提問時，目光同時掃過展示櫃。

「肩排比較肥，風味更濃。我喜歡味道重一點的。」她說。

「我也是。那我買三塊肩排。」

這三位客人各自身處「引進門」的不同階段。萊娜透過提問第一個問題的方式，教導第一位客人不同類型豬肋排的些許知識，客人看起來並不知道。說不定，她覺得肋排就是肋排。這位客人從未想過要問這個問題，而萊娜就此提供資訊。運氣不錯，這種額外知識讓客人進了門。萊娜後來告訴我，第二位客人以前來過，而且嘗試過像是肩里肌內側這類少見的部位，是萊娜介紹給她的。萊娜為她詳細解釋肩里肌內側與上後腰嫩蓋的差別（比對一般客人更詳細），也跟紐約客等常見部位做了比較。這名女子顯然按照萊娜上回建議煎肩里肌內側的作法，但忘記部位名稱反而讓萊娜有機會更加深入。最後一位客人則已經引進門了。[14] 他懂肉，知道如何料理，對罕見部位也很好奇。他每週至少光顧一次，跟萊娜一樣熱愛食物，而且有共通的出身背景，因此建立起了輕鬆的朋友關係。萊娜沒有像先前講解肩里肌內側與上後腰嫩蓋時那樣，對梅爾提供羊肩排與羊腿排差別的詳細資訊。這些資訊對常客來說不見得有必要。

「創造常客」能讓這些勞動者有滿足感。但最好、也最常見的獎勵還是「情感小費」，也就是勞動者因為產品與服務而得到的好評。[15] 這是內在的獎賞，對他們的工作也是肯定，而且可以得自任何他們服務過的人，無論來者是常客或首度上門。前述三種工作場所的勞動者在談到滿足客人需求而獲得的感覺時，都有類似說法。我問這些勞動者最喜歡個人工作中的哪個部分，而他們的回答都圍繞在與顧客互動時，對方因為得到特別服務與文化知識的反應。bartender傑森說：「第一次嘗到你為他們調製的飲料時，他們都會有個耳目一新的片刻，眼睛都亮起來了。他們會說『哇！這才叫好酒』。一切都是為了追求這個瞬間。」我問傑夫，他喜歡切肉師工作的哪一部分，他則說：「我最喜歡的是幫助顧客特別切出他們需要的部位。像是他們來找我，知道自己打算怎麼煮、怎麼吃，或者有多少人要吃，知道自己希望上桌時是什麼樣，但不知道自己確切要買什麼。這時我會回『噢，好，就你想做的菜來看，最合適的就是這個，我會這樣幫你切』。這工作從頭到尾都是客製化，真的超酷，跟我賣展示櫃裡早就切好的肉感覺很不一樣。我要是跟顧客對話，內容就像『我不是很確定要買什麼，但我想慢燉，要給幾個人吃。牛肉豬肉都好』。是這部分讓人興奮。我會開始想，冷藏庫裡有什麼？哪種肉可以讓這客人的賓客刮目相看？肉要何等大小才適合他的燉鍋？就是為客人量身設想如何烹調或怎麼吃，這些部分都是。」

最後，我也問布雷特覺得最喜歡理髮工作的哪部分。他說：「也許是讓大家對自己更有自信吧。多數時候，他們會自信滿滿走出店門。他們想看見自己最好的一面。這大概是我開始當理髮師的原因——我有把握能讓朋友更有自信。理髮就是要讓人對自己感覺更好，所以才會有句老話說『外好，內就好』。你確實有了自信。走出家門，買件新外套、新上衣，就會覺得自己心情好。像你的頭髮，不管衣服怎麼穿，頭髮一直都在你頭上。你可以穿最高檔的時尚品牌或牛仔褲T恤——只要頭髮好看，就能與眾不同。**知道**這一點，正是讓人自信十足的原因。他們有自信，是因為他們好看，而且**知道**自己好看。去分析某些髮型，把頭髮剪到讓他們看起來最完美，或是感覺最完美的地步。」

也就是說，讓客人開心的不只是產品或服務的品質。這些勞動者將「產品與／或服務之所以高級」背後的道理傳授給自己的顧客，而這種道理對他們的好心情也有貢獻。

因應挑戰

這些例子顯示，勞動者與顧客的互動性質雖然看似私人，交換過程中傳遞的也是更為量身打造的服務與／或產品，但勞動者的行事依然遵循著某種腳本。然而，這種腳本並非企業導向的行為準則，而是勞動者根據品味社群中的哲學，為自身職業社群與店家營運所建立的文化腳本。在雞尾酒吧工作的bartender有許多必須牢記在心的酒譜，然而客人一旦表達自己想喝什麼，bartender還是會仰賴屢試不爽的調酒（亦即許多口味類似的人都會喜歡的飲料）與既有範本，為客人調製。理髮師會在一開始討論與提供建議時，明確點出顧客頭髮與頭型的特性，但許多髮型都得遵循同樣的理髮程序，而大多數髮型都需要一套相同的步驟才能剪成。切肉師會擺出數十種肉塊，但客人如果說自己晚餐想煮什麼，以及／或是想如何料理時，選擇就會立刻減少。情勢有時會限制他們按腳本做事的能力，例如特別忙碌時，或有客人堅持來點特別的東西（就像老經驗的顧客）。[16]不過，他們通常還是能按部就班運用腳本，一邊服務，一邊教育顧客。這些勞動者身為博學多聞的專家，自然有其自信與地位。他們期待跟顧客的交換能輕鬆愜意，尤其是和那些不確定自己口味，或是不確定自己想要什麼的顧客。換句話說，他們期待顧客在互動式服務展演中扮演好他們的角色。要是顧客不按照腳本走，挑戰他們的專業，不聽他們的話，他們也會感到挫折。這類舉動對他們身為專業勞動者的自我認同是一種挑戰。

一名女子走進狄克森肉舖問查理：「你們有熟雞肉嗎？」

「有，這邊有烤雞。」

「是有機的嗎？」

「不是，是全天然、不施打荷爾蒙，來自本地農場。但不是有機。」

女子臉上掛著擔憂又困惑的表情。「那是什麼意思?」

「這答案可以詳細,也可以簡短。簡單來說,農人一開始做有機農業,大家對『何謂有機』也各有規則。後來政府說,『有機好啊,咱們就來做吧』,把農夫定的規則搞得複雜上千倍。很多小農不想花錢搞認證。至於詳細的答案,我得看書才知道。」

「噢。所以這些雞肉品質好嗎?」

「非常好。」

女子看來還是充滿疑慮。她往後退了幾步,視線朝下看著展示櫃裡的肉,稍後便慢慢走出店門。查理望向我,搖搖頭。我問他,是不是常有人問他這個「有機」問題。當時我才剛開始實習,所以這問題我還是首次聽到。

「每天。有些人連我們說的都沒聽完就走了。」

「『有機』這個詞這麼威喔?」

「對,只要聽到我們沒賣有機產品,他們就走了。這種人根本沒概念。某些喜歡烹飪的人會接受新想法。你也知道,有些人就不是這樣。他們只是想用買來的肉去做他媽的烤肉。這種人沒救了。」[17]

對於整體肉品產業,以及食品世界裡類似「有機」這種可能造成誤導的標籤,狄克森肉舖的人抱持的是批評態度。全隻肉舖以小農為其販售肉品來源,但小農無力負擔USDA昂貴的「有機」認證標籤。對這些肉店的勞動者來說,一紙標籤毫無意義。了解農人、了解他們如何飼養牲口才是一切。但是,無論對每位顧客的品味真實感受為何,他們都得用傳遞知識的方式與顧客互動,而非批評。就這一點來看,他們就像身兼文化專家、知道何謂好音樂的職業音樂人,儘管討厭聽眾的品味與要求,但還是會演奏同樣的流行歌給大家聽。[18] 肉店職員期待顧客在聽他們解釋這間店支持的理念時能虛心接受。那些「沒概念」、沒有在互動過程中適當扮演其角色的顧客等於「沒救了」；他們會繼續保持不良的飲食習慣，對肉品有錯誤看法，品味也很「糟」。

跟肉店一樣，雞尾酒吧也會碰到「沒概念」、不照點酒腳本走的客人。這種客人也會試著「雞敗」（out-cocktail）這些熟稔雞尾酒的bartender。比方說，我一直到當晚之後才曉得，菲爾那位點了調酒，說要讓他想起沙漠中地平線的客人其實是常客。他未按腳本點單，所以我一開始很訝異菲爾面對這種愚蠢的要求，竟然沒有反唇相譏。是夜稍晚，我在奶與蜜和米奇聊到這件事。聽完我方才目睹的故事後，他翻了白眼，搖搖頭。「這真他媽的煩，老兄。跟我說要甜、要酸不就得了。我也不喜歡客人要我像一九一六年那樣調杯雞尾酒什麼的。」

每當接受口頭點單，或是顧客要求酒單上沒有的東西時（這有各種講法，有人叫「bartender特選」，也有人叫「丟硬幣」），bartender可以表現得就像把上百種酒譜背得滾瓜爛熟。客人給一兩個提示──「我喜歡波本」、「我不喜歡苦味」──接著，來，bartender就變出了一杯調酒。由於雞尾酒吧的bartender周圍總有天花亂墜的誇大言詞環繞，他們因此也予人一種似乎知曉各種雞尾酒的印象。不過，bartender雖然在反覆調酒的過程中記住許多種酒飲，利用這些作為變化的起點，也研讀相關書籍，但還是免不了得抄捷徑和找救兵。他們會輪換幾種基本調酒，通常也就是他們覺得多數人喜歡的入門飲料，也會看書、看筆記，甚至是存在手機裡的小抄，還會問其他同站吧台的人。要是忘了某種飲料、酒譜，或者需要建議，他們甚至會傳簡訊問bartender朋友。但有些顧客會刻意挑戰他們所謂「萬事通」的專家身分，而bartender最討厭試圖為難他們的客人。在PDT工作的bartender約翰想起自己碰過的某個客人。「我跟其他bartender對罕見的雞尾酒有相當廣泛的知識，但就是會有那種客人上門、但我只記得酒名的狀況。像之前有個客人想點某種日本雞尾酒。我知道要用卡帕諾（安提卡香艾酒）跟裸麥威士忌，但想不起比例。結果那傢伙不爽。我說，『等等，我有薩伏依雞尾酒手冊（Savoy Cocktail Book），讓我翻一下』。他說，『不！你不該看書。你應該用腦子記清楚才對』。我回，『是的，真抱歉。我對調酒知道的算多，但我想不起精確比例。我知道裡面有哪些材料，也能調出我覺得該有的味道，但我寧可幫你調出一杯名符其實的飲料。所以，先讓我看個一秒鐘』。那傢伙居然發火了。」

網路上這麼多調酒相關資料可找，bartender太容易碰到客人要求點罕為人知的酒飲。客人此舉跟點單行為背後的文化腳本相衝突，還會削弱bartender的權威。約翰試圖為客人調出比例正確的飲料，對bartender而言，他這種做法比背下所有飲料的酒譜來得重要得多。

理髮師能傳授客人許多事情，例如在剪髮時談他們的髮型、如何讓他們自己重現造型，以及提升個人整體外貌。但理髮師會從兩方面遭到客人的抵抗。由於男人的自我觀感與外貌上的自我期許會在理髮店產生作用，理髮師常會面臨客人的古怪要求，或是他們認為出現在客人頭上會不好看的要求。他們會嘗試將顧客的想法引導到比較好的方向。生物學在此常能發揮效果，甚至構成種族基礎的身體特徵也是。麥可之前就說過：「我們又不會改造基因。」

「事情有分我辦得到跟辦不到的，」索林說，「我認為自己很能表達這一點，但還是有人不想聽我講。有些人**就是不想聽**。我講個例子給你聽。之前有個亞洲人來店裡，他每次上門都會給我看萊恩．葛斯林（Ryan Gosling）的照片。我說，『老哥，這樣太困難了啦。人家是白種人那種**細軟**的高加索髮質，你的是釣魚線』。他頭髮真的就跟釣魚線從腦袋上長出來一樣，但這完全沒問題。他有一頭濃密漂亮的黑髮，而且不會禿頭，完全不會變，會一直黑黑亮亮到他一百一十歲那天。但他一輩子都不會有那種白人頭髮。百分之百不會。可是他每次都要挑戰。我只好說，『好吧，我試試』，真是喔……但不可能就是不可能。」

「結果你怎麼剪？」我問。「你要怎麼克服問題，試著讓他們了解，比方……？」

「我努力讓他滿意我剪的髮型。其實我應該說服他剪別款，但就是行不通啊，他就是聽不進去。他念法學院，我敢說他自我感覺超良好，大概認為自己聰明絕頂吧，我也沒打算要他改變態度。他也許真的聰明，但很多事情根本不懂，等他年紀漸長就知道了。他大概二十三、四歲，就是不懂。我試著跟他妥協，你懂吧？我盡我所能看他喜歡什麼風格，用他希望的方式來剪，試著把他的頭髮按照他認為會好看的型來弄，不然呢？說真的，我覺得他看起來像瘋子；這人瘋了。這意思就像你〔他指的是我〕上門，然後說『我要黑人捲，我要黑亮黑亮的頭髮，我要弄超捲的小捲』。我只能告訴你，『沒辦法。這我就是辦不到。這樣吧，你也許可以去某些沙龍，人家可以用化學方式處理你的頭髮，染啊、燙啊搞出那些名堂』。重點是，我沒時間，我也不想管那啥鬼的，而且你留起來會超難看。」[19]

客人若是第一次來，理髮師會剪基本型，主動提出的建議也有限。人家越信任你，你講話才會越直接。不過，就算面對的是新客人，只要對方的要求多少是不可能辦到的，通常理髮師也會直說。他們能感覺是什麼導致顧客不聽話，不願接受建議。以索林的這位客人來說，他覺得是「自我感覺良好」加上「年輕」的關係。客人通常很能接受理髮師在討論及剪髮時所提供的知識與風格建議。理髮師對於客人「應該」如何處理自己的頭髮可說是專家，但有時還是會感覺到客人拒絕他們的建議；此舉既傷害他們身為專家的地位，也強化了他們認為客人沒有安全感、猶疑的看法。

某天剛過中午，一位名叫克里斯的高瘦男子坐進范的理髮椅。

「好，咱們怎麼剪？」范問。

「我希望看起來清爽點。兩側跟後面剪短，上面要打薄。頭髮感覺都糾成一團了。」

范站在椅背後，一邊從鏡子裡看他，一邊繫上圍裙。他用手指撥弄克里斯的頭髮，馬上問：「你是不是天天都用洗髮精洗頭？」

「對。」克里斯說。

「所以才會揪成一團。那不是你的頭髮。你頭髮又粗又捲，因為你天天用洗髮精，這上面的頭髮才像菜瓜布。我接下來要跟你講實話，我要是不告訴你，我還能多賺十塊錢。但我要講的能讓你日子更輕鬆，所以非得告訴你不可。」

范接著為克里斯講了一段洗髮精與用洗髮精洗頭的歷史，並且解釋：因為他的波浪捲髮有魚鱗狀的毛面，應該避免使用洗髮精，免得洗去天然油脂。他還會用「是死是活」來形容頭髮——讓頭髮自然生長，那就活；要是用太多洗髮精，那就死。范以一個問題作結。

「你有頭皮屑吧？」

「有。」

范撥開克里斯頂上的頭髮。

「你的頭皮因為氨、酒精、醚、鹼水、硫酸鹽的刺激，整個都紅起來了。我極度建議你別用洗髮精，這樣的話，大概過個三天……」[20]

「**完全**不用嗎？」克里斯不可置信。

「**完全**不用！你這輩子都不需要洗髮精。但你的頭這三天會超癢。大概到第四天，你接著會開始有頭皮屑。很小塊那種，不是一大團、能用指甲摳下來的那種。你會有一點點屑，大半顆頭都會有。接著，你會開始結一點點痂，因為你頭皮已經受損太嚴重。你應該一直用去屑洗髮乳，對吧？」

「我用海倫仙度絲。」

「所以嘛。頭皮屑是乾燥的皮膚，你因為有頭皮屑，所以用海倫仙度絲。海倫仙度絲每一款都是兩倍重的洗髮精。普通洗髮精把東西洗掉，海倫仙度絲洗掉的更是人家兩倍，導致你整個毛髮鱗片完全乾掉。就是這樣你的頭才會這麼紅腫，因為你用了兩倍的洗髮精。但只要一個月，你的頭髮就會變得很完美。你再也不必用洗髮精洗頭。剪髮間隔時間可以拉長兩倍。你不用擔心打薄，你頭髮很濃密，這是好事，但它們會服服貼貼，看起來會很完美，感覺會很水潤。之後給你的感覺才像頭髮，跟菜瓜布完全不一樣。你現在如果還是想洗，可以每週洗一次。但以你的頭髮來說，我不建議。」

「為什麼？」

「因為你頭髮的鱗片層都外露，都翻起來了，洗髮精很傷你的頭髮，會給你製造麻煩。如果你想洗頭，需要的只有這個〔對著鏡子舉起梳子〕。用這個跟水就好。」

「那，比方說，造型產品怎麼辦？」

「一樣，大多數啦，造型產品有百分之九十都是塑膠，所以你的頭髮看起來才會像你開始在上面加料之前的樣子。但大多數的髮品都可溶於水，總之你不必太擔心這個。」

「塑膠？」

「塑膠啊。好，我知道這些鬼話聽起來真他媽的瘋，我敢說，有百分之十到二十的人都覺得我腦袋有問題。但我說的絕對不會有錯，要是我不這麼說，那才是錯的。」

克里斯全程都盯著鏡子裡的范，表情介於擔心與不信任之間。范剪起他的頭髮，幾分鐘沉默過去了。

「我以前從沒聽人這麼說過。」克里斯搖搖頭。

「當然沒，你怎麼會聽過？」范說。「我以前在切斯伯勒—旁氏（Chesebrough-Pond's）做產品研發，幫他們開發產品：染髮霜、洗髮精、潤髮乳，通通都有。旁氏幾乎什麼都做。人家不只生產髮品，你吃的食品、買的衣服有一半都是他們做的。* 那些雜誌、電視節目、電影最大的贊助商就是這些大企業，它們旗下最賣的產品有些完全是吹出來的。這生意是好幾好幾十億在賣，洗髮精跟美髮產品這些都是。雜誌投最多廣告的就是它們。所以它們怎麼會告訴你？人家就等理髮師告訴你，像我這樣，反正我這樣做只是損失錢而已。講實話跟賺錢衝突，但至少我良心過得去。我覺得你這樣做才會開心。」

幾分鐘後，克里斯問：「頭會癢多久？」

「大概一個月。」

「我**非常**懷疑。」

「哪裡懷疑？」

「不知道耶。我從來沒聽過這些，完全沒。」

「聽我的，這些話我又不是**只告訴你**。」范說。「我們一整天、每一天都在跟客人講，這也是為什麼我們會有口碑。因為這裡是要幫你，而不是要賣你產品。很多地方是開來賣產品的，因為賣東西比剪髮更好賺。那些是輕鬆錢，剪頭髮我們還得耗費體力。我們是要告訴你，不必買那些產品。」

頭髮一剪完，克里斯就說他會考慮放棄洗髮精。

「你得堅持。這不是一週就能解決的事。」

「我試試。」

幾分鐘後，范的椅子坐了一位名叫內特的客人。范把關於避免使用洗髮精可如何改善髮質的類似對話又講了一遍，但沒有像他給克里斯那麼多的細節。

「理查，最近怎樣？」跟客人討論完後，范跟我打招呼。

「還行。你的前一個客人呢？」

「你看，我講了這麼多，結果他讓我多沮喪？他一講『我非常懷疑』〔以抱怨的語調說〕，我都想拿刀往他耳朵捅下去了。」

「呵呵，他很懷疑。」我說。

「幹，你是在玩我嗎？都講那麼多了！所以我就盡量不講，像你剛看我開始跟他講洗髮精那樣，我覺得自己沒辦法再講一次，結果他也說『我不相信你』。你說你不相信我是什麼意思？我**不要**賣你洗髮精。**不賣耶**！我是**不**讓你給我錢耶！」

「我猜，他太習慣有人叫他一定要買什麼。」

「就是這種人真讓我他媽的超恨，超恨人類。好啊，你從電視上看到的就一定是真的。有**專業的人**跟你講，幹他就是瘋子啊。我**掏心掏肺**耶，你覺得我幹嘛這麼做？因為我知道他不會相信我。但我態度還是，『不行，我要改變這傢伙的想法』。『我非常懷疑。』好喔。白癡。」

理髮師會試著讓客人的生活更輕鬆，范就是希望克里斯也能這樣。范有理髮經驗，又有開發美髮產品的背景，一旦顧客的頭髮因為洗髮洗出問題，他常會跟他們分享自己對於洗髮精的知識。范意在讓客人了解，他們既能有更具風格的髮型，同時還能減少在上頭所費的功夫。他的建議與這間店的陽剛氣息相符：男人沒必要因

＊切斯伯勒—旁氏生產凡士林、旁氏身體乳液、棉花棒和Ragu牌義大利麵醬等商品。聯合利華（Unilever，跨國消費性產品巨頭）在一九八七年收購了切斯伯勒—旁氏。

為過於打扮而損及自己的男子氣概。不過，這也與店裡產生的情緒勞動相違背。理髮師身為充滿自信的專業人士，他們認為自己通曉可行與不可行的頭髮處理方式，以及顧客該如何照顧頭髮，才能達到他們渴望的外貌。客人不相信或拒絕接受建議時，理髮師多半聳聳肩就算了。但在這個例子中，范沒有放棄，他直接與之對抗。不過，即便成效不明顯，也不會影響理髮師以同樣的方式對待後續的客人，就像范對緊跟著進來的內特那樣（只是講的內容沒那麼詳細）。他們的信心依舊未見動搖。「沒成功」反而會讓理髮師把不相信他們大好建言的客人重新分類。以這一回來說，客人從「迷茫」變成「白癡」。（無獨有偶，查理也將那位不聽他對「有機」一詞解釋的客人重新分類成「沒救了」。）

許多服務業勞動者的沮喪、怒意與任何負面情緒，乃源於必須處理個人或是其顧客的情緒，抑或是源於工作的「爛」條件。但這些新型菁英勞動者不然，他們的負面情緒來自於自身權威與專業遭到質疑與挑戰，來自建議遭到無視。在獨特工作場所購買人道肉品與消費精調雞尾酒等產品，以及完成精心設計的髮型等服務——對這類勞動者來說，這一方面是銷售、給予顧客，為顧客而製作，但另一方面也是為顧客而進行的展演。既然這些勞動者必須對自己的文化套路很有一套，顧客同樣也得是同等「識貨的消費者」。這些勞動者有時能成功教育、訓練顧客與客戶，讓他們知道在品味世界中應該如何行事與思考，然而勞動者有時也會失敗。菁英勞動者對於自己銷售的產品、提供的服務與灌注的知識之「好」、之「正確」擁有絕不動搖的信心，正是這種信心才讓他們不斷透過服務來教育顧客。

第八章

入行之後

Chapter 8: Getting the Job

「你耳朵太貼，我推不出直線。」傑森跟客人開起玩笑，但口氣緊張兮兮。

弗里曼為剪一般髮型預留的最少時間是半小時。方才那半小時裡，傑森一直試著幫客人（剛好是他室友）剪頭皮漸層，也就是用電剪推出短髮漸層，一路隱沒到頸部。修完客人頭頂和前額的頭髮後，傑森開始從耳尖嗡嗡嗡繞過後腦，理出一條線，但這條線顯然不直。他緊挨著那條線再試一次，但還是有點歪。這下子，他室友後腦就有兩條歪掉的線了。

「你把頭髮剪爛了。」邁爾斯說。他在店裡的位子恰好在傑森的斜對角。

邁爾斯一邊照顧自己的客人，一邊用眼角餘光從面前的鏡子掃向傑森那邊，不時更直接轉頭看。理髮師鮮少會在還有客人時品評彼此的工作。要是這麼做，就表示椅子上坐的是理髮師的朋友，而他們希望自己的評論有建設性。邁爾斯運用店裡的潛規則提供協助，傑森對自己的表現感到難堪，便也接受了。

「用點的！電剪點到為止就好。」

「我不會點。邁爾斯，你得讓我看看怎麼做。」

「把電剪翻過來。」

傑森於是把電剪翻過來，開始換個方向推，效果看起來確實比較好。

「沿著線推。」邁爾斯提點他時還邊剪著自己客人的頭髮。

「所以，是從線開始做漸層？」

「不然你怎麼剪漸層？」邁爾斯以一種「你在跟我開玩笑嗎？」的口氣說，撇頭以示強調。

「我又沒你那麼強。」傑森的口氣半玩笑半認真。

邁爾斯擱下自己的客人，走向傑森。傑森把手上的電剪交給邁爾斯，邁爾斯則讓他看看如何順著線輕推。

邁爾斯是左撇子，手腳快速又細膩地製造出高頻的嗡嗡聲與嗞嗞聲。他站開一點，好讓傑森可以細看。

「就這樣弄一圈。」

范一直在收銀台那兒看著。他舉起手，手指敲敲腕上那只隱形的手錶。

「我還有一小時啦！」傑森用這句話回應范挖苦人的「時間就是金錢」手勢。

邁爾斯剪完手邊客人，走到我旁邊。他向我解釋說漸層的起點太高。傑森這時注意到我們。

「什麼？你們在講我？」

「哪有？好啦，對啦。我在跟他解釋你在做什麼。」

「怎麼是跟他講，跟我講才對！他要寫書，我在學剪耶。」

邁爾斯和我靠近些，他仔細指導傑森。傑森問了許多問題，不停表示有這麼多人在看，他會緊張。

等到終於剪完，他吐了口大氣。「好啊你們，我回去刷油漆好了。」

隔天，邁爾斯和我在隔壁餐廳喝咖啡閒聊。我提起傑森剪的頭髮。

「他為什麼會剪不好？我是說，他看起來就像……」

「傑森是完全新手，才初出茅廬。我記得他剪髮時間總共才六個月。」

「哦，哇。」

「這不算久。六個月，全職，站著工作，處理一個接一個的客人。他之前是實習生。[1] 他會整天在店裡轉來轉去，晚上剪一次頭，或許兩次。這有點像健身。比方有人叫你做二十五個伏地挺身，你做得動。但二十五下做三組可就有難度了。」

「當然。」

「他現在經歷的就有點像這樣，對吧？總之，他來到店裡，試著跟我們打成一片。接著他在店裡工作，時不時就出點錯。這很怪。我還記得那種感覺，就像你剛起步、不想把事情搞砸，尤其像我這種個性的人。傑森是個很棒的理髮師，我認為他會成為了不起的理髮師，因為他對自己的技藝超級認真。他做這行不是為了錢，是真心想把頭髮剪好。但只要你開始注意到自己對某種髮型失去掌握，就會越來越緊張，偏偏緊張又會讓你搞砸，你說是吧？」

「有點像一下雨就是滂沱大雨，大概……」

「就是。不知道你有沒有發現，我一站近，他就說『我現在就想回家』。」

「是，沒錯。」

「他沒在開玩笑。」

「他準備好要走人，才會說像是『就這樣，我要回去刷油漆了。』」

「沒錯。」

「我很過意不去，」我說，「跟你說，我只是想看看發生什麼事，但我覺得自己這樣看他，害他又更緊張了。」

「哪有，主要還是我的關係吧？更何況，他在剪的髮型是頭皮漸層。」

「也是。」

「頭皮漸層可能是最難剪的髮型。或許我又讓他有額外壓力，因為我還跟你說以前我待家庭理髮店剪的全都是頭皮漸層，你懂我意思吧？就只剪頭皮漸層，頭皮上梳，都剪得直直的。所以我練最多的就是這個。當時我確實覺得這很容易，因為我練超久。反過來說，長髮我大概就沒那麼擅長，因為我很少剪長髮。但范一輩子都在沙龍，所以囉，傑是范的徒弟，范展現了他的強項。傑現在對長髮真有一套，但他也想練好短髮。他每一種都想學好，你懂吧？但范的態度像是，『這行的精髓在長髮，不必擔心短髮，短的那些容易啦』，所以他從來沒有真正練過。傑森喜歡剪短髮，一旦他搞砸，尤其是搞砸自己朋友的頭髮……還好是他朋友。」

「真的，還好是他朋友。也是，那傢伙感覺挺淡定。」

「對，對，嗯哼。他只是有點嚇到。只是，有時候得別喪氣，繼續做下去，對吧？頭皮漸層很難剪的。」

四天後，我在傑森的工作空檔向他提起此事。我還是覺得要跟他道歉，並非故意站近害他更緊張的。他愣了一下，才想起那件事。

「喔，不是啦，當時因為是自己的朋友、我又剪成那樣，就慌了。再加上我跟他同住，得天天盯著他瞧，結果上星期我就真的一直盯著他腦袋看。其實看起來倒也還好，只稍微推高了一點點。沒事啦，不是你的錯。不過邁爾斯也讓我分心，因為他會盯著我，我又想試著去看他是在看哪裡。你知道，我還是新手，無法面面俱到。我幫室友剪髮老是會出狀況。」

「你常剪嗎？」

「幫他剪嗎？對啊。因為他想要超級短的漸層，我也希望他髮型完美。我對自己很嚴格的。」

●

本書四種職業中的每一種，需要的都不只是「看起來好，聽起來對」。[2] 一旦這些勞動者得到工作機會，決定將之當成事業去投入，他們就會效法那些在工作場所與職業社群中制訂職業文化套路的人，以相同方式展演這些套路。上述套路是受到「符碼」（codes）保護的，而構成符碼的，則是一套行為與對行為的期許，而這種期許又關係到從業者勞動與互動時的舉手投足、他們對自己的工作與整體產業應有的知識涵養，以及在工作中為了成功展演而應遵循的工作方式。[3]展現專業技術只是套路中的一環，而技術只能透過練習來精進。例如傑森，他承認邁爾斯的經驗比自己優秀。他知道自己會剪髮，但也知道自己是新手，技術水準在特定情況下會有波動，例如剪髮對象是自己的朋友、處理具有技術挑戰的風格，或是有經驗老道的理髮師在看著他剪髮時。傑森知道，只要有付出，加上他人幫助（邁爾斯會幫他，因為傑森展現出自己對這門手藝的認真態度，而且不是只「為了錢而從事這一行」），假以時日，他處理頭皮漸層的功夫一定會更加精進。

但他的例子也顯示出「展演」在技術之外的其他層面。傑森與邁爾斯都知道，人在手感不夠穩定時會更加緊張。傑森理髮時會焦慮、神經緊繃、喪失信心。結果他忘了從基準線開始做漸層的技術基本面。理髮師都說，他們得歷經好幾年才能獨當一面。「我剪了十一、二年的頭髮，」喬伊說，「第四年之後，剪髮才變成我的第二天性。你這時才會開始有自信，你會自信滿滿，最後剪出的成果一定沒問題。」屆時，他們已經有能力整天連續剪好幾顆頭，不會怕，也不會緊張。但在此前，理髮師出錯是很正常的。無怪乎才六個月經驗的傑森碰到技術困難時會緊張。

在這四種職業的勞動者眼中，「做好工作」也包括在展演勞動時表現出自信。對文化套路中的各種元素而言，處事有信心就是理想的表現——這是技術、社交與溝通技巧，能突顯其專業與整體產業的文化知識，以及指引他們走向這條道路的勞動倫理的總體結合。那些保護文化套路的規矩引導著他們在工作場所中的實踐與互動，充滿信心的表現則是成功的技術展演的特色。[4]有時，從業者會在初次從事這份工作之前，便已擁有這些套路中的某些元素，但鮮少是全部元素。[5]就像傑森跟邁爾斯，教學時刻正是打磨功夫與拾獲信心的機會。

傳授套路

費城距離紐約市南方僅僅一百四十五公里，是調酒文化能輕鬆擴散的完美距離。酒吧老闆麥克想在費城的利登豪斯廣場（Rittenhouse Square）附近開間雞尾酒吧，於是在二〇〇九年聘請死吧的所有人之一戴夫與艾力克斯為顧問。這間酒吧名叫富蘭克林投信公司（The Franklin Mortgage & Investment Co.）。麥克深受死吧啟發，想追求類似的美學概念：光線昏暗、爵士風，和以黃金時代經典調酒為基礎的精調雞尾酒。[6]戴夫處理店面設計，飲料與新人訓練則由艾力克斯負責。

我在早上十一點抵達死吧，參加為富蘭克林新聘bartender所開的第一堂訓練課程。我將早晨的空氣與陽光留在身後，進了酒吧，眼前一派平常：燭光、香氛、爵士樂。艾力克斯與瓦金穿著制服站在吧台內，盡可能為新雇員複製出工作環境。艾力克斯雇用的這四位bartender都有一點bartender經驗，但只有一人具有在雞尾酒吧擔任bartender經驗。艾力克斯把厚厚一本他所寫的服務手冊遞給我；雇員每人都有一本，規定在今天上課前要先讀過。根據手冊引言，富蘭克林將專事於前禁酒期的經典雞尾酒，而且要成為世上「首屈一指」的酒吧。手冊也宣傳當代調酒術的老生常談：bartender一度是受人敬重的職業，他們的目標有部分是要重建這種地位。

幾位新bartender只比我稍微晚到。瓦金與艾力克斯簡短開場，艾力克斯接著說：「一杯調酒，我們早上都是這樣展開的。」兩人用力搖起之前備妥的搖杯。這些初來乍到的bartender們一臉仰慕地看著，其中一人還放下嘴邊的咖啡。他們調的是「亡者復甦」（Corpse Reviver），是種需要快速喝掉、當成消除宿醉良方的經典調酒。他們將酒倒進小杯子，供大家品嘗。我們都喝了，有些人，包括我，因為口中的咖啡味與強烈的酒精混合，因而皺起眉頭。這杯酒迅速引發短暫的喧鬧，直到瓦金開始上課，話語聲才跟著消失。

「當大家走出這裡，都會理解這後面每個瓶子——酒架上每一瓶酒和所有分裝瓶——都是有非常明確的理由，才會出現在這裡，這才是最要緊的事。這後面沒有一瓶會讓我們不放心，也沒有一瓶我們不了解。要練到這個境界需要時間。你得嘗過、讀過、喝過很多，而這真的非常有趣。」

「當我們為了特定的酒譜，拿出特定酒瓶，都是有原因的。比方說我們實驗自家飲料，當我說酒單增加了四十種新調酒，那表示我們已嘗過八、九十種，夠格的才會讓它出現在酒單上。而在這八、九十種調酒中，每一種酒譜可能都經過五到六次的試調，才能定下配方，接著還要用各種不同廠牌的烈酒測試，看看哪種可行。總之，這可得大量試喝過才能出爐。」

「要是某個品牌大使出現在店裡說：『噢，哇，那個暈虎（Whirling Tiger）似乎很好喝。你能幫我用美格（Maker's Mark）來調嗎？』我們要客客氣氣告訴他，『不能。這種酒我們用水牛足跡（Buffalo Trace）來調是有原因的，我們堅持這一點』。而如此前後一致，就是我們此地所作所為的正字標記。週二晚上七點調出來的酒，必須跟週六晚上十一點調的一模一樣。不管誰站吧台，不管發生什麼事，每次端出去的調酒，看起來、嘗起來、聞起來都要分毫不差。這就是我們不斷努力的方向，靠的是用量酒器、是品嘗，還有我們一致的技術與手法。」

艾力克斯接續說著。

「我們開業前得認真下功夫，也得花時間注意自己究竟在做什麼。這個金屬小容器（舉起比較小的搖杯）和這邊這個（比較大的），將會是你最好的朋友。它們將成為你的全部，因為那是你通往一致品質的渡船。講到一致，方才他的意思是，酒吧內就算只有一個人，空空如也，也跟週六夜同樣重要。一樣的服務品質，一樣的產品一致性，永遠如此。我們在這裡協助大家完成的幾件要事裡，就屬這件最重要。因為，我們雖能教大家酒譜、教你經典雞尾酒和烈酒，但理論一旦要實作，那可是完全不同的競賽。一旦你在忙碌的週六夜裡工作，承受猛烈砲火，你會希望這些工具能把大小事全都正確處理好的。希望我們在此能確實幫助大家做到這點。」

「好，來談談我們這行的最根本。品質，什麼是品質？從基礎開始講，就從新鮮果汁開始。果汁一定要用現榨的。每天都要試喝你用的果汁。我知道試喝新鮮檸檬汁或萊姆汁可不算是什麼美妙的事，但你可以發展出一套試喝方法，在這上頭用功。再強調一次，『用功』，還有『一致』，這字眼時時刻刻都要銘記在心。總之，你要從基礎開始，新鮮果汁、好的糖漿、高品質的糖漿，和高品質的糖——可別把糖煮滾了——然後再以此為底，往上加烈酒、利口酒。品質不代表昂貴。比方說，這瓶波本是十七、十八塊的以利亞·克雷格（Elijah Craig）十二年波本，價錢不算誇張，但這是絕佳的波本酒。你沒必要用很貴的，但要記得，每樣東西都有自己的風味。總之，他剛剛說過，使用每種東西都有特定的理由，這就是理解那些東西的基礎。」

瓦金與艾力克斯為新手開的課程內容同時包含哲學（亦即這些勞動者專業工作背後的文化知識）和實踐（也就是他們展演的實際技巧）。他們傳授調酒術的原則（例如新鮮果汁與糖漿、專門的成分）與做這行的途徑（像是固定品嘗每樣東西），同時隱約提及必須的技巧（比方使用特定工具）。終極目標是一致性，要獲得一致性就必須實踐這些套路，達到身心合一的境界（就像喬伊說的「第二天性」）。[7] 到了課程後半，艾力克斯討論到雞尾酒吧的bartender其他實際工作——主要是運用社交與溝通技巧，以展演不同類型的服務。

「客人一旦走近吧台，會注意到有意為之的細節。他們會注意到這些（指著吧台上的分裝瓶），會注意到苦精，會注意到你的穿戴。我工作時一貫穿成這樣，除了今天穿的是Vans的衣服，平常我站吧台不會穿Vans。這些都是有意為之的細節，你們得好好注意。但也有些細節是出於無意，這對任何服務業都至關重要。世上一些最好的餐廳就是靠這些細節成就的。有人朝你的吧台走來，你看到他，四目交會——就算你正在忙，這也等於打了招呼。」

「無意間的細節，舉凡如果我靠近吧台，我會不會注意到所有的直流式酒嘴都朝左？我有沒有注意到這些分裝瓶全指向另一個方向？我是否主動注意到這些？未必，除非像我這種會用心注意這類小細節的人。好，沒注意到。那創造這樣的環境究竟是為了什麼？答案是，『有種井然有序的感覺。有種用心的感覺。有種凝聚的感覺』。無論客人是坐桌位還是哪兒，當你將飲料擺在客人面前時，不能像這樣拿著一杯冰冷的玻璃杯，然後就擺下去（示範以急急忙忙的方式將飲料擺在某人面前的模樣）。你拿玻璃杯時，要盡可能拿底部，再遞給客人。這些無意間的小細節，像是在桌上擺紙巾，紙巾都指向同樣方向，就叫做一致，而且這真的能讓顧客體驗到特別與受重視。他們也許沒注意到，但會對這裡產生一種有什麼打中了點、此中有深意的感受。」

瓦金接下主持棒。

「他們會有自己受到縱容的奇特感受，但不知道何以如此。那是種最低程度的奢侈感，很奇特。[8]這不像你到四星級餐廳吃飯，會有大陣仗的服務生一口氣把盤子全擺上桌。我們沒那麼神經，我們只是調飲料，沒必要走得那麼極端。但你會希望達到那種水準的細心與細節。每上一杯飲料，你都要擺一張新紙巾，因為原本那張已經吸收了凝結滴落的水氣。會注意到這種細節的人不多，這正是我們之所以這麼強調的原因。就是這些小細節，能讓一家店到九年、十年後都還在經營。」

「還有還有，」艾力克斯補充，「順著說下去，講到製作飲料端給客人，性別平等……諸如此類，記得要女士優先。這條是**鐵則**。我不管你是不是確保酒飲同時調好上桌，上酒時就是要女士優先。我不管這樣是不是很老派、很古板，我才不在乎。就是這樣。你也不必大事宣揚，知道嗎，不用說『這杯酒容我端給女士您』。很簡單，把酒擺好就行。她們不會注意到，就這樣，這就是一致，永遠都要這麼做。舊時代的東西，我們這邊就是這樣。這是舊時代的做法。當然了，生活在現代世界，那些規則不見得能在我日常生活行得通，感覺也有點傻。但我認為，只要關於服務，這就非常重要。」

「我們也掛袖環，」瓦金說，「這很老派。」

課程接著持續了四個小時，講到更多技術問題——搖製與攪拌手法、度量的重要、裝飾用的果皮怎麼切才能保有柑橘精油——這些都不是新手bartender能立刻上手的。不過，艾力克斯與瓦金介紹這些工作哲學、實踐與手法，目的是把雞尾酒吧的bartender的文化套路灌輸給他們。新人則透過持續練習，期待有朝一日能學會如何以自信的姿態工作：調製高品質的飲料、根據各式各樣的風味輪廓創造新調酒、服務顧客，並且以一致的方式照管酒吧。

但對這些勞動者而言，「一致性」指的是產出要一致，未必是過程一致。就技術手法與工作方式來看，個人風格扮演著相當重要的角色。這些勞動者教導新手「一致」的重要性，同時也要他們發展出個人風格意識。有時，他們還會努力達到「一致的不一致性」（consistent inconsistency），確保能有不同的產出。個人風格在技術中扮演要角，而練習則能確保產出能有所變化。[9]

某個悠閒的週一，亞曼達在弗里曼抱怨分店裡的其他人都不讓她在店裡為客人修鬍。亞曼達原本念美容學校，取得美容執照後是在沙龍工作，所以不像理髮師有那麼多為男人修鬍的經驗。

「我有一天借傑森練習，但我割到他下巴，超不好意思的。」

「她割到我，」傑森說，「你看看我的下巴。」

「你看起來跟屎一樣醜！」范開口。

「對啦，都是這裡搞砸了。」

「是他要我割他的。」亞曼達開玩笑。

「畢竟要是我看著剃刀，幹，剃刀會斷好嗎。」傑森說，試著捧亞曼達的場。

「等我做完，你可以拿我練習。」手邊有客人的邁爾斯說。

幾分鐘後，亞曼達的朋友西恩來了，他臉上留著蓄了幾天的鬍子。范提議讓她以西恩練習，不收錢，西恩同意。范從旁指導，此時，亞曼達鋪了幾層毛巾，彼此交疊。

「你搞得太複雜了。」范說。

「我覺得毛巾不夠。我老是會將刮鬍泡沾到衣服。」

「沾到就算了。那不過是刮鬍泡，基本上百分之八十是水。」

「我知道，但我還是不想沾到刮鬍泡。」

「那根本不會弄髒衣服。就像你割到誰一樣，弄到就算了。等到你修完鬍子，那些問題都會解決。他甚至不會注意到。」

亞曼達接著拿起水瓶，對著西恩的臉噴水。

「噴水根本多餘。」發聲的是從自己理髮椅方向看過來的邁爾斯。

「啥，說噴他臉上的水嗎？」范問。「你不喜歡噴水？」

「嗯。我覺得啦，油本身就是潤滑劑，而且刮鬍泡又有七成水分……」

「我喜歡有點水。我不用玫瑰水，因為當中有酒精，我覺得會影響刮鬍泡。」

「……然後毛巾就吸了一大堆水，還要再吸收刮鬍泡的水分。」

「邁爾斯你不用椰子油嗎？」

「不愛。」
「你不喜歡喔？」
「聞起來好像食物。」
「是啦，確實如此。」
「魯本告訴我，要弄得非常非常非常非常非常濕耶。」亞曼達指的是男人的臉。
「不用，你不必把臉搞得很濕很濕。」范說。
「吼唷！」亞曼達對著自己接收到的混亂資訊大叫。
「喜歡聽誰的就聽誰的。只要處理順序一樣就行。至於用什麼產品，用多少，都隨你喜歡。我、魯本跟喬伊會用椰子油。椰子油也能當成刮鬍前後的保養品。刮鬍後用效果特別好。你在手上將油徹底抹勻，油立刻會變成液狀。超好用，超滑，很適合讓剃刀滑過皮膚，還能讓皮膚特別保濕。」
「嗯，記得之前我刮你的鬍子，結果魯本用椰子油塗了你整顆頭嗎？」亞曼達對邁爾斯說。
「魯本用超多產品。」
亞曼達接著開始在西恩臉上抹椰子油。
「我傾向兩手並用，才能把油揉進去。」范說。
「好。」
「客人畢竟可以自己刮鬍子，他們之所以上門，部分是跟額外的服務有關，這滿重要的。我在過程中越是讓他們知道進行的情況，結果就越好。一開始——假裝他現在是我的客人，我要讓他進入狀況，會說『你多久刮一次鬍子？逆著毛刮會不舒服嗎？』，要是他們說『我不曉得耶』，或『我覺得會』，或他們毛髮是紅色的，我會說，『好，我們看著辦。我們順向刮，看看你感覺如何。要是不舒服，就說一聲』。＊他們才不會說一聲，男人絕對不會告訴你『我臉會痛』。這他媽絕對不會發生。不過呢，你會發現他們非常不舒服，你就知道不可逆著刮。只要說：『我注意到你對這有點敏感，所以我們順著毛刮，會盡可能貼著皮膚刮。』用這種做法，雙方都有投入過程，無論你刮得夠不夠短，只要你給的資訊越多，越像這樣：『你這邊有點敏感，所以我這裡就不刮太短，如此這般。』那麼，你做的每件事都會讓他們更開心。」

亞曼達隨後從保溫器裡拿出一條熱呼呼的精油毛巾，覆在西恩臉上。她準備好讓刮鬍泡吸收毛巾的熱氣。塗完刮鬍泡，就輪到亞曼達用直式剃刀了。范建議她握刀的方法。

「大多數人是這樣，三指前，一指後。」

「這樣嗎？」

「對。你可以自己決定，只要覺得順手就好。」

她找到自己的握法，刮了一刀。

「很好，但還可以更快更短（示範給她看），像這樣。你速度越慢，刀片要推過鬍鬚就越難，也會扯起更多鬍子，所以要一口氣下去。總之，像這樣越快越好，一下子唰唰唰，直接刮到鬍根，完全不被鬍子擋住。」

亞曼達作了些許調整。

「很好。注意他毛髮方向的變化，」范邊說邊指著西恩臉上某一處，「反正就順著那個方向。你想用三十度刮，但其實刀片越水平，才會刮得越流暢。所以你要保持水平，不是平一點，要非常平，大概十五度角。」

「你刮得超好的。」傑森經過一旁，用挖苦的口氣對亞曼達說。

「刮的時候有個小訣竅，就是確實把他的臉往那個方向牽引，」范接著說，「你看，我刀推得很大力。不會痛，對不對啊，西恩？」
西恩搖搖頭。
「不會痛，臉其實沒那麼容易傷到。總之，你下手俐落有力，直直刮到那兒，接著刀子回到上面，再順這方向下去，每一刀都稍微往旁邊一點。」
「像這樣？」
「嗯，這樣很好。記得要順著臉部連續刮下去。」
亞曼達在西恩臉上又刮過一道。
「這一下不好。你有沒有看到下刀時他的皮膚怎麼樣？」
「沒很貼，對不對？」
「對，這就是你得用力拉的時候。你有用反手刮過嗎？」
「一下子。」
「刮這裡的訣竅就是反手刮。重點是刀面保持貼平，一開始手會覺得這樣刮姿勢不太順，反正就一直練一直練，就會越來越敢下刀。你就刀子下去，又俐落又平，拉到這裡，角度就很完美。」
頭皮漸層讓傑森感到棘手。無獨有偶，亞曼達對於修鬍也有點頭痛。但她理髮的經驗比傑森豐富，整體對理髮工作不缺信心。她的問題出在弗里曼的修鬍過程和運用直式剃刀的方法。范藉此機會強調一些對這間店招

* 紅髮的人皮膚通常比較敏感。

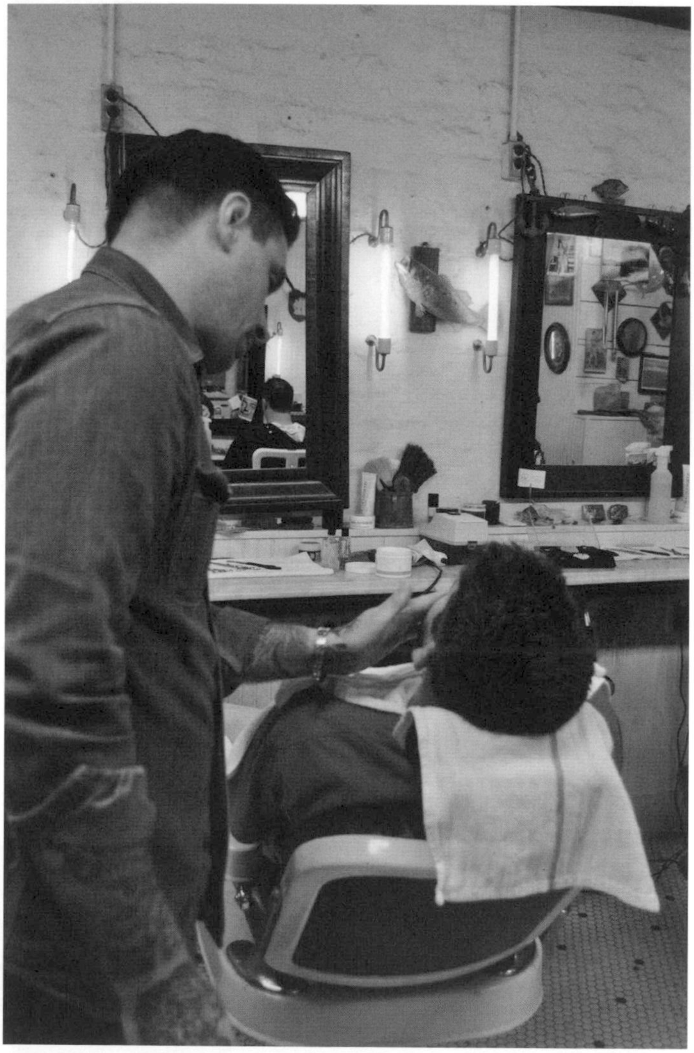

傑森準備為客人刮鬍。Chantal Martineau攝。

牌來說至關重要的小細節，諸如讓顧客參與過程，以及找到她個人的風格（只要她有堅守細節就好）。范特別指出，只要亞曼達勤於練習，就能「越來越敢下刀」——他指的是她的手，不是她這個人。[10] 亞曼達早就相當熟悉這家店的服務方式和理髮技術，只須要學習如何用直式剃刀，把這些工作要素應用於修鬍上即可。

我很好奇，「身為女人」跟亞曼達的修鬍問題是否有關？由於范訓練過許多理髮師，而且弗里曼的修鬍流程是他規劃的，於是我在他指導結束後問他教女性刮鬍是否比較難。「不會。唯一差異在於她們沒有可參考的依據。」等到我觀察理髮師訓練其他男人使用直式剃刀刮鬍後，指導男性與指導女性之間的差異便益發明顯。對男性的教法不同，像是會較少提到臉上哪些區域比較敏感，畢竟男人可能更了解。就修鬍與理髮而言，男性理髮師也表示，自己為客人修鬍的功夫不見得比女理髮師厲害。說到底，大多數男人雖然會刮自己的鬍子，但同樣不習慣刮別人的鬍子，而且多半也不習慣使用直式剃刀。這箇中關鍵還是在學習基本技術，發展個人風格，以提供獨一無二的服務。[11]

前述實例呈現出這些職業社群與實踐共同體中的人，是如何將工作中的文化套路灌輸給新人與成員。這些「師父」全都強調信心與練習，直到文化套路成為第二天性為止。然而，還是有人無法達到這一點。

不完整的展演

勞動者成功展演出這些套路，代表已達成一定程度的技術、社交與溝通技巧，獲得一定程度的文化知識，並採取一條能包容其個人風格的工作取徑。但並非所有人都能學會如何以合適的方式展演，或是懷抱自信去展演。有些人就是辦不到。這些人因為各式各樣的理由，無法精通套路中的特定元素，或是與工作場所的文化格格不入，進而產生各種結果。他們也許對自己的展演自信滿滿，但對任何破壞規矩的舉動都很警覺的同事與職業社群成員卻不這麼認為。

圖丘鎮酒廠最近透過ＡＤＩ（即美國蒸餾酒學會，是個釀酒人同業暨遊說團體）的實習生計畫聘用亞倫。實習生得到三千美金的薪資，前往參與計畫的其中一間公司工作。亞倫住在布許維克，當地是布魯克林一塊仕紳化的地區。他週一早上通勤到賈第納，週五傍晚回家，週間就在酒廠土地上搭營。亞倫直到在ＡＤＩ實習計畫清單上看到這個名字，才知道圖丘鎮酒廠。「我對紐約市周圍的蒸餾廠很好奇，結果找到這間。紐約地區其餘的蒸餾廠幾乎都是製作伏特加與義式白蘭地（grappa）。」

亞倫的老家在印第安納，他大學畢業後去北卡羅來納的朋友那兒待了一段時間，地點靠近阿什維爾（Asheville）與大煙山（Smoky Mountains）。由於山區文化影響，幾個人開始愛上月光酒，自釀與飲用皆有。「那邊很窮，真的很窮，釀酒是賺錢方法。所以我開始研究怎麼釀，讀了許多資料，感覺『這我可以』。我自己也有那種執著，想精通某件能同時運用五感的事情。」幾年前，亞倫搬到紐約，那時他已經成了業餘愛好者。他買了迷你罐式蒸餾器和兩個充作發酵容器的五十五加侖酒桶。「我一開始搞砸過幾次，但最初的成品其實不難喝。」他說。

亞倫後來用大量時間學習發酵跟蒸餾，直到自己能開始實驗。他滿懷熱情與想法來到圖丘鎮，但他並不了解蒸餾廠的實際運作方式。某天，亞倫和我在田野間的野餐桌邊休息聊天，這時他已在這裡實習了三週。他在這個有風的日子捲了根菸，和我分享他的一些計畫與構想。

「我這當下只想在這裡製作我該做、想做的產品，畢竟這裡的人實在了不起，我跟大家也很處得來。尤其是我跟喬，因為他實在很有遠見，他真的想在烈酒產業推動變革，我很欣賞他的熱情。我覺得自己也有同樣的熱情、興趣、全面的視野和那些有的沒的。總之，盡我所能累積創業成本，大部分投入在這地方，感覺是行得通的。用這種方式互惠互利，比方說，我製造我的產品，但他們也能從我們的合作中賺到更多錢。」

「這些人在做的，我以前也想過自己做。所以，當我發現他們已經在做時，我真的超興奮。我開始研究液體單位體積與木頭接觸表面積的比率。是這樣的：大家長久以來都只用五十加侖以上的木桶，卻不問原因。後來他們開始用比較小的酒桶釀貝比波本（Baby Bourbon）。但我覺得，還有一個領域罕有人去探索，就是使用不同種類的木材。我的意思是，所有的美國威士忌、甚至連蘭姆酒，都嚴格使用美洲白橡木桶。大家已經開始以材料實驗，比方用紫玉米取代一般玉米，釀造紫玉米波本酒。這種酒開始在附近傳開，就叫『貝比紫』。」[12]

他拉拉雜雜講了其他幾個想法，像是讓酒回歸若干藥用源頭，以及將陳酒過的產品進行二度蒸餾，而且強調他自認跟喬有志一同，兩人對農場式蒸餾廠構想都情有獨鍾。我和亞倫是在不同廠區工作，所以我不常看到他，也沒機會共事。感覺起來他的知識與熱情是真的，對於他說的計畫以及和酒廠的關係，我一開始也是照單全收。

亞倫的實習結束後幾週，有一回，我整天都在幫黎安姆調整酒精度，也就是讓餾出物的酒精含量降至預定的標準酒度。需要調整的有從酒桶內倒出的單一麥芽威士忌，以及蒸餾器餾出的四麥波本。我們希望單一麥芽的酒精度從百分之五十七降到大約百分之四十六，四麥則是要降到百分之五十七才能裝桶。這箇中關鍵在於要找出該加多少水（這個步驟要很小心，畢竟一旦加了水就去不掉了）。過程非常繁瑣，需要仔細注意、一些基本的計算能力，以及不斷地記錄。我計算推導出要需加多少水（計算結果一定是近似值，因為圖丘鎮的度量技術非常不精確）。我在裝桶時碰上麻煩：在將餾出物從原本的桶子換到另一個桶子的過程中，我忘了哪個桶子是哪個。這下我們得拔掉管子，改套上閥門，這表示一定會有些烈酒灑到地上。

「天殺的！」我破口大罵。

「沒事啦。」一旁指導的喬說。「你總得要搞砸過才學得會怎麼做好。」

喬注意到我很沮喪自己竟犯下如此愚蠢的失誤，於是，他告訴我一個故事，是他剛開始在這裡工作時的經歷。

「裝桶的時候，我忘了固定好接在注口上的管子，結果管子脫落，到處都是從管子噴出的餾出物。這時明明應該要去關掉開關，但我第一直覺居然是去抓管子。偏偏管子到處亂跑，結果餾出物噴進我眼睛，還噴開了我的眼皮，連我帽子都給打下來蓋住臉，看都看不見。」

黎安姆也補上自己的尷尬故事。

「我懂。我去年夏天開始在這裡工作時，有次我在注滿蒸餾器時看到管子鬆脫，東西噴得到處都是。我也是跑去抓管子，其實應該關掉幫浦才對。結果管子就像卡通裡那樣，到處彈來彈去，最後還打到我。」

聽完這些，我對自己犯的錯誤感覺稍微好過了點。就連他們也曾在學習過程中犯錯，而且錯得更慘。然而，這些失誤也顯示出蒸餾過程多麼需要小心謹慎。喬雖然笑我，但他們不會生我的氣。這天工作結束後，黎安姆向我道謝。

「謝謝你幫忙了一整天。你比上個實習生能幹多了，何況他還待了八週。」

「你是說亞倫？」我問。

本來正在裝桶的他抬起頭，眼睛瞪大眉毛上揚，點點頭。

「他怎麼了嗎？」

「他很清楚自己在說什麼，想法也很好，但這人的工作態度很糟糕。你今天做的這些，他連一半都做不到，可是這些工作每天都得完成。他只按自己的步調做事。這是我個人的看法，只是我的看法在這裡剛好算是滿有分量的。」

「但我出的錯不是更多嗎？」

「誰不會犯錯啊。從中學習就好。我還是會犯錯。重點是你怎麼會犯錯，還有你如何面對錯誤。」

亞倫再也沒像他本以為的那樣重返圖丘鎮酒廠，製造自己的產品。他跟一些釀酒人很像，因為朋友的關係，開始對蒸餾酒產生興趣。他原本就渴望能製作訴諸感官的產品，而且對主流酒品業抱持懷疑。他算是一小群業餘愛好者的一員，在來酒廠工作前就已有蒸餾經驗，而他對ＡＤＩ和烈酒精釀產業也有認識。由於公司不大，圖丘鎮職員們甚至會幫忙打圓場，說他很好相處。亞倫顯然擁有蒸餾烈酒所需的文化知識、技術手法與創造力，然而光有知識與想法是不夠的。這個工作場域有其工作倫理，經常需要以細心態度進行數學計算和從事體力活，甚至可以說是無聊，但他從未按照如此倫理行事。亞倫一直沒有學會獨立作業，或是有效率地作業。除了提倡永續農業、提供大規模生產品牌之外的選擇，圖丘鎮的工作倫理對於了解烈酒精釀廠工作也很重要。文化知識與技術手法是這幾種職業中「酷」的面向，但當中各職業免不了都有一連串以體力勞動為主、平淡無奇的工作。

在展演文化套路時，會碰上麻煩的不只有新手，就連具備相關工作經驗的人在展演時也會怯場。此時，同事與社群成員會提供支援。

某天，我跟正在站櫃台的魯本聊天，當時他在等候下一位剪髮客人到來。魯本來自烏茲別克，是俄裔與布哈拉（Bukhara）猶太裔，十歲時來到美國。他們家最後落腳布魯克林，父親在當地開了理髮店。魯本十六歲時跟父親學剪髮（「比較像我爸逼我學的」），一開始他其實不想當理髮師（「我以前對這行真的沒感覺，我覺得自己會做別的」）。但他在大學時靠著理髮支應生活費，很享受能賺錢的感覺，也意識到自己能靠理髮賺到多少，於是決定投身理髮業。魯本曾待過好幾家俄裔理髮店、家庭理髮店與快剪店，地點遍布城內各處。對於理髮師抄捷徑趕時間、沒有餘裕處理細節，以及無法精進自己手藝的情況，他越來越沮喪。後來，魯本因為某個客人「劈腿」他，因而發現弗里曼這間店——那天他不在店裡，結果這位客人跑來弗里曼剪髮。我們聊一聊，他看到馬克出門吃晚餐，於是打電話找可可來頂一下。

「之前有一天，整個班表都是紅的，全滿，但是馬克最後結算是七百四十元，我的是六百五十元。」魯本告訴可可。

他認為，這表示馬克剪得太快。

可可點頭回道：「我有時會幫忙剪他的客人，確實曾發現他哪些地方剪得太快。」

「拜託，」魯本說，「我也可以剪很快啊，比誰都快，客人得到的跟收十二塊的地方一樣，但這間店在乎的又不是快。」

當天稍晚，我看到魯本跟馬克講話，過程中馬克頻頻點頭表示同意。這起事件不是我第一次聽到有理髮師批評別人剪得太快的習慣。有經驗的理髮師大多曾在以業績為基礎、要求速度的地方工作過。他們知道如何取巧，在十分鐘內剪完。但弗里曼這裡是透過時間為理髮和理髮經驗提升價值，這種做法才是他們「在乎」的。以「慢工」成就高品質服務和風格的方法，是文化套路中的一項元素。馬克或許是因為那天太忙，才會偏離這種元素，沒能把「慢工」付諸實行。他身為經驗老道的理髮師，修正這個問題對他並非難事。然而在某些情況中，套路展演的問題遠比注意時間或提升技術品質更難克服。這些問題與展演中沒那麼有彈性的部分密不可分。

魯本今天想吃沙拉，所以我和他到全食超市（Whole Foods）共進午餐。他有許多心事不吐不快。管理層的人經常煩他，尤其是業主。魯本等人不認為業主了解一間理髮店該如何經營，畢竟大老闆不是理髮師，但這干涉又會影響他們工作。屋漏偏逢連夜雨，另一間分店上個月有四位理髮師辭職，讓公司突然人手大缺。

「公司這下才知道找理髮師有多難。我隨便就能找到十個一天可以工作十二小時的俄羅斯人，但這不是他們要的。公司想與眾不同，而他們跟別人不一樣的方式，就是不雇用那種十二塊錢等級的理髮師。他們想聘用不無聊、熱愛生活的理髮師。」

「但你還是幫他們找了人不是。」我說。

「我找的是替補。我挑這些人是因為他們聽話，而且外表有型。我發現有個人很快就能上手。但我推薦來的這個新人，穿衣打扮的方式卻跟這裡的客群不搭。」

紐約老式理髮店裡的理髮師形象通常是義大利人，但今天許多理髮店的理髮師反倒更像俄羅斯人。魯本因為出身背景和過去曾在城裡各地理髮店工作過的關係，認識其中許多人。說著說著，魯本把話題轉到車子，後來我們就回店裡了。一週後，我進店裡想打聲招呼，反正我人剛好就在附近。我注意到有個新人在魯本的位子上工作，於是向邁爾斯探聽他是誰。

「他叫尼基，是魯本家的小夥子。」

我稍微在店裡轉了轉，注意到尼基很內向，跟誰都不講話（他能說一口流利的英語）。他讓客人坐下，圍上圍巾，從鏡子裡窺看客人，帶著「你想怎麼剪？」的表情不發一語。客人講想法時他會微笑，但他話非常少。

一週後，我跟魯本、邁爾斯在休息時到巷子底的餐廳小聚。他們聊起彼此最近拍的相片。邁爾斯回去工作後，我向魯本問起尼基。

「因為這傢伙看起來沒法融入嗎？」他問。

「嗯。他很安靜，話很少。」

「他本來就這樣，」魯本點點頭，「他是安德烈的姪子，來幫我代班。我找他跟另一家分店那幾個人，是因為公司人手不夠，而且公司又正準備要開布魯克林店。」

安德烈是魯本打從孩提時代至今的朋友。他們一塊長大，一塊在俄裔理髮店工作。安德烈已經在西村店工作幾年了，是魯本推薦的。

「你看到他們工作的樣子，有什麼想法？」我問魯本。

「我告訴管理層，說理髮師們需要實際工作磨練一陣子，但公司還是直接雇他們當全職。他們還沒準備好在這裡工作。我得把大家犯的愚蠢錯誤一個個點出來。」

「你是說剪髮剪錯？」

「嗯，但不只這個。尼基只待過家庭理髮店，他知道怎麼剪，但是那種十分鐘快剪。偏偏他也不知道怎麼和曼哈頓人應對，你懂我意思吧？」

乍看之下，魯本聘用補充人力時所用的標準，對美感工作來說似乎很典型。店家想找「看起來有型」的人。但是，魯本提到「錯誤」和「曼哈頓人」的時候，其實有許多弦外之音。他當然認為「理髮師在店裡必須以特定方式打扮、呈現自己」。弗里曼緊挨著男裝店，又位於時尚區中心，是走流行路線的店，店內理髮師穿著也有特定風格——通常穿領扣襯衫和俐落的長褲，有些單品價格甚至超過一百美金。他們得「看起來對，聽起來也對」，不過，在此工作需要的不只是審美觀。他們還必須跟客人過招，問客人問題，保持氣氛融洽，聽客人想要什麼，並就此提供意見。他們必須接受客人的風格，還要曉得什麼樣的風格在他們身上會好看。在弗里曼成功展演時不可或缺的文化套路元素，即擁有文化知識（例如懂得男性時尚，知道人氣餐廳與熱門料理、電影等）和大喇喇講垃圾話的能力，這些都可能會讓對於鬧區文化景象不熟悉或不自在的人難以理解。就講專門技術吧，他們在剪髮時必須慢條斯理，注意細節——要是只待過十分鐘快剪店，恐怕無法勝任。他們必須讓剪髮不只是功能性服務而已，更得是一次特殊體驗。在移民社群長大、剪家庭理髮的他們未必具備下東區等城區工作所需的能力。他們因此無法以合適的方式展演高檔男仕理髮店的文化套路，表現當然也就缺乏自信。

走回店裡這段短短的路上，關於尼基的對話依舊繼續。邁爾斯聽到我們聊天的內容，於是提起上週發生的事——尼基無法在地圖上指出紐澤西的位置。魯本當時也加入嘲弄的行列，但他說自己當晚就向尼基道歉。邁爾斯還提到有一次安德烈以為雨是從太空落下的。魯本搖搖頭，說這件事也讓他覺得很尷尬。

當天稍晚，魯本處理完客人之後到外面抽菸，我也跟了出去。

「我想我了解尼基跟安德烈鬧笑話的時候，你為何也覺得丟臉，」我起頭，「我猜，是因為你認為別人也會這樣看你。」

「你說得對，但我無法相信怎麼有人連最起碼的知識都沒有，像是不知道紐澤西在地圖上的哪裡。他不是都開車去過幾百次了嗎。」

魯本接著細數安德烈跟客人講話時多麼口無遮攔，像是談不恰當的話題，或是講粗話。

「那他怎麼有辦法在西村店做下去？」我問。

「我從一開始就挺他。我從小就認識他。但他就是沒概念。從一開始，安德烈就穿得不對、做得不對，我得向他清楚解釋這是間什麼樣的店。現在他有自己的常客，也知道何時該閉嘴，通常啦。」

魯本在兩個社群世界之間遊刃有餘。布魯克林與皇后區的俄裔社群通常位於邊緣，他的孩提時期朋友與家人仍在這些地方。魯本在父親開的俄裔家庭理髮店學會剪髮，在鬧區知名的大型理髮店亞斯托「快剪」過，那邊比的是速度和不顧一切的態度，而非品質與歡樂隨和的垃圾話。但魯本深受曼哈頓鬧區的文化景致吸引，想跳離舒適圈，讓自己的理髮功夫更上一層樓。他學會看場合穿搭行事，也得到與自己的工作興趣相符的文化知識。身為文化雙語人士，他能為這兩個世界的人搭橋，能在他們「缺乏工作歷練」時看出來，也能看出他們的「錯誤」。但出身城裡移民社群的人要是少了私人關係與一些指點（像這些俄裔理髮師與魯本之間的關係），就不太可能有機會通往新式高檔理髮店。每當沒人幫他們轉譯，或是少了支持他們的人，在同事間產生的後果就不只是「可笑」了得。

我在八月休了一週假，收假後，我走進狄克森肉舖，穿上工作服。

「你看了班表沒？」姜卡洛問。

我看了看，但沒有注意到哪裡怪。

「你沒看到少了個名字？」

「阿爾多呢？」我又看了一眼才問。

「他上週三被炒魷魚了。」

「怎麼回事？」

「他來之後，傑克說自己負擔不起他的薪水。阿爾多說，『沒關係，那就付我少一點』。但傑克放他走人。他很淡定，而且大概也找到另一份工作了。傑克收掉了翠貝卡的櫃點，好物多聘了阿爾多去搞他們的肉品新櫃位。」[13]

阿爾多是店裡經驗次多的切肉師，僅次於JM。他已有七年切肉師經驗，在墨西哥的超市與加工廠等講求速度的地方學藝。他的經驗是姜卡洛、布萊恩與萊娜遠遠不及的。何況肉舖的旺季正要到來，店裡一整年就屬此時最忙。阿爾多居然會在這時丟了工作，我太驚訝了。這天稍晚，我問姜卡洛他覺得阿爾多為何得走人。

「戴娜與經理兼主廚戴夫不喜歡他的態度，已經忍很久了。」他聳聳肩這麼猜測。

「欸，畢竟翠貝卡收掉，看來傑克也得精簡人力。」

「也是啦，但精簡掉你切肉師中的二副？」

我整天都在回想在店裡的這兩個月。時序剛入夏，傑克就收掉附近專賣在地食品的採食家（Foragers）設的櫃點。由於少了一個經銷點，他得在切爾西和翠貝卡騰出職務給多出來的人力做。為了確保新進切肉師有點切肉的活可做，他讓大家輪班站櫃台。由於阿爾多英文講得很好，比JM好，所以他每週都得固定到前台輪班，服務顧客。不過，阿爾多雖然能與客人對話，但我注意到他常常無法傳達出店家提倡的肉品哲學。

七月某天，一位客人上門說要買菲力牛排。

「要幾片？」

「三片。」

「多厚？」

阿爾多從展示櫃取出牛腰，一手舉著。

「這邊？」他邊問邊用刀子指著牛腰某處。

客人指向牛腰的某一點，於是阿爾多轉身切肉。姜卡洛這時也在櫃台後方補展示櫃，他取笑起阿爾多。「『你要牛腰？要幾片？這邊？』」接著他做起假裝包肉的動作，往顧客丟去。「唷，切肉大師約翰・卡洛斯（John Carlos），」阿爾多出言回敬，「『媽咪媽咪！我想成為切肉師，在狄克森工作！』」他用小孩般的假音對姜卡洛講話，他常這樣笑他。

姜卡洛瞪了他一眼後回到切肉間。

打從開店起，傑克就希望自己的店專營全隻屠宰。在紐約方興未艾的美食景致中，饕客對罕見部位的興趣雖然與日俱增，但真正知道如何分解全隻的人並不多。這門功夫正在屠宰業中消失，尤其是紐約市。傑克之所以雇用JM與阿爾多，是因為他們有必要的手藝。他們原本可用比現在更快的速度工作，但他們得慢下來，教導其他經驗較不足的切肉師與實習生，得表演給顧客看；不過，在一間銷售量比加工廠少的零售店裡工作，本來速度就不需要那麼快。傑克需要有能之人，而兩位來自墨西哥（當地切肉師比較可能懂得全隻屠宰法）的年輕人能滿足他的需要。就好比男仕理容業發展中的俄羅斯理髮師，JM與阿爾多發現自己在擴大中的食品產業中擁有可以變現的技能。業主對理想的勞動者有其想像，但相關產業的成長卻造成能力上的斷層，迫使業主有時候必須雇用與這種形象不盡然相符的人。

可是，身為狄克森肉舖的雇員，勞動者需要的不只是專業技術而已，這一點在書中四種職業的工作場所皆然。他們必須學習與顧客溝通所需的社交與溝通技巧，學習肉品與烹飪相關的文化知識，以引導顧客點單，並學習這間店存在之所繫的肉品哲學。何況食品業工作（包括切肉師這類需要體力勞動的工作）如今能吸引姜卡洛、布萊恩與萊娜這樣的人——他們和JM與阿爾多不同，原本有其他就業機會，卻選擇以屠宰為業。同一門在過去會迎接JM與阿爾多這類人的發展中產業，如今已經成長到會讓他們所受的接納變得岌岌可危的地步。

我的實習工作正好在阿爾多遭開除之後不久結束。隨後幾個月，我在訪談狄克森的其他員工時提到此事，問他們對阿爾多離職有什麼想法。某回，我跟其中一位經理在店附近的酒吧坐坐。我問起阿爾多。

「若真要追根究柢，我想是因為我們在切肉區已經有幾個人了，基本上是這樣。我們在某一刻意識到切肉間沒有未來可言。就是走偏了。原因有許多解釋，我們可以去思考這些原因，想分析就分析，但真正要決定的是：我們要如何對切肉間帶來最大的改變？大部分討論都歸結到『誰最願意站出來幫助顧客』。公司正在精簡營運規模，所以需要在工作時能落落大方，而且樂於如此的人。我跟阿爾多在翠貝卡相處過很長一段時間，他人很好，是個很有能力的切肉師，我覺得他確實厲害，動作非常快，又有力氣，知識更是豐富。這是個很難下的決定，店裡有滿長一段時間氣氛都變了。有點像是攤牌，對於我們試圖達成的長期目標來說，怎麼做才最合理？大部分考量都關係到員工在價值觀上的風貌，他們的多面能力，以及我們如何能對切肉間在文化上帶來最大的改革。我們需要會主動查看訂單本、整理訂單貨架的人，他們要能處理會直接影響整家店的事情。就一間小小的食品公司來說，每個人都得願意做各種工作，這是我的想法。」

我訪談的每位員工都提到「多面」或「彈性」的目標，「價值觀」或哲學的概念也不離口。他們希望自己的雇員多才多藝，也就是有能力適當展演文化套路。我在不同情況下也聽過各個產業的勞動者向我表示相同的看法。雖然專業技術是勞動者置身的產業當中最誘人、最酷的一面，位置如此崇高，但在工作場所與產業中有所成就的勞動者，卻不會只注意到專業技術。他們會擁抱工作中的各個面向、將之展現，同時期待他人對自己也有一樣的期許。

談到哲學，傑克在我首次和他碰面、安排我實習的那天就告訴過我，ＪＭ跟阿爾多是很厲害的切肉師，但未必跟這家店抱持同樣的倫理觀——至少狄克森肉舖背後的原則並非他們在此工作的理由。等到我實際觀察他們倆工作、並跟其他人比較後，我漸漸了解傑克的意思。ＪＭ和阿爾多熱愛屠宰技藝，從相關技術中得到樂趣，對自己的工作感到自豪。至於牲口是否是在地飼養、放養、盡可能以人道方式屠宰，他們倒不特別感興趣。他們對飲食的最新潮流或餐廳了解不多；此外，由於有超市工作經驗，又熟悉墨西哥菜，兩人對於肉品與烹飪確實知識豐富，但他們卻不會跟顧客聊這些。他們並未將文化套路的哲學面付諸實踐。

在我得知阿爾多丟掉工作的一週後，ＪＭ與我下班後到樓下的酒吧喝一杯。我問ＪＭ，公司這麼突然就這樣開除了阿爾多，他是不是很驚訝。他張大眼，點點頭，說他確實嚇了一跳。

「而且之後就是假期，」他說，「我有布萊恩跟姜卡洛，但布萊恩手腳很慢。阿爾多手腳快，而且是個好切肉師。布萊恩很會說話，但對工作還不懂。等你懂得怎麼做事，我再聽你怎麼想。有一天會，但不是現在。」

他停下來想了一分鐘，說翠貝卡收掉那時候，他就隱約覺得大概有誰得走人了，只是沒料到會是阿爾多。「不過阿爾多不會有事。他是個好切肉師。還有很多工作機會。」

除了對阿爾多遭到開除感到遺憾之外，我也擔心ＪＭ。他和阿爾多都出身普埃布拉市，工作時會用街頭西班牙語對話（有時是怕顧客懂西班牙語，所以用這種方式隱藏自己說的內容）。阿爾多的英語講得比較好，所以常幫ＪＭ翻譯。此外，由於ＪＭ的經驗比阿爾多豐富，ＪＭ因此會罩他，傳授他還不知道的東西。

ＪＭ接著提到，先前某天他在好食徵才網站上看到狄克森要徵首席切肉師和切肉間經理——這正是ＪＭ的工作。他說自己不久前跟戴夫與傑克見過面，提到他想加薪，他已經兩年沒調過薪了。當時他們說無法調薪，於是他說沒關係，但他希望多排一點工時。我問ＪＭ為何認為兩人打算換掉他。他聳聳肩，跳過這個問題。

「他們得找個跟我一樣程度的人。」

「他們找得到和你一樣厲害的人嗎？」

「還有跟我一樣好的切肉師。像是亞當，他很厲害。非常好的切肉師。[14]但要是想雇一個口操英語的當首席切肉師，傑克就得付更多錢。」

「你對這有什麼感覺？」

「這不對。」

接著他喝了口啤酒，又聳聳肩，用正向的語調來看待這個處境。

「我沒差啦。就是個工作。總有別的工作可做。」

他提到自己知道布魯克林有個地方在徵人，但他說那邊只處理牛肉，而且聽起來像是做加工和肉品包裝，不是高檔肉鋪。

「總有別的工作可做。」

ＪＭ很清楚自己的切肉師天分和技術，也清楚身為墨西哥移民的自己在餐飲世界中處於什麼位置。ＪＭ這類人通常居於紐約市食品業景象中的後台：準備食材、煮菜，或是默默擦著桌子。但狄克森有開放式的切肉區，期待切肉師與客人有所互動，ＪＭ在此走向台前，因此得承擔比站在定點切肉更多的責任。阿爾多跟客人互動不多，ＪＭ的互動更少。ＪＭ認為，店裡若是要找「操英語的」切肉師來取代自己，那麼這個人要求、得到的薪水會比自己更高（其實ＪＭ賺的還比姜卡洛、布萊恩與萊娜高）。他覺得狄克森找他負責管理，等於是用實惠價格請到技術高超的切肉師。但阿爾多被炒（雖然他比其他切肉師更厲害），加上看到徵人啟事，ＪＭ感覺自己的工作恐怕不保。他覺得處境對他不公平。但煩惱歸煩惱，對他而言，狄克森肉舖仍然「只是個工作」——某件他很擅長、而且能賺錢的工作，但不是天命。事情要是走到那一步，他也不會眷戀。

要把這些工作展演得好，需要的不只是稍具知識、對產業有經驗，甚或懂得專業技術而已。職業社群成員（尤其是經理與業主等大權在握的人）善於辨識出表現不佳或不完整的展演。從業者若是展演不完整，結果從警告到解雇都有，但我們也能了解，要求「必須表演這些強制套路」、而且要以合群、有自信的方式展現，其實從一開始便對進入這些工作、成為職位候選人的人帶來限制。這些創造雜食文化品味的新型菁英工作具有排他性，而這種排他性總歸源於處在銳利、經驗豐富的目光下所進行的展演。

後記

成效、意涵與結語

Epilogue: Outcomes, Implications, and Concluding Thoughts

死吧開業五年多後，瓦金成為開店元老當中最後一位離職的bartender。為了追尋業界其他機會，有些比他晚到職的bartender甚至還比他更早離職。自從這間酒吧在二〇〇七年初開張後，調酒文化已在紐約與全美各城的夜生活產業中大幅擴張，整個酒品業界更是不在話下。精調雞尾酒吧迅速增加；酒吧、餐廳與旅館開辦雞尾酒活動；酒商為自家產品創造特調雞尾酒——完全按照調酒術原則為之。雞尾酒品項在夜店裡就和紅酒一樣常見。瓦金的同事去了其他雞尾酒吧擔任更高的職位，成為新酒吧與餐廳規劃、酒商的顧問，或是根據個人理想自己開店。身為職業社群名人（瓦金在二〇一二年的雞尾酒聖會獲選為年度bartender），這幾年當然有許多人前來三顧茅廬，但瓦金仍然選擇堅守崗位。

「我當然有那種心態，像是『你還有很多有待證明。在你真能認為自己跟這些傢伙（以前的同事）能並駕齊驅之前，還有很長的路要走』，但往上爬一向是我的目標。我真的很想進步。死吧是個很好的機會，所以我才會待這麼久才走。我原本有無數機會，有些地方想聘我規劃：『你有主導權』，還有『這你一定行』。但我根本不信。我有好幾次很慶幸自己當初沒答應，因為我看到那些地方後來的遭遇，聽到接下那些工作的人得收拾的殘局。我心想，『媽呀，還好我沒離開死吧』。所以我才會在五年半後才離開這個溫暖、幽暗的懷抱。」

瓦金不斷工作、學習。他協助品牌與活動，這過程塑造了他對酒品產業的認知，而對的因緣終究出現了。

「那些機會上門時，你會想，『好，跟品牌合作，這些我擅長』，『辦活動難不倒我』，或是『我不喜歡辦這類活動』，我能看到酒品業當中更多面向，甚至看得出大環境有何變化。但五年半都待在同一處，尤其是這樣的地方，你也準備好該展翅高飛、做自己的東西了。到頭來，死吧就是訓練你如何經營個人事業，酒吧訓練就是為此而打造；它給你這麼了不起的調酒教育，教你如何創造酒單，教你打理一切。而且，這酒吧名聲響亮，能大開機會之門，帶來媒體曝光、辦活動的能力或是擔任顧問的機會。其實我就是這樣才跟煉金術顧問公司（Alchemy Consulting）搭上線的。」

煉金術顧問公司是由兩位出身紐約的老經驗bartender托比・馬洛尼（Toby Maloney）與傑森・柯特（Jason Cott）經營。他們在芝加哥、明尼亞波利斯與納許維爾（Nashville）開店，都是當地該類型酒吧的第一間。瓦金最後決定離開死吧，加入一個後盾強大的團隊，以成為酒吧合夥人為目標，最後要擁有自己的一方天地。二〇一三年，瓦金成功了。注酒絲帶（Pouring Ribbons）在東村開張，距離死吧十分鐘路程。

「我們開了一個自己喜歡的地方。我知道我們想要更開放、更平等以待的酒吧。我想要大一點的吧台，店裡也確實打造了一座。我們希望這家店是成年人會來喝酒、而且也覺得有趣的地方，不希望這裡假高尚或走菁英路線。」

「開放與平等」，這點出了調酒世界中有意為之的轉變。第一代的精調雞尾酒吧就像一座聖殿，是對雞尾酒的神聖商業奉祀，有著像「無站位」和「無預約」等規定。奶與蜜的老闆沙夏便以改造習俗聞名，像是規定團客一批最多五人（確保同時只有兩組對話進行），喧嘩聲太大時讓職員「開噓」，還在廁所掛了「本吧規約」：

1. 禁止攀關係，禁止與名人打炮。
2. 禁止大笑、大聲叫喊，或是任何吵鬧行為。
3. 禁止鬥毆、打鬧，或是談論鬥毆。
4. 紳士就該脫帽。帽架提供中。
5. 紳士不會主動向女士自我引介。女士請自由開啟對話，或請bartender代為引介。一旦你與男士談話，他便有權自由與你談話。假如有你不認識的男子找你攀談，請稍微用下巴看他，忽視他。

6. 不要在前門外徘徊。

7. 除非是你敢獨自留他在你家的人，否則不要帶人來。你對你客人的行為有責任。

8. 離開酒吧時務必腳步輕快安靜。這樓上的人還想睡覺。離開這間酒吧之前，請做好完整行程規畫，並好好道別。

簡言之，這些酒吧刻意與人有別。

雞尾酒吧的bartender與業主說，這些初期的努力對於引介經典雞尾酒文化（文雅世故，只是常常有格調不高的產品）、提升主流飲酒客群的品味有其必要。大家都說，這些酒吧與從業者成功了。如今，知道經典雞尾酒的人比過去多，而受過薰陶的消費者前往雞尾酒吧時，也懂得如何正確點酒，懂得提出更有挑戰性的調酒要求。雞尾酒文化的知識一旦已獲推廣，便會發展到步下聖壇的地步。雖然許多新雞尾酒吧依然奉行隱密的地下酒館風格，但也有許多新酒吧沒有那種場面跟架式，而以接近傳統酒吧的型態開張。

奶與蜜的bartender米奇與薩米所開的「好樣的」（Attaboy）就是一例。二〇一三年，沙夏將奶與蜜遷往空間更大的住宅區，米奇與薩米此時就在原地開了這間吧。經過多年在奶與蜜和小分店（沙夏的另一間雞尾酒吧）的bartender工作，前往世界各地參加座談、工作坊與擔任顧問之後，他們認為，是時候自己當老闆了。但他們無意照抄奶與蜜的風格，他們想將精調雞尾酒擺在更街坊鄰里感的酒吧環境中。

「這改變絕對得發生，」米奇說，「我們的做法就像是樸素版的奶與蜜。我們現在規定的服裝是牛仔褲跟亨利領衫，不穿吊帶跟鈕扣襯衫。音樂也更活潑，會播臉部特寫（Talking Heads）和佛利伍麥克（Fleetwood

Mac）等樂團的音樂。我們也提供烈酒配啤酒，超棒的。大家感覺都是『哇，來這種酒吧感覺超棒』。你在這裡能喝到精心調製的老經典、內格羅尼、盤尼西林（Penicillin）、月黑風高、湯姆・柯林斯（Tom Collins），酒名隨你說。但你也可以點鋁罐裝的庫爾斯啤酒（Coors）和一口杯的威士忌擺在旁邊。我仍然認為那種小間、安靜、幽暗、私密的雞尾酒吧有它的市場。但我想，我們經營這間酒吧的方式是對的。這店裡來客都是正要回家的人；他們進門，點杯內格羅尼喝，然後才回家，這感覺真的非常好。這就是你對街角酒吧的期待。不妨這樣想，這就像去你平常會去的酒吧。」

隨著雞尾酒文化的傳播，在調酒術的象徵邊界內，雞尾酒吧也同時益發專業化。比方說，死吧的首席bartender菲爾在離開死吧後，自己開了「馬亞韋爾」（Mayahuel），專營龍舌蘭類烈酒（龍舌蘭與梅斯卡爾酒〔Mezcal〕）調酒。其他酒吧則以熱帶風調酒、美國烈酒與潘趣酒為基礎，有些採用當代科技（例如「分子調酒術」，像是運用液態氮冰凍酒杯）、做實驗（例如用木桶陳放雞尾酒），以及刻意恢復非常古老的做法（像是供應不冰的雞尾酒，讓人懷想在冷凍技術出現前的時代）。總之，經典雞尾酒知識與做法在再度浮上台面後，緩緩流入了更傳統的酒吧環境。這些酒吧對調酒術原則的遵循程度各異（比方說，並非每間提供雞尾酒的酒吧對使用的冰塊都有特別安排），有些則是一頭栽進雞尾酒文化中。這兩種情況皆讓bartender工作機會有增無減。

●

幾種新型態菁英工作在相關產業中形成了棲位職業社群，而這類工作之所以興起，是因為大眾對於品味與消費的認知有了轉變，因為仕紳化使得城市產生了社會—空間新動能，也因為整體經濟轉型使得「新經濟」中的「好」工作有了新定義。近年來，已有對勞動者如何適應這種工作條件不穩固、風險個人化的新經濟體系的大量研究。有些勞動者以風險偏好者的姿態獲致豐碩成果，動心轉念創業自營，販售自己的人力資本。[1] 有些勞動者重組原本的職業社群，進一步協助成員應對這些變局，例如音樂人重組其人際網路與關係，以求在轉變中的音樂產業裡生存。[2] 還有一些勞動者歷盡艱辛去適應，在職涯路上停滯不前，經歷失業，將此掙扎視為個人的失敗，而非經濟結構條件造成的結果。[3]

我已闡述了勞動者如何走上另一條道路，以應對新經濟中充滿不確定的環境。他們正進入尋常工作場所中的常見職業，而大眾通常不會認為這些職業是以知識為基礎，或是與文化有關。然而，這些從業者將個人的職業轉型成為高檔次、高品質的工作，結合心靈與身體勞動，讓有其他工作機會的人認為這是可行的職涯選項。他們實施一套包括體能勞動、解決挑戰智識的難題、文化認知以及人際交流的文化套路，從而將體力勞動視為充滿意義、甚至滿是樂趣的體驗。這種工作需要上述各種勞動實踐以彼此協調、而非各自為政的方式充滿自信地展演出來。除了資訊科技、高檔服務、文化與媒體產業等人人稱羨的工作外，這些勞動者也讓大眾看到擴大中的知識經濟是如何將過去例如酒水服務、釀酒、理容、食物零售產業中低地位的「骯髒活」納進其中。

這些勞動者進入職業棲位，投身於讓他們從原本的傳統角色中脫胎換骨的活動，遠離過去工作的典型實體店面。一旦他們得到工作機會，在自己的工作場域有所成就，就必須以此為基礎打造其職涯，或是提升其業內地位，而提升的方法不能背離自己展演、有意義的工作。想這麼做，就必須艱辛開闢出與相關職業的傳統勞動者截然不同的非典型道路。從瓦金的故事便能看出，雞尾酒吧的bartender不只照管酒吧，還會以特聘專家的身分在活動中為酒類品牌代言，成為品牌大使，前往各地推銷產品。他們主導訓練課程，寫書、寫雜誌與部落格文章，也會擔任酒類品牌或其他酒吧、餐廳與旅館的顧問（有人甚至受聘為航空公司、度假勝地與賭場發明調酒）。雞尾酒世界擴大後帶來的人際網路讓他們得以結識潛在的事業夥伴，開設自己的店。在高知名度的雞尾酒吧工作，讓他們得以沉浸在這些機會中。

其他三種職業的勞動者也走上這條路。烈酒釀酒人當起顧問與品牌大使（幫自家品牌推廣，有時也為其他品牌），加入其同業協會（美國蒸餾酒協會與美國蒸餾酒委員會〔Distilled Spirits Council of the United States，簡稱DISCUS〕）。在高檔男仕理髮店工作的理髮師也在時尚圈、電影界曝光，因而獲得機會為人像攝影與電影定裝工作（過去這些位子通常把持在造型師手中）。全隻切肉師同樣自己開店、擔任顧問、寫書、教學，或是為餐飲集團肉品部門工作。比方說，狄克森肉舖有兩位切肉師（紀與喬絲琳）在離職後，就為名廚馬利歐．巴塔里與阿普里爾．布魯姆菲爾德（April Bloomfield）工作。而這四個職業的勞動者都有媒體曝光度，而且在傳統紙媒與電子媒體中皆然。

換句話說，勞動者利用在棲位職業社群中的工作創造職業生涯，展現靈活與彈性的個人能力。他們延展自己的職業認同，橫跨多重角色，化身為「多面手」（multis），或說，「有多重頭銜」的勞動者。自我限縮於工作場所，例如留在吧台後、守著蒸餾器、站在理髮椅和櫃台後，都滿足不了他們。他們要伸出觸角，成為其技藝與文化知識的大使。如此一來，這些勞動者一方面脫離了新經濟中完全以知識為基礎的工作，一方面又能擁抱許多新經濟的理想：工作理應讓人滿足、有使命感、有彈性，而且能允許他們充分發揮自己的創意潛能。

但從先前的展演來看，這些職業原本可以、也應該要海納百川才是，但實情並非如此。根據這些勞動者的概況與本書中的分析顯示，唯有出身特定社會背景與人生歷程、擁有特定文化性格與社交能力的人，才能得到、保有這些工作。他們的社會與文化資本在當中扮演了舉足輕重的角色。勞動者若是缺乏這幾種形式的資本，對完整、自信地展演這些文化套路又覺得勉強，就會遭遇到地位的不穩固，甚至不得其門而入的景況。至於能讓從事這些工作一般版本的勞動者移入其中，進而讓他們從菁英版本的地位與人際網路中獲益的正式機會結構，其實也不存在。勞動者雖然讓人看到有意義、地位高、以知識為基礎的體力勞動是一條可行的職涯道路，但就現況組成而言，這些工作仍然是上層的職業棲位。或許，這些工作有朝一日會採納一套系統性的制度，讓來自五湖四海的其他勞動者也能透過以技藝與知識為基礎的工作，發揮其創意潛能。

•

二〇一〇年夏天，在我於烈酒精釀廠的實習工作即將結束之際，蘇格蘭蒸餾廠暨烈酒公司格蘭父子（William Grant & Sons）收購了圖丘鎮酒廠的哈德遜威士忌產品線（包括貝比波本、曼哈頓裸麥威士忌、單一麥芽威士忌、紐約玉米威士忌〔New York Corn Whiskey〕與四麥波本）。一八八七年，格蘭父子在蘇格蘭斯佩賽（Speyside）地區起家，靠著製作全世界最有名的單一麥芽蘇格蘭威士忌之一的格蘭菲迪（Glenfiddich）聲名大噪。多年來，獨立經營、而且至今仍為家族企業的格蘭父子陸續將其他烈酒品牌收入旗下。據圖丘鎮共同所有人拉爾夫所說，這家公司對他們酒廠的精釀、手作特質有高度評價：「他們關注了我們兩年後才拿起電話打來，告訴我們，『我們喜歡你們在做的事，很欣賞你們不斷創新、做不一樣的東西。我們想成為其中一分子』。查理．戈登（Charlie Gordon）是那間家族公司的大股東，他飛來美國跟我們坐在蒸餾廠裡吃午餐，大家全坐在酒桶上。他說，『創新絕不會來自內部，一定是來自你們這樣的人』。他們的公司就是威廉．格蘭特（William Grant）和幾個兒子從無到有、逐步建造自己的蒸餾廠起家的。我們也是這樣。」

格蘭父子只收購品牌，而非蒸餾廠。圖丘鎮仍維持獨立經營，這等於是簽約製作公司自創的哈德遜威士忌。圖丘鎮成為承包商，格蘭父子則處理行銷與配送。擁有主流產品的大公司直接收購小公司或是其品牌，是烈酒精釀產業如今在發展上的大方向。自從收購後，「哈德遜」這個品牌這幾年在大公司的奧援下逐步成長，圖丘鎮必須逐漸提升產能，這也讓「真實性」的問題浮上台面。

「這問題一直都在，」拉爾夫的兒子蓋伯說，「我們要如何擴大規模？要怎麼做才能增加產能、又不必在真實性上妥協？以後不再以手工蠟封，或是不繼續為酒瓶編號嗎？我們討論的大概都是像這類小事。到什麼程度就不算是手工裝瓶？瓶身標籤要是不再手寫，算嗎？如果我們繼續手寫標籤，那是不是不再以手工蠟封？標準在哪？要是標籤不是手貼，而是用機器滾上去呢？事情總是要有個平衡，總是要面面俱到。」

比起我在那兒工作那時，圖丘鎮現在已經有許多地方我認不出來了。以前包括業主在內只有十名員工，現在有六十位（只有五位釀酒人與四位裝桶工；多數人都坐辦公室，例如人資與平面設計）。過去只有兩棟建築物，現在有十一棟。充作陳酒房的穀倉如今成了商店、品酒間、遊客中心與儲藏空間。三座類似倉庫的大型新建築坐落在產業其他地方，作為陳酒房。他們逐步淘汰現有最小的十加侖酒桶（一開始圖丘鎮甚至用過三加侖酒桶），如今使用的多半是二十五與六十加侖的酒桶，才能跟上產能需求。

煮醪與發酵依舊在當時的另一座穀倉進行，但流程配合產量已有改變。現在他們的新煮醪槽可裝下九百加侖的水，另外還有一座能儲存二十四噸穀物的圓筒倉（過去沒有），以供製作貝比波本與曼哈頓裸麥威士忌。至於其餘產品，他們仍是以人力開袋，將穀物倒進磨粉機。那兩只兩百加侖的塑膠發酵槽不見了，原本的位置變成八個三千加侖的巨大不鏽鋼發酵槽，由冷卻系統控制酒醪的發酵溫度。畢竟使用沒有控溫的塑膠發酵槽，生產過程會因為夏熱冬冷而擺盪，酵母若非死於高溫，不然就是休眠。不鏽鋼槽不僅相當大，還能讓他們在每批次得到更多酒。

蒸餾不再於發酵室樓上進行，用的也不是我記憶中原本的兩百加侖與一百五十加侖罐式蒸餾器。取而代之的是四具大型罐式蒸餾器：一個三百三十加侖，一個六百五十加侖，一個八百五十加侖，還有一個「科學怪餾」（Franken-still）：他們把舊的一百五十加侖蒸餾器的蒸餾塔，和啤酒釀造槽焊在一起，槽內再焊上銅，變成了一個五百八十加侖的蒸餾器。因為不用擔心哈德遜威士忌要推陳出新，加上有穩定的現金流，圖丘鎮得以構思自己的新產品。公司目前正製作一種琴酒、兩種利口酒（可可與黑醋栗），還改良了原本的伏特加。他們用舊的小型蒸餾器製作這幾種低產能的產品，把比較大的幾具蒸餾器留給哈德遜威士忌；後者占了總產出的百分之九十六。圖丘鎮酒廠如今一年生產十萬標準酒精度加侖，比三年前多了兩倍。

調和與裝瓶工作如今有自己一棟建築，大部分工序已經自動化，形成一條生產線。但職員還是會拿酒瓶蘸蠟——烤盤上罐子裡的蠟，再以手寫為酒瓶編號。他們一天會產出兩千五百瓶酒。公司還在產業上建立了兩種新的收入來源：為整個廠區供電、還能賣電的太陽能板，以及一間全桌邊服務的餐廳。簡言之，圖丘鎮仍然量入為出，也會重新利用某些材料，但來自格蘭父子的資源與他們本身的成功，已經讓這家酒廠能為效率而大量升級。不過，許多核心步驟仍以「人工」完成，例如倒穀磨粉、以個人試喝結果為切取與調和的基準，裝瓶工作有些部分也是。

等到格蘭父子收購哈德遜產線後穩住生產過程，而禁酒蒸餾廠的老闆也開始在自家工廠製作私酒販伏特加（Bootlegger Vodka）後，喬就可以專心從事研發了。他為圖丘鎮的琴酒、黑醋栗與可可利口酒，以及其他還沒上市的產品創造配方。但他感覺另一位合夥人布萊恩似乎在排擠他，不讓他參與關鍵的生產決策。二〇一二年末，酒廠發生爆炸意外，造成嚴重損失（幸好無人傷亡），在此之後，喬更覺得自己在討論未來設置新的安全機制時被他們排除在外。吵了幾回後，他決定在二〇一五年初離開，成立第五元素煉金術（Quinta Essentia Alchemy）烈酒精釀顧問團隊，為有志於小規模蒸餾或改造公司的人提供全方位服務。喬認為這是自己延續使命，透過活絡有心成立酒廠的人與農民之間的關係，進而創造永續、在地經濟的方法。

「你一開始有筆來自創投資金或投資人的兩百萬投資，你找個專案經理，找來想成為專家的業餘釀酒人，你組成團隊，再找個地點——這就是開蒸餾酒廠的傳統方式。資金密集，起頭時也缺乏專業。我想做點小規模、但更全面的事。比方說，找個想方設法讓收益流多樣化的農場。」

「我在圖丘鎮最後做的幾件事，是用近四坪面積的平房打造一座迷你蒸餾廠。總成本大概三千塊全包，我們從這平房裡製作出了不起、能賣錢的產品。其實，頭兩週零售收入就足以打平我們的薪水了。這件事讓我有了體悟。蓋這個四坪的廠，用非常個人、親力親為的方式工作。我無意打造下一個哈德遜威士忌。我想做的是讓大家開個三十、四十公里的車，到酒廠商店買唯獨此地才有的好酒。

「我的目標是推廣蒸餾廠『可以是、應該是什麼樣貌』的概念，去對抗『必須資金密集』、『必須有競爭力，甚至在紐約的市場也不落下風』的概念。我根本不在乎要在紐約市有競爭力。這才是哈德遜一開始能成功的關鍵。這酒是否會出現在各餐廳和酒吧根本不重要，重要的是我們是不是出現在對的地方。假如我們的酒出現在客人會上門花七十塊喝餐前雞尾酒，接著會問這酒是在哪裡買的地方，那才重要。我們知道有市場，而且現在的市場也也更成熟。在圖丘鎮打造迷你蒸餾廠讓我有所體悟，這不是負擔，也不具備一般認為該有的規模。你不必在同樣的市場裡競爭，這種迷你酒廠反而更可行。」

雖然上門詢問的人多屬對於在地、永續事業的烈酒精釀有興趣的年輕人，但掏得出錢的還是更傳統的客群：有資金奧援的創業者（包括已經在金融業有所成就、想改做新創的人，就像禁酒蒸餾廠的業主），以及試圖打造精釀品牌、讓手中投資組合多元化的既有成功品牌業主。喬有其專業與經驗，非常適合處理整間烈酒精釀公司，從製程、安全、制度與配送都不在話下。

圖丘鎮的案例顯示了烈酒產業當中的結盟現象，而其他三種職業也有類似情形。各產業的主流行動者已注意到這些勞動者的創新勞動實踐，對此也有若干回應。大公司開始利用「精釀」標籤和職人形象，打造自家規模較小的品牌，例如全球最大烈酒製造商帝亞吉歐（Diageo）與旗下的巴特豪斯威士忌（Barterhouse Whiskey），以及傑克丹尼的單桶（Single Barrel）。除了找烈酒精釀廠當承包商之外，有些新品牌持有人也會從工業化的蒸餾廠購買自己的產品。印地安納州勞倫斯堡（Lawrenceburg）的中西部穀物製品（Midwest Grain Products，簡稱MGP）就是個有名的例子。這間工廠為大約五十個小品牌製作威士忌，當中有些品牌還試圖營造品牌起源故事，掩蓋自己根本沒有蒸餾任何東西的實情。至於前面提到的雞尾酒吧的bartender工作對烈酒和夜生活產業也有影響，像酒吧、餐廳與旅館都會聘請bartender打造雞尾酒相關規畫。

男仕理髮師與全隻切肉師都對各自業界正在發生的重大變革有所貢獻。理髮師在高檔店面的工作內容，是男性理容產品銷售成長的原因之一，畢竟他們的工作有助傳播這些產品與使用方式的相關知識。全隻屠宰緊隨著吃貨運動出現，共享若干大原則，例如要釐清食物來源，以及用「職人」手法生產之。隨著這些商家的肉品哲學廣為散播，高檔餐廳也開始使用全隻屠體，大型零售商更賣起「有機」產品，例如全食超市已開始採用較一般超市更多元的供應來源，打造其肉品專櫃。

當然，這幾個產業中的大哉問已變成：「當結盟發生時，在這過程中有哪些、有多少文化套路消失了？」蓋伯先前說過，商業中的「真實性」是種權衡。雞尾酒一旦成批調製，是否就失去了其作為精調飲品的地位？威士忌要是以自動化進行切取，是否就稱不上精釀製品？當理髮師非得更快作業，理髮品質是否會降低？將屠體吊在軌道上分解，是否讓切肉師變得沒那麼「職人」？這些都是相關社群與整個社會熱議的問題，而且沒有定論。

總之，身處在消費者會關注自己購買物來源的文化中，這些勞動者的雜食性文化生產變得大發利市。無論是自己的飲料如何製成，當中加了什麼；如何從髮型造就某種特定風格，有哪些特定產品可用於自己頭髮上，而且好看；自己購買的肉來自何處，最後出現在盤中會是什麼模樣；以及在上述情況中，是誰為他們付的錢進行製作或付出勞力……消費者都想知道。一旦這些產品切切實實以職人手作為基礎，或者至少看似如此，消費者就願意為此花大錢。

●

擁有弗里曼帝國的集團在二〇一三年一分為二。其中一邊由理髮店總店業主山姆領軍，取得兩間理髮店的控制權，將我先前進行田野調查的那間店遷往了鄰近的蘇活區，還在布魯克林的威廉斯堡開了第三家店，並將所有理髮店全改名為「夥伴理髮師」（Fellow Barber）。集團另一邊則取得餐廳與服飾店（合併到同一地點），並保有「弗里曼」名號，並且隨後在東京開了新店面。一開始，弗里曼的理髮師都準備為山姆工作，直接到蘇活區的新店面工作。不過，其中有三人——魯本、邁爾斯與喬伊——加入了另一個所有權人的集團，成為新理髮店的合作夥伴。原本的店在李文頓街服飾店的後方，新店則在服飾店隔壁（也就是大家以前買咖啡的地方，原本的餐廳關門了）。「我們不能去蘇活區，」邁爾斯說，「那裡不適合我們。」當時的情況有利於他們三人成為業主。他們是經驗豐富的理髮師，常聊到有朝一日能管店之後要做什麼。三人彼此熟悉，工作起來也很融洽，加上弗里曼的所有權人團體也持有隔壁的空間。時機正好，他們於是將理髮店舊址改成服飾店的修改與試衣區。

新店與舊店有些許不同。新店空間大，過去有五張理髮椅，現在有七張，這代表理髮師彼此站得較過去遠些；此外，他們也雇來更多理髮師，其中兩人更是從學徒做起。店裡過去只剪現場客，如今也開始接受預約。主要差別在於客人現在傾向與特定理髮師預約，成為常客。結果，理髮師可能整天剪的都是自己認識的客人，連個新客人都沒看過。

我認識的理髮師全都留在弗里曼，有些人甚至離開夥伴理髮師，從西村店來到這裡工作。舊店的首席理髮師，也是第一位獲聘、協助建構整間店哲學的范，卻是例外。在我的田野工作進行一半後，范為了一紙經營協議，以及如何才是經營這間店的最佳方式，與所有權人團體吵了一架，結果被炒了魷魚。對此早有預感的他，在遭到解雇前一個月便和羅素．曼利（Russell Manley）搭上線——曼利是理髮兼造型師，也是「英佬槍」（Tommy Guns）的老闆。他的店在拉德洛街（Ludlow Street），離弗里曼幾個街區。

「我認識他，他也認識我。他剛開英佬槍的時候常來弗里曼剪髮，人很好。我被開除後，去他店裡工作了兩天，看看自己喜不喜歡，也看他喜不喜歡我。顯然很合，超合。可以重新專心做造型工作也很棒。因為先前我對剪老派髮型、把這種風格引進紐約雖然很有熱情——你看看那重量線，我算是憑一己之力把這風格重新帶進來的。以前我沒看到有誰這麼做，所以我就想，『我非做不可，我想看到這種髮型』。這超好看的，於是我開始動手，現在你看，大家都留這種髮型。能在一間讓你開始思考『好，我想做點不同的，我想試試不同的髮型，不同的風格』的店工作，然後到城裡各地走走晃晃看路人，開始看到那流行起來，看到你做的小事能影響到這個地步，感覺真的很好。難以置信。」

心中雖然有點苦澀，但從某個角度來看，被炒魷魚對范來說也是福分。他一度覺得自己在弗里曼時風格一成不變，如今來到新環境，身處新的實踐共同體，反倒讓他有了靈感。范在被解雇前幾週開始把自己的e-mail給常客，請他們下回要剪髮時先連絡他，看看他屆時人在哪裡工作。許多客人跟著范轉移到了英佬槍。范在這裡做了幾年，有了第二個孩子後搬到波士頓地區（他太太是當地人，岳父母也還住那兒），開始在當地的高檔理髮店工作。二〇一六年夏天，他終於在波士頓開了自己的高檔男仕理髮店。

•

勞動者透過這些文化套路，帶來將爛工作化為好工作的潛能，而且工作之「好」不只是他們內心的體會而已。[4] 如今，我們正目睹專業體力勞動在一個以知識與高科技的工作，以及技術性與非技術性服務業工作組成的時代中復歸。但我已指出，這種復歸是以非常有限、且侷限的形式出現，而且只有極小部分的勞動力得以從事。

受過良好教育的年輕勞動者正運用類似的文化套路，重新發明其他的體力工作。光是飲食界就有不少這樣的人，像是有些主廚便成就非常高的名望。廚師原本是地位相當低的骯髒活，只有菁英階級者例外（例如法式餐廳主廚），但如今廚師確實可成為跨媒體的名人，以其手藝受人尊敬，有時甚至因為製作高品質街頭小吃而聲名大噪，例如黃頤銘（Eddie Huang）的例子。其他人也規劃出通往飲食界的新途徑，像是從擁有一輛小吃推車，或是專做一道菜或食材，開始打造事業。

我們在其他產業也能看到這種工作轉型的例子。與烈酒精釀最相似的是啤酒精釀。不過，以精工與職人意識為基礎的輕製造業早已遍及美國各地。例如網站「Etsy」已是各種小型藝術與手工藝生產者的聚集地，他們透過網站將個人手工精製與二手器物（衣服、家具、陶器）直接賣給消費者，一些理念相同的在地跳蚤市場與手作市集也已在全國遍地開花。我們還看到其他服務業與零售業工作的菁英版本，像是對咖啡充滿熱情、相關知識豐富的咖啡師。

但是，轉變的為何是這些產業中的這些特定工作，而不是其他工作？為何沒有「酷」水電工或清潔工？或許是因為他們通常是在私人、範圍有限的環境中勞動。這些新型菁英體力勞動工作有個關鍵：他們公開展演，在有鑑別能力的受眾前展演。公開展演與工作實踐時的透明度，是他們工作的哲學基礎中重要的一部分。更何況，對他們而言，若想透過勞動成就地位，就必須讓技術性展演獲得認可。如此機會不是各種職業都有。這些由理念主導的展演，發生在進行都市後工業文化生產活動的場所中，而時興的雜食性品味也正是在同樣的場所創造、銷售。勞動的技術性特質與勞動環境是分不開的。

•

阿爾多在二〇一三年夏天被狄克森肉舖解雇後，去了好物多新設立的肉品櫃位——造化弄人，這櫃位正好是狄克森之前櫃點的所在。業主聘阿爾多來經營。但大約四個月後，阿爾多漸漸對業主灰心，再也不想為他工作。由於阿爾多有狄克森肉舖的工作經驗，要在城裡其他地方找工作不成問題。他前往曼哈頓一間叫「食人族」（Cannibal）、主打大口吃肉的美食吧工作，做了兩個月，而後改往艾賽克斯街市場（Essex Street Market）的全隻肉店「傳承肉舖」做事。[5] 因為想要更多工時與權責，他在幾個月後改到在紐約市與整個都會區有多間分店的高檔超市「齊塔蕾雅」（Citarella）工作。阿爾多很喜歡這間公司，但公司希望他到位於長島遙遠東端的漢普頓（Hamptons）廠房做事——他們都是在這裡分解屠體，送往各分店。阿爾多不想通勤那麼遠。等到齊塔蕾雅在城內開設第二間廠房的計畫告吹後，阿爾多對於只在零售店工作感到無趣，一個月後又準備要辭職。

不過，此時他發現狄克森肉舖又在徵人。[6] 自從被炒後，阿爾多漸漸意識到自己在狄克森時哪裡確實沒做好。「因為我從來不聽傑克的。」當我問他認為自己為何被開除時，他這麼說。「我一開始就沒這麼做，我做事的風格更像JM，不愛跟顧客講話。」高檔全隻肉舖是充滿活力的環境，是個實踐共同體，也是同事彼此互相學習、顧客向職員學習的場所。阿爾多沒有落實這間店的文化套路。「不妨這麼說，傑克要我更像團隊一員，更像個領導者。我現在懂了。我現在會多說話，會說『你應該怎麼做，不該怎麼做』，就像我剛說的團隊成員。傑克說會重新雇用我時，還告訴我，『我以前從沒這麼做過。你會在狄克森締造歷史，因為我從沒回頭雇用任何我要他走路的人』。我想，『行，咱們就來締造歷史』。」

實習期結束後兩年，我跟傑克談到阿爾多遭到解雇又重獲雇用的事。

「之前，我們切肉間裡有種不可繼續發展下去的動向：感覺好像他們誰都不怕，一直嘻笑打鬧，這很不恰當。我必須打斷姜卡洛、阿爾多與JM這鐵三角構成的循環。當時，我覺得我不能開除JM，我需要他。阿爾多跟姜卡洛那時造成一大堆問題。其實那陣子我正在二選一，看是要炒誰。阿爾多比較倒楣，個性不成熟，那時對顧客也不太友善，吊兒郎噹，老是想推掉工作、不跟顧客說話。JM可以推說自己英語不好，但阿爾多英語講得多好。所以被裁的是他。阿爾多是個好人，我喜歡他，但當時我覺得若要顧及組織，他是三個人當中最該被開除的，算他倒楣。」

「等到我們又要找人，阿爾多來應徵，我們坐下來談，他告訴我的內容都很到位。他說：『我了解自己以前哪裡做錯了。我知道協助顧客和成為團隊一員的重要性。』感覺他就像，『我懂。我學到教訓了』。他去別的地方工作過，但他並不開心。他意識到自己在這裡有過一段美好時光。我們善待自家員工，也努力工作，你得為了好的肉品付出。這裡工作雖然愉快，但不能沒規矩。我得說阿爾多很了不起，天天來上班，手腳很俐落，樂於四處幫忙；他速度快，工作表現也好。我很高興能有這樣的員工。目前來說，他是我們店裡薪水最高的計時員工，這很值得。我敢說他今年內會要求加薪，我也願意加給他。我希望他能盡量多待久一點，因為他不像ＪＭ只是手腳快，阿爾多的問題少了很多，而且只要你開口，他也很願意幫客人。也許這不是他最喜歡做的事，但大家忙的時候，他也會到前台來接待顧客。他了解這事有多重要。ＪＭ的話，最後實在滿難看的。」

傑克話中有話。狄克森肉舖之所以又要聘切肉師，有部分是因為他們在我實習結束幾個月後開除了ＪＭ。我請傑克談談他的決定。

「ＪＭ太脫序了。他老是因為酗酒搞得狀態起起伏伏。他會把自己打理好，大概四個月吧，會去健身，接著卻又開始酗酒。他會遲到，而且嚴重宿醉。這很可惜，因為ＪＭ是個了不起的老師，也是個好人。我們如果聊天，喝幾杯啤酒，他會告訴我所有他想做的事，但他欠缺真正能把事情完成的紀律，去當他想當的領袖。其他人都以他為榜樣。他是大家的領袖。」

「但實情是切肉間確實需要有個領袖，而他們其實沒有。ＪＭ嘴巴上說想扛起這個責任，但等到他開始一直遲到，這就站不住腳了。我們試著做出懲處，好好整頓組織，變得更專業。ＪＭ以為自己絕對不會被炒魷魚，但偏偏不然。有一回所有成員第一次要一起開會，我在前一天傳簡訊告訴他，大概是『ＪＭ，這次開會別遲到。不要遲到，否則後果會很嚴重』。隔天他晚了四十五分鐘才到，這根本是逼我動手開除他。」

傑克提及的這些事情許多我都有印象。在我田野調查期間，ＪＭ的確喜歡開小差，時不時會遲到，而且帶著宿醉來上班。他有時也會談到自己對展示櫃或肉塊的想法，常常是下班後我們到酒吧時說的。但他未必會將想法告訴傑克、經理或大廚。他從來不幫客人，不跟客人講話——當然，這有部分跟他說起英語並不自在有關。JM雖然是很有天分的老師，但其他切肉師通常得問他問題，或是請他在他們做事時從旁觀察，才能展開一段教學。

開除JM之後，傑克請來以前在洛杉磯的全隻肉舖「琳迪與格倫狄」工作的喬絲琳擔任首席切肉師。等到她離職（阿爾多這時已經回到店裡工作），傑克在二〇一五年升姜卡洛為首席切肉師，而姜卡洛也在這個職位一路做到今天。我開始實習時，姜卡洛相對是個屠宰業新手。他的知識豐富，手藝也很好，但還不到JM與阿爾多的程度。這兩位墨西哥裔切肉師起先沒讓他有好日子過，通常是用嘲笑的方式欺負他。（墨西哥移民的權力居然高過受過大學教育的白人，如此情況在紐約飲食界來說相當罕見。）姜卡洛覺得自己必須忍受他們的嘲弄（但他回擊也不會手軟），努力工作、求進步以自我證明，而他也做到了。姜卡洛的成功路徑——上大學，管理醫學中心，成為紐約市的新手切肉師，最後成為高檔全隻肉舖的首席切肉師——可說是本書中許多人與相關產業裡有心的年輕從業者的夢想。有許多像他這樣的人仍在堅持著。

研究方法附錄
Methodological Appendix

這篇附錄提供我為本書所做研究的細節，並討論我在田野調查現場與參與者相處時碰到的若干議題。我的目標在於將我研究、敘述與論點的根據，原原本本呈現予讀者，讓讀者自行判斷這三者，盡最大可能重現這份計畫的做法。所有社會科學家都會面臨同樣的問題：做質性研究的人得挑起重擔，為資料的準確性與一致性提供證據。本文討論我如何取得上述資料，就是要滿足提供證據的義務。

時間軸、選擇、資料蒐集

我投入這項計畫是始於二〇〇七年二月二十日星期二，也就是我首次走進死吧那天。我之所以到死吧，是為了博士論文研究。我在前一週參加了曼哈頓鬧區下東區的市政區委會議，會上有一群居民抗議這間酒吧取得販酒執照。[1] 當晚同一份議程中正好出現兩個目標，我的新計畫也從中浮現：其一是死吧，其二是威風豹貓

（Mighty Ocelot）。威風暴貓是尚未營業的咖啡店，業主是沙夏．佩特拉斯克，他也是紐約市第一間新式精調雞尾酒吧奶與蜜的老闆。[2]這兩個地方在會上都引來居民不小的抗議。雖然他們大力抵制已開張的酒吧，但我在會後幾天、幾週裡都去店裡看看情況，順便和業主聊聊。威風豹貓那時還沒開張，但與會人士多次提及奶與蜜，表示這間酒吧是附近最安靜的一間，甚至在全紐約也是首屈一指。我想去兩間酒吧看看，於是在會議隔週二的晚上去了死吧，隔夜又去了奶與蜜。[3]

這兩間店和我先前所有的酒吧體驗截然不同。大門隱密，立面低調，獨特的視覺、聽覺與嗅覺印象，服務無微不至，以及我此前從未聽過的調酒，至於口味就更不用說了。我無法自拔。儘管論文仍待完成，我還是不停回頭造訪這些酒吧，作筆記，和人聊天。我跟死吧業主戴夫與沙夏談到鄰居與區委會上的抗爭，也談精調雞尾酒世界。我得知紐約市、全國與世界各大城市的雞尾酒吧、bartender與愛好者社群正逐步增長。我開始與這些人訪談，參加城裡各地的活動，例如雞尾酒發表會與品酒會，還買他們的參考書來讀。我知道自己無法將這個社群裡寫入第一本書，於是，我有了同時進行另一項計劃的念頭。

我在二〇〇八年首度參加雞尾酒聖會，隨後兩年也都繼續。我在活動上遇到來自世界各地、以或此或彼的方式涉足精調雞尾酒界的人士。回到紐約後，我參加了培育性質的活動，像是ＢＡＲ酒精飲料資源學程，以及由品牌贊助的調酒比賽。無論我去到何處，無論是出差參加學術會議，還是出遊，我都會尋找城中的精調雞尾酒吧，與業主和bartender會面，安排訪談。我瞭解到一種文化運動如何出現、成形，了解有那些能凝聚或分裂運動的議題，以及故事化的過去對今日諸多振興文化之舉多麼重要。但除此之外，我一直沒有達到為我所觀察、認識的事物發展出穩固框架或主張的程度，多半還停留在收集資料的階段。

二〇〇九年，我開始受到烈酒產業吸引，尤其是製作新烈酒的精釀烈酒廠。我在酒吧與雞尾酒、烈酒相關活動上和這些酒廠的人碰面，以瞭解他們的產品及他們與雞尾酒界的關係。但我想親眼看看實際的蒸餾廠與製程。某天傍晚，我在品酒活動上遇見一位名叫尼克的大學生，當時他在圖丘鎮烈酒的攤位工作。尼克的叔叔拉爾夫是這間公司的共同創辦人，尼克在公司打工賺點錢。我是從雞尾酒吧得知圖丘鎮及其產品，也就是哈德遜威士忌產品線。bartender們對圖丘鎮投入的事表示欽佩：手作、採用當地永續農產在農場裡蒸餾。我告訴尼克我的計畫（應該說，盡可能把當時我已有的想法告訴他），跟他說我想看看烈酒精釀如何進行。他點點頭，說我確實很有機會，畢竟他們蒸餾廠以前也找過臨時工或打工族。尼克讓我聯絡圖丘鎮的首席釀酒人喬。在電話上談了一陣子後，喬願意讓我試試我想做的事，隨後排出時程。我一個月會有四次（通常是週四和週五）穿上棕色「釀酒人」T恤、工作褲和靴子，花兩小時搭上Trailways的巴士前往蒸餾場附近的小鎮紐伯茲。喬與尼克會來接我。我開始實習烈酒精釀。怎知當我在圖丘鎮的實習期就快結束時，紐約市也開了好幾間烈酒精釀廠，離我家更近，這讓我多少有點懊惱。這幾家酒廠是二〇〇七年《農場蒸餾廠法案》通過後開始發展起來的，該法案降低了開設小型蒸餾廠的資金門檻。我在當中的國王郡蒸餾廠與紐約蒸餾酒公司進行更多田野工作。當時我若是多等一兩年，就不必來回通勤四小時了。

在這段實習期間，我開始慢慢轉移計畫目標。我對調酒、製作飲料、跟顧客與訪客互動的這些勞動者越來越感興趣。他們的工作內容，以及與大眾對大學畢業生理當追求的職涯之認知的差距之大，最是讓我著迷。因為我希望研究在精調雞尾酒與精釀烈酒世界之外的共同現象，於是我採用「理論抽樣」（theoretical sampling），找尋其他案例進行調查。[4] 不久前，我在生活中漸漸注意到新開的男仕理髮店，它們為有意學習使用直式剃刀刮鬍的男性開課。過去父親都會教導兒子如何使用直式剃刀，但拋棄式刮鬍刀與可替換刀片的出現徹底終結了這個習俗。現在，男人為了效果或出於好奇，也開始對使用直式剃刀有了興趣，而且常會向專業人士學習。當時我已經使用安全剃刀——這是介於直式剃刀與拋棄式刮鬍刀之間的歷史橋梁——刮了一段時間的鬍子，所以才會注意到這類課程。在這些學習失落習俗的課程與先前參加、研究的調酒課程之間，以及在雞尾酒吧和新式理髮店之間，我看到了關聯，也就是透過傳統服務業，重振傳統習慣。（我也需要找個新的理髮師。）二〇一一年春天和初夏，我去了弗里曼運動俱樂部兩回，先去西村何瑞修街（Horatio Street），而後是下東區李文頓街；我去剪髮，順便和為我剪髮的理髮師聊他的工作。去過第二次後，我知道這些理髮店與店內理髮師會是我的新個案。於是，我和李文頓街店的首席理髮師范、業主山姆，以及公司公關部門的代表商談；大家皆同意我的計畫。於是，二〇一一年，我在弗里曼開始參與觀察研究。我每週大約會去店裡三次，每次待上數小時，為時一年。

我在弗里曼進行田野調查時，意識到自己希望理髮師不是唯一的非酒精相關案例。為了找出另一種職業，我思考這幾種工作所處的整個大產業：夜生活、酒類製造與理容，這些都與時尚產業有緊密關聯。這每一種產業都在當今城市中蓬勃發展、經歷轉變。於是，我自問有哪些其他產業也正經歷類似的變化？沒多久，我就想到食品業——零售與製造兩端皆然。我當然可以輕輕鬆鬆去研究廚師，畢竟廚師也是今日隨吃貨文化興起、經歷了部分轉變的另一種傳統低社會地位體力勞動。但別的食品零售商店更讓我感興趣，尤其是新版本的傳統社群性機構。我透過生活風格媒體發現新型肉店，於是造訪其中一間（布魯克林的「德佬切肉師」〔Fleischer's〕），購買我要吃的肉。

概括觀察屠宰業的情況後，我聯絡狄克森農家肉舖的老闆傑克。我們敲定在二〇一二年七月進行訪談，我也把自己的計畫告訴他。剛好，狄克森跟圖丘鎮一樣也有實習計畫。我將一週到狄克森工作一到兩次，主要待在切肉間，每次約八小時，持續一年。我常穿著當時穿去圖丘鎮的那幾件卡其工作褲和靴子，搭配公發的襯衫、圍裙，以及黑白兩色的狄克森卡車司機帽。

二〇一三年八月二十八日，也就是我的狄克森實習期的最後一天，我正式離開田野；此時距離我第一次走進死吧展開計畫，已過了六年半。隨後幾年，我四處參加活動，例如紐約蒸餾酒公司的「冰糖裸麥」（Rock & Rye）的新品發表派對，以及狄克森為紐約市全隻切肉師舉辦的社交活動。此外，我也盡可能和這些人保持聯絡，時不時回去店裡走走。我會順道光顧酒吧，買肉，固定回去剪髮。我以消費者身分前去，但在和我認識的人敘舊、了解近況時，難免又會知道一些新東西。更有甚者，等到我離開田野，做學術發表、撰寫與出版本書期間，我仍會與他們進行許多後續談話，也訪談過一些新認識的人。

從這段計畫演進的概述來看，我在這四種職業中研究最多的，似乎是雞尾酒世界。確實如此。我在研究雞尾酒界上費時最久，參加了許多相關活動，因為我原本認為這計畫只會與雞尾酒世界及其相關產業有關。所以我會去特殊玻璃器具與精釀烈酒相關主題的活動，因為雞尾酒吧的bartender非常重視這些。直到我到圖丘鎮酒廠實習之前，我都不確定這計畫的新走向。我在其他三種職業、尤其是理髮師與切肉師的主要田調地點之外，就沒有參加這麼多的活動，原因有二。其一，我希望將焦點擺在勞動者與工作場所，而非相關產業，例如男性理容產品公司或餐廳。其二更是重要，相較於雞尾酒與烈酒，有關理髮師與切肉師的活動可說是少之又少。在這方面，他們的職業社群與雞尾酒吧的bartender、烈酒釀酒人大不相同。當我為了本書而分析自己針對雞尾酒吧與bartender所做的筆記時，我力求聚焦在我實際待在酒吧時，但其他地點也貫穿了我的分析。

這次計畫的各個進行階段中，我都會在一回家或隔天早上就將田野調查時手寫的簡短筆記輸入電腦。至於蒸餾廠的個案，我會在搭客運返家的車上將筆記建檔。一旦對各個環境感到自在，熟悉其中的慣例與節奏，開始瞭解哪些活動最是相關後，我也不時會使用數位錄音機，以精準掌握長時間的討論與互動。本書文中引號內的陳述大多就謄寫自這些錄音檔與訪談錄音，但仍有部分來自筆記。我之所以保留這些筆記作為引言，是因為我認為這些筆記能精確掌握大多數陳述，雖然不到一字不漏，但以我對談話中人逐漸的認識與瞭解而言，這些筆記已盡可能記錄下他們談話內容的意義與意圖。我瞭解當研究者與所研究者之間如此不同時，想在研究時達到如此的認識是有可能更為困難的。[5]

有時，我會為了可讀性而編輯引述內容，例如拿掉贅字，有時則會將一場訪談中對不同問題的回答結合起來。儘管我認為來自田野的許多引述與事件都能表現我的實地經驗，但為了納進書中，我常會挑自己覺得「最」有代表性的言談與事件——亦即明瞭易懂，而且表達方式鮮活與／或讓人印象深刻的故事。相較於我研究的參與者總數，我挑出的陳述與事件關係到的人也比較少。這些人未必是我最熟悉或觀察最多的對象。我蒐集的整體資料雖然貫穿全書的分析，但為了可讀性，我希望在書中縮限出現的人物數量。因此，我在寫作時會常提到能呈現最多要點、最能直截了當表現出模式的那些人。但若要提供來自其他人的陳述，或是涉及其他人的事件以佐證我所做的各項主張，也不是難事。

田野時的角色與人際關係

正因為研究者的身體就是人類學田野時蒐集資料的儀器，而每個人的身體都裝著各式各樣由社會建構的意義與認同（例如種族、性別、年齡），在他們與他人互動時居間影響，所以「研究者反思其社會位置（social position）如何影響自己蒐集資料的過程」才會如此重要。至於「社會位置」一詞，我指的是研究者在空間上如何與其參與者面對面、研究者置身於參與者之間的當下在做什麼，以及更要緊的——以雙方的社會出身與認同來看，他們的身分對於彼此形成的關係有何影響。一言以蔽之，我們必須瞭解人在田野中、身處參與者之間的研究者扮演著什麼角色，瞭解他們跟參與者之間是何種關係，瞭解兩者如何影響研究者蒐集與分析的資料，研究者的社會位置對於溝通與理解帶來哪些問題，以及研究者如何在可能的情況下試圖克服這些問題。

在研究這四種工作的田野調查中，我扮演了不同的角色。這些角色影響了我的所為與所見，以及我如何認知這些所為所見，這當然會衝擊我的分析。大致上，工作場所的社會秩序，以及從事該工作的勞動角色種類之多，決定了我扮演的角色。角色會限制我蒐集資料的方式，而我在每一個田調地點都試圖彌補之。

為了研究雞尾酒吧的bartender，我直接成為雞尾酒吧常客，經常出現在雞尾酒相關環境中。我在前一個研究計畫中扮演過這種角色。酒吧是從事田野調查的絕佳地點，非常社交性，容易以顧客身分融入其中。雞尾酒吧更是談天、聽人談天的好地方，因為雞尾酒吧比其他類型的酒吧安靜許多。我常去這些酒吧，通常一週兩晚，每次造訪幾小時，而且經常一個晚上連去兩間。除了死吧與奶與蜜之外，我也去小分店（業主也是沙夏）和ＰＤＴ。我一向會坐吧台，會在吧台底下和廁所拿小本子記筆記。這些酒吧的「無站位」政策讓人不太有機會能與很多客人說上話，除非正好坐在我旁邊。但這也讓我能專心於bartender本身、他們的工作習慣，以及和他們的互動上。我酒喝得很慢，不過，雖然占了個位子，bartender們還是大方地允許我喝得跟雞孵蛋一樣久。我問了許多問題，像是他們在做什麼、正在調製或研究什麼飲料、關於其他雞尾酒吧與bartender、產業的其他面向，以及他們與顧客的互動。有時，他們會邀我在營業前到酒吧後台看看，觀察相關的準備。[6] 簡言之，我的目標是成為常客，成為這些酒吧與整個雞尾酒世界的固定班底。

我對雞尾酒吧的bartender的職業生活了解許多，但自己沒有成為bartender。我曾考慮嘗試看看，考慮過當吧台助手，獲得從吧台另一側看去的觀點，但我沒有認真去找機會。（由於我完全沒有任何bartender或服務業經驗，沒有哪家雞尾酒吧會聘我當bartender，無論如何，都只會雇我當吧台助手。）當時我在寫博士論文，白天教書，同時還在努力取得全薪的正職助理教授職。在雞尾酒吧謀職會讓我在夜裡比進行手上的田野工作耗得更晚、更辛苦。但不這麼做，就意味我學不到按照調酒術原則調精釀雞尾酒的實踐性知識，也會無法像這些bartender一樣與客人互動。

我試著用幾種方式彌補如此侷限。首先，我買了調酒工具與大量酒類，深入研究新舊雞尾酒書籍、網站，從中挖掘酒譜與靈感。我在風味調和與材料上實驗，按照耳聞中雞尾酒吧的bartender所運用的文化腳本（亦即問朋友喜歡的材料）調酒給朋友喝。基本上，我在家打造出酒吧，像bartender一樣行事。過程中我得到一些關於雞尾酒調製與顧客互動的看法，但顯然這和真正照管酒吧仍然相去甚遠。我甚至註冊成為亞斯托中心（Astor Center）的志工——該中心提供多種飲食相關的主題課程：紅酒、烈酒、乳酪品嘗、微型規模釀酒，以及如何調雞尾酒。一般大眾多半是出於好玩才付費來學這些基礎主題（我常看到有人把上課當約會）。志工要幫忙準備工作台（像是處理吧台器具與雞尾酒課所需的果皮裝飾），確保課程進行時東西樣樣具備，協助講師（通常是雞尾酒吧的bartender），最後則負責清理。當志工多少讓我稍微見識到了吧台助手的工作內容，同時我也學到bartender怎麼講話、如何講解自己的工作讓大眾了解。最後，我也是美國調酒師公會（非bartender也能自由加入）紐約分會的會員。除了參與產品試飲、到附近烈酒廠參訪之外，酒公司有時也會找公會會員幫忙辦活動。例如，我就在曼哈頓雞尾酒經典節（類似雞尾酒聖會的活動）當過志工，基本上就是當吧台助手。

圖丘鎮酒廠的實習工作與我對雞尾酒吧的bartender所做的田野調查非常不同。[7] 酒吧有非常明確的角色分工：bartender、吧台助手、顧客，有時候還有經理。一旦忙起來，bartender也常會動手做起平常由吧台助手做的工作，但bartender多半整晚都在接單調酒。身為顧客讓我得以接觸各種角色與各種行動。跟酒吧相比，烈酒精釀廠是個相當不同的工作場所，而且各家精釀酒廠彼此有別，端視如何營運而定。酒廠是生產活動需要的製造空間，而非讓人社交的消費空間。廠裡沒有「上帝視角」——沒有那種可觀察所有行動的位子。在這裡，光靠觀察是沒有用的。

由於圖丘鎮的作業泰半是人工進行，加上職員人數不多，所以每個人總會有什麼都做的時候。喬身為經理與首席釀酒人，一整天幾乎都在管帳、處理計畫，但他常常過來解決生產時的遇到小問題。有這麼多大大小小的工作得完成，因此我非常容易就能以勞動者的身分融入其中。畢竟我是個沒經驗的工讀生，執行的多半是較為瑣碎的任務，例如裝桶、包裝酒瓶與清理設備。但一整天還是有充分的休息時間，能讓我到不同的工作區域打轉、觀察、提問與做筆記。我不做蒸餾（意思是我不會去操作蒸餾器），但能在釀酒人切取時試喝，提出與他們下決定、品酒相關的問題。簡單來說，圖丘鎮的實習非常需要實際動手，這也讓我看到烈酒精釀的步驟，以及免不了在某些嚴酷環境下（主要是極高的室溫）進行的粗重體力活。除了看、嘗、嗅與聽（我在雞尾酒吧主要運用的感官能力）之外，我還得去感受蒸餾工作的模樣，因此也從第一手觀點理解了過程中的若干意義。

我在其他烈酒精釀廠（亦即國王郡蒸餾酒廠和紐約蒸餾酒公司）與精釀烈酒相關活動所進行的田野調查，則是比較傳統的參與觀察。這些酒廠定期會為有意了解如何製作小批次烈酒的好奇消費者舉辦導覽。我會參加這類活動，業主則歡迎我來，給我貼近觀察的機會。參加這些導覽就像在課堂上與雞尾酒吧的bartender相處，我會聽到釀酒人如何向一般大眾解釋他們的技藝與產品。無獨有偶，例如試飲和研討會等精釀烈酒活動，也讓我有機會聽到釀酒人與業者如何呈現自家產品，同時向他們請教關於品牌的問題。

理髮店裡的角色界定甚至比酒吧裡更明確：你要麼剪髮，要麼讓人剪髮（或是坐著等候剪髮）。我完全沒考慮成為理髮師。首先，理髮訓練過程長，費用又貴。（美國理髮師協會有個廣受歡迎的學程，要上六百六十小時的課，學費五千零六十美金。）其次，你得花上多年不停剪髮，才能真正對成為理髮師感到自在。除非我經驗豐富，否則沒有哪間我有興趣的店會想雇用我。[8] 我原本可以當個接待，接接電話、招呼客人、賣產品，還有掃頭髮。但接待不僅工作本身忙，而且以弗里曼在李文頓街的地點（我主要的田調地點）而言，櫃台跟店面更是位在不同房間。因此，若以接待的身分在那邊工作（他們在我進行田調時確實有開缺），對參與調查目標來說反而會適得其反。

但理髮店也像酒吧，因為兩者都是社交場所，接受客戶與顧客的角色其實相去不遠：坐好，接受為你提供的服務。我向業主和首席理髮師解釋過計畫後，他們允許我只是在店裡坐坐，問問題，做筆記。我一貫努力坐到靠理髮椅最近的位子。當理髮店常客與當酒吧常客有別，畢竟沒有人會天天理髮（新式高檔理髮店也不是男人的聚會場所）。但我卻在一間屬於理髮師的店裡成為固定班底。說起來，我對待這間理髮店的方式，正是這些業主期待自家理髮店能得到的對待：一個能讓男人在此小聚的地方，就算不剪頭髮也無妨。我是唯一一個這麼使用理髮店的人，其他住在附近或工作的人都是順道進門跟自己的理髮師打聲招呼，然後就走了。

由於我缺乏關於剪髮的第一手知識，因此我像研究雞尾酒吧的bartender時那樣，採用資料蒐集策略加以彌補。首先，我試著在理髮師工作時提問，問他們正在做什麼。有時，我不必請他們解釋自己正在運用的技法，或是他們在客人頭髮上遇到的情況。他們漸漸了解我感興趣的是什麼，有時會叫我過去看他們在做什麼。其次，我運用「照片引談法」（photo elicitation），也就是拍攝理髮師正在為某人剪髮的照片，在訪談同時將照片給他們看。[9] 此舉的目的在於讓理髮師從不同角度看自己的工作，討論他們在理髮與其手法中認為理所當然、因此不會意識到自己在做什麼的部分。（對於這兩種辦法，理髮師會先徵得客戶允許我從旁觀察。）我將這種技巧運用於邁爾斯與魯本身上，如第六章所示。我沒有對雞尾酒吧的bartender這麼做，因為他們的技巧比較好懂（至少對我而言），比較容易在家練習，而且相較於理髮店，我在酒吧更有機會能在bartender工作時請教他們工作技術面的問題。理髮師工作時常會和客人講話，我不想拿理髮技術問題去干擾這種重要的互動關係。唯有客人顯然無意與理髮師交談、而理髮師又邀我去觀察時，我才會這麼做。雖然雞尾酒吧的bartender善於社交，但他們在調酒時通常會暫停與顧客的對話。不過，只要有人問，他們也會在調酒時回答問題。

如果說我的角色在理髮店與在酒吧時相去不遠，那麼，我在肉舖的角色或許也跟我在烈酒精釀廠時差不多：我成了實習生。全隻肉舖跟精釀酒廠都是忙碌的工作場域，有大大小小的事情得完成（大的像切肉、服務客人，小的有絞肉、為袋子貼標籤）。這兩者也都不像酒吧與理髮店那樣是社交場所；因此同理可證，光是在肉店找個方便的地方坐著觀察是不夠的（店裡也沒有這種地方）。全隻肉舖的實習生要執行許多較為瑣碎的任務。狄克森（我的主要田調場所）有比圖丘鎮更正式的實習計畫，店裡經常收到實習申請，也常面試候選人。實習生必須滿足每週工作三天、持續三個月的要求。他們多半在切肉區跟切肉師一起工作，按表操課。不過，我有大量機會能到櫃台（從切肉區可以看得一清二楚）觀察顧客的互動（甚至在忙碌時親自與客人互動，接待客人）。我跟在圖丘鎮實習時一樣，在後口袋塞了一本小筆記，趁閒暇時到廁所、店外的卸貨區，以及冷藏庫裡記下。在肉店工作就像我的酒廠實習，讓我能運用所有感官蒐集需要的資料，並且在身處這種環境、與勞動者一起勞動的情況下，了解他們為自己的勞動所賦予的意義。

整體而言，我跟每個田野地點及各個社群都處得很好。有鑒於我個人的身分認同與背景，以及研究對象他們的認同與背景，要打成一片不算難。我是個三十多歲、白種異性戀中產階級、受過良好教育的年輕男性。我在書中研究的對象多數都出身類似背景。我展開計畫時是二十六歲，離開田野時是三十二歲。我研究的人泰半與我年紀相仿，有時稍微年輕點或年長些。我在研究期間住在布魯克林，有時與研究對象住得很近，而我的生活風格跟他們也相去不遠。其實，從我的社交生活與風格品味來看，就算我沒有進行這項研究，也會到那些酒吧與餐廳，肉舖與酒行購物，走訪烈酒精釀廠，在男仕理髮店剪髮。我的生活風格有許多面向都和這些勞動者一拍即合，他們自己的品味也很雜食、多元。我在書中談到，這幾種世界有許多交錯之處，而勞動者也很明瞭其他營業場所與文化。雞尾酒吧的bartender與烈酒釀酒人便是最好的例子，畢竟bartender會使用精釀烈酒，而釀酒人會請bartender以他們的產品調製雞尾酒。但我也會跟理髮師與切肉師討論雞尾酒、酒吧和烈酒，跟bartender和釀酒人聊肉品和男仕時尚。我有幾次甚至在理髮店裡遇過bartender，而有些理髮店在剪髮同時也會為客人提供調酒，甚至有一位理髮師曾在雞尾酒吧當過bartender。

由於我扮演不同角色及個人背景之故，我和田野地點的人的關係也相當多元。雞尾酒吧的bartender把我當成特別的常客對待，不時把我的酒算到自己帳上（對當時身為研究生、收入不豐的我來說，此舉真的幫助很大），還讓我試喝他們正在開發的新調酒，要我提供回饋意見。因為調酒世界中人會定期造訪彼此的酒吧，加上bartender們知道我在店裡做什麼，也常常介紹我跟其他bartender、業主和業界重要人士認識。四種職業中，雞尾酒吧的bartender最常光顧別家同業（以及一般型的酒吧）和參加雞尾酒相關活動。其他三種職業的人鮮少如此，但他們非常關注產業中其他地方與勞動者。有時我會跟bartender一起去其他酒吧，這讓我有更多角度能觀察到他們在工作之外的生活。我也常在酒吧和活動時看到烈酒業界人士，讓我有類似機會深入了解他們。其實，我是因為和書中人物會在工作場所之外的地方聚會，才有機會深入認識他們，畢竟他們在工作場所的角色與行為界定比較明確。我跟酒廠同事下班後會到田邊野餐桌旁坐下，喝威士忌跟啤酒，天南地北。我常跟理髮師共進午餐或放風喝咖啡，也常在下班後和切肉師前往附近酒吧。這些時光對我和他們的關係、對我的資料蒐集都非常珍貴，因為我們能在工作場所之外了解彼此。脫離工作地點時，他們談論工作或同事的方式有時會有不同。比方說，相較於阿爾多與姜卡洛工作時不停嘲弄彼此、拿對方名字開玩笑（尤其是阿爾多對姜卡洛），他們下班到酒吧時對彼此會比較友善。有時勞動者也會向我透露一些個人祕密，例如對於自己工作能力的不安感，或自立門戶的念頭。

我跟理髮店的人則以不同方式打成一片。由於理髮店的社交生活比較像是理髮師為客戶表演的男子氣概秀，而非真正以社群為導向的體驗，我會試著不去干擾展演進行，乖乖維持我身為候剪客人的樣子。我偶爾會加入討論，從而參與理髮師之間的群聊，這讓我在環境中顯得非比尋常，畢竟客人（我希望自己在其他人眼中也像個客人）在坐上理髮椅之前幾乎都不會開口。但我從來沒有主動開啟對話，通常就坐在位子上跟著大笑，寫我的筆記，有什麼不吐不快時才會加入。在我個人的種種背景中，我也是個土生土長的紐約人，跟我研究的許多理髮師一樣（或者來自紐約外圍地區），這讓我們在生命歷程與對這城市的認識上有許多相似處。在四種職業中，我想，就數理髮師最喜歡有我在場，原因倒不是我的個性，而是我的角色。每當我進店裡，他們常常會告訴我方才錯過的故事，像是兩位理髮師之間的爭論；他們認為我可能會因為研究而感興趣。「你絕對不會相信昨天發生什麼事！」他們常常這樣講話。理髮師樂得有我參與他們的群體垃圾話，有時還靠我當中立的第三方來化解爭端。

烈酒精釀廠跟肉店的社交則相當不同，因為我們在肉店時是肩並肩工作。先前提到，圖丘鎮的工作地點分散各處，有一大間房間專門裝瓶，一間用來蒸餾，一間煮醪與發酵，還有一間用做陳酒與銷售產品，更有清潔、裝貨、轉運等各種工作在各處戶外空間進行著。勞動者可能在上述任何地方獨自工作，有時對話有限。但常有讓勞動者相聚的情況，像是我跟別人合作，或是在距離某人不遠處做事，以及午餐、休息時間，或下班之後。這些時候的對話主題會從我們手上進行的工作飄到音樂，再到戀愛話題。狄克森的工作區域是分開的，但店內空間比酒廠小得多，各區域間的界線也具有高度可穿越性。我獨自工作的時間從來不超過幾分鐘。當我在冷藏庫拿肉品存貨時，也會有廚房的人進來處理香腸。切肉區與櫃台區對勞動者而言是非常社交性的場所，他們常趁店裡沒有客人時彼此交談。畢竟我是個跟大家一起工作的勞動者，我也會加入開玩笑跟稍微挖苦同事的行列。嘲弄與遭到嘲弄對切肉區所有人來說都是可預期的。

每一個田調地點的人都會一再提及我的工作或計畫，還會特別提到我在研究他們。各個田調地點至少都會有一個以上的人稱我為「博士」。（雞尾酒吧的bartender尤其喜歡這麼稱呼我，因為我的博士學位是在酒吧田調期間取得的。）理髮師們有幾次聊到，要是我的書拍成電影，飾演他們的會是哪幾個好萊塢演員。他們有時還會逗我，說我其實是心理學家，要來「攪亂他們的腦子」。其中一位切肉師也有類似看法。我一度覺得，他不確定我人在場其實有何打算，因為在我田調的頭一個月，他不斷問我在這兒做什麼。然而日子一久，他才說他搞清楚了，對於跟我交談也比較自在。但我並無印象田野調查裡的人會因為我的教育背景或職業，而以不同方式對待我。

在我所有的身分當中，身為男人（而且是個異性戀白人男子、受過良好教育、住在時尚都市中時髦城區的中產階級，諸如此類）恐怕是影響我人際關係最甚的一點。本書中多數人都符合上述特點，很容易便能看出他們與我的互動反映的正是他們與彼此的互動。除了出身之外，我們的幽默感與文化觀點也相去不遠。

訪談

除了田野調查，我也跟這些產業中人進行了總數達一百零九場正式的半結構式（semi-structured）錄音訪談，當中包括四十四位雞尾酒吧的bartender、雞尾酒吧業主，以及精調雞尾酒社群中的其他人（例如媒體人）；十九位烈酒釀酒人與酒廠業主；二十名理髮師與高檔理髮店業主、櫃台接待；還有二十六位全隻肉鋪業主、切肉師和勞動者。（雞尾酒吧的bartender的人數之多，反映出了這項研究計畫一開始研究的其實是精調雞尾酒社群。）這些訪談是用來為上述勞動者的個人背景、踏上這些產業工作的想法，以及他們對個人的職業、產業和工作習慣所持態度的相關細節。每次訪談至少一小時，我也會主持多名參與者的多人訪談。所有訪談皆以面對面方式進行，其中只有四場是透過電話或Skype，而且幾乎所有訪談對象我都曾在工作環境中觀察過他們的行為，讓我得以比較別人怎麼說他們，和他們的實際行事。每次訪談都是由在學助理、線上服務與我本人製作成逐字稿，我也根據相關主題與準則將逐字稿做標籤。

我在訪談中會提到幾個主題，問些問題。我通常會在田野時跟人家聊他們的背景與職涯道路，但訪談讓我有機會深入了解這兩件事，並以最高的精確性進行記錄。我們也常就地討論他們的工作，但訪談允許我退一步觀察，扎扎實實根據我的田野筆記提出有關專業技術與顧客的問題。而且，這些訪談幾乎都是在與他們的工作場合相隔一段距離的地方、或是打烊後進行的，因此讓我能向受訪者提問關於他們的工作場所、同事與職業社群的問題，但無須擔心內容被人聽到。

資料分析

我用一套混和的質性分析方法來處理資料。我想呈現個別職業案例獨一無二的特點，也想為跨越這四種案例的現象提供解釋。這正是我何以將本書分為兩大部分，第一部關注個別職業案例，第二部則呈現跨職業分析。針對前一個目標，我採用有意為之的紮根理論（grounded theory）取徑，根據我的資料來設想主題與標籤，並跨案例突顯資料中的變異。[10]自從了解調酒術在雞尾酒吧的bartender身上和雞尾酒吧裡扮演的關鍵角色之後，對於書中四種職業，我都採用紮根理論，來判定在這些營業場所與勞動者的勞動底下的哲學基礎。至於後一個目標，我則使用分析歸納法，也就是疊代分析過程（iterative analytical process），修改詮釋，以符合新的資料。[11]隨著新資料累積（例如這些勞動者如何理解自己通往其職業的路徑），我會一直想到解釋資料的方法。但當我遭遇與這些解釋不符的新資料時，我會直接修正解釋，讓它們得以解釋資料。我就是利用這種資料分析技巧，得出大家選擇從事這些工作、當成職涯來追求的不同解釋。如此一來，我才能發現「他們何以為之」的多種解釋，並保存其多元樣態。

社會學界有少數自稱民族學家的人強調，在發表時要使用參與者的真名；然而，沒有什麼科學準則要求非得這麼做不可。[12]最終的決定權仍然在研究者（一部分決定乃根據研究者和參與者的關係與同意）。本書中有些人採用真名。我決定的依據是他們是否說過希望使用自己的名字、我跟他們是否保持密切關係，以及我認為他們的言論與／或人物側寫是否會對他們造成傷害。我在書中使用本名的人多半都讀過自己出現的段落，對於相關主張、他們的側寫，以及使用其真名的做法都表示同意，同時也提供了若干絕佳的回饋。

侷限

沒有一本書或一項研究能囊括所有社會問題，其中總是會有盲點或侷限。研究者也是人，他們所做的決定乃依據各種標準（包括自己的身分）。作者與研究者的目標之一，就是去承認有哪些盲點存在，並討論這些盲點若是得到修正、或做出不同選擇（甚或是交由不同研究者進行研究），那麼，這項研究是否會有所不同。這些侷限當然可做為未來相同或相關主題研究計畫的開端。我將在下面討論我的計畫與本書中幾個重大的侷限。（無論是大是小，侷限顯然不只這些。）

第一點與所謂的「社會距離」（social distance）有關。先前提到，我在這些環境中跟研究對象相處時相當自在，我也覺得他們對於我在場與提問也感到自在。我將這種自在感歸因於我們共有的諸多特質，以及當我田野時他們對待我的方式。不過，我始終自問是否漏了什麼。我把什麼視為理所當然？我的出身背景是否讓我看不見某些關鍵議題？儘管我與田野調查參與者彼此關係相當融洽，但我認為，自己還是能跟他們保持批判性的距離。不過，儘管我這麼認為，我也確信不同性別、不同種族，或是年長些的不同研究者會注意到我完全忽略掉的行為與意義，他們對於言行的詮釋也會與我不同。

第二，雖然我曾與數十位消費者談話，觀察過的更有上千人，以獲得關於其身分、前往這些商家的原因，還有其關注事物的間接資訊，但我沒有對這些消費者進行系統性的研究，也未將他們納入本書。原因很簡單，我很早便決定將研究聚焦於勞動者，而與勞動相關的主題便構成研究基礎架構。但消費者無疑是這些營利活動的另外一半，少了他們，這些勞動者也不會存在。我已指出，已有許多人做過以雜食性消費者為題的研究，但從質性著手的研究並不多。探討消費這些產品與服務的人是如何詮釋自己與前述勞動者的互動，以及他們如何理解自己的品味，絕對有益於研究。

第三，關於這些職業與工作場所，我也沒有對其他較為主流的版本進行系統性的研究。（bartender例外，因為我在自己的第一本書裡，已研究過在地方小酒館的bartender。但我很難把前書的分析擺進本書。）因此，我無法將這些新型菁英勞動者對其職業、消費者與工作習慣所持的看法，與那些在相關職業一般常見版本的工作者相比較，無法進行產業內部分析。若是能連同這些商家的消費者一起研究，肯定會非常有趣，對於整體勞動與職業研究也能帶來及時貢獻。

最後則是質性研究的常見問題：「以應變數（dependent variable）為樣本」，也就是以滿足特定標準為基礎來選擇案例，而後又採用這些案例為上述標準的證據。我選擇研究涉入這些產業與職業社群，而且多半有所成就的人（亦即在這些工作與／或產業中建立事業，或是為事業打下基礎）。我的主張是以他們的雜食性文化生產、身分背景與勞動為主要根據。有些人無法成功展演這些文化套路，無法有好表現，因此被這些產業與社群排除在外。也有人單純選擇離開，到其他領域工作，無論原因為何。但這兩種人我分析得不多。我不認為跳過這些產業與社群的局外人會影響主要論點的效力，但我確實同意，如果有意完整了解新型態的體力勞動，了解這種在新經濟中作為純知識勞動之外的選項，我們就必須研究局外人與無法成功實施這些套路的從業者。

7. 我實習有得到一點點薪水，剛好夠付我來回上州的車錢。
8. 我原可以念理髮學校，接受店裡其中一位理髮師的訓練，但這同樣很花時間，而且會把我的注意力從店內的社交互動轉移到剪髮上。
9. 關於這種方法的討論，見Harper (2002)；實際進行的例子見Harper (2003)。
10. 見Glaser and Strauss (1967)。
11. 見Katz (1982)。
12. 假如非得這麼做，唯一的理由是除非有一位研究者想根據另一位研究者的成果，進行固定樣本縱貫研究，而且是在一段時間過去後研究與前人一模一樣的參與者。我從來沒聽過有人做過這種研究。

是每天早上都做？」還有，由於他們每次刮鬍都會更換拋棄式剃刀，刀片永遠非常鋒利。（刀片要刮個幾次才會磨損，許多男性讀者大概都能作證。）對於全新刀片，敏感的臉部皮膚常常會因此割傷，感到不適。無論理髮師是男是女，對於這點都無計可施。最後，男人經常根據刮鬍後臉光滑的程度來評判刮鬍品質。自從直式剃刀與安全剃刀問世以來，刮鬍科技已經有了長足進步。多刀片刮鬍刀經常比直式剃刀和拋棄式刀片刮得更乾淨。

12. 製作這項產品的公司是德州的陽台蒸餾廠（Balcones Distillery）。
13. 我會在後記討論這個轉變。
14. JM這時說的是狄克森第一任的首席切肉師，第六章有提到他。亞當離職後與JM仍有聯繫，兩人對彼此都很尊敬。

後記：成效、意涵與結語

1. 見Florida (2002); Lane (2011)與Neff (2012)。
2. 見Cornfield (2015)。
3. 見Cooper (2014); Sharone (2013)與Sennett (1998)。
4. 見Besen-Cassino (2014)研究的中產階級青年：他們很享受做咖啡店的爛工作，因為他們把這些爛工作視為一種自己所消費的生活風格。
5. 我在第三章有稍微提到這間店。
6. 當我後續跟進訪談阿爾多與傑克時，他們告訴我的故事是有衝突的。阿爾多說是傑克打電話給他，而傑克則說是萊娜叫阿爾多跟他聯絡。

研究方法附錄

1. 我在自己的前一本書(Ocejo 2014, 161, 176－79)討論過這起事件。
2. 他後來開了那間咖啡店（沒有販酒執照），店名是「墨丘利十分錢」（Mercury Dime）。幾年後店收了。我的前一本書(2014, 117－19)也討論過這起事件。巧的是，墨丘利十分錢歇業後，一間高檔男仕理髮店在原址開張。為了本書，我訪談過業主與其中一位理髮師。
3. 我前一本書(2014, 119－24)有提到我第一次造訪奶與蜜的過程。
4. Glaser and Strauss (1967)
5. 關於這種主張的討論，見Duneier (1999)與Jerolmack (2013)。兩人研究的對象都跟他們自己來自不同的背景（例如種族、年齡、國籍、社會階級）。並見Contreras (2011)關於在田野中使用錄音機的另一種論述。
6. 我們可以把這稱為見識「幕後」(Goffman 1959)。

5. Desmond (2007)研究荒野消防隊員，顯示人們是如何在從事這份工作之前，便已擁有能「指引消防員」思維、品味與習慣的「鄉野陽剛氣質」（country masculinity）與「鄉野陽剛慣習」（country-masculine habitus）(30)。消防隊員就像是在跟他們工作的同一片（或類似）樹林與野地裡長大的孩子，他們帶著野外知識、鄉野生活方式，以及一種「身為男人意味著什麼」的意識上工，而他們會在彼此面前把它們當成「鄉野能耐」（country competence）(43)來實踐、展示，例如表現鋸木技術或顯示自己知道什麼是開口銷（cotton pin）(44－52)。他們對這一行已經有相當的認識（簡化一下布迪厄的「慣習」經典概念），藉此與別人區分（例如「城市孩子」或「建築消防隊員」），並且在自己的團體中成就地位。

   由於這些勞動者通常來自各式各樣的背景與地點，他們並不擁有能馬上應用於工作上的共通慣習，反而是經由勞動以及與同事的互動來學習，透過「工作場所能耐」──也就是「信心」來展現；我已經提到，勞動者是否有信心，得看有多少其他勞動者這麼認為。

6. 他甚至連設計隱密的店門口和取酒吧名稱時，都是以死吧對禁酒時期的暗示為靈感。「富蘭克林投信公司」是以前費城地區一個私酒集團掩人耳目的門面。
7. 關於人們如何透過練習，將這些知識化為具體，見Hancock (2011); Leschziner (2015); O'Connor (2005); Wacquant (2004)。
8. 高級旅館勞動者也以為客人帶來類似的感受為目標，Sherman (2007)探討其做法。
9. 據我觀察，烈酒精釀廠比其他工作場所更明顯呈現出一致的不一致性，做為一種經過討論、刻意為之的實踐。只有釀酒人會倡導之，並且價值灌注其中。但我也在其他職業中觀察到，只要產品與服務出於人工手作，就一定會有若干程度的差異（就算這些差異難以發覺），端視其中人為失誤的量而定：雞尾酒的冰鎮溫度與冰塊溶解輛、不同的髮長，以及肉品外表的微妙差異。
10. 見Sennett (2008)對於「手」在職人意識中扮演角色的研究。
11. 還有另一個原因讓男理髮師不會比女理髮師更懂得刮客人的鬍子。我在第七章指出，老經驗的理髮師有能力為第一次上門的客人剪出好看的髮型，但他們也需要剪個三次才能真正了解客人的頭髮，從而嘗試新東西。雖然理髮師有許多來剪髮的常客，但很少有經常來刮鬍子的常客。多數來刮鬍子的客人是把刮鬍當成偶一為之的奢侈，或是為了單身派對或婚禮等特別的活動而刮，可能再也不會回來光顧。因此，理髮師永遠沒機會真正了解某位客人的臉，像是毛髮生長方向與任何敏感部位。刮鬍過程中的排場在許多方面都能掩蓋刮不好的情況。范說過，「〔客人〕不會得到世界上刮得最好的鬍子。因為呢，有誰比你自己刮更好？你能感覺自己的每一個小動作。問題在於你願不願意做我做的事〔塗油、熱毛巾、按摩等等〕，而且族誌學者與民族學方法論者檢視符碼的方法差異。兩人指出，民族誌學者傾向於著重符碼（通常隱而未顯）影響人在特定背景中的行為。以利亞・安德森（Elijah Anderson）的知名研究《街頭符碼》（*The Code of the Street*，1999）談市中心貧民區的生活，居民在其中學到「何謂『體面』與『街頭』」背後一分為二的兩套規則，以及如何根據情勢「轉換符碼」(36)。他的研究就是民族誌學者分析傾向的例子。然而，民族學方法論者傾向關注人如何運用符碼，為自己的行為做解釋。Wieder (1974a; 1974b)研究中途之家受刑人的「符碼講述」，探討院生與職員如何詮釋符碼，運用符碼建構、解釋他們的日常舉止。這個例子屬於民族學方法論研究傳統。Jimerson and Oware在他們對黑人男性棒球員的研究中，以深具說服力的方式結合這兩種取徑。兩人主張符碼既是為行為創造界線的「行動套路」，也是將行為合理化的「動機詞彙」（vocabularies of motive）(26)，並運用他們的研究方法來探討那些用打棒球來「講述街頭符碼」的黑人男性。

我在本章遵循兩人的研究方法。我把這些勞動者適用的「工作場所符碼」視為一套隱而未現（有時候外顯）、指引其行為的社會規範，而我也認為他們同樣會「講述」這些符碼，為他們在特定背景中理解彼此的方式提供合理性。

4. Khan (2010)研究私立預科學校的學生，他主張新的菁英因為其經濟地位，以及如今在其優越環境中要表現「自適」的關係，已經退去了傳統菁英的那種優越感。由於各種社會背景的人已經因為民主化而更容易接觸到文化、品味與知識，新菁英因此改以在日常生活舉始終體現自適感，作為維持優越地位的方式。這些新菁英的青少年成員不僅「瞭解」文化現象，還學會在遭遇各種文化素材時如何自在思考與行動，以及如何在討論自己的品味時不要表現出高傲的態度。儘管毫無必要，但他們也學會表現得好像自己的成績是自己贏來的一樣，畢竟（他們主張）所有人都有機會做出一番成績。那些在自己的展演中表現失敗的人（也就是展現出傳統的菁英態度，或是在努力的過程中透露出壓力的人）就是「搞不懂」，不了解「自信的行為」比「自信的瞭解」更重要。在一個通往品味的途徑已然擴大的世界中，新菁英學會如何以自適的態度展演品味（與其他行為）。

對於「以自信姿態展演工作場所符碼」的概念，我借鑑了Khan對自適的觀念。就這些勞動者擁有的文化知識來說，他們既不會「圍繞著知識構築界線，將這樣的知識視為資源來使用」，也不會因為一個人僅擁有一種元素——無論是文化知識、專業技術，還是工作倫理——就接受他加入工作場所與職業社群。他們反而是以這個人自信實現、展演符碼的能力為標準。但我所探討的工作場所符碼有別於上流社會學生在他們就讀的私立預校中學習到的那種優越感，畢竟工作場所符碼並不代表一種來自全控機構（total institution）背景中的整體世界觀。

群一部分而獲益的公開聚會場所，相關討論見Oldenburg (1989)。

13. 碰到這種情況，菲爾會根據常客回饋，對自己的酒譜作後續調整。這位常客也幫這杯調酒命名，菲爾有許多調酒都是他想的名字。這杯以琴酒底調的馬丁尼變種——「歡樂分隊」（Joy Division），出現在死吧的下一版菜單上。
14. 就梅爾的例子來說，我不確定他是在這間分店開張之前就已經是品味社群的一分子，遵奉跟這間店一樣的肉品哲學，抑或是萊娜與其他店員促成他對肉品的興趣。無論如何，他跟萊娜關係融洽，相信她告訴自己的事，而這正是肉店員工跟常客溝通的方式。
15. 「情感小費」是勞動者從工作中得到的非金錢、內在或心理獎勵。情感小費不可能量化，卻是勞動者從自己勞動中獲得滿足感不可或缺的一部分，尤其是做文化產業裡那些收益不高的工作。見Frenette (2016); Menger (1999)與Oakley (2009)。
16. Fine (1992)談廚師時有提到這一點。
17. 隨著我的實習進行，我也在無意間聽到許多客人問櫃台店員這種「有機」問題，連我自己也親自上陣過幾次。這些互動中有許多次都是以客人啥都沒買而告終。
18. Becker (1951); Grazian (2003).
19. 我沒有親眼看過索林跟這位客人互動，但多次看到理髮師試圖讓客人避開特定的造型。他們都是從照片裡看到這種髮型（比方雜誌上），然後跟理髮師描述樣子。比方說，有好幾次我看到邁爾斯跟同一位常客提到這人後退的髮線，所以他能做的有限（這位客人想要某種特定的髮型，又想隱藏髮線，但兩者無法兼得）；我也看過范多次跟常客提到他的遮禿髮型（范會建議他把鬍子刮掉，頭髮則削得極短）。儘管理髮師盡了力，但他們都不聽。這類客人會變得有點像理髮師之間一直存在的笑話。「我的遮禿髮型昨天有來」，范會這樣說。因為常常看到這位客人，其他理髮師都曉得范是在說他，於是點點頭表示理解。
20. 在我的田調期間，范是最大聲疾呼要客人不要使用洗髮精的人，但其他理髮師大多也在一定程度上同意他的看法。有幾位也會對客人提供類似建議。

第八章：入行之後

1. 別把弗里曼的學徒養成和圖丘鎮與狄克森的實習計畫搞混了，傑森是接待兼學徒。
2. 「看起來好，聽起來對」來自Warhurst and Nickson (2001)談相關主題的書。學者經常用這個詞來談「審美勞動」的概念。並見Mears (2014); Williams and Connell (2010); Witz et al. (2003); Wolkowitz (2006)。
3. 在社會科學中，「符碼」通常是指「行為準則」（codes of conduct），亦即規定與禁止一個人應該或不應該如何行事的社會規範。Jimerson and Oware (2006)討論民

Tastes at Upscale Butcher Shops," *Poetics*, 47: 106 – 21, 2014。

1. 我在這章裡略去釀酒人，因為他們主要從事輕製造業，而非提供服務、與顧客互動。儘管他們也越來越常透過酒廠導覽和消費者活動跟顧客面對面（我在第二章討論過），但這種互動與零售業務不是他們這行關注的焦點，也不是創造收入的主要來源。而且，有些釀酒人幾乎從來沒見過這些「顧客」，但所有的雞尾酒吧的bartender、理髮師與肉店職員天天都會見到客人。
2. 見Leidner (1993); Ritzer (2000)與Tilly (1955)對按照固定腳本做事的非技術性服務業勞動者的研究。並見Besen-Cassino (2014)有關勞動者如何理解這些工作的分析。
3. 見Ocejo (2012)。
4. 因為這種社交要求，Rose (2004)主張女服務生與美髮師等勞動者需要高度的心智能力，但大眾通常只注意到他們的體力勞動。
5. 關於文化雜食者消費習慣研究，見Atkinson (2011); Bryson (1996); DiMaggio and Mukhtar (2004); Fisher and Preece (2003); Friedman (2012); Kanazawa (2001); Rebers et al. (2006); Rossel et al. (2006); Van Eijck (1999; 2001); Van Eijck and Bargeman (2004); Van Wel et al. (2008)。關於廣告在雜食性轉向當中扮演的角色，分析見Taylor (2009)。並見Johnston and Baumann (2007; 2010)與Johnston and Cairns (2015)對媒體形象與論述的研究。
6. 在我研究的雞尾酒吧的bartender當中，有一位在自己的腳踝刺了「1-1-1」的紋身。他還說自己家裡冰箱固定會擺一大桶內格羅尼，就算他下班晚歸，也能輕輕鬆鬆在上床睡覺前為自己倒一杯內格羅尼當睡前酒。
7. 我在第四章與以前一篇談全隻切肉師的論文(Ocejo 2014)中討論過這種「功能性的炫技」，而我稱之為「實用美學」。並見Fine (1992)。
8. 奶與蜜有獨一無二的口頭點單。但專精於雞尾酒的bartender即使是在有紙本酒單的酒吧工作，還是會跟第一次來這間酒吧和／或第一次接觸精調雞尾酒的客人有同樣的互動。關鍵差異在於，酒單可做為顧客問調酒相關問題，以及bartender了解顧客意向時的初步指引。
9. 我在以前的一篇論文(Ocejo 2010)討論過「門道」的概念。
10. 見Elliott (2016) 對「照護性陽剛特質」（caring masculinities）概念的研究。
11. 他們「情緒勞動」（第三章討論過）的「情緒面」(Hochschild 1983)就以這種方式消失在工作中的專業實踐中。
12. 關於作為酒吧常客的討論，見Katovich and Reese (1987)和我的第一本書(Ocejo 2014)。關於「第三地」（third places）——也就是讓人因為身處其中、得以成為社

第六章：科學與藝術的平衡

1. 完整書名是《全隻屠宰：牛肉、羊肉與豬肉全圖解》（*Whole Beast Butchery: The Complete Visual Guide to Beef, Lamb, and Pork*），作者萊恩·法爾（Ryan Farr）是舊金山廚師、切肉師兼企業家。書在二〇一一年出版。
2. Fine (1992)把這種職業美學，稱為勞動者在實踐慣例時抱持的「優越的製作感」（sense of superior production）(1268)。
3. 我也會在下一章指出公眾的認可對於他們的職業認同有多重要。
4. 為了一件事本身而把事情做好，是Sennett (2008)職人特質定義中的關鍵。
5. Fine (1995)探討這種觀念跟廚師的關係。
6. 烈酒精釀畢竟是製造業，比較不受消費者市場力量的影響。業者會努力讓蒸餾過程終年不斷。然而，由於規模使然，他們還是有被迫加速生產的情形，例如要是他們沒有及時收到一批材料，無法開始蒸餾，之後就得趕上進度。
7. 這種蒐集資料的方法叫「照片引談法」，其目標在於讓參與者看自己當時正在做的事情，從不同的角度觀察自己所處的脈絡。見Harper (2002; 2003)。
8. 這段引文來自他的書*Official Mixers' Manual* (1934)。
9. 我是從Faulkner and Becker (2009)對音樂家如何將爵士經典曲目付諸演奏的研究中得出這個論點。兩人表示，「爵士經典曲目……多半是以少數範本為基礎、形式固定的精妙變奏。懂得基本形式的人就算沒有練習過多少次，也能演奏這座寶山中的上千首歌」(24)。還有：「每一場表演多少都涉及即興元素，只不過即興的程度因時因地而異，而且每一段即興也多少仰賴一系列的傳統與心照不宣的規則。……爵士樂手對於自己知道的曲子，會一再演奏自己能猜出其形式的各種版本，為了獨創而用現場創作的旋律取代原本的旋律，但他們始終清楚那些旋律配上歌曲原本的和聲時必須好聽（或多或少），其他樂手也（或多或少）理所當然認為這是大家共同演奏的基礎。也就是說，爵士即興（或多或少）是把自發性和一致性跟某種既定的格式相結合」(27－28)。
10. 我會在下一章舉例說明這種要求。
11. 好物多就像迷你版的切爾西市場，在單一大型空間裡擺了小小的職人食品攤位。傑克在好物多擁有一間店，為時一年。當一年租約在二〇一三年到期時，他選擇收攤，主要是因為跟店經理意見不合。

第七章：在服務中傳授品味

第七章部分曾發表在"Show the Animal: Constructing and Communicating New Elite Food

少也來自這樣的決定，而興趣讓他們有了到全隻肉舖工作的準備。在全隻肉舖，對食物的熱情與知識是很重要的。另外三種工作中找不到能精確跟肉店世界中這種情況類比的人，畢竟他們的工作跟倫理沒什麼關係（尤其是宰殺的道德問題）。我只遇過一個來自精調雞尾酒與烈酒精釀世界中的人，是一度不喝酒的。他說他曾經有幾年不碰酒，原因是酗酒問題，直到他聽聞精調雞尾酒世界之後，才學會怎麼飲酒有度。我遇過幾個理髮師是自己剪自己頭髮，而且／或是從來不給其他理髮師剪，但除了他們喜歡自己來，或是有朋友幫他們剪之外，就沒有什麼嚴肅的理由了。

24. 姜卡洛曾經工作過的那間「小」屠宰廠每天宰殺十六頭牛，加上幾頭小羊與豬。這樣的產量比狄克森合作的屠宰廠更多（第四章有提到），但遠遠少於工業化屠宰場（見Pachirat 2011）。
25. 狄克森合作的那間屠宰廠老闆，剛巧過去幾年也在同一個學程教課。
26. 移民洗碗工與廚房工作者有時會利用其工作經驗，自己開餐廳。Zukin (1995)記錄了他們的做法。
27. Thomas (1980)根據轉職者感覺自己必須換工作的壓力（亦即個人動機），以及他們感受的環境壓力（亦即公司行為〔company actions〕、職業轉型與經濟環境）將他們分門別類（並見Thomas et al. 1976與 Murray et al. 1971）。Thomas將他們分成四類，其中「選擇退出者」（Opt-outs）——並未受到太多外部壓力，甚至完全沒有，但熱衷於在自己的職涯中多做點什麼的人——最能代表本書裡改變職業跑道的人。他們在自己的價值觀、需求與自己的勞動之間尋求更好的配合。但多數的「選擇退出者」其實跟現今的新型菁英體力勞動者不同，前者會重新接受正式教育，以追尋新職涯。而且，本書裡多數改變職業的人都還很年輕，不到三十五歲，對於大部分針對改變職業的學術研究來說都還不到「中年」(Barclay et al. 2011)。關於轉職者的研究，並見Feldman (2002)與Heppner et al. (1994)。
28. 妮可與傑瑞米兩人的例子，皆顯示這些途徑不相衝突。兩人在新經濟人氣產業中原本皆有份「好」工作（建築與廣告）。同樣的說法放在哈爾也通，他是一邊做一份「好」工作，一邊受到精調雞尾酒文化吸引。我把妮可和傑瑞米擺在這一段，是因為他們之所以進入現在的產業，並不是因為認為這是潛在的職涯，但哈爾（與羅伯）確實這麼認為。
29. 例見Warhurst et al. (2000); Warhurst and Nickson (2007); 與Williams and Connell (2010)。
30. 這間餐廳在二〇一〇年關門，只開了十個月；三區則是在二〇一三年結束營運。
31. 全隻肉舖肉鉤坐落在布魯克林廚房（Brooklyn Kitchen）內部，後者是間賣常見與專門烹飪材料的零售店。布魯克林廚房也有各種與飲食相關的廚房教學課程，包括屠宰。

17. Wrzesniewski and colleagues (1997)以Robert Bellah及其研究團隊在*Habits of the Heart* (1985)一書中的論證為基礎，探討人與其勞動的三種關係：作為工作（jobs，提供實際收益，額外的意義不多）；作為職涯（careers，除了實際收益之外還提供發展的機會，包括更高的社會地位與自尊）；以及召喚（callings，提供內在的回報，從跟生活密不可分的勞動中獲得滿足）。當然，「召喚」的概念有其宗教起源，這點韋伯已經探討過了(1958; 1963)。有些人感到神「感召」他們投身於特定的勞動。這種神聖的干預會讓勞動充滿道德重要性。Wrzesniewski和同事談的是世俗版本的召喚，也就是本身就帶有意義與滿足感的勞動。「勞動帶來個人價值」的直覺，或是（在我看來）從為工作所做的勞動中自我發掘到的魅力（這是我在本章中所主張的）取代了神在召喚人從事社會與道德重要性的勞動時所發出的聲音。這幾種關係（工作、職涯與召喚）並不互斥，也跟職業無關。易言之，人可能同時在一種職業中感受到這三種關係，而同一種職業對不同人來說或許只是種工作、職涯或是召喚。我得重申，並非所有人都能隨心所欲追求某個能為他們帶來實際收益與社會地位的發展前景、增進其自尊的職業，或是在自己的勞動中以一種與自我認同交織的方式尋得滿足感。書中這些勞動者屬於那些夠幸運能如此追求的人。
18. 見Leschziner (2015)對名廚的分析。
19. 提出這個概念的Lave and Wenger (1991)主要是討論讓新手社會化，後來Wenger (1998)將之進一步擴大，用來指非正式的學習型態。並見Cox (2005)對於學術研究中如何使用這個概念所做的回顧。
20. 我在第三章的注腳中提到，多數的理髮師進入正規學校以取得執照。但理髮師也可以在「宗匠理髮師」底下當學徒。
21. 簡言之，傑森「有模有樣」，示範了審美勞動。見Warhurst et al. (2000); Warhurst and Nickson (2007)以及Williams and Connell (2010)。
22. 熨斗酒吧（哈爾跟人約會的地方）的老闆茱莉．瑞納，是雞尾酒社群受人尊敬的老手。第一章提到過，奧黛麗．桑德斯擁有勃固俱樂部，沙夏．佩特拉斯克則是奶與蜜的老闆。
23. 對其他人來說，肉品雖然在他們對食物的感受上占據主位，但影響的方式不同。各家全隻肉舖的人——實習生、櫃台店員、切肉師與業主——曾經在生命中的某個時間點，因為從個人健康到宰殺動物為食的道德等原因吃蔬食與／或吃全素的人數相當耐人尋味。他們因為各種原因再度開始吃肉，例如個人健康（像是莎拉），或是意識到還有「正確」對待肉品的其他選擇（例如全隻肉舖），不像一開始讓他們放棄吃肉的主流肉品產業。（狄克森的人告訴我，我離開之後，他們收了一位當時還吃素的女子當實習生。顯然她很有興趣進一步了解肉品。）他們對於食物的興趣多會脈絡中定義、運用懷舊之情的討論，見Kasinitz and Hillyard (1995); Milligan (2003); 與Ocejo (2010; 2014)。

13. 關於人們之所以追尋職涯的動機與受到的影響，以此為題的學術著作可謂汗牛充棟。有些研究呈現出早期教育扮演的角色。Lareau (2003)深入研究中上層階級與工人階級父母，發現前者如何讓孩子參加各式各樣的活動，試圖陶冶特定的技藝、能力與興趣。她發現工人階級父母缺乏這些作為（並見Rivera [2015]對於人們如何獲得上層工作的研究）。Willis (1977)在〈勞工階級的孩子何以從事勞工階級工作〉（“how working class kids get working class jobs”）這項經典研究中，主張工人階級的「反學校」（counter-school）文化受到教育體系結構的促成，在結構中扎根，讓工人階級「小伙子」準備好一輩子為低社會地位體力勞動職業付出其勞力。上述這些分析都著重於不同社會階級背景出身的小孩在學校的表現，而Khan (2010)則主張今天的新型社會與經濟菁英得天獨厚，提倡「在家庭中發展、培養於青少年時期的能力（或者說「慣習」〔habitus〕；Bourdieu 1984）影響了自己選擇進入的領域」的看法，並內化、展演之。最後，Judge and Bretz (1992)發現大學生會在符合自己價值取向的組織內找工作，而「價值」則是由出人頭地的機會、他人的關注，以及誠實與公平的程度決定。這些各式各樣的機制，代表著影響人們選擇自己從事職業的諸多因素中小部分的取樣。

14. 見Besen-Cassino (2014); Gatta (2011);與Pettinger (2005)。並見Misra and Walters (2016)所下的不同結論。

15. 就社會學而言，「意義」指的是人如何把價值歸因於其生活中的各個面向，亦即認為其生活的各個面向充滿意義，而這會反映以及／或是影響社會立場與文化觀點(Geertz 1974; Mead 1934)。Ross and colleagues (2010)觀察勞動意義相關研究概況，識別出學者關注的兩個關鍵議題：勞動意義的來源──尤其是自我、他人、工作環境與精神生活；以及透過什麼機制得以讓勞動有意義──例如真實性（authenticity）、自我效能（self-efficacy）、自尊、目的、歸屬感與超越，以及其他文化與人際意義建構。本書裡的新型菁英勞動者是從上述的幾種來源，透過這幾種機制，在職涯道路上的各種時間點找到效力各異的意義，但不包括明顯的信仰源頭與機制（精神生活與超越）。

16. Besen-Cassino (2014)研究年輕的咖啡店店員，她主張這些年輕人在製作商品時也在「消費勞動」。他們對於自己服務的公司品牌有自我認同，他們的生活方式也符合這種勞動的本質。她的研究也是象徵互動論（symbolic interactionist）研究方法的典範，在斷定一種工作是「好」還是「壞」的時候，是從勞動者的觀點來爬梳。這也是我在書中採取的方法。

了神聖力量的來源，該團體若非化為法理型官僚組織，就是消失。雖然韋伯的魅力概念多半應用在領導人身上，但學者也會把這個概念套用在體制上。Shils (1965)主張體制可透過其「角色與規則的階級體系」（hierarchy of roles and rules）分配魅力(205)。綜觀Kanter (1972)對烏托邦社群的研究，她始終主張體制性魅力才能解釋成員對團體的輸誠，而非魅力型領導。Biggart (1989)將這些對魅力的詮釋應用在她對直銷組織的研究上。她發現，這些營利機構透過體制化的敬畏來確保社會秩序與勞動者的效忠。Chen (2012)在《燃燒人》（*Burning Man*）一書中的研究顯示，就連組織這起醉人藝術活動所不可或缺的例行公事，也都已「魅力化」，亦即因全心投入的成員透過講述故事而獲得意義。最後，Frenette (2013)研究音樂產業的實習生：裝信封、影印、端咖啡等長時間乏味工作構成了他們的白天生活，而做節目等有趣工作與晚歸又勢必在晚上發生，他的研究呈現出實習生在這兩者之間的日常擺盪。他的論點是，音樂產業的工作雖然具有高度不穩定的特質，但該產業帶動的體制化魅力，卻足以讓實習生與雇員至少能短時間全心投入這個產業。

6. 「酷」產業「爛」工作的例子，包括不支薪的唱片公司實習生(Frenette 2013)和錄音室助手(Siciliano 2016)。
7. 見Currid (2007)對於紐約市這些文化產業彼此重疊之處，以及扮演的重要經濟角色所做的探討。
8. 關於另一個體力勞動工作變得大受歡迎的例子，見Leschziner (2015)所研究的明星廚師。
9. 「hipster」一詞起源於一九四〇年代的爵士樂年代，用來指那些很「潮」（hip），也就是音樂與藝術圈的「內行人」（見Hobsbawm 1959）。（「hip」這個字做為「酷」或「內行」的同義詞出現，其起源甚至更古老而費解。有好幾種解釋。）當代「hipster」的用法始於一九九〇年代，是指對獨立音樂與藝術有興趣的都市仕紳（gentrifier）。
10. 關於對「文青」一詞的一般性討論（多半帶負面意涵），見Greif et al. (2010)。並見Perry (2013)對於文青運用工人階級文化做為自我風格的分析，以及Schiermer (2013)對於文青與反諷的理論處理。
11. 作家柯特・雷利（Kurt Reighley）二〇一〇年的《美國形象中的美國：後院養雞、脫衣舞孃與手作苦精：新美國尋根運動田調守則》（*The United States of Americana: Backyard Chickens, Burlesque Beauties, and Handmade Bitters: A Field Guide to the New American Roots Movement*）一書中，便納入全隻屠宰、雞尾酒與烈酒蒸餾，以及男仕理容為例，提到這幾個行業有意喚起、視為失落過去的人氣概念。
12. 有關懷舊之情的理論探討，見Davis (1979)與Wilson (2005)。關於人們如何在各種社原因跟勞動者的決定有關。但酒廠在其他工作（例如貼標或裝瓶）亦有其準則。

30. 簡言之，他們落實透過專注練習學來的知識(Hancock 2013; Leschziner 2015; O'Connor 2005; Wacquant 2004)。
31. 見Fine (1992)對於廚師和影響其工作的時間條件之探討。我會在第六章觸及時間性議題。
32. 見Naccarato and LeBesco's (2012)對於「飲食資本」（culinary capital），也就是食物與飲食習慣形塑今人身分認同與社交生活的研究。

第五章：渴望體力活

1. 這個要價五百九十五美金的配件長得就像醫生的出診包，內袋很深，專門設計來放長型的瓶子（比方樂沙度〔Luxardo〕櫻桃利口酒），多加一百九十五美金可以加購捲筒包，可放湯匙與攪拌棒等工具。
2. 格雷格·貝姆不只是出版商兼專業雞尾酒愛好者，他還蒐集雞尾酒、烈酒與煉金術題材的珍本，以及骨董調酒用具。他擁有成千上百本的書，雞尾酒社群中人經常造訪他的辦公室（同時也作為圖書館與博物館），進行酒譜與產品研究。格雷格還重新印行、販售絕版的經典雞尾酒書籍，生產一系列的苦精，並進口湯匙、雪克杯與混酒杯等日本製酒吧工具。
3. 我這裡提到的是阿內·卡勒伯格（Arne Kalleberg）飽受讚譽的相關主題研究，尤其是他二〇一一年的書《好工作，壞工作：美國極化與不安定就業體系的興起，一九七〇年代至二〇〇〇年代》（*Good Jobs, Bad Jobs: The Rise of Polarized and Precarious Employment Systems in the United States, 1970s to 2000s*）。卡勒伯格在這本書與其他研究中探討的是：全球化、放鬆管制、知識密集工作興起、科技創新、服務業擴大，以及從集體問責轉向個人主義與個人問責的意識形態轉變……這一切的結合是如何導致更嚴重的工作不穩定性（也就是朝不保夕的勞動環境）、全天候勞動生活，以及工作品質產生的巨大差異（以安全與穩定、保險、自主性，以及花在工作上的時間為標準）。
4. 見Neff and colleagues (2005)對於時尚模特兒與新媒體工作者「酷」工作的研究。
5. 「體制性魅力」的概念在社會學中有悠久歷史。馬克斯·韋伯（Max Weber）在社會學理論經典中地位穩固。他用「魅力型」（charismatic）來描述三種理想權威類型之一（「傳統型」〔traditional〕與「法理型」〔legal-rational，例如官僚機構〕則是另外兩種；Weber 1947）。魅力型領導人擁有深不見底的感召吸引力，能打亂社會秩序。他們的追隨者相信他們內在有種超自然力量，讓追隨者受到無法解釋的吸引。當然，問題在於一旦魅力型領導人死後，集體還能維持多久。韋伯主張，少

19. 琳迪與格倫狄是洛杉磯的肉店，在二〇一四年停業。
20. 之所以跟肉品包裝區這麼接近，其實純屬巧合。
21. 見Goffman (1959)用擬劇元素（dramaturgical elements）解釋社會結構與社會互動的經典研究，以及Pachirat (2011)對「視覺政治學」（politics of sight）的討論——也就是運用權力來隱藏工業化屠宰場宰殺工作所引發的反感與道德爭議。全隻肉舖映照出食品業從電視節目到餐廳的開放式廚房，都朝更透明化發展的潮流。
22. 我會在第八章討論從這間店的店內動態，以及從其他三種職業的類似處境中浮現的緊張關係。
23. 狄克森雇了第六位切肉師傑夫。我開始實習之前，傑夫原本在切爾西店工作，但二〇一二年中（也就是我做研究的時候）他則是到翠貝卡新開的小店工作了幾個月。那間分店位於一家叫「好物多」的平面開放式專賣市場（像是迷你的切爾西市場），其實更像攤位。我去過那裡幾次，在那裡工作過，也和他訪談過。傑夫也是轉換跑道後才成為切肉師的。在我的田野調查期間，多數在翠貝卡店工作過的雇員都換過工作。我也觀察過喬絲琳，與她訪談。喬絲琳在JM被開除之後（見後記）成為首席切肉師，但那是我正式田調結束之後的事。狄克森六位非墨西哥裔的切肉師，以及我其他訪談過的手工肉舖的切肉師，全都上過大學，也都換過職業跑道。
24. 由於搬運工的勞動類型（骯髒，地位低）與低薪之故，做這份工作的人在我田調時不停更迭。
25. 我觀察、訪談過其他店的業主與雇員，這些店的銷量頂多只有狄克森的一半。有些店每週只進一頭小公牛與一兩頭豬與小羊。有幾個原因讓這些店家在堅守其哲學的情況下仍無法有更多銷售量：他們沒有更多冷藏空間可存放屠體或肉品，沒有廚房能將肉塊變成其他料理（或者做不出大餐），他們人手不夠、或負擔不起能製作更多肉品的員工（就工作量與技術而言），以及／或是沒有足夠的客源來購買更多肉品（亦即沒有中午買午餐的人群，或是一般消費者不夠多），而這或許跟店的地點有關。每家店都有設備可絞肉、灌香腸，這有助增加銷量。
26. 我會在第七章討論肉店勞動者如何達成這個目標。
27. 見Fine (1992)。
28. 這個事實讓他們有別於其他中介性文化勞動者與生產者的例子（見 Mears 2010; Nixon 2003; Smith Maguire 2008）。並見Ocejo (2010; 2014)。
29. 其他三種職業在勞動者與組織之間也出現了類似特色。雞尾酒吧在特定經典調酒上（例如馬丁尼）有其「看家酒譜」，亦即店家希望自家bartender每次調酒時都採用特定方式，除非客人有不同要求。理髮店要求理髮師必須堅守特定要求，例如後頸的頭髮要漸漸削薄。烈酒精釀廠稍微不同，因為烈酒的品質可能變化極大，而部分

8. 對於籠飼動物與育肥場（美國環境保護局〔Environmental Protection Agency〕使用的法定名稱為「動物飼養設施」〔Animal Feeding Operations，AFOs〕）的常見批判，見Pollan (2007); Leonard (2014); Schell (1985)與 Schlosser (2001)。
9. 見Hughes (1971)的經典論文，主題談社會上視為身體與／或道德上「骯髒」的勞動，也就是大家傾向與之保持距離的那種工作。關於將肉品產業中的「骯髒活」從人口密集的環境中遷離的相關歷史討論，見Ogle (2013) 與Pachirat (2011)。
10. Pachirat (2011)在他的工業屠宰場民族誌中仔細解釋加工過程。他分割出極其詳盡的細節與高度重複性的工作，例如站著檢查牛肝，把牛肝掛到冷凍庫的肉鉤上，而且一天十小時。
11. Pachirat (2011)便指出，今天「僅僅四間企業（泰森食品、康尼格拉蒙福特〔ConAgra Montfort〕、嘉吉頂尖〔Cargill-Excel〕與全國牛肉〔National Beef〕）便掌控了百分之八十以上的美國牛肉市場，其他肉類市場也有類似的集中程度」，與此同時「僅僅十四間屠宰場便負責了所有牛隻中百分之五十六的宰殺；十二間屠宰場負責所有豬隻中百分之五十五的宰殺；六間屠宰場負責所有小牛百分之五十六的宰殺；四間屠宰場負責所有成羊與小羊百分之六十七的宰殺」(275－76)。
12. 現在只有九家肉品包裝公司還留在這一區，不足以像以前一樣讓街上出現明顯的肉味與血腥味。這九家公司以歷史悠久的岡斯福市場肉品中心（Gansevoort Market Meat Center，是一座有卸貨區、外型不規則的集體建物）之名集體營運。
13. 見Pachirat (2011)。
14. Zukin (2010)在討論紐約市聯合廣場（Union Square）的蔬果市場時，質疑購買「在地」農產作為一種都市真實性形式的概念，畢竟所謂的「在地」其實距離相對遙遠。（我會在本章稍後談到這一點。）並見de la Pradelle (2004)對於法國普羅旺斯某城鎮的人，如何大致同意在並非事實的情況下，把自己的市集日稱為某種真實性體驗所做的研究。
15. 關於飲食名人文化的探討，見Kamp (2006)與Johnston et al. (2014)。
16. 馬洛父女也是布魯克林的手工肉舖。我曾經訪談過肉鉤的幾為工作者，以及一位馬洛父女的創店切肉師。
17. 我會在第六章討論專注於手作的切肉師社群中人如何理解這些因素與實際口味之間的關係（例如，一頭牲口飼養與屠宰的方式，會影響肉品風味到什麼程度）。影響對牛排味覺的各種因素，相關討論見Schatzker (2011)。
18. 此人名叫達里奧．切齊尼（Dario Cecchini），是知名的傳統派義大利切肉師。作家比爾．布福特（Bill Buford）為了寫他那本暢銷書《煉獄廚房食習日記》（*Heat*，二〇〇六年），於是到他手下實習。

47. 見Bird (1996, 129)以及Lawson (1999)。

48. 弗里曼雇了另一位女性理髮師，是位身上一堆刺青、三十出頭的白人女性，名叫亞曼達，她主要在西村店工作。要是李文頓店有誰請假，她偶爾會來代班。我在西村店沒有觀察到她參與任何群體垃圾話，而她在李文頓店也不會主動提出垃圾話主題。但其他理髮師有時候會問她「身為女人」，針對他們正在討論的題目有什麼看法，而他們卻不會這樣問可可。我猜想，她的種族與個人風格在這樣的差異中也有影響（店內「審美勞動」的實例）。自從結束田調之後，身為常客的我還是繼續到弗里曼剪頭髮，而我注意到他們這幾年雇了更多女性理髮師。我不確定群體垃圾話的驅動力是否在這段時間有所改變，但社交模式似乎不變：理髮師彼此一對一都相處融洽，甚至與女性理髮師成為朋友，但女性理髮師多半自外於群聊。

第四章：全隻盡現

第四章部分內容曾發表在"Show the Animal: Constructing and Communicating New Elite Food Tastes at Upscale Butcher Shops," *Poetics*, 47: 106 – 21, 2014。

1. 為了讓讀者對規模有有點概念：雙L有兩名員工在屠宰層工作（業主的兒子和姪子），切肉間有三名切肉師（包括業主本人），還有一些做雜事（例如絞肉和打掃）的雇員。在我造訪雙L那天，屠宰層的工人宰殺了兩頭牛與十五頭羊，切肉師則在早上七點到下午三點之間按照特定訂單分解屠體並包裝，有約一小時的午餐時間。這是他們平常工作日的情況。相較之下，Pachirat (2011)研究的工業屠宰場卻有超過八百名員工（經理與工人處理屠宰與加工，每天在高度嚴格管理的環境中運出兩千五百頭牛。根據他的研究，因為低薪與嚴酷的工作環境，這類設施每年員工更迭率將近百分之百，原因跟製程有直接關係。
2. 狄克森的家禽來自別的管道。禽類在賓州飼養，在皇后區宰殺，屠宰場名叫馬達尼清真（Madani Halal），司機每週會送三次貨（有時候四次）——通常是週一、週三與週五。
3. 見Ferguson (1998; 2004)與DeSoucey (2010)。
4. 見Johnston and Baumann (2010)。
5. 我在第二章提到，農民也會出於相同理由，拿玉米製作威士忌。
6. 這段文字與接下來對於肉品產業史的討論，多半是根據Ogle (2013)的研究。我也參考了Leonard (2014)的研究，他的焦點集中在養雞業與泰森食品（Tyson Foods，美國四大農業企業之一）的歷史上。
7. Cronon (1992).

32. 手法上有些差異。理髮師比較常用推剪幫男性剪髮，畢竟男性多半短髮，留長髮的女性比男性多。但用剪刀剪輪廓與分攝的方式則大同小異。「處理留長髮的男人時，你不會給他弄女人那種造型跟那些手法，」喬伊說。「但基本原則幾乎一樣。」只要理髮師擅用剪刀，且有風格意識，那他剪女性頭髮就會跟剪男人的一樣輕鬆。
33. 高檔理髮店的理髮師也免不了情緒勞動，我會在第七章討論。見Black and Sharma (2001)對美體雕塑師的研究。
34. 就這一點來說，這些理髮師就跟其他表現「審美勞動」的勞動者一樣：這類勞動者因為自己的外表，舉凡長相、口音、造型與儀態而受雇用，而雇用與否經常是以傳統中產階級對於種族與性別的標準為根據 (Besen-Cassino 2014; Mears 2014; Witz et al. 2003; Wolkowitz 2006)。這些理髮師就跟高檔零售店雇員一樣，必須「看起來對，聽起來也對」(Williams and Connell 2010)。但這些理髮師與書中其他勞動者的工作展演更是需要達到特定的審美標準。
35. 見Fine (1992)。
36. 這一點跟本章注34的審美勞動有關：他們必須跟其他理髮師「搭」，還要能相處融洽，才會得到雇用。
37. Gimlin (1996).
38. Black and Sharma (2001)與Sharma and Black (2001)在他們對美體雕塑師的研究中也得出一樣的發現，只是這些勞動者隱藏情緒勞動的方式與理髮師大不相同。
39. Robinson et al. (2011); 並見Ahmed (2006)。
40. 我做田野調查時，理髮師們有時會聊到客人在評論網站「Yelp」做的評論。那些評文不時提到因為理髮師群體垃圾話的主題而感到遭冒犯。此外，我研究的理髮師裡有兩位常在弗里曼西村店工作，偶爾才來下東區店，但他們比較喜歡在西村店做事，因為他們對下東區店的垃圾話主題不感興趣，或是認為不專業，例如嗑藥。他們把這些特定主題與題材的討論，歸諸於下東區店駐店理髮師的特殊社交方式。
41. Desmond (2007)的研究顯示，當荒野消防隊員遭遇同儕的言語攻擊（即「喇賽」）時，他們有「交戰、升級或不作為」等選項(96)。
42. 見Goffman (1981)。
43. 見Desmond (2007)。
44. 見Desmond (2007)。
45. 比方說，Bird (1996)主張「與其他男性競爭的行為，提供了能同時以個人身分與適當的陽剛方式建立自我的舞台」，而且「男性宰制的延續有所助益」(127)。
46. Bird (1996).

見回饋。「我不想中午就開喝。我只是想剪髮。我不想談雞尾酒」，他對我說。他們還會不收他剪髮費，這讓他感覺不自在。「要是他們來酒吧喝酒，我可以回敬他們，這樣感覺就不一樣。但他們從沒來過。」對於這些勞動者來說，產業內或跨產業的互相招待相當常見（比方說，我就遇過有理髮師跟一位高價靴子銷售員有這種交換——免費理髮換買鞋折扣，還有另一位理髮師是靠一樣的方式換折扣買高價手表）。但單方面的交換會讓天平不平衡，帶來不舒服的感覺。結果這位bartender就換了理髮師。

23. 見Felder (2015)談這種現象的《紐約時報》文章。
24. Black and Sharma (2001)在研究美體雕塑師時，採用如下的區分：人們認為女性身體是「後天造就」，或者應該如此；而男性的身體則是「先天如此」，不需要任何美體雕塑。
25. 頭皮漸層雖然看似自然，但這種髮型其實非常現代，畢竟沒有電剪就剪不出來。電剪作用等於理髮師用剪刀剪梳子定位出的長度，但電剪可以剪得更貼近頭皮，也更整齊。
26. 我在自己的前作 (Ocejo 2014)討論過這些「變高檔」的街區。
27. 這種基本人口分布也跟雞尾酒吧顧客、小批次烈酒消費者，以及全隻肉舖顧客相呼應。

    幾位理髮師說他們有時會在店裡為女性剪髮，只有少數表示他們有女性常客。我在田調期間只看過兩位女性來剪髮，其中一位來過兩三次，都是找同一位理髮師。我偶爾會看到亞裔與拉丁裔顧客，他們的風格（髮型與服裝）和想定社會階級整體上都跟白種客人類似。我在弗里曼只看過兩位非裔美國人客人，而且他們都是來找邁爾斯剪——邁爾斯是非裔美國人與波多黎各混血兒，也是店裡唯一非白人的男性理髮師（我田野期間只有一位常駐女性理髮師，她是日本人）。
28. 在這方面，他們就跟許多雞尾酒吧的bartender和切肉師差不多。前面提到過，烈酒釀酒人在工作前鮮少有過蒸餾經驗。
29. Bourdieu (1984)指出，富有經濟資本的人跟不得不的情況相去甚遠，因此能追求、培養文化品味（也就是攢積文化資本）。此處的差異也能與他的說法呼應。
30. Hochschild (1983) 一開始是透過她對空服員的研究建構出「情緒勞動」概念的。並見Gimlin's (1996)，她把這個概念應用在女性沙龍的美髮師身上。情緒勞動雖然亦可見於雞尾酒吧的bartender與全隻肉舖職員身上，但理髮師的情緒勞動還是最為顯著。
31. 見Robinson et al. (2011)對於以美髮師身分工作的男人，以及這份工作對其陽剛特質造成挑戰的研究。

8. 這段文字中提到的理髮師與理髮店的歷史，泰半來自Sherrow (2006)。並見Abbott's (1988)對於這一行興起的研究。
9. Barlow (1993).
10. 關於工業時代白領階級的從眾性與集體性，見Whyte (1956)的經典研究*The Organization Man*。並見de Casanova (2015)對於今日白領階級如何透過個人外貌尋求陽剛氣質的研究。
11. 有關男人感覺到、屈服於這種對自己進行美體工作的壓力，研究可見Barber (2016); Frank (2014); Luciano (2001);與Salzman et al. (2005)。
12. 見Boyle 2013。
13. 探討「都會花美男」概念的學術與大眾出版品，例見Brumberg (1997); Coad (2008); 以及發明「都會花美男」一詞的新聞從業者Simpson (1994; 2002)所做的研究。
14. Dean (2014)深入挖掘這個概念的打趣表象，對於都會花美男陽剛特質何以呈現多重陽剛特質模式彼此衝突的一種混和，造成「準霸權式陽剛形式」(187 – 217)有精闢的研究。並見Sender (2006)。
15. 關於男人體毛與建構「何謂陽剛」的論述，見Frank (2014)的研究。
16. Barber (2008; 2016)研究因為感受到特定外貌壓力而前往女人美髮沙龍的專業、異性戀、中產階級白種男人。我這段提到的幾點是以他的研究為根據。
17. 見Lawson (1999)，她根據Connell (2005)對陽剛特質的決定性研究，探討男仕理髮店裡主導性的陽剛特質。
18. 在各種類型的理髮店中，非裔美國族群理髮店是迄今最多人討論與研究的，原因多半是因為在非裔美國人居住的城區，理髮店是個可以安心討論黑人陽剛特質的地方。例見Alexander (2003); Harris-Lacewell (2006); Mills (2013); Nunley (2011); Williams (1993);與Wright (1998)。
19. Lawson (1999)也在她比較理髮店、沙龍與不分性別理髮店的研究中，清楚說明物質環境扮演的重要性。
20. 這種經營安排存在於我的田調期間。我會在後記中討論這種經營如何發生變化。
21. 這條小巷名字的由來並不清楚。曼哈頓鬧區很少有這種位於城區中間的小巷。包衛理收容所（Bowery Mission，一八七九年開設的慈善組織暨男性收容所）就位於弗里曼不遠處的街角。領取食物、尋求救濟與棲身之所的男性排隊隊伍以前會在李文頓街上蜿蜒，排進弗里曼巷，尾端或許就停在未來某天成為高價餐廳的店門口位置。
22. 我在弗里曼田調時，曾經跟一位認識的bartender在店裡不期而遇，他在雞尾酒吧工作。他是來剪頭髮的，他還告訴我以前會去盲髮匠剪。但自從人家知道他在知名雞尾酒吧工作後，每次他去剪髮，他們就會請他喝正在研究口味的調酒，讓他提供意變得等同於「真材實料」，甚至品質比大規模生產商品更精緻的例子。後者談到雜食性吃貨文化興起，主張食物相關品味體系已經出現轉變，而商品的真實性等級對於這種轉變有重大影響，展現出高度真實性的產品（例如來自少見的產地，或是簡單、手作）能比包裝產品或以前的上流食品（例如法式料理，若以烈酒來說，則是蘇格蘭威士忌與干邑白蘭地）得到更高的地位。

40. 《葡萄酒世界》是二〇〇四年的紀錄片，談全球化與重量級酒評對葡萄酒產業和產區造成的衝擊。電影製作者對於自己認為的葡萄酒口味與製作同質化大致抱持批判態度。
41. 電影十多年前就上映了，但我一直沒有看。我不曉得喬口中講的到底是誰。我猜他指的是知名葡萄酒品酒人羅伯・帕克（Robert Parker），或是加州葡萄酒釀酒人兼葡萄園主羅伯・蒙岱維（Robert Mondavi）。兩人在影片中頗有戲份，影片上映時，葡萄酒產業中特定成員也重重批評他們，認為他們得為同質化多少負起責任。
42. 喬此時的意思是「風土」（terroir）的概念，也就是地點特性讓產品嘗起來獨一無二。「風土」概念的學術分析見Bowen (2015)與Trubek (2008)。
43. 見Grazian (2003)。
44. 我會在第六章討論這種時間面向對於書中四個職業的重要性。

第三章：在男人頭上動刀

1. Kimmel (2012)在他的美國男子氣概文化史中提出這幾點。
2. West (2001)探討娛樂空間，研究男人如何透過飲酒次文化處理陽剛氣質問題。
3. Kimmel (2012, 20).
4. 接下來的討論，我是以West and Zimmerman (1987)談「做性別」的重要文章為基礎。
5. 見Connell (2005)對於男人展演的多種「陽剛特質」，以及他們跟「霸權陽剛特質」之間關係的探索。
6. 最近有兩份研究也探討陽剛展演在服裝(de Casanova 2015)與髮型方面受到的當代挑戰，尤其是前往女人的美髮沙龍，以成就特定風格的男性(Barber 2008; 2016)。
7. 標誌性的多色理髮桿在這時候出現。幫手與病人會在治療過程中拿著桿子，頂上有個碗用來放水蛭（用來放血）和接血。桿子的不同顏色代表理髮師的角色：藍白色桿代表理髮師只剪髮，紅白色桿代表理髮師還兼醫生與牙醫工作。紅色帶可能來自手術後掛在桿子上晾乾的染血布條。等到理髮師不再從事手術、也不提供醫療之後，理髮桿仍以裝飾的形式流傳下來，斜條狀的色帶有紅白兩色，有時候則是紅、白、藍，頂上則用一顆圓球取代原本放水蛭與接血的碗。

烈酒廠」類別。他們把「小型烈酒廠」定義為每年生產少於十萬標準酒精度加侖的酒廠。妙的是，DISCUS在全國只有十五間會員公司，卻有一百三十五個「小型烈酒廠相關會員」。不過，其成員公司卻是烈酒產業的火車頭，例如賓三得利（Beam Suntory）、亞吉歐、酩悅．軒尼詩（Moet Hennessy）與保樂力加（Pernod Ricard），主宰美國烈酒消費量的絕大多數。

27. 我把本章焦點多半擺在紐約州的人和環境上，但我交談過的、來自其他地方的釀酒人、業主與專精於雞尾酒的bartender，也同意他們本地的雞尾酒風潮對於催生該州烈酒精釀廠具有重要性。
28. 見Tsui (2011)在《紐約時報》談裸麥威士忌回歸的文章。
29. 就職業與產業擴張來說，第二波的人也遵循類似模式，我會在後記探討這一點。
30. 第一代的雞尾酒吧業主多少有點出人意料。他們多半有夜生活產業的工作經驗，但沒有在專門的雞尾酒吧工作過。
31. 書名是《純玉米威士忌製作：給業餘與專業人士的專業指導》（*Making Pure Corn Whiskey: A Professional Guide for Amateurs and Professionals*，1999）。
32. 對於蒸餾，許多烈酒釀酒人與業者也提出跟拉爾夫與布萊恩一樣的評估：沒那麼難。應該說，只要你按照基本的工序走，實際蒸餾就沒那麼難。但製作「優質」或獨特的產品則是另一回事。我會在第六章分析烈酒蒸餾科學與藝術之間的關係。
33. 見Carroll and Swaminathan (2000)對於啤酒精釀產業興起的分析。
34. 當我把關於伏特加的這個事實向禁酒蒸餾廠共同所有人約翰指出時，他承認了，並同意伏特加跟他們品牌的歷史包裝不太搭。但他力陳，禁酒時期美國國內確實不算有伏特加，但民眾絕對曾經在不知其所以的情況下非法製造出伏特加，他們就只是釀酒，並不在乎這酒叫什麼。行，這說法我能接受。約翰也坦承他們之所以選伏特加作為第一項產品，是因為伏特加最為市場接受（畢竟是銷量最大的酒種），也是因為回收快——伏特加一從蒸餾器出來就能馬上裝瓶，送往市場，不必在木桶中陳酒。
35. 這次的曼哈頓雞尾酒經典節是在二〇一〇年五月舉辦的。
36. 酒莊嚴選紅酒與烈酒（Domaine Select Wine & Spirits）是間大型私人紅酒與烈酒進口暨批發貨運公司。
37. 喬所謂的「新鮮香草」，意思不是直接從花園摘來，而是專門為蒸餾酒用而種植、經過適當乾燥，而非超市賣的預磨香料。
38. 圖丘鎮幫他們生產到二〇一四年，之後他們把產線移到自己位於小鎮羅斯科（Roscoe）的蒸餾廠。如今除了伏特加，他們也製作琴酒與波本酒。
39. 見Heying (2011)與Johnston and Baumann (2010)，他們研究那些「手作」在人們眼中

21. Heying (2010, 139 – 41)簡短綜述奧勒岡烈酒精釀產業如何成長，重點擺在波特蘭。

22. 聯邦法同樣禁止家中自釀。不過，聯邦政府在一九七八年解除了在家釀造啤酒的禁令，截至二〇一三年時，各州皆已允許。這個決定有益於精釀啤酒產業，民眾因此能在開業前先自行實驗。我在烈酒精釀廠遇過的人當中，只有兩人曾經在家（非法）蒸餾烈酒。

23. 取自*Economist*, September 8, 2012: www.economist.com/node/21562224 （存取日期 December 29, 2015）。

24. A-1蒸餾酒執照原本要花費六萬五千美金，如今則是一千五百美金。根據菸酒業暨稅務管理局（Alcohol and Tobacco Tax and Trade Bureau，TTB），「標準酒精度加侖」是指溫度在華氏六十度時，酒精占百分之五十的一加侖烈酒。以標準酒精度八十（酒精濃度百分之四十）裝瓶的烈酒就是〇點八標準酒精度加侖，以標準酒精度一百二十五裝瓶者則是一點二五標準酒精度加侖。

25. 有一段時間，圖丘鎮酒廠能販賣、提供試喝的只有波本、裸麥威士忌、四麥威士忌、玉米威士忌與伏特加，但單一麥芽威士忌或蘭姆酒則否，因為後兩者的主原料（抽芽大麥與糖蜜）分別來自加拿大和路易斯安納，而非紐約州。不過紐約州的農場葡萄酒廠執照另外有了修改，允許執照持有者銷售紐約州品牌產品，圖丘鎮所有產品也包括在內。由於可以持有多張酒廠執照，圖丘鎮獲得一紙農場葡萄酒廠執照，所以如今他們可在酒廠內銷售所有產品，並提供試飲。

26. 見Heying (2010, 139 – 41)。根據美國蒸餾酒協會（ADI，烈酒精釀同業團體），全美國有兩百四十一家烈酒精釀廠，紐約州有二十四家。協會官方網站提供的烈酒精釀廠定義為：「不到百分之二十五的精釀酒廠（烈酒蒸餾廠，DSP）是由本身並非精釀酒廠的酒精飲料產業成員所擁有或控制（或有相應的經濟利益）。……年度最大銷售量少於十萬標準酒精度加侖。……烈酒精釀廠生產的烈酒反映其主要精釀者運用任何傳統或創新技術組合（包括發酵、蒸餾、二度蒸餾、調和、稀釋或儲藏）的看法。」資料來源：http://distilling.com/resources/craft-certification/（存取日期 February 29, 2016）。

    ADI曉得「精釀烈酒」的種類遠多於精釀酒廠數量，因為精釀酒廠通常生產多種烈酒，包括酒廠外獨立人士擁有的品牌。若要獲得ADI標籤，烈酒必須是以認證精釀烈酒製造商擁有的蒸餾器所蒸餾的。不過，並非所有烈酒精釀者都是ADI成員，所以有生產小批次烈酒的實際酒廠數量還要更多，可能超過一千家。此外，烈酒蒸餾執照數量也比烈酒廠多，畢竟像紐約州的烈酒精釀廠就有可能擁有多張執照。

    另一個同業團體——美國蒸餾酒委員會（DISCUS，比ADI更有歷史、更有錢，也更有影響力）為呼應蓬勃發展的烈酒精釀產業，於是在二〇一〇年開設「小型

8. 例外可見Dudley (2014) 對於吉他製琴師如何理解自己勞動的研究。
9. 相較於其他金屬，銅製品導熱佳且平均，最能在蒸餾過程中有效去除酵母排出的硫，產出比較乾淨（至少是風味明顯）的烈酒。「去硫」可以部分解釋釀酒人在每次蒸餾後必須清理銅製壺式蒸餾器的原因。
10. 「alembic」跟「alcohol」兩個字都有阿拉伯語語源。
11. 「Eau de vie」是一種無色（是指在無陳酒的情況下）的水果白蘭地，包括蘋果傑克（Applejack，用蒸餾蘋果酒製成的陳年美式烈酒）、卡爾瓦多斯（Calvados，類似蘋果傑克，只是產自法國）與拉吉亞（Rakia，東歐國家用數種不同水果製作的人氣烈酒，新酒與陳酒皆有）。
12. 見Wondrich (2010, 9)。
13. 前面兩段的歷史，是摘自Forbes (1970); Wilson (2006); 與Wondrich (2010)。
14. 蘭姆酒是新大陸的烈酒，以加勒比海殖民地製糖過程中的產業廢料——糖蜜為主材料，在奴隸貿易中帶來不小的影響。見Curtis (2006)。
15. 桶裝與波本的歷史跟大多數的酒類歷史（包括雞尾酒）都壟罩在傳說中。這些傳說都是文化發明，其明確起源無法精確考證。把酒裝進木桶陳酒的做法，堪稱歷史上最讓人喜聞樂見的意外。自從用木桶儲藏烈酒之後，十五世紀前後的歐洲釀酒人或許就已經注意到陳放會如何改變烈酒，增添風味，加深顏色，削減其刺激的味道。至於肯德基釀酒人所知的木桶陳酒是否跟歐洲的做法一樣（或者假如一樣的話，他們怎麼會想到這招）；陳酒為何是從肯德基開始流傳，而非其他地方；甚或是用來描述陳酒後產品的「波本」一詞究竟從何而來，全都是未解之謎。無論如何，陳年白蘭地（或是干邑，亦即來自法國干邑地區的白蘭地）、蘇格蘭威士忌與波本之間仍有許多不同，例如規定使用的木桶種類（干邑用新的法國橡木桶，純波本用新的美洲橡木桶，蘇格蘭威士忌可以用任何一種橡木桶，包括曾經裝過波本的桶子）。見Veach (2013)與Wondrich (2010)。
16. 這段美國威士忌史泰半引自Veach (2013)。
17. 第一個數字來自戴夫．溫德里克為產業公會美國蒸餾酒委員會（DISCUS）寫的禁酒時期簡史：www.prohibitionrepeal.com/history/beyond.asp （存取日期December 29, 2015）。
18. 藥房因此成為民眾非法購買酒類的人氣地點(Okrent 2010)。當局允許若干葡萄酒廠合法經營，為宗教目的釀造葡萄酒。
19. 有些走私販會在便宜（且未經管制）的中性穀類烈酒中加入食用色素，讓瓶裡裝得酒液看似威士忌。
20. 見Curtis (2006, 178 – 81)寫得美國蘭姆酒史。

第二章：蒸材實餾

1. 烈酒精釀業界對於各種頭銜有相當多的爭議，尤其是「蒸餾大師」（master distiller）一詞。由於烈酒業界或法律規定都沒有任何標準能認定誰是「大師」，因此這個頭銜背後的意義各不相同，使用標準也常因酒廠而異。（不過，「宗匠理髮師」〔master barber〕則是法律名稱，有相關標準與證照的背書，要通過才能使用。然而，這些標準各州不同，而且不是每一州都有，所以「宗匠理髮師」一樣有各式各樣的意思。）某些烈酒廠的「蒸餾大師」其實就是蒸餾主管，總之是負責蒸餾過程的人。至於對那些有悠久傳統的酒廠來說，這個頭銜是種榮譽，授予某位在酒廠內從學徒做起，任職很久的人。圖丘鎮不用這個詞。拉爾夫說過，「我覺得這是個榮譽，你不會自己冠在自己頭上。要等到別人認可，你才會成為大師，這不是你自己決定的。」喬也說得很清楚，「有些自稱蒸餾大師的人只製作一種產品，這樣他們怎麼可以說自己精通蒸餾酒？」他偏好「首席釀酒人」一銜，因為「它的涵義包括權威，但不包括技術精湛。」
2. 等到我六年後重返酒廠時，其他的生產步驟雖然在效率上有大幅改善，但這套蠟封程序仍然使用。見後記。
3. 我在第四章表示，有許多切肉師是為批發肉品公司（即肉品包裝廠）工作，這些公司把貨賣給零售業者，而在類似超市等零售點工作的切肉師也不一定會跟顧客有互動。然而，跟顧客互動卻是全隻肉舖切肉師的工作之一，這種做法也跟肉店的哲學相符。
4. Scott (2006)將之稱為「新式匠人製造業」，而(2012)則稱之為「文青製造業」。
5. 關於微型啤酒釀造風潮的興起與轉變，見Carroll and Swaminathan (2000)。並參考Borer (2010)對於「精釀啤酒」（craft beer）中「精工」（craft）重要性的討論。
6. 我這段文字的幾個論點，大多來自Heying and colleagues (2010)，他們把這種風潮稱為「手工藝經濟」（artisan economy），亦即一種「廣泛擁抱手工藝生活與勞動方式的都會經濟」(17)。他們把手工藝經濟的興起，歸功於「新經濟」中經濟與制度間的新關係，例如去中心化與更仰賴網路的組織、以知識為基礎的經濟，以及彈性的專業化。最後，他們認為推動手工藝經濟的是一種抵抗運動，亦即一群勞動者反抗企業大規模生產方法、製品，以及勞動條件、關係，以至於這種體系影響下的生活方式。我自己對烈酒釀酒人的發現，並不支持他們的最後一點主張。許多我所研究的釀酒人與業主並不代表抵抗運動，他們也不是因為受到抵抗號召所驅使而在手工藝經濟中開業或加入其中。
7. 見Brown-Saracino (2009); Grazian (2003; 2008); Johnston and Baumann (2010)。

道，有些bartender只是遵守該酒吧的方針來回應顧客。其實他們對伏特加並未保持如此反對的立場，即便他們也承認這種酒對雞尾酒來說是種弱點也一樣。更有甚者，他們很喜歡嘗試把喝伏特加的客人推向其他烈酒，我在第七章會討論。

35. 見DeGloma (2014)，其中研究各種個人覺醒形式中的共同元素——尤其是從「黑暗」轉向「光明」的永久轉變。

36. 再次參見Sennett and Cobb (1972)的研究。

37. 我們從一些都會城區酒吧民族誌裡可以看到這些關係的要素，例如Brown (1983); LeMasters (1976); Lindquist (2003); 以及May (2001)。此外，幾位研究美國勞動階級沙龍文化的歷史學家指出，假如這位有權威、受人敬重的bartender本身就是業主的話，他（這類bartender幾乎都是男人）也會有潛在的政治影響力。見Duis (1982)與Powers (2001)。在我的前一本書裡(2014)，呈現出「米蘭」（Milano's，一間鄰里酒吧）何以受常客尊重，但卻沒有吸引到外界（並見Ocejo 2012）。

38. Richard Lloyd (2006)探討威克公園藝術家的研究呈現了這幾點。

39. Frenette (2016); Menger (1999); 與Oakley (2009)都研究過非金錢、內在激勵對文化工作者的重要性。我在第七章也會對這個概念有更多討論。

40. 然而有幾位雞尾酒吧的bartender用這種稱呼作為個人品牌的一部分，目的在於宣傳與顧問。他們了解這些名號對雞尾酒社群之外的影響力。

41. 我會在第六章深入討論這些區別。

42. 我先前的論文(Ocejo 2010)深入探討過本段的這幾點。

43. 在我結束田野調查後，他們在門階地板上加了手寫體的酒吧名，但對經過的行人來說還是不太顯眼。

44. 我上一本書(Ocejo 2014)的重點，就是透過研究夜生活世界，看「目的地文化」的成長與影響。

45. 死吧有一份小盤料理的簡短菜單。精釀雞尾酒吧一般不提供太多種食物，假如供應食物，也是小盤。

46. 我會在第七章深入探討這一點。

47. 我在二〇〇九年參加這個五天課程中的兩天。課程學費三千九百五十美金，不過烈酒公司會幫某些學員付費，讓他們參加。授課的老手有戴爾．迪格洛夫、道格．弗洛斯特（Doug Frost）、史提夫．歐森、保羅．帕考（Paul Pacult）、安迪．西摩（Andy Seymour）以及大衛．溫德里克。我會在第五章稍微提供多一點課程相關細節。

48. Harrington (2016, 55－56)的研究顯示，這類的學程的作用就好比給財富經理人考的證照。

他調出來的這種酒叫做「十九世紀」（19th Century）。

21. 二〇〇五年，奧黛麗．桑德斯在蘇活區開了勃固俱樂部（酒吧）。勃固是紐約許多專精於雞尾酒的bartender起家的地方。奧黛麗曾經在戴爾．迪格洛夫手下磨練過，雞尾酒社群的人相當尊敬她，認為她是創建這個社群的人之一。
22. 布萊恩講的書名有錯。一九四八年，律師兼經典雞尾酒愛好者大衛．安布里出版的書叫《純藝術調酒》（*The Fine Art of Mixing Drinks*）。
23. 關於禁酒時期的深度研究，見Lerner (2007)與Okrent (2011)。前者特別著重禁酒時期的紐約市。
24. 見Kreindler (1999)關於二一俱樂部的家族回憶錄。
25. 見Curtis (2006)與Regan (2003)。
26. 例如哈利．克拉德多克（Harry Craddock），他在一九二〇年離開美國，到倫敦薩伏依旅館（Savoy Hotel）的美式酒吧工作，更在一九三〇年寫了深具影響力的《薩伏依雞尾酒手冊》（*Savoy Cocktail Book*）。
27. 關於後禁酒時代初期夜總會（又稱「咖啡俱樂部」〔Café Society〕）的討論，見Blumenthal (2000)與Peretti (2007)。
28. 見Harry Braverman的經典之作*Labor and Monopoly Capital* (1974)，本書引發相當多對職業與產業中去技能化過程的辯論。
29. 就像死吧業主戴夫的情況，我在自己的上一本書也數度提到沙夏和奶與蜜(Ocejo 2014, 117 – 23, 134 – 36, 144 – 47)，原因同樣是因為他身為想在這一帶展店的新酒吧業主身分。
30. 見Bill Ryan, "'Smirnoff White Whiskey——No Smell, No Taste,'" *New York Times*, February 19, 1995。並見Curtis (2006)。
31. 今天，伏特加是美國消費量最多的烈酒，大約占所有列酒銷售量的三分之一，而且其銷售仍重度仰賴行銷與品牌包裝。關於伏特加在酒吧後台扮演的角色，見Grimes (2001)的探討。
32. 我會在第七章探討bartender將雞尾酒品味灌輸給顧客時，互動式服務在其中扮演的角色。
33. 文化社會學家皮耶．布迪厄（Pierre Bourdieu）提到，要成就文化正當性（cultural legitimacy），就少不了文化物件的神聖化（consecration of cultural items）(1993)。雞尾酒吧的bartender通常不會讓伏特加神聖化為這種正當性中的一部分。
34. 我常常在自己的研究中發現酒吧的方針與bartender的態度有別。假如調酒是一間酒吧認同的重要部分，而且該酒吧對伏特加採取拒斥的態度，bartender就得聽話。但等到我在酒吧外的地方跟bartender談話，或是他們離開某間特定酒吧之後，我才知

11. 這幾個例子來自Harry Johnson的*Bartenders' Manual, or: How to Mix Drinks in the Present Style*，初版一八八二年。Johnson跟湯瑪斯同時代，算是對手。他還買下湯瑪斯在紐約市的一間酒吧，開了自己的店。書名頁把Johnson描述成「出版商、職業bartender暨傳授照管酒吧之藝的人」（"Publisher and Professional Bartender, and Instructor in the Art How to Attend a Bar"）。代名詞「his」（他的）暗示Johnson認為bartender是調酒給男人喝。

12. 因為成文、權威性、內容明確的文本激增與散播而讓調酒標準化興起的過程，從某些角度來看就跟Ferguson (1998; 2004)細查國族性法式料理興起的過程相當類似。調酒術就像美食法（gastronomy），是一種文化領域(Bourdieu 1991)，只是雞尾酒從來不像法國菜那樣是民族主義使命中的一部分。

13. 我這裡所說的是Thorstein Veblen在*The Theory of the Leisure Class* (1899)一書提到的「炫耀性消費」（conspicuous consumption）概念。簡言之，Veblen主張工業社會中的人用物品展現其地位。

14. Wondrich (2007, 23 – 25)提到這群經典時代雞尾酒消費者當中，有些人是「犯險同好」（sporting fraternity），亦即賭徒、騎師、拳擊手、經紀人、藝人與其他生活冒險犯難的「哥兒們」（sports）。這些人前一週富有，下一週破產，而他們也是在高等酒吧啜飲雞尾酒的客群。

15. Wondrich (2007)指出文獻中「調酒學家」（mixologist）一詞起於一八五六年，至一八七〇年代時已經廣為流行(45)。

16. Leschziner (2015)研究的名廚也強調各道菜之間平衡的重要。

17. 前言提到，戴夫和他的酒吧在我前一本書裡出現好幾次(Ocejo 2014, 5, 133, 146 – 47, 161, 176 – 79)，主要跟他作為東村新酒吧業主的身分有關。他在這一區開店的決定，引發鄰里間的爭執。

18. 前面提到，傑瑞．湯瑪斯寫了第一本雞尾酒書。查爾斯．貝克是二十世紀上半葉的雞尾酒與烹飪作家。貝克遊歷世界，蒐集許多奇特的酒譜。他絕對能跟今天的吃貨文化一拍即合。根據布萊恩在這段話當中的暗示，貝克可能沒調過酒，但他在一個很少人提筆寫雞尾酒與調酒術的時代以此為題寫書。我會在後面幾頁討論這個時代。

19. 蓋瑞．里根主要的身分是調酒作家，他住在紐約大都會區，在二〇〇三年寫了一本引響深遠的書，《調酒術之樂》（*The Joy of Mixology*，他也是最早製造新型柳橙苦精的人之一，而柳橙苦精是許多雞尾酒必備的材料）。我遇過幾個bartender說里根的書是他們最早讀過的雞尾酒書籍，不僅增廣見聞，也讓他們立志以bartender為業。

20. 創造「新」雞尾酒之舉，背後有種職人意識。我會在第六章討論其意義。布萊恩把

"'What'll It Be?': Service and the Limits of Creative Work among Cocktail Bartenders." *City, Culture, and Society* 1 (4): 179 – 84, 2010。

1. 隨著雞尾酒聖會人氣規模日益成長（與雞尾酒文化的拓展正好同時發生），活動地點也擴大到附近的旅館，但神經中樞仍然位於蒙特萊昂酒店。
2. 坦奎瑞琴酒自一八三〇年開始生產。
3. 他指的是大衛・溫德里克（David Wondrich），BAR 教育學程的創辦人與主管。溫德里克五十多歲，擁有英語文學博士學位。他主要的身分是寫酒的作家、歷史學家，以及居家愛好者（home enthusiast）。溫德里克是透過他的雞尾酒相關文字而聞名雞尾酒世界，例如他在《君子雜誌》的雞尾酒專欄，以及他的研究著作《喝酒啦》（*Imbibe!*，二〇〇七年，主題為十九世紀知名bartender傑瑞・湯瑪斯的生平與著作）和《潘趣酒》（*Punch*，二〇一〇年，談「大杯酒」〔flowing bowl〕的歷史。雖然多數參賽者的bartender經驗都比他豐富，他仍然享有雞尾酒社群對他的尊敬，大家遵奉他為活傳奇。
4. 我參加過三次雞尾酒聖會，而這整段短文結合了其中兩次（二〇〇八年與二〇〇九年）的場景與對話（二〇一〇年我也有參加）。文中出現的人物在這兩次都有參加，他們年年都參加。
5. 見Parsons (2011)。
6. 見Wondrich (2010, 3 – 11)的歐洲烈酒簡史。
7. 我這段文字談到的歷史大多來自Wondrich的書(2007; 2010)。Wondrich (2010)也支持英格蘭人發明雞尾酒的主張，因為有些英格蘭酒吧在一七〇〇年代便提供個人飲用量的潘趣酒。
8. 出現在新罕布夏州阿姆赫斯特（Amherst）的報紙*Farmer's Cabinet*上。Brown and Miller (2009)以史料指出，最早使用這個字的印刷品是一七九八年英格蘭的*Morning Post and Gazetteer in London*。同時，沒有人知道「雞尾酒」這個名字從何而來。幾種說法的摘要可見Regan (2003)。
9. 出自*The Balance and Columbian Repository*，出版地是紐約州小鎮哈德遜（Hudson），位於紐約市北方約一百九十五公里。
10. 第一版只出現十種雞尾酒譜，其餘為潘趣酒、酸酒（sours）、司令（slings）、酷伯樂（cobbler）、醋飲（shrubs）、托迪（toddies）、蛋蜜酒（flips）與各種其他調飲。雖然潘趣跟托迪已經很有名，但湯瑪斯一書的編輯仍擔心讀者不曉得什麼是雞尾酒。今天，多數出現在這些類別中的飲料都是大眾認定的雞尾酒。湯瑪斯把雞尾酒特別獨立出來，是因為裡面含有苦精。

bartender與理髮師收入相當高，但這是靠小費撐起來的，會起起落落。不過，要是bartender與理髮師到來客人數更多的地方工作，而非精調雞尾酒吧或高檔理髮店，他們賺的錢可能會更多。

50. Ehrenreich (2001)與Rose (2004)對這些看法提出反論，主張連基本的服務業勞動都需要相當多的心力與創造力（見Schwalbe [2010]對這些觀點的批評。）Crawford (2009)也力陳維修工作需要大量的心智能力。

51. 這種證明價值的需要，在bartender之間最為常見。Lloyd (2006)研究芝加哥威克公園（Wicker Park）一帶，顯示受過良好教育、後來成為bartender的藝術家們必須澄清：自己的工作只是更重要的職涯道路上暫時的停靠點。我也研究過擔任bartender以維持生活，同時設法走出其「真正」志業的藝術家與音樂家(2014)。但本書中有些理髮師與切肉師之所以會理髮或切肉，是為了在大學期間支應生活所需，並未預期自己結束學業後還會繼續相關工作。

52. Amy Wrzesniewski針對人們如何在勞動中（尤其是身處環境動盪時）尋找意義，以單一作者身分(1999; 2002)以及和同事(Rosso et al. 2010; Wrzesniewski and Dutton 2001; Wrzesniewski and Landman 2002)做過大量研究。

53. Cornfield的研究(2015)分析同儕的認同對音樂家自我價值的重要性。

54. 這些統計是根據二〇一五年的資料。我僅以自己的樣本中，這些職業的性別分野為根據。

55. 這條問題線來自Hughes (1958)。

56. 這段文字中有許多論點來自Kimmel (2011)。

57. Cherlin (2014); Faludi (1999); Mundy (2012); Rosin (2012).

58. 見West and Zimmerman (1987)對「做性別」（doing gender）的研究。我會在第三章深入討論這項研究。

59. Heying與同事在他們對波特蘭各種手工業的研究中(2010)發明了這個詞。Moretti (2013) 把工匠經濟稱為「文青製造業」（hipster manufacturing）(30－33)，謹慎反對把這些職業當成美國製造業復甦的想法。它們的生產活動規模非常小，提供的工作機會相當少，銷售的產品具有高度棲位性，通常比大規模生產的版本昂貴，而且一旦使之高檔化就會扼殺其職人生產的特殊性。並見Jakob (2012)關於精工勞動者興起的報告。

第一章：雞尾酒復興

我曾將第一章的幾個部分發表在"At Your Service: The Meanings and Practices of Contemporary Bartenders," *European Journal of Cultural Studies* 15 (5): 642－48, 2012; 以及

39. 見Beck (1992, 2000); Cooper (2014); Neff (2012); Pugh (2015); Sennett (1998);與Sharone (2013)探討分析新經濟中工作不穩定對個人的傷害。

40. Ulrich Beck (1992)對今日「風險社會」（risk society）的說法非常有名，他表示西方的現代性時期所創造出的社會裡，大眾會以個人的方式體驗到各種風險的集合（例如環境、政治、經濟）並加以內化。他稱這種現象為「風險個人化」（individualization of risk）(2000)。並見Smith (2001)。

41. 見Hatton (2011)談臨時工如何在美國勞動市場為自己開闢永久空間的歷史。

42. 想打破這些限制，成就這般自主性的勞動者，就是Richard Florida (2002)談「創意階級」的知名論文中的關鍵。

43. Wilson and Keil (2008)指出，新經濟中並非所有創意皆生來平等，甚或不受承認。兩人主張今日都市中真正的「創意階級」是那些非得殫精竭慮以求生存的窮人：他們從事各式各樣的工作，同時還要帶小孩、取得便宜食物、勒緊褲帶持家，並組織起非正式的分享經濟（見Stack 1970; Venkatesh 2000）。集體而論，他們的實際勞動（通常是低階服務業工作）對今天的經濟貢獻極大。但這些努力得不到回報，沒有像大公司那樣的保險，媒體與流行文化也不會把它們界定為「創意」。

44. Neff (2012)將這種道路稱為「涉險勞動」（venture labor），Lane (2011)則探討「職涯管理」（career management）的概念，也就是人們如何把自己看成「一人公司」，或是自己的執行長兼行銷部門，跳脫公司的限制。兩人的研究都把重點擺在高科技產業勞動者，看他們如何從自己的生活中體驗不確定性。

45. 勞動經濟學家Guy Standing (2011)用「不穩定者」（the precariat）一詞，稱呼世界各地因為新經濟與工作領域的不穩定條件而感到不穩定的勞動者群體。由於經濟環境越來越不穩定，社會安全網也益發鬆弛，他認為這個群體（包括移民與受過高等教育的人）是個還在成形中的社會階級，有崛起與帶來改變的潛力。相較於Florida (2002)那種更正面的「創意階級」——也就是透過在勞動中發揮個人創造力而與彼此連結的人來說，「不穩定者」的概念代表的其實是個有趣的對反概念。

46. 這些標準取自Kalleberg的研究(2011)，其中根據這些標準提供了一份精彩的統計分析。

47. Hochschild (1982)是第一個透過她對飛行員的研究，發展出「情緒勞動」概念的人。並見Leidner (1993)。

48. 新聞工作者Barbara Ehrenreich (2001)的書以窮忙族（working poor），也就是全職從事艱難的工作、但維持生計仍相當勉強的人為題，書中就有研究這些職業。並見Newman (1999)。

49. 全隻肉舖店員與釀酒人的情況尤其如此，他們賺的錢只比最低薪資稍高。儘管

27. C. Wright Mills (1951)與William H. Whyte (1956)在各自的經典研究中專門探討的就是這些人。
28. 這段文字中的若干論點取自Moretti (2013)。
29. Moretti稱這些現象為「生產率悖論」（productivity paradox）(2013, 36 – 40)。
30. 這些數據同樣是從美國勞工統計局取得，時間是二〇一五年七月。
31. 去工業化衝擊都市工人階級社群的相關研究，見Bensman and Lynch (1988); Buss and Redburn (1983); Dudley (1994); 以及Pappas (1989)。
32. 已有許多學者創造出各種術語來描述今天的經濟與社會。據Manuel Castells在他的*The Information Age: Economy, Society and Culture* 三部曲(1996; 1997; 1998)裡所描述，當代社會仰賴於高度網路化的「資訊經濟」（informational economy）。Richard Florida (2002)把焦點放在「創意經濟」（creative economy）中的「創意階級」（creative class）勞動者。至於Moretti (2013)則力陳「創新經濟」（innovation economy）中的「創新部門」一詞。每種術語都陳述了人力資本在經濟成長中重要性的提升。

    值得一提的是，美國仍有些地方的經濟是由原物料相關產業（例如農業與製造業）所推動。甚至有些地方是基礎服務業在推動或大力支持當地經濟，例如大型觀光業與旅館業重鎮。但時至今日，觀光旅館業在國內生產總值所佔比例不僅小於以資訊與知識為基礎的產業，甚至比過去的輝煌期也小了許多。
33. 這個觀點取自Moretti (2013, 12)。
34. 由於烈酒釀酒人是擔任製造業工作，用自己的勞力創造高價產品（工業時代高峰時有百分之三十的勞動力也是這樣），就這點來看，他們似乎跟另外三種服務業工作不同。然而，美國各種「手作」的輕製造業對就業率與經濟影響甚微。他們創造棲位產品，仰賴新經濟中事業有成的人同時擔任消費者與投資人。
35. Cherlin (2014)在他的歷史研究中紀錄了以男性為經濟支柱的勞工階級家庭興衰。他主張這種分工安排的衰落不見得可惜，但人口中的這一部分還沒有其他種類的穩定家庭體系取代。

    Cornfield (2015)將這類學術研究稱為「新勞動社會學」，是呼應新經濟的轉變而出現的：「新的勞動社會學從一九八〇年代開始浮現，分析所有經濟部門中非正式雇傭關係，尤其是個人與企業服務業、藝術、新媒體、通訊與知識經濟中的自由職業勞動市場」(10)。並見Kalleberg (2011)與Smith (2001)。
36. 見Harvey (2005)對新自由主義中這幾個基本論點的討論。
37. 見Ho (2009)的華爾街民族誌，內容分析金融公司如何透過裁員與外包，以去穩定性的工作為代價，強調股東價值（shareholder value）和短期金錢收益的最大化。
38. 見Kalleberg (2011).

18. 肉品產業也出於類似理由，在同一時間遷往鄉間，我會在第四章討論。
19. 我在自己的前作討論過這些過程(Ocejo 2014)。本段文字中前面的幾個論點多以Zukin (2010)為根據。
20. 見Brown-Saracino (2010)針對仕紳化現象各種論辯的全面彙編，主題包括仕紳化過程的起源、居住區位移的範圍，以及仕紳化推動者為自己選擇移入郊區的解釋。並見Marcuse (1985)對「排外位移」（exclusionary displacement）的討論。排外位移指的是城區仕紳化達到讓未來的低收入群體無法到此郊區定居的程度，這種現象實質上等於是讓過往原本可負擔區域（或者至少在不久前可負擔的區域）變得排外，在低收入群體尚未來到之前便「使之遷居」。

    當仕紳化進行時，來自拉丁美洲、加勒比海、亞洲與非洲的新移民群體也從一九七〇年代起開始進入美國城市，形成自己的都市村（見Foner 2013）。有時候，這些城區也成為年輕文化雜食者追求獨特料理的目的地。見Lin (1998; 2010)談中國城如何成為旅遊勝地的討論。見Hum (2014)對於日落公園（Sunset Park）一帶、身處迫在眉睫的仕紳化與重大都市發展之間的移民區居民，是如何打造、規劃其社群的深入探討。
21. 在此我不討論烈酒精釀廠，畢竟酒廠是批發商，並非社群型機構。然而，仕紳化城區的雞尾酒吧與酒類專賣店（同樣也是零售業中的新菁英，且努力成為文化雜食者的社群性機構）卻會把精釀烈酒帶給當地的顧客。另一方面，烈酒精釀廠經常設有品酒室、導覽規劃，甚至附設酒吧。這些酒廠會開在能滿足生產需求、同時能吸引訪客的地方，例如仕紳化城區——就跟其他類型的商家一樣。我會在第二章討論這幾點。
22. 大致上，雞尾酒吧與男仕理髮店已經成為目的地，亦即城內各地商務人士追尋其特殊產品與服務的地點。很少人會特地離開自家附近去買肉或烈酒，因此多數肉店與酒類專賣店的客群仍是以當地人為主（也有一些例外）。
23. 我是從Ferguson (1998; 2004)對法式料理的研究中得到「品味社群」的概念。它們跟「想像的共同體」(Anderson 1991)很像，可說是因為對特定產品的共同認知而感覺有所關連的一群人。不過，我在本書中探討的品味社群與Ferguson和Anderson的研究不同，並不具備國族相關意涵。
24. 關於傳統菁英空間中的勞動，例見Sherman (2007)以奢華旅館服務業和服務業勞動者的研究。
25. 探討這種關係的研究實例，見Lloyd (2006); Ocejo (2014); Patch (2008); Zukin (2010); Zukin and Kosta (2004); 以及Zukin et al. (2009)。
26. 數據來自美國勞工統計局。

11. Lamont (1992).

12. 此處關於吃貨的說明，我完全是以Johnston and Baumann (2007; 2010)的研究為根據。

13. 見Khan (2010); Ocejo (2014a);與Rimmer (2012)。Khan (2010)檢視某所私立預科學校的學生，他主張新的菁英因為其經濟地位，以及如今在其優越環境中要表現「自適」的關係，已經退去了傳統菁英那種優越感。由於各種社會背景的人已經因為民主化而更容易接觸到文化、品味與知識，新菁英因此以在日常生活舉止始終體現自適感，作為維持其優越地位的方式。這些新菁英的青少年成員不僅「瞭解」文化現象，還學會在遭遇各種文化素材時如何自在思考與行動，以及如何在討論自己的品味時不要表現出高傲態度。儘管毫無必要，但他們也學會表現得好像自己的成績是自己贏來的一樣，畢竟（他們主張）所有人都有機會做出一番成績。那些在自己的展演中表現失敗的人（也就是展現出傳統的菁英態度，或是在努力過程中透露出壓力的人）就是「搞不懂」，不了解「自信的行為」（confident doing）比「自信的瞭解」（confident knowing）更重要。在一個通往品味的途徑已然擴大的世界中，新菁英學會了如何以自適的態度展演品味（與其他行為）。

14. 在Khan (2010)研究的學生間就顯示了這一點(98 – 101)。

15. 我偶爾會跟那些說自己賣高檔貨的勞動者攀談，尤其是手工肉舖的切肉師組成的社群。這些人會談到肉品之昂貴與人道飼育肉品（亦即草飼、人道屠宰的牲口）發展的極限，彷彿能及於廣大民眾，對美國食品大規模生產體系造成重大衝擊。他們比其他幾個職業的勞動者更熱衷談到其產業相對議題。然而，手工肉舖的勞動者對自家產品與自己形塑消費者品味的能力，就跟其他產業的勞動者一樣有信心。比起懷疑自己的勞動帶來的社會影響力與衝擊，他們更常、也更明確表現出這些性格。

16. 許多關於工業城市中各群體城區與社群生活的研究(Drake and Cayton 1945; Hannerz 1969; Kornblum 1972; Liebow 1967; Lynd and Lynd 1929; Suttles 1968; Whyte 1943)，其靈感常常源於Robert Park (1925)與Louis Wirth (1938)等「芝加哥學派」學者。Herbert Gans對波士頓義大利區的研究*The Urban Villagers* (1962)，是「都市村」概念的典範研究。

17. 芝加哥學派成員發展出城區變化的「入侵—接替」（invasion-succession）模式的概念，新移民團體會以這種模式逐漸取代既有群體（見Park 1952）。這種人口匯入通常會導致新群體與既有群體之間因工作機會與使用公共空間而發生衝突（見Kornblum 1972; Suttles 1968）。並見Gans (1962)與Berman (1982)有關都市更新計畫衝擊市內族群團體的分析。並見Duneier (2016)對「隔都」作為空間與概念的歷史討論。

產階級「閣樓生活」風格區域的政治經濟情勢轉變。Zukin研究之後的數十年間，蘇活再度轉變為富裕地區，有全市最高的房地產價格，以及高檔服飾精品店。

3. 見Indergaard (2004)對於「矽谷」（紐約市對於帕羅奧圖〔Palo Alto，史丹佛大學所在地〕的回應）崛起的討論，並見Ross (2003)根據對兩間矽谷公司的研究，探討新經濟工作場所文化的研究。
4. 見Halle and Tiso (2014)分析切爾西仕紳化與曼哈頓遠西區轉型的研究。
5. 這是Gans (1999)在其研究中提出的基本主張。
6. 我的這段文字，是把Bourdieu (1984)社會結構中品味與權力的經典模型做簡短的摘要。
7. 根據Peterson (1992)對音樂品味的研究，他創造了「文化雜食者」一詞來形容社會上層那些對底層與中層文化範本抱持較開放心態的人（also see Peterson 1997; Peterson and Kern 1996; Peterson and Simkus 1992）。學界以Peterson的研究為基礎，將這個概念用於分析美國（Atkinson 2011; DiMaggio and Mukhtar 2004）與其他國家（Fisher and Preece 2003; Kanazawa 2001; Van Eijck 1999, 2001; Van Eijck and Bargeman 2004）民眾對音樂與純藝術的品味；分析電視（Rebers et al. 2006）、戲劇（Friedman 2012）與電影（Rossel et al. 2006）等其他文化產業；並推及青少年文化（Van Wel et al. 2008）等現象與廣告對於品味朝雜食性轉變時扮演的角色（Taylor 2009）。
8. Khan (2010).
9. 處理這些問題的學者多半主張：儘管以主張雜食性的做法暗示菁英的品味變得越來越庶民化，也更容易接觸到大部分人口，但以品味為中心的不平等，以及用品味做為強大區隔記號的現象依舊存在，只是以不同形式表現。這些研究中的主張基本上都強化了Bourdieu (1984)對於不平等透過文化消費與品味區隔進行社會再製（social reproduction）的看法(Holt 1997)，而且這些研究皆仰賴質性取徑。Atkinson (2011)發現，他研究的樂迷樣本都有雜食性的特色，自謂擁有兼容並蓄的音樂品味，但他的訪談卻透露出這些樂迷的品味與Bourdieu模型的關鍵元素相符，例如早在孩提時就生活在社會經濟地位較高的人之間，發展出對古典音樂的高雅傾向。學界也披露文化品味對於個人的影響。Friedman (2012)深入了解喜劇消費者的生活歷程與品味，發現只有向上流動的人展現出雜食性，這讓他們有種文化上的飄蕩，無論居於底層或上層品味文化時都無法感到全然自在。並見Lizardo and Skiles (2015)，兩人主張文化雜食性的表現跟Bourdieu的品味分層是可以相容的。
10. 見Ferguson (1998; 2004)對法式料理的成形、在法蘭西民族主義建構中的角色，以及作為全球公認上層料理地位的分析；並見Kuh (2001)對於法式料理在美國衰落的討論。

13. Peterson (1992)是第一個在研究大眾音樂品味時發展出這種概念的人。我會在導論中加以詳細討論。

14. 見Kalleberg (2011)。

15. Sennett and Cobb (1972)根據全國民意研究中心（National Opinion Research Council）兩次調查（一九四七年與一九六三年）的發現，作為二十世紀中葉美國最受人歡迎的工作之佐證(221 – 25)。在九十種職業中，bartender與理髮師敬陪末座。釀酒人不在清單上（不過「工廠機械操作員」有，而且排名也很下面），怪的是連切肉師也沒有。至於時間較近的研究中，Simpson et al. (2014)發現今天的切肉師之所以非常看重自己的工作，是因為收入讓他們能供養小孩唸完大學，這樣孩子就不用當切肉師了。

    Hughes (1958)發展出「骯髒活」的概念，指稱「處理物理上與／或道德上地位低落或令人反感的活動」的工作（收垃圾的人是前者的例子，屍體防腐師則兩者兼有）。由於骯髒活發揮了必須的功能，社會將這些活動交給特定職業的人處理，但骯髒活實際上卻讓這些職業污名化。書中的四種職業裡，只有切肉師結合了兩者，原因跟屠宰動物的道德議題有關。但這四種職業在物理上都算骯髒活。見Ashforth and Kreiner (1999)與Dick (2005)對這個詞的額外討論。

16. 見Kalleberg (2011)。

17. Swidler (1986)把文化套路定義為一套知識、技巧與象徵，提供的素材能讓個人與團體建構出「行動策略」（strategies of action）。亦見Lamont (1992)關於成功的美國與法國男人何以能定義價值觀的比較分析，以及Faulkner and Becker (2009)針對爵士音樂家如何仰賴共通的常見曲目一起演出（彼此不相識亦然）的研究。

18. 這個日期之後，我仍然繼續做訪談，偶爾也做田野調查。但大部分的研究都是在這六年期間內進行。見附錄。

19. 見Sennett (2008)對「手」與「腦」之間實際關係的研究。並見Cornfield (2015)針對音樂家如何重組、再社會化其職業社群，以回應音樂產業中的轉變與新經濟中勞動條件不穩定性出現的研究。

導論：上市場溜躂

1. 這段歷史大部分來自Christopher Gray, “From Oreos and Mallomars to Today’s Chelsea Market,” *New York Times*, March 7, 2005。資料取得網址http://www.nytimes.com/2005/08/07/realestate/from-oreos-and-mallomars-to-todays-chelsea-market.html?_r=0（取得日期June 5, 2015）。

2. Zukin (1982)的經典研究回溯了蘇活區從製造業地區變成藝術家聚集地，最終化為中

注釋
Notes

前言：日復一日

1. Hughes (1958), 42.
2. 多數人為真名，所有地名都是真的。我會在附錄討論這些決定。
3. 見Ocejo 2014, 5, 133, 146 – 47, 161, 176 – 79。
4. 「品味社群」這個概念——亦即以成員對特定人工器物與文化的偏好為中心的社會建構性群體——是我從Ferguson (1998; 2004)對全國法式料理起源頗具說服力的研究中得來的。
5. 他們就像Lloyd (2006)在芝加哥研究過的許多藝術家，即使收入來自服務業勞動，但他們的身分認同還是「藝術家」。
6. 我運用Becker (1996)在質性研究中達到「廣度」（breadth）的概念，亦即試圖從研究所觸及的每個主題找出至少一點資訊，作為我研究工作的指導原則。
7. 我會在附錄中詳細討論自己用來獲得本書所需資料的特定研究方法，並提供進一步的方法論認知。
8. 我在導論會說明，這種書多半以男性為焦點。
9. Glaser and Strauss (1967)在他們形構「紮根理論」的經典著作中，把這種技巧稱為「理論取樣」。我會在附錄討論我如何選擇田野調查地點與訪談參與者。
10. 學界一般把Braverman (1974)視為勞動去技能化過程討論與激辯的開山之作。我將在第一部各章討論各種行業如何經歷去技能化，以及這些新型勞動者如何詮釋這段歷史。但整體而言，去技能化的原因總包括整體產業與經濟體中的轉變、工作場所文化改變、一般人對前開工作在整體社會中的認識出現轉變，以及技術提升等現象的結合。
11. Van Maanen and Barley (1984) 將「職業社群」定義為「一群自視從事同一種工作的人，他們從勞動中獲取身分認同，彼此共享一套能應用於勞動且及於相關事務的價值觀、規範與觀點，且其社交關係與勞動與休憩密不可分」(287)。
12. 見Brown-Saracino (2010); Grazian (2006); 和Lloyd (2006); 以及我的前一本書(Ocejo 2014)。

Zukin, Sharon. 1983. *Loft Living: Culture and Capital in Urban Change*. New Brunswick, NJ: Rutgers University Press.

———. 1995. *The Cultures of Cities*. Oxford: Blackwell.

———. 2010. *Naked City: The Death and Life of Authentic Urban Places*. New York: Oxford University Press.

Zukin, Sharon, and Ervin Kosta. 2004. "Bourdieu Off-Broadway: Managing Distinction on a Shopping Block in the East Village." *City and Community* 3 (2): 101–14.

Zukin, Sharon, Valerie Trujillo, Peter Frase, Danielle Jackson, Tim Recuber, and Abraham Walker. 2009. "New Retail Capital and Neighborhood Change: Boutiques and Gentrification in New York City." *City and Community* 8 (1): 47–64.

West, Lois A. 2001. "Negotiating Masculinities in American Drinking Subcultures." *Journal of Men's Studies* 9 (3): 371–92.

Whyte, William Foote. 1943. *Street Corner Society: The Social Structure of an Italian Slum*. Chicago: University of Chicago Press.

Whyte, William H. 1956. *The Organization Man*. New York: Simon and Schuster.

Wieder, D. Lawrence. 1974. *Language and Social Reality: The Case of Telling the Convict Code*. Berlin: De Gruyter Mouton.

Williams, Christine L., and Catherine Connell. 2010. "'Looking Good and Sounding Right': Aesthetic Labor and Social Inequality in the Retail Industry." *Work and Occupations* 37: 349–77.

Williams, Louis. 1993. "The Relationship between a Black Barbershop and the Community That Supports It." *Human Mosaic* 27: 29–33.

Willis, Paul. 1977. *Learning to Labor: How Working Class Kids Get Working Class Jobs*. New York: Columbia University Press.

Wilson, Anne. 2006. *Water of Life*. London: Prospect Books.

Wilson, Janelle L. 2005. *Nostalgia: Sanctuary of Meaning*. Lewisburg, PA: Bucknell University Press.

Wirth, Louis. 1938. "Urbanism as a Way of Life." *American Journal of Sociology* 44 (1): 1–24.

Witz, Anne. 1992. *Professions and Patriarchy*. London: Routledge.

Witz, Anne, Chris Warhurst, and Dennis Nickson. 2003. "The Labour of Aesthetics and the Aesthetic of Organization." *Organization* 10: 33–54.

Wolkowitz, Carol. 2006. *Bodies at Work*. London: Sage.

Wondrich, David. 2007. *Imbibe! Updated and Revised Edition: From Absinthe Cocktail to Whiskey Smash, a Salute in Stories and Drinks to "Professor" Jerry Thomas, Pioneer of the American Bar*. New York: TarcherPerigee.

———. 2010. *Punch: The Delights (and Dangers) of the Flowing Bowl*. New York: TarcherPerigee.

Wright, Earl II. 1998. "More than Just a Haircut: Sociability within the Urban African American Barbershop." *Journal of Research on African American Men* 9: 1–13.

Wrzesniewski, Amy. 2002. "'It's Not Just a Job': Shifting Meanings of Work in the Wake of 9/11." *Journal of Management Inquiry* 11 (2): 230–34.

Wrzesniewski, Amy, and Jane E. Dutton. 2001. "Crafting a Job: Revisioning Employees as Active Crafters of Their Work." *Academy of Management Review* 26 (2): 179–201.

Wrzesniewski, Amy, Clark McCauley, Paul Rozin, and Barry Schwartz. 1997. "Jobs, Careers, and Callings: People's Relations to Their Work." *Journal of Research in Personality* 31: 21–33.

Tilly, Chris. 1995. *Half a Job: Bad and Good Part-Time Jobs in a Changing Labor Market*. Philadelphia: Temple University Press.

Trubek, Amy B. 2008. *The Taste of Place: A Cultural Journey into Terroir*. Berkeley: University of California Press.

Tsui, Bonnie. 2011. "Rye Is Back, with Flavors of Americana." *New York Times*, December 22.

Van Eijck, Koen. 1999. "Jazzed Up, Brassed Off: Sociale Differentiatie in Patronen van Muzikale Genrevoorkeuren." *Mens en Maatschappij* 74 (1): 43–61.

———. 2001. "Social Differentiation in Musical Taste Patterns." *Social Forces* 79 (3): 1163–85.

Van Eijck, Koen, and Bertine Bargeman. 2004. "The Changing Impact of Social Background on Lifestyle: 'Culturalization' instead of Individualization?" *Poetics* 32: 439–61.

Van Maanen, John, and Stephen R. Barley. 1984. "Occupational Communities: Culture and Control in Organizations." *Research in Organizational Behavior* 6: 287–365.

Van Wel, Frits, Willemijn Maarsingh, Tom Ter Bogt, and Quinten Raaijmakers. 2008. "Youth Cultural Styles: From Snob to Pop." *Young* 16 (3): 325–40.

Veach, Michael R. 2013. *Kentucky Bourbon Whiskey: An American Heritage*. Lexington: University Press of Kentucky.

Veblen, Thorstein. 1899. *The Theory of the Leisure Class: An Economic Study of Institutions*. New York: Macmillan.

Venkatesh, Sudhir. 2000. *American Project: The Rise and Fall of a Modern Ghetto*. Cambridge, MA: Harvard University Press.

Wacquant, Loic. 2006. *Body & Soul: Notebooks of an Apprentice Boxer*. New York: Oxford University Press.

Warhurst, Chris, and Dennis Nickson. 2007. "Employee Experience of Aesthetic Labour in Retail and Hospitality." *Work, Employment and Society* 21 (1): 103–20.

Warhurst, Chris, Dennis Nickson, Anne Witz, and Anne Marie Cullen. 2000. "Aesthetic Labour in Interactive Service Work: Some Case Study Evidence from the 'New' Glasgow." *Service Industries Journal* 20 (3): 1–18.

Weber, Max. 1958. *The Protestant Ethic and the Spirit of Capitalism*. New York: Scribner.

———. 1963. *The Sociology of Religion*. Boston: Beacon.

———. 1968. "The Concept of Legitimate Order." In *Max Weber on Charisma and Institution Building*, ed. S. N. Eisenstadt. Chicago: University of Chicago.

Wenger, Etienne. 1998. *Communities of Practice: Learning, Meaning, and Identity*. Cambridge, UK: Cambridge University Press.

West, Candace, and Don Zimmerman. 1987. "Doing Gender." *Gender and Society* 1 (2): 125–51.

Sharma, Ursula, and Paula Black. 2001. "Look Good, Feel Better: Beauty Therapy as Emotional Labor. *Sociology* 35 (4): 913–31.
Sharone, Ofer. 2014. *Flawed System/Flawed Self: Job Searching and Unemployment Experiences.* Chicago: University of Chicago Press.
Sherman, Rachel. 2007. *Class Acts: Service and Inequality in Luxury Hotels*. Berkeley: University of California Press.
Sherrow, Victoria. 2006. *Encyclopedia of Hair: A Cultural History*. Westport, CT: Greenwood.
Shils, Edward. 1965. "Charisma, Order, and Status." *American Sociological Review* 30 (2): 199–213.
Siciliano, Michael. 2016. "Disappearing into the Object: Aesthetic Subjectivities and Organizational Control in Routine Cultural Work." *Organization Studies* 37 (5): 687–708.
Simpson, Mark. 1994. "Here Come the Mirror Men." *Independent*, November 15.
———. 2002. "Meet the Metrosexual." *Salon*, July 22. Available at http://www.salon.com/2002/07/22/metrosexual/ (accessed November 25, 2014).
Simpson, Ruth, Jason Hughes, Natasha Slutskaya, and Maria Balta. 2014. "Sacrifice and Distinction in Dirty Work: Men's Construction of Meaning in the Butcher Trade." *Work, Employment and Society* 28 (5): 754–70.
Smith, Vicki. 2002. *Crossing the Great Divide: Worker Risk and Opportunity in the New Economy*. Ithaca, NY: ILR Press.
Smith Maguire, Jennifer. 2008. "The Personal Is Professional: Personal Trainers as a Case Study of Cultural Intermediaries." *International Journal of Cultural Studies* 11 (2): 211–29.
Spradley, James P., and Brenda J. Mann. 1976. *The Cocktail Waitress: Woman's Work in a Man's World.* New York: John Wiley and Sons.
Stack, Carol. 1974. *All Our Kin: Strategies for Survival in a Black Community.* New York: Basic Books.
Standing, Guy. 2011. *The Precariat: The New Dangerous Class.* New York: Bloomsbury.
Suttles, Gerald D. 1969. *The Social Order of the Slum: Ethnicity and Territory in the Inner City.* Chicago: University of Chicago Press.
Swidler, Ann. 1986. "Culture in Action: Symbols and Strategies." *American Sociological Review* 51 (2): 273–86.
Taylor, Timothy D. 2009. "Advertising and the Conquest of Culture." *Social Semiotics* 19 (4): 405–25.
Thomas, L. Eugene. 1980. "A Typology of Mid-Life Career Changers." *Journal of Vocational Behavior* 16: 173–82.
Thomas, L. Eugene, Richard L. Mela, Paula I. Robbins, and David W. Harvey. 1976. "Corporate Drop-outs: A Preliminary Typology." *Vocational Guidance Quarterly* 24: 220–28.

Ritzer, George. 2000. *The McDonaldization of Society*. London: Sage.
Rivera, Lauren A. 2015. *Pedigree: How Elite Students Get Elite Jobs*. Princeton, NJ: Princeton University Press.
Robinson, Victoria, Alexandra Hall, and Jenny Hockey. 2011. "Masculinities, Sexualities, and the Limits of Subversion: Being a Man in Hairdressing." *Men and Masculinities* 14 (1): 31–50.
Rose, Mike. 2004. *The Mind at Work: Valuing the Intelligence of the American Worker*. New York: Penguin Books.
Rosin, Hanna. 2012. *The End of Men: And the Rise of Women*. New York: Riverhead Books.
Ross, Andrew. 2003. *No-Collar: The Humane Workplace and Its Hidden Costs*. Philadelphia: Temple University Press.
Rossel, Jorg. 2006. "Omnivores in the Cinema: Distinction through Cultural Variety in Germany." *Soziale Welt* 57 (3) 259–72.
Rosso, Brent D., Katherine H. Dekas, and Amy Wrzesniewski. 2010. "On the Meaning of Work: A Theoretical Integration and Review." *Research in Organizational Behavior* 30: 91–127.
Ryan, Bill. 1995. "'Smirnoff White Whiskey—No Smell, No Taste.'" *New York Times*, February 19.
Salzman, Marian, Ira Matathia, and Ann O'Reilly. 2005. *The Future of Men: The Rise of the Ubersexual and What He Means for Marketing Today*. New York: Palgrave MacMillan.
Schatzker, Mark. 2011. *Steak: One Man's Search for the World's Tastiest Piece of Beef*. New York: Penguin Books.
Schell, Orville. 1985. *Modern Meat: Antibiotics, Hormones, and the Pharmaceutical Farm*. New York: Random House.
Schiermer, Bjorn. 2013. "Late-modern Hipsters: New Tendencies in Popular Culture." *Acta Sociologica* 57 (2): 167–81.
Schlosser, Eric. 2001. *Fast Food Nation: The Dark Side of the All-American Meal*. New York: Houghton Mifflin Harcourt.
Schwalbe, Michael. 2010. "In Search of Craft." *Social Psychology Quarterly* 73: 107–11.
Scott, Allen J. 2006. "Creative Cities: Conceptual Issues and Policy Questions." *Journal of Urban Affairs* 28: 1–17.
Sender, Katherine. 2006. "Queens for a Day: *Queer Eye for the Straight Guy* and the Neoliberal Project." *Critical Studies in Media Communication* 23: 131–251.
Sennett, Richard. 1998. *The Corrosion of Character: The Personal Consequences of Work in the New Capitalism*. New York: W.W. Norton.
———. 2008. *The Craftsman*. New Haven, CT: Yale University Press.
Sennett, Richard, and Jonathan Cobb. 1972. *The Hidden Injuries of Class*. New York: W. W. Norton.

Park, Robert E., Ernest W. Burgess, and Roderick Duncan McKenzie. 1925. *The City*. Chicago: University of Chicago Press.
Parsons, Brad Thomas. 2011. *Bitters: A Spirited History of a Classic Cure-All, with Cocktails, Recipes, and Formulas*. San Francisco: Ten Speed Press.
Patch, Jason. 2008. "Ladies and Gentrification: New Stores, Residents, and Relationships in Neighborhood Change." *Gender in an Urban World*, Research in Urban Sociology, vol. 9, ed. Judith N. DeSena and Ray Hutchinson. Bingley, UK: Emerald Group.
Peretti, Burton W. 2007. *Nightclub City Politics and Amusement in Manhattan*. Philadelphia: University of Pennsylvania Press.
Perry, Forrest. 2013. "The Class Dimension of Hip Rebellion." *Rethinking Marxism* 25 (2): 163–83.
Peterson, Richard A. 1992. "Understanding Audience Segmentation: From Elite and Mass to Omnivore and Univore." *Poetics* 21 (4): 243–58.
———. 1997. "The Rise and Fall of Highbrow Snobbery as a Status Marker." *Poetics* 25 (2): 75–92.
Peterson, Richard A., and Roger M. Kern. 1996. "Changing Highbrow Taste: From Snob to Omnivore." *American Sociological Review* 61 (5): 900–907.
Peterson, Richard A., and Albert Simkus. 1992. "How Musical Taste Groups Mark Occupational Status Groups." In *Cultivating Differences: Symbolic Boundaries and the Making of Inequality*, ed. M. Lamont and M. Fournier. Chicago: University of Chicago Press.
Pettinger, Lynne. 2005. "Gendered Work Meets Gendered Goods: Selling and Service in Clothing Retail." *Gender, Work and Organization* 12 (5): 460–78.
Pollan, Michael. 2007. *The Omnivore's Dilemma: A Natural History of Four Meals*. New York: Penguin.
Powers, Madelon. 1998. *Faces along the Bar: Lore and Order in the Workingman's Saloon, 1870–1920*. Chicago: University of Chicago Press.
Pugh, Allison J. 2015. *The Tumbleweed Society: Working and Caring in an Age of Precarity*. New York: Oxford University Press.
Rebers, Hans, Ruben Konig, and Henk Westerik. 2006. "Omnivore Behaviour? Cultural Capital and Television Programme Genres." *Mens en Maatschappij* 81 (4): 375–88.
Regan, Gary. 2003. *The Joy of Mixology: The Consummate Guide to the Bartender's Craft*. New York: Clarkson Potter.
Reighley, Kurt. 2010. *The United States of Americana: Backyard Chickens, Burlesque Beauties, and Handmade Bitters: A Field Guide to the New American Roots Movement*. New York: Harper Perennial.
Rimmer, Mark. 2012. "Beyond Omnivores and Univores: The Promise of a Concept of Musical Habitus." *Cultural Sociology* 6: 299–318.

Murray, James R., Edward A. Powers, and Robert J. Havighurst. 1971. "Personal and Situational Factors Producing Flexible Careers." *Gerontologist* 11 (4: 2): 4–12.

Naccarato, Peter, and Kathleen LeBesco. 2012. *Culinary Capital*. New York: Bloomsbury Academic.

Neff, Gina. 2012. *Venture Labor: Work and the Burden of Risk in Innovative Industries*. Cambridge, MA: MIT Press.

Neff, Gina, Elizabeth Wissinger, and Sharon Zukin. 2005. "Entrepreneurial Labor among Cultural Producers: 'Cool' Jobs in 'Hot' Industries." *Social Semiotics* 15: 307–34.

Newman, Katherine. 1999. *No Shame in My Game: The Working Poor in the Inner City*. New York: Vintage.

Nixon, Sean. 2003. *Advertising Cultures: Gender, Commerce, Creativity*. London: Sage.

Nunley, Vorris L. 2011. *Keepin' It Hushed: The Barbershop and African American Hush Harbor Rhetoric*. Detroit: Wayne State University Press.

Oakley, Kate. 2009. "From Bohemia to Britart—Art Students over 50 Years." *Cultural Trends* 18 (4): 281–94.

Ocejo, Richard E. 2010. "What'll It Be? Cocktail Bartenders and the Redefinition of Service in the Creative Economy." *City, Culture and Society* 1 (4): 179–84.

———. 2011. "The Early Gentrifier: Weaving a Nostalgia Narrative on the Lower East Side." *City and Community* 10 (3): 285–310.

———. 2012. "At Your Service: The Meanings and Practices of Contemporary Bartenders." *European Journal of Cultural Studies* 15 (5): 642–48.

———. 2014a. "Show the Animal: Constructing and Communicating New Elite Food Tastes at Upscale Butcher Shops" *Poetics* 47: 106–21.

———. 2014b. *Upscaling Downtown: From Bowery Saloons to Cocktail Bars in New York City*. Princeton, NJ: Princeton University Press.

O'Connor, Erin. 2005. "Embodied Knowledge: Meaning and the Struggle towards Proficiency in Glassblowing." *Ethnography* 6 (2): 183–204.

Ogle, Maureen. 2013. *In Meat We Trust: An Unexpected History of Carnivore America*. New York: Houghton Mifflin Harcourt.

Okrent, Daniel. 2011. *Last Call: The Rise and Fall of Prohibition*. New York: Scribner.

Oldenburg, Ray. 1989. *The Great Good Place: Cafes, Coffee Shops, Bookstores, Bars, Hair Salons, and Other Hangouts at the Heart of a Community*. New York: Marlowe.

Oldstone-Moore, Christopher. 2015. *Of Beards and Men: The Revealing History of Facial Hair*. Chicago: University of Chicago Press.

Pachirat, Timothy. 2011. *Every Twelve Seconds: Industrialized Slaughter and the Politics of Sight*. New Haven, CT: Yale University Press.

Pappas, Gregory 1989. *Magic City: Unemployment in a Working-Class Community*. Ithaca, NY: Cornell University Press.

Park, Robert E. 1952. *Human Communities*. Glencoe, IL: Free Press.

———. 2010. *The Power of Urban Ethnic Places: Cultural Heritage and Community Life*. New York: Routledge.
Lindquist, Julie. 2002. *A Place to Stand: Politics and Persuasion in a Working Class Bar*. Oxford, UK: Oxford University Press.
Lizardo, Omar, and Sara Skiles. 2015. "After Omnivorousness: Is Bourdieu Still Relevant?" In *Handbook of the Sociology of Art and Culture*, ed. Laurie Hanquinet and Mike Savage. London: Routledge.
Lloyd, Richard. 2006. *Neo-Bohemia: Art and Commerce in the Postindustrial City*. New York: Routledge.
Luciano, Lynne. 2001. *Looking Good: Male Body Image in Modern America*. New York: Hill and Wang.
Lynd, Robert S., and Helen Merrell Lynd. 1929. *Middletown: A Study in Modern American Culture*. New York: Harcourt, Brace.
Marcuse, Peter. 1985. "Gentrification, Abandonment, and Displacement: Connections, Causes, and Policy Responses in New York City." *Washington University Journal of Urban and Contemporary Law* 28: 195–240.
Marshall, Helen M. 1976. "Structural Constraints on Learning: Butchers' Apprentices." In *Learning to Work*, ed. Blanche Geer. New York: Sage.
May, Ruben A. Buford. 2001. *Talking at Trena's: Everyday Conversations at an African American Tavern*. New York: New York University Press.
Mead, George Herbert. 1934. *Mind, Self, and Society: From the Standpoint of a Social Behaviorist*. Chicago: University of Chicago Press.
Mears, Ashley. 2010. "Size Zero High-End Ethnic: Cultural Production and the Reproduction of Culture in Fashion Modeling." *Poetics* 38: 21–46.
———. 2014. "Aesthetic Labor for the Sociologies of Work, Gender, and Beauty." *Sociology Compass* 8 (12): 1330–43.
Menger, Pierre-Michel. 1999. "Artistic Labor Markets and Careers." *Annual Review of Sociology* 25: 541–74.
Milligan, Melinda. 2003. "Displacement and Identity Discontinuity: The Role of Nostalgia in Establishing New Identity Categories." *Symbolic Interaction* 26 (3): 381–403.
Mills, C. Wright. 1951. *White Collar: The American Middle Classes*. New York: Oxford University Press.
Mills, Quincy T. 2013. *Cutting against the Color Line: Black Barbers and Barber Shops in America*. Philadelphia: University of Pennsylvania Press.
Misra, Joya, and Kyla Hays Walters. 2016. "All Fun and Cool Clothes? Youth Workers' Consumer Identity in Clothing Retail." *Work and Occupations* 44 (3): 294–325.
Moretti, Enrico. 2013. *The New Geography of Jobs*. New York: Mariner Books.
Mundy, Liza. 2012. *The Richer Sex: How the New Majority of Female Breadwinners Is Transforming Sex, Love, and Family*. New York: Simon and Schuster.

Kasinitz, Philip, Mary C. Waters, and Jennifer Holdaway. 2008. *Inheriting the City: The Children of Immigrants Come of Age*. New York: Russell Sage Foundation.

Katovich, Michael A., and William A. Reese II. 1987. "The Regular: Full-Time Identities and Memberships in an Urban Bar." *Journal of Contemporary Ethnography* 16 (3): 308–43.

Katz, Jack. 1982. *Poor People's Lawyers in Transition*. New Brunswick, NJ: Rutgers University Press.

Khan, Shamus Rahman. 2010. *Privilege: The Making of an Adolescent Elite at St. Paul's School*. Princeton, NJ: Princeton University Press.

Kimmel, Michael. 2011. *Manhood in America: A Cultural History*. New York: Oxford University Press.

Kornblum, William. 1974. *Blue Collar Community*. Chicago: University of Chicago Press.

Kriendler, H. Peter. 1999. *21: Every Day Was New Year's Eve*. New York: Taylor Trade Publishing.

Kuh, Patric. 2001. *The Last Days of Haute Cuisine: The Coming of Age of American Restaurants*. New York: Penguin Books.

Lamont, Michele. 1992. *Money, Morals, and Manners: The Culture of the French and the American Upper-Middle Class*. Chicago: University of Chicago Press.

Lane, Carrie. 2011. *A Company of One: Insecurity, Independence and the New World of White Collar Unemployment*. Ithaca, NY: ILR Press.

Lareau, Annette. 2003. *Unequal Childhoods: Class, Race, and Family Life*. Berkeley: University of California Press.

Lave, Jean, and Etienne Wenger. 1991. *Situated Learning: Legitimate Peripheral Participation*. Cambridge, UK: Cambridge University Press.

Lawson, Helene M. 1999. "Working on Hair." *Qualitative Sociology* 22 (3): 235–57.

Leidner, Robin. 1993. *Fast Food, Fast Talk: Service Work and the Routinization of Everyday Life*. Berkeley: University of California Press.

LeMasters, E. E. 1975. *Blue-Collar Aristocrats: Life-Styles at a Working-Class Tavern*. Madison: University of Wisconsin Press.

Leonard, Christopher. 2014. *The Meat Racket: The Secret Takeover of America's Food Business*. New York: Simon and Schuster.

Lerner, Michael A. 2011. *Dry Manhattan: Prohibition in New York City*. Cambridge, MA: Harvard University Press.

Leschziner, Vanina. 2015. *At the Chef's Table: Culinary Creativity in Elite Restaurants*. Palo Alto, CA: Stanford University Press.

Liebow, Elliot. 1967. *Tally's Corner: A Study of Negro Streetcorner Men*. New York: Rowman and Littlefield.

Lin, Jan. 1998. *Reconstructing Chinatown: Ethnic Enclave, Global Change*. Minneapolis: University of Minnesota Press.

Hughes, Everett Cherrington. 1958. *Men and Their Work*. London: Free Press of Glencoe.
———. 1971. *The Sociological Eye: Selected Papers*. Piscataway, NJ: Transaction Publishers.
Hum, Tarry. 2014. *Making a Global Immigrant Neighborhood: Brooklyn's Sunset Park*. Philadelphia: Temple University Press.
Indergaard, Michael. 2004. *Silicon Alley: The Rise and Fall of a New Media District*. New York: Routledge.
Jakob, Doreen. 2012. "Crafting Your Way Out of the Recession? New Craft Entrepreneurs and the Global Economic Downturn." *Cambridge Journal of Regions, Economy and Society* 6 (1): 3–21.
Jerolmack, Colin. 2013. *The Global Pigeon*. Chicago: University of Chicago Press.
Jimerson, Jason B., and Matthew K. Oware. 2006. "Telling the Code of the Street: An Ethnomethodological Ethnography." *Journal of Contemporary Ethnography* 35 (1): 24–50.
Johnston, Josée, and Shyon Baumann. 2007. "Democracy versus Distinction: A Study of Omnivorousness in Gourmet Food Writing." *American Journal of Sociology* 113 (1): 165–204.
———. 2010. *Foodies: Democracy and Distinction in the Gourmet Foodscape*. New York: Routledge.
Johnston, Josée, Alexandra Rodney, and Phillipa Chong. 2014. "Making Change in the Kitchen? A Study of Celebrity Cookbooks, Culinary Personas, and Inequality." *Poetics* 47: 1–22.
Judge, Timothy A., and Robert D. Bretz. 1992. "Effects of Work Values on Job Choice Decisions." *Journal of Applied Psychology* 77: 261–71.
Kalleberg, Arne L. 2011. *Good Jobs, Bad Jobs: The Rise of Polarized and Precarious Employment Systems in the United States, 1970s to 2000s*. New York: Russell Sage Foundation.
Kamp, David. 2006. *The United States of Arugula. How We Became a Gourmet Nation*. New York: Broadway Books.
Kanazawa, Satoshi. 2001. "De Gustibus Est Disputandum." *Social Forces* 79 (3): 1131–62.
Kanter, Rosabeth Moss. 1972. *Commitment and Community: Communes and Utopias in Sociological Perspective*. Cambridge, MA: Harvard University Press.
Kasinitz, Philip, and David Hillyard. 1995. "The Old-Timers' Tale: The Politics of Nostalgia on the Waterfront." *Journal of Contemporary Ethnography* 24 (2): 139–64.
Kasinitz, Philip, John H. Mollenkopf, and Mary C. Waters (eds.). 2004. *Becoming New Yorkers: Ethnographies of the New Second Generation*. New York: Russell Sage Foundation.

Grazian, David. 2003. *Blue Chicago: The Search of Authenticity in Urban Blues Clubs*. Chicago: University of Chicago Press.

———. 2008. *On the Make: The Hustle of Urban Nightlife*. Chicago: University of Chicago Press.

Greif, Mark, Christian Lorentzen, Jace Clayton, Reid Pillifant, Rob Horning, Jennifer Baumgardner, Patrice Evans, Margo Jefferson, Rob Moor, Christopher Glazek, and Dayna Tortorici. 2010. *What Was the Hipster?: A Sociological Investigation*. New York: n + 1 Foundation.

Grimes, William. 2002. *Straight Up or On the Rocks: The Story of the American Cocktail*. New York: North Point Press.

Halle, David, and Elisabeth Tiso. 2014. *New York's New Edge: Contemporary Art, the High Line, Megaprojects, and Urban Growth*. Chicago: University of Chicago Press.

Hancock, Black Hawk. 2013. *American Allegory: Lindy Hop and the Racial Imagination*. Chicago: University of Chicago Press.

Hannerz, Ulf. 1969. *Soulside: Inquiries into Ghetto Culture and Community*. Chicago: University of Chicago Press.

Harper, Douglas. 1987. *Working Knowledge: Skill and Community in a Small Shop*. Chicago: University of Chicago Press.

———. 2002. "Talking about Pictures: A Case for Photo Elicitation." *Visual Studies* 17 (1): 13–26.

Harrington, Brooke. 2016. *Capital without Borders: Wealth Management and the One Percent*. Cambridge, MA: Harvard University Press.

Harris-Lacewell, Melissa Victoria. 2006. *Barbershops, Bibles, and BET: Everyday Talk and Black Political Thought*. Princeton, NJ: Princeton University Press.

Hatton, Erin. 2011. *The Temp Economy: From Kelly Girls to Permatemps in Postwar America*. Philadelphia: Temple University Press.

Heppner, Mary J., Karen D. Multon, and Joe A. Johnston. 1994. "Assessing Psychological Resources during Career Change: Development of the Career Transitions Inventory." *Journal of Vocational Behavior* 44: 55–74.

Heying, Charles. 2010. *Brews to Bikes: Portland's Artisan Economy*. Portland, OR: Ooligan Press.

Ho, Karen. 2009. *Liquidated: An Ethnography of Wall Street*. Durham, NC: Duke University Press.

Hobsbawm, Eric. 1959. *The Jazz Scene*. London: Faber and Faber.

Hochschild, Arlie Russell. 1982. *The Managed Heart: Commercialization of Human Feeling*. Berkeley: University of California Press.

Holt, Douglas B. 1997. "Distinction in America? Recovering Bourdieu's Theory of Tastes from Its Critics." *Poetics* 25 (2): 93–120.

Fine, Gary Alan. 1992. "The Culture of Production: Aesthetic Choices and Constraints in Culinary Work." *American Journal of Sociology* 97: 1268–94.

———. 1995. *Kitchens: The Culture of Restaurant Work*. Berkeley: University of California Press.

Fisher, Timothy C. G., and Stephen B. Preece. 2003. "Evolution, Extinction, or Status Quo? Canadian Performing Arts Audiences in the 1990s." *Poetics* 31 (2): 69–86.

Florida, Richard. 2002. *The Rise of the Creative Class, and How It's Transforming Work, Leisure, Community, and Everyday Life*. New York: Basic Books.

Foner, Nancy. 2013. *One Out of Three: Immigrant New York in the 21st Century*. New York: Columbia University Press.

Forbes, Robert J. 1970. *A Short History of the Art of Distillation: From the Beginnings Up to the Death of Cellier Blumenthal*. Leiden: Brill.

Frank, Elena. 2014. "Groomers and Consumers: The Meaning of Male Body Depilation to a Modern Masculinity Body Project." *Men and Masculinities* 17 (3): 278–98.

Frenette, Alexandre. 2013. "Making the Intern Economy: Role and Career Challenges of the Music Industry Intern." *Work and Occupations* 40 (4): 364–97.

———. 2016. "'Working at the Candy Factory': The Limits of Nonmonetary Rewards in Record Industry Careers." In *The Production and Consumption of Music in the Digital Age*, ed. Brian J. Hracs, Michael Seman, and Tarek E. Virani. Abingdon, UK: Taylor and Francis.

Friedman, Sam. 2012. "Cultural Omnivores or Culturally Homeless? Exploring the Shifting Cultural Identities of the Upwardly Mobile." *Poetics* 40: 467–89.

Gans, Herbert. 1962. *The Urban Villagers: Group and Class in the Life of Italian-Americans*. New York: Free Press.

———. 1999. *Popular Culture and High Culture: An Analysis and Evaluation of Taste*. New York: Basic Books.

Gatta, Mary. 2011. "In the 'Blink' of an Eye: American High-End Small Retail Businesses and the Public Workforce System." In *Retail Work*, ed. Irena Grugulis and Ödul Bozkurt. London: Palgrave Macmillan.

Geertz, Clifford. 1973. *The Interpretation of Cultures*. New York: Basic Books.

Gimlin, Debra. 1996. "Pamela's Place: Power and Negotiation in the Hair Salon." *Gender and Society* 10 (5): 505–26.

Glaser, Barney G., and Anselm L. Strauss. 1967. *The Discovery of Grounded Theory: Strategies for Qualitative Research*. Chicago: Aldine.

Goffman, Erving. 1959. *The Presentation of Self in Everyday Life*. New York: Random House.

———. 1981. *Forms of Talk*. Philadelphia: University of Pennsylvania Press.

Gray, Christopher. 2005. "From Oreos and Mallomars to Today's Chelsea Market." *New York Times*, March 7.

Defours, Christophe. 2011. "Work and Subjectivity: Towards a Philosophical Anthropology from the Psychopathology to the Psychodynamics of Work." *New Philosophies of Labour* 13: 207–50.
de la Pradelle, Michele. 2004. *Market Day in Provence*. Chicago: University of Chicago Press.
Desmond, Matthew. 2007. *On the Fireline: Living and Dying with Wildland Firefighters*. Chicago: University of Chicago Press.
DeSoucey, Michaela. 2010. "Gastronationalism: Food Traditions and Authenticity Politics in the European Union." *American Sociological Review* 75 (3): 432–55.
Dick, Penny. 2005. "Dirty Work Designations: How Police Officers Account for Their Use of Coercive Force." *Human Relations* 58 (11): 1363–90.
DiMaggio, Paul, and Toqir Mukhtar. 2004. "Arts Participation as Cultural Capital in the United States, 1982–2002: Signs of Decline?" *Poetics* 32 (2): 169–94.
Drake, St. Clair, and Horace Cayton. 1945. *Black Metropolis: A Study of Negro Life in a Northern City*. Chicago: University of Chicago Press.
Dudley, Kathryn Marie. 1994. *The End of the Line: Lost Jobs, New Lives in Postindustrial America*. Chicago: University of Chicago Press.
———. 2014. *Guitar Makers: The Endurance of Artisanal Values in North America*. Chicago: University of Chicago Press.
Duis, Perry. 1983. *The Saloon: Public Drinking in Chicago and Boston, 1880–1920*. Champaign: University of Illinois Press.
Duneier, Mitchell. 1999. *Sidewalk*. New York: Farrar, Straus and Giroux.
———. 2016. *Ghetto: The Invention of a Place, the History of an Idea*. New York: Farrar, Straus and Giroux.
Ehrenreich, Barbara. 2001. *Nickel and Dimed: On (Not) Getting By in America*. New York: Henry Holt.
Elliott, Karla. 2016. "Caring Masculinities: Theorizing an Emerging Concept." *Men and Masculinities* 19 (3): 240–59.
Faludi, Susan. 1999. *Stiffed: The Betrayal of the American Man*. New York: HarperCollins.
Faulkner, Robert R., and Howard S. Becker. 2009. *"Do You Know . . . ?" The Jazz Repertoire in Action*. Chicago: University of Chicago Press.
Felder, Rachel. 2015. "You Want a Cappuccino with That Haircut?" *New York Times*, June 5.
Feldman, Daniel. 2002. "Second Careers and Multiple Careers." In *The New World of Work*, ed. Cary L. Cooper and Ronald J. Burke. Oxford: Blackwell.
Ferguson, Priscilla Parkhurst. 1998. "A Cultural Field in the Making: Gastronomy in 19th-Century France." *American Journal of Sociology* 104 (3): 597–641.
———. 2004. *Accounting for Taste: The Triumph of French Cuisine*. Chicago: University of Chicago Press.

Carroll, Glenn R., and Anand Swaminathan. 2000. "Why the Microbrewery Movement? Organizational Dynamics of Resource Partitioning in the U.S. Brewing Industry." *American Journal of Sociology* 106 (3): 715–62.
Castells, Manuel. 1996. *The Information Age: Economy, Society and Culture*. Vol. I: *The Rise of the Network Society*. Cambridge, MA/Oxford, UK: Blackwell.
———. 1997. *The Information Age: Economy, Society and Culture*. Vol. II: *The Power of Identity*. Cambridge, MA/Oxford, UK: Blackwell.
———. 1998. *The Information Age: Economy, Society and Culture*. Vol. III: *End of Millennium*. Cambridge, MA/Oxford, UK: Blackwell.
Chen, Katherine K. 2012. "Charismatizing the Routine: Storytelling for Meaning and Agency in the Burning Man Organization." *Qualitative Sociology* 35: 311–34.
Cherlin, Andrew J. 2014. *Labor's Love Lost: The Rise and Fall of the Working-Class Family in America*. New York: Russell Sage Foundation.
Coad, David. 2008. *The Metrosexual: Gender, Sexuality, and Sport*. Albany: State University of New York Press.
Connell, Raewyn. 2005. *Masculinities*. 2nd ed. Cambridge, UK: Polity.
Contreras, Randol. 2012. *The Stickup Kids: Race, Drugs, Violence, and the American Dream*. Berkeley: University of California Press.
Cooper, Marianne. 2014. *Cut Adrift: Families in Insecure Times*. Berkeley: University of California Press.
Cornfield, Daniel B. 2015. *Beyond the Beat: Musicians Building Community in Nashville*. Princeton, NJ: Princeton University Press.
Cox, Andrew. 2005. "What Are Communities of Practice? A Comparative Review of Four Seminal Works." *Journal of Information Science* 31 (6): 527–40.
Crawford, Matthew. 2009. *Shop Class as Soulcraft: An Inquiry into the Value of Work*. New York: Penguin Books.
Cronon, William. 1992. *Nature's Metropolis: Chicago and the Great West*. New York: W. W. Norton.
Currid, Elizabeth. 2008. *The Warhol Economy: How Fashion, Art, and Music Drive New York City*. Princeton, NJ: Princeton University Press.
Curtis, Wayne. 2006. *And a Bottle of Rum: A History of the New World in Ten Cocktails*. New York: Broadway Books.
Davis, Fred. 1979. *Yearning for Yesterday: A Sociology of Nostalgia*. New York: Free Press.
Dean, James Joseph. 2014. *Straights: Heterosexuality in Post-Closeted Culture*. New York: NYU Press.
DeGloma, Thomas. 2014. *Seeing the Light: The Social Logic of Personal Discovery*. Chicago: University of Chicago Press.
de Casanova, Erynn Masi. 2015. *Buttoned Up: Clothing, Conformity, and White-Collar Masculinity*. Ithaca, NY: ILR Press.

Bellah, Robert N., Richard Madsen, William M. Sullivan, Ann Swidler, and Steven M. Tipton. 1985. *Habits of the Heart: Individualism and Commitment in American Life*. New York: Harper and Row.

Bensman, David, and Roberta Lynch. 1988. *Rusted Dreams: Hard Times in a Steel Community*. Berkeley: University of California Press.

Berman, Marshall. 1982. *All That Is Solid Melts into Air*. New York: Penguin Books.

Besen-Cassino, Yasemin. 2014. *Consuming Work: Youth Labor in America*. Philadelphia: Temple University Press.

Biggart, Nicole Woolsey. 1989. *Charismatic Capitalism: Direct Selling Organizations in America*. Chicago: University of Chicago Press.

Bird, Sharon. 1996. "Welcome to the Men's Club: Homosociality and the Maintenance of Hegemonic Masculinity. *Gender and Society* 10 (2): 120–32.

Black, Paula, and Ursula Sharma. 2001. "Men Are Real, Women Are 'Made Up': Beauty Therapy and the Construction of Femininity." *Sociological Review* 49 (1): 100–116.

Blumenthal, Ralph. 2001. *Stork Club: America's Most Famous Nightspot and the Lost World of Cafe Society*. Boston: Back Bay Books.

Borer, Michael Ian. 2015. "Consuming Craft." In *Popular Culture as Everyday Life*, ed. Dennis D. Waskul and Phillip Vannini. New York: Routledge.

Bourdieu, Pierre. 1984. *Distinction: A Social Critique of the Judgment of Taste*. Cambridge, MA: Harvard University Press.

———. 1993. *The Field of Cultural Production*. New York: Columbia University Press.

Bowen, Sarah. 2015. *Divided Spirits: Tequila, Mezcal, and the Politics of Production*. Berkeley: University of California Press.

Boyle, Matthew. 2013. "Yes, Real Men Drink Beer and Wear Skin Moisturizer." *Bloomberg Businessweek*, October 3. Available at http://www.businessweek.com/articles/2013-10-03/men-now-spend-more-on-toiletries-than-on-shaving-products (accessed November 25, 2014).

Braverman, Harry. 1974. *Labor and Monopoly Capital: The Degradation of Work in the Twentieth Century*. New York: Monthly Review Press.

Brown, Jared, and Anistatia Miller. 2009. *Spirituous Journey: A History of Drink, Book Two*. London: Mixellany.

Brown-Saracino, Japonica. 2009. *A Neighborhood That Never Changes: Gentrification, Social Preservation, and the Search for Authenticity*. Chicago: University of Chicago Press.

———. 2010. *The Gentrification Debates: A Reader*. New York: Routledge.

Brumberg, Joan Jacobs. 1997. *The Body Project: An Intimate History of American Girls*. New York: Random House.

Buss, Terry F., and Stevens F. Redburn. 1983. *Shutdown at Youngstown*. Albany: State University of New York Press.

參考書目

References

Abbott, Andrew. 1988. *The System of Professions: An Essay on the Division of Expert Labor*. Chicago: University of Chicago Press.

Ahmed, S. M. Faizan. 2006. "Making Beautiful: Male Workers in Beauty Parlors." *Men and Masculinities* 9 (2): 168–85.

Alexander, Bryant Keith. 2003. "Fading, Twisting, and Weaving: An Interpretive Ethnography of the Black Barbershop as Cultural Space." *Qualitative Inquiry* 9 (1): 105–28.

Anderson, Benedict. 1991. *Imagined Communities: Reflections on the Origin and Spread of Nationalism*. London: Verso.

Anderson, Elijah. 1999. *Code of the Street: Decency, Violence, and the Moral Life of the Inner City*. New York: W. W. Norton.

Ashforth, Blake E., and Glen E. Kreiner. 1999. "'How Can You Do It?' Dirty Work and the Challenge of Constructing a Positive Identity." *Academy of Management Review* 24 (3): 413–34.

Atkinson, Will. 2011. "The Context and Genesis of Musical Tastes: Omnivorousness Debunked, Bourdieu Buttressed." *Poetics* 39: 169–86.

Barber, Kristen. 2008. "The Well-Coiffed Man: Class, Race and Heterosexual Masculinity in the Hair Salon." *Gender and Society* 22 (4): 455–76.

———. 2016. *Styling Masculinity: Gender, Class, and Inequality in the Men's Grooming Industry*. New Brunswick, NJ: Rutgers University Press.

Barclay, Susan R., Kevin B. Stoltz, and Y. Barry Chung. 2011. "Voluntary Midlife Career Change: Integrating the Transtheoretical Model and the Life-Span, Life-Space Approach." *Career Development Quarterly* 59: 386–99.

Barlow, Ronald S. 1993. *The Vanishing American Barber Shop: An Illustrated History of Tonsorial Art, 1860–1960*. London: Windmill.

Beck, Ulrich. 1992. *Risk Society: Towards a New Modernity*. London: Sage.

———. 2000. *The Brave New World of Work*. Cambridge: Cambridge University Press.

Becker, Howard S. 1951. "The Professional Dance Musician and His Audience." *American Journal of Sociology* 57 (2): 136–44.

———. 1996. "The Epistemology of Qualitative Research." In *Essays on Ethnography and Human Development*, ed. Richard Jessor, Anne Colby, and Richard A. Schweder. Chicago: University of Chicago Press.

〔revelation〕002

老派工作是潮的

從傳統勞力到職人美學的新社會學報告（2024 新版）

Masters of Craft: Old Jobs in the New Urban Economy

作者　理查・歐塞霍（Richard E. Ocejo）
譯者　馮奕達
副總編輯　洪源鴻
責任編輯　柯雅云
封面設計　虎稿・薛偉成
內頁排版　宸遠彩藝

出版　二十張出版／遠足文化事業股份有限公司
發行　遠足文化事業股份有限公司（讀書共和國出版集團）
地址　新北市新店區民權路108-3號3樓
電話　02・2218・1417
傳真　02・2218・0727
客服專線　0800・221029
信箱　akker2022@gmail.com
Facebook　facebook.com/akker.fans
法律顧問　華洋法律事務所——蘇文生律師
印刷　前進彩藝有限公司
裝訂　祥譽裝訂有限公司
出版　二〇二四年六月——三版一刷
定價　五六〇元

ISBN｜978-626-7445-22-8（平裝）、978-626-74452-1-1（ePub）、978-626-74452-0-4（PDF）

老派工作是潮的：從傳統勞力到職人美學的新社會學報告（2024新版）
理查・歐塞霍（Richard E. Ocejo）著／馮奕達譯
三版／新北市／二十張出版／遠足文化事業股份有限公司
2024.06／416面／16 x 23 公分
譯自：Masters of Craft: Old Jobs in the New Urban Economy
ISBN：978-626-7445-22-8（平裝）
1. 勞動經濟　2.美國
556　113005465